十力
文化

國考館

圖解憲法

第四版

法學博士
錢世傑 —— 著

國家考試的第一本書

憲法學習的重點

憲法可以分成兩大部分，其一為憲法本文，其二為憲法增修條文，加起來總共還不到兩百條條文，大約只是刑法條文的一半、民法的八分之一。所以，從條文的數量上來觀察，憲法應該是一門很簡單的法律科目。

憲法身為一切法律的基礎，條文雖然少也很簡單，但是背後蘊含的憲法理論卻非常綿密繁雜。隨著民主化腳步的邁進、憲政制度逐漸成熟，許多憲法理論的闡述透過大法官會議解釋加以呈現，到現在已有七百多號解釋，這也讓憲法的學習更增添了許多魅力與變化。

最後一塊拼圖

圖解法律系列叢書，這幾年陸續進行改版，而憲法因為條文不多，也幾乎不會修正，所以成為改版過程中的最後一塊拼圖。雖說如此，但大法官會議解釋拼命趕績效，增加了許多號解釋，有些解釋已經成為國家考試的考題，也趁著本次修正收錄在新書之中。

本書維持著過去優質圖解的傳統，畢竟圖解的學習是最有效率的方式。看著文字懵懵懂懂，但輔以生動圖像馬上就懂，讓準備時間有限的考生在插圖的引導之下，輕鬆、有效率地閱讀。

本次也刪除掉一些過時的資料，讓整本書控制在一定的頁數，希望讀者不要浪費時間在已經不太會再出的考題中，能夠多一些準備在必考的範圍內，方能提高錄取率，讓自己榜上有名。

完整的選擇題分類

本書挑選出許多新的、有趣的考題，並花時間分類，放在各個章節內。這一種編排方法比較費工，因爲常常要全面重新排版。相較之下，許多直接把新考題堆在最後的國家考試書籍，因爲需要考生自行分類，往往增加考生分類整理考題的負擔。

讀者透過有效率的分類，可以知道出題委員比較喜歡出哪些題目；對於經常出題的範圍，可以多花一些時間準備，對於比較少出題的範圍，則可以參考過去的出題內容，甚至在時間有限的情況下，僅專攻考古題以及類似的内容即可。

最後，本書很用心地編排與經營，致使改版時間也較長，避免學生需不斷選購新書，造成經濟上的壓力。另外，大家也可以考慮加入國考群組，或者是臉書「法律記憶法」社團，透過共同討論以增加上榜的機率。

請先加入我的Line帳號、臉書帳號後，介紹一下自己，以便安排至適合的群組及加入臉書社團。

Line: m36030
http://www.facebook.com/mjib007

錢世傑

中華民國110年8月

讀書方法

憲法是國家考試的基本考題

憲法大意、憲法概要、憲法與英文等國家考試科目外，法學知識與英文、法學緒論、法學大意，憲法選擇題型出現的比例極高，所占的比分也相當重；再加上憲法的條文不多，包括憲法本文的一百七十五條以及十二條，共計才一百八十七條。因此，憲法的投資報酬率相當高，再加上憲法的概念並不難以理解，所以只要熟讀憲法，應該就可以拿高分。從另一個角度來說，如果憲法沒有拿高分，想要通過國家考試的機率就相當低了。

大法官會議解釋相當重要

坊間許多教科書，大多簡單闡述憲法條文的基本意義，這對準備憲法這門國家考試的考科並沒有太大的意義。本書加入許多重要的大法官會議解釋，蒐集並整合近幾年重要憲法考題，始完成本書。

常有讀者反應大法官會議解釋非常難懂，其實只要瞭解憲法基本條文，再將大法官會議解釋涉及的案例事實當作故事來看，只要多看幾遍，大概也就知道解釋文的重點所在。

此外，本書還加入許多大法官解釋協同意見書或不同意見書的內容，從不同角度思考解釋文內容，讓讀者能有更深一層的啓發，在面對各種變化的考題，也不會發生嚴重的答題錯誤。

教科書一本主義

　　不要貪心，準備考試不是作學問，找簡單易懂的一本書，作爲閱讀的核心。但也不是說其他書都不看，只是其他書看過之後，將差異之處註記在自己主要閱讀的那一本書中。之後複習的時候，就不需要每一本書再唸一次，可以大幅減少許多複習的時間，也可以避免因爲不同學說的不同見解，所引發錯亂的可能性。

　　考試用書一本主義，其意義並非只看一本書之外，也並不是代表其他資料都不必看，還是必須找尋考試的相關資料，例如近期的大法官會議解釋、重要實務見解、學者投稿在期刊的文章等，這些補充資料以便利貼節錄內容，貼在考試用書上，將有助於加深學習的效果。

　　本書適合選擇題型憲法考題的考生，作爲基礎考試用書，配合上開讀書方法，相信對一般憲法考題，應該是遊刃有餘。若有申論題型的題目，則建議可以再選購一些補習班的實例演練書籍，以及一些憲法教授的著作或文章，兩相輔助下，必定能夠輕鬆迎戰艱困的國家考試。

目 錄
CONTENTS

目 錄
CONTENTS

I

[憲法之概念]

1 憲法的分類

● 不成文憲法與成文憲法

　　成文憲法，是指以條文形式所制定之單一憲法，最早之成文憲法首見西元1787年的美國憲法（Constitution of the United States），我國憲法也屬於成文憲法。不成文憲法，是指並未制定成條文形式的單一憲法，而是散見在其他實質憲法的法律、習慣、判例等，英國屬之。英國類似憲法的條文散見各個法令，例如西元1215年的大憲章、1689年的權利法典等，但都不是以憲法為名。

● 剛性憲法與柔性憲法

　　剛性憲法，是指憲法內容的不容易修改，必須經過一定之修憲程序及一定的表決比例，才得以通過憲法之修憲案，我國屬之。

　　柔性憲法，通常存在於不成文憲法的國家，蓋因不成文憲法的性質與一般法律並無太大不同，不需要一定之修憲程序或一定的表決比例，由立法機關依據一般立法程序即可修改憲法，如英國屬之。

● 憲法位階的金字塔圖

　　憲法、法律、命令，最常以右頁金字塔圖表示三者之間的關係。憲法具有最高位階，其次依序為法律及命令；命令不得牴觸法律，法律不得牴觸憲法。至於緊急命令的部分，雖然是以命令為名，但是其位階則與法律相同，仍然需要經過立法院的同意或追認。（相關內容：請參照「法律優越原則」，本書第22頁）

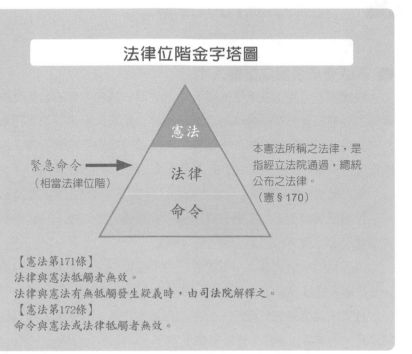

法律位階金字塔圖

憲法

法律

命令

緊急命令 ➡
（相當法律位階）

本憲法所稱之法律，是指經立法院通過，總統公布之法律。
（憲§170）

【憲法第171條】
法律與憲法牴觸者無效。
法律與憲法有無牴觸發生疑義時，由司法院解釋之。
【憲法第172條】
命令與憲法或法律牴觸者無效。

相關考題

下列何國沒有成文憲法？　(A)日本　(B)美國　(C)英國　(D)智利 【98三等地方特考-法學知識與英文】	（C）
剛性憲法與柔性憲法的主要區別點為：　(A)是否具備單一法典　(B)憲法修改難易之程度　(C)制定憲法的來源力量　(D)憲法是否具有拘束力 【98四等基警-憲法概要】	（B）
依司法院大法官解釋，下列何者形式上與憲法本文第170條所稱立法院通過，總統公布之法律相當？　(A)立法院通過之戒嚴案　(B)立法院通過之修憲案　(C)立法院通過之人事案　(D)立法院通過之預算案 【99三等身障特考-法學知識】	（D）

2 憲法的歷史

● 影響憲法發展之重要人士

英國學者洛克主張天賦人權，是近代歐美民主主義的理論基礎。其所主張的三權分立，並不是立法、行政、司法，而是立法、行政、外交三權，是西方最早的分權理論，並發表《政府二論》乙書，主張國家應將自身統治權力，由國王之手改區分為立法權與執行權。

盧梭創有社會契約論，主張主權在民思想，是現代民主制度基石。

孟德斯鳩奠定近代三權分立理論，美國獨立時制憲，將孟德斯鳩對於國家權力限制和制衡的理論納入憲法。

馬丁路德‧金恩博士，美國著名的民權領袖，他領導黑人以溫和手段抗議，使政府修改民權法案，最後獲得諾貝爾獎。

林肯，美國第16任總統，即使本身是個白人，卻惦記著黑人奴隸的痛苦，帶領黑奴解放，終於名垂千古。

國父孫中山先生曾表示：「憲法者，國家之構成法，亦即人民權利之保障書也。」

● 中華民國憲法發展

中華民國憲法於民國（下同）35年12月25日經國民大會通過，在隔（36）年1月1日國民政府公布、12月25日施行。而後隨著政府播遷來臺，反攻大陸實質無望，為了落實臺灣的經營，憲法的修正有其必要性，但是因為兩岸政治上的因素，遂採取增修條文取代憲法本文的方式，形式上維持憲法本文的存在。增修條文共歷經七次的修正，第一次修憲的重點，終結了萬年國大，並廢除動員戡亂時期臨時條款；第二、三次修憲，總統改為直選；第四次修憲，主要為「精省化」的

憲法增修條文七次修憲內容

次數	時間	重點
第一次	80年5月1日	程序性的議題 ●總統緊急命令權之重新規範 ●第二屆中央民意代表產生之法源依據 ●臨時條款廢止後，對國家安全會議及人事行政局等原屬動員戡亂機構，進行過渡性之安排 ●自由地區與大陸地區間人民權利義務關係及其他事務之處理，得以法律為特別之規定
第二次	81年5月28日	●調整國民大會職權，以利政權與治權之運作 ●總統、副總統由中華民國自由地區全體人民選舉之原則 ●司法院大法官增設憲法法庭，以審理政黨違憲之解散事項 ●調整考試院職權，及對監察院重新定位 ●直轄市市長及臺灣省省長，改由人民直接選舉 ●充實基本國策
第三次	83年8月1日	●總統之直接選舉 ●行政院院長的副署權縮限，以明政治責任之歸屬，另就刪除原憲法增修條文之過渡規定及未實施之條文
第四次	86年7月21日	●總統任命行政院院長，無須經立法院同意 ●總統經諮詢立法院院長後，得宣告解散立法院 ●立法院得對行政院院長提出不信任案 ●司法院院長、副院長改由大法官兼任 ●為落實司法獨立精神，規定行政院不得刪減司法概算 ●精簡省級政府組織

（續第7頁）

結果，中央體制從四級變成三級。後歷經第五、六次修憲，國民大會也變成任務型國大；第七次修憲，立委減半、國民大會也廢除，公民投票權入憲。

● 動員戡亂時期臨時條款之廢止

動員戡亂時期是我國憲政發展的一個重要階段，雖然這已經算是一段歷史，國家考試也甚少看到這類型的題目，可是在一本憲法的書籍中，卻不能將這段歷史忘記。

動員戡亂時期臨時條款，業已於80年5月1日廢止。

該條款於37年5月10日制定公布，本來只是單純的緊急授權條款，一旦動員戡亂時期終止，即應回復憲政常態，可是中共一直存在，在臺灣的國民政府也難以反攻大陸，所以兩岸長期對峙，戡亂狀態一時難以解除，臨時條款不但沒有廢除，居然還逐步擴充其內容。例如總統副總統得連選連任，授權總統得設置動員戡亂機構，決定動員戡亂有關重大方針，並處理戰地政務等，均讓民主的發展遇到嚴重的阻礙。

民國70至80年代初期，國內外政治情勢快速地變遷，兩岸關係也開始逐漸和緩，從開放探親到兩岸的初步經貿往來，國內要求民主的呼聲更是人民所殷切期盼的。時任總統李登輝先生體察情勢，而於就任第八任總統時宣告，將於最短期間終止動員戡亂時期，並逐步完成憲政改革。

為配合終止動員戡亂時期之政策，80年4月第一屆國民大會召開第二次臨時會時，並提出廢止動員戡亂時期臨時條款之提案，於80年4月22日進行三讀，在朗讀全部條文後，主席裁定以起立方式進行表決，在場人數445人，經表決結果，起立贊成者有438人，超過修憲四分之三的法定人數，大會於是作成決議：廢止動員戡亂時期臨時條款三讀通過，咨請總統明令廢止。

憲法增修條文七次修憲内容

（承第5頁）

次數	時間	重點
第五次 (遭釋字499號解釋宣告違憲失效)	88年9月15日	程序性的議題 ●國民大會代表產生方式之改變 ●延長國大任期 ●基本國策之修訂
第六次	89年4月25日	●剝奪大法官終身職待遇之適用 ●基本國策內容修正 ●國民大會「非常設化」及縮減職權 ●將補選副總統、提出總統、副總統罷免案、修改憲法、對總統提名任命之人員行使同意權等各項職權，均改由立法院行使
第七次	94年6月10日	●立委席次減半、任期改為4年、單一選區兩票制、婦女保障名額 ●廢除國民大會之相關配套措施 ●總統、副總統彈劾案改由司法院大法官組成憲法法庭審理之 ●領土變更案改由公民投票複決 ●憲法修正案改由公民投票複決

相關考題

美國獨立時制憲，將下列何者對於國家權力限制和制衡的理論納入憲法？　(A)洛克　(B)孟德斯鳩　(C)林肯　(D)馬丁路德 【98普考-法學知識與英文】	(B)
我國何時廢止動員勘亂時期臨時條款？　(A)民國75年　(B)民國76年　(C)民國80年　(D)民國81年　　　【101四等一般警察-法學知識】	(C)
請問以下何者為對於我國憲法發展史的適當描述？　(A)我國現行憲法從未修正過　(B)我國現行憲法本文從未修正過　(C)我國現行憲法係於民國38年制定、翌年生效　(D)我國現行憲法於制定生效後即全部凍結迄今 【100關稅四等-法學知識】	(B)

3 憲法架構

● 憲法本文

憲法本文，除了前言之外，共計14章，175條。從總綱、人民之權利與義務，到憲政基本機關，包括國民大會、總統、行政、立法、司法、考試、監察，接著規範中央與地方權限、地方制度，以及人民選舉、罷免、創制、複決之權限。基本國策方面，包括國防、外交、國民經濟、社會安全、教育文化、邊疆地區；最後，則是憲法之施行及修改。

● 增修條文

隨著時光環境的變遷，兩岸勢力也逐漸產生移轉，反攻大陸成為一種事實不能的窘境。國民政府遷臺之後，終於決定要好好地建設臺灣，而非只是一個反攻大陸的「跳板」。

首先，就是要修憲，把許多以中國大陸為思考的憲法，改成適合實質治理區域的現況。例如憲法基本國策方面還有所謂的邊疆地區，但現階段中華民國實質統治的地區只有臺澎金馬，實在難以統治到憲法本文所謂的邊疆地區；又如總統發布緊急命令，須於發布命令後「1個月」內提交立法院追認，但是臺澎金馬這麼小，又不像早期交通不便，要從新疆、西藏搭火車來南京，拔山涉水「1個月」剛剛好，以現況而言，1個月則太長了。

所以歷經七次修正，使得憲法的內容更能適用於現況，目前憲法增修條文共計12條，其相關條文與憲法本文之對照關係如右表。

憲法本文與增修條文關聯表

憲法本文	增修條文
總綱	
	§11 兩岸人民關係
人民之權利與義務	
國民大會	
總統	§2 總統
行政	§3 行政
立法	§4、§8 立法
司法	§5 司法
考試	§6 考試
監察	§7 監察
中央與地方權限	
地方制度	§9 省縣地方制度
選舉、罷免、創制、複決	
基本國策	§10 基本國策
憲法之施行與修改	§1 憲法修正、領土變更
	§12 憲法修改

2

[憲法之基本原理]

1 三權分立及五權分立

● 五權分立彌補三權分立之缺點

　　權力分立原則為法治國家原則要素之一，從洛克到孟德斯鳩所主張的三權分立，已於前文介紹。（請參照本書第4頁）

　　五權分立是國父孫中山先生所獨創的學說，其研究各國政制後，認為各國所採行之行政、立法、司法三權分立制並不完備，最大的缺點在只注重法而不注重人；而我國向重人治，獨立之考試權與監察權可以納賢才而遠小人，故主張考試、監察也要獨立出來，以建立五權分立。其次，三權分立制過於偏重於權力之制衡，以限制政府權力，消極保障人民自由；我國政治則以仁為本，要積極為人民謀福利，故宜以五權分立建立萬能政府。

● 五權分立與三權分立之區別

　　五權分立與三權分立之區別，可簡單區分為下列三點：

一、五權分立以「權能區分」為理論基礎，五權均屬治權，在人民政權管理之下分別行使；三權分立以「分權學說」為理論基礎，僅注重國家權力的劃分。

二、五權分立則兼重治人，以立法司法管法，考試監察管人，而以行政執行政令；三權分立僅注重治法，分別制定法律（立法），執行法律（行政）與適用法律（司法）。

三、五權分立基於分工原理，雖然外形分立，但仍互相聯屬，以積極為人民謀福利為目的；三權分立偏重於權力的互相制衡，以避免權力過度擴張。

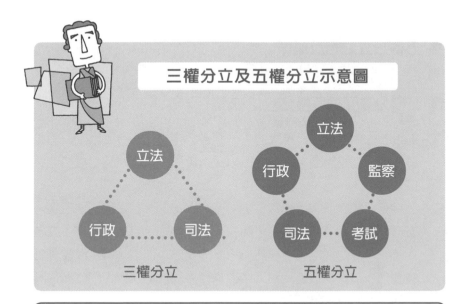

三權分立及五權分立示意圖

三權分立

五權分立

【實務案例：真調會條例違憲】

相關實務見解：釋字第585號解釋

　　「319槍擊事件真相調查特別委員會條例」（以下簡稱真調會條例）第8條第1項前段「319槍擊事件所涉及之刑事責任案件，其偵查專屬本會管轄」、同條第2項「本會於行使前項職權，有檢察官、軍事檢察官依據法律所得行使之權限」、第13條第1項「本會調查結果，如有涉及刑事責任者，由調用之檢察官或軍事檢察官逕行起訴」等規定，逾越立法院調查權所得行使之範圍，違反權力分立與制衡原則。

相關考題

依司法院釋字第585號解釋，立法院所設調查委員會之調查結果，有涉及刑事責任者，由調用之檢察官逕行起訴，係違反下列何項憲政原則？ (A)權力分立原則　(B)正當法律程序原則　(C)比例原則　(D)基本權保障原則　　　　　　　　　　　　　　　　【99四等關務-法學知識】	（A）

● 五權分立之相互關係

國父孫中山先生主張之五權分立，其五權相互間的關係如下：

一、五權彼此間是平衡而統一，一面互相平衡，無高下之分；一面力
　　量統一，共同為人民謀取福利。

二、五權彼此間是分立而相成的，一面各自獨立、各有權限；一面相
　　輔相成、互相濟助，以避免單一權力專橫，彼此相輔相成而能發
　　揮功能。

三、三權相互關係僅有行政與立法、行政與司法、立法與司法三種，
　　五權相互關係除此三種外，尚有行政與考試、行政與監察、立法
　　與考試、立法與監察、司法與考試、司法與監察、考試與監察七
　　種關係。故每一權都受到其他四種權力的限制，但也同時獲得其
　　他四種權力的相助。

● 五權分立為我國憲法基礎

國父所創制之五權分立，固係綜合外國之行政、立法、司法三權
分立制度，以及結合我國固有之考試、監察兩權，然而從某種角度觀
察，三權分立制度有欠完備，五權政治體制或有其必要與優點。

我國自北伐完成、統一全國，實施訓政的歷史腳步，國民政府即
採行五權分立，建立五院，推行五權制度。民國35年制定憲法，更將
五權制度落實於憲法之中，以五院為國家最高行政、立法、司法、考
試、監察機關，分別獨立行使職權。

迄今固然因為憲法增修條文，使得五權內容稍有修正，也曾經因
為政治權力的鬥爭，致使監察院空轉了好一陣子，但目前我國憲政體
制仍以五權分立為核心，並未作大幅度的實質調整。

相關考題

關於權力分立原則之敘述，下列何者正確？　(A)中央與地方之權限劃分係屬垂直分權　(B)立法院應享有行政院各委員會委員之提名權及決定權　(C)立法院對於刑事案件享有完全之調查權及強制處分權　(D)行政、立法、司法、考試、監察之五權分立係屬垂直分權 【99高考三級-法學知識與英文】	(A)
現代民主國家採用權力分立制度的原因為何？　(A)政治學理論上認為，權力集中必然導致濫權，有害人民權利保障，故須採用權力分立的制度　(B)因權力分立制度較有利於行政權的推展　(C)因權力分立可使國家威權獲得實現　(D)因為權力分立制度，可以落實君權神授的理想 【99普考-法學知識與英文】	(A)
有關權力分立原則之敘述，下列何者正確？　(A)權力分立原則為法治國家原則要素之一　(B)最早提出權力分立原則者為孟德斯鳩　(C)權力分立原則要求國家權力只能區分為三權　(D)將國家權力劃分為中央與地方之權限為水平之權力分立　【99四等基警行政警察-法學緒論】	(A)
立法權不得侵犯行政權之核心領域，屬於何種原則之要求？　(A)比例原則　(B)法律保留原則　(C)權力分立原則　(D)民主原則 【99初等一般行政-法學大意】	(C)
憲法在國家基本組織部分，將國家權力分為五權，並分由五院來行使，此是基於那一項原則所作的規定？　(A)垂直權力分立原則　(B)民主原則　(C)水平權力分立原則　(D)共和國原則　【100關稅四等-法學知識】	(C)
依司法院釋字第485號解釋，「促進民生福祉」之憲法原則尚無法從下列何項規定導出？　(A)憲法前言　(B)憲法第1條　(C)權力分立原則　(D)基本國策　【99地方特考三等-法學知識與英文】	(C)

憲法明定行政院、立法院、司法院、考試院及監察院,分別為國家最高行政、立法、司法、考試及監察機關,此為下列何項憲法原則之具體落實? (A)國民主權原則 (B)民主原則 (C)共和國原則 (D)權力分立原則 【107高考-法學知識與英文】	(D)
有關憲法第44條賦予總統的權限爭議處理權,下列敘述何者錯誤? (A)此項職權未經憲法增修條文凍結或另為規定 (B)大法官解釋曾指出,將此職權定位為元首中立權,是否符合民主政治、權力分立等原則,有商榷餘地 (C)如副總統兼任行政院院長,總統在行使本條職權時,將發生協調者與被協調者相同的矛盾 (D)經過憲法第44條之程序所獲得的解決方法對總統與各院院長均無法律拘束力 【109高考-法學知識與英文】	(C)

2 人性尊嚴

● 人性尊嚴之意義

國家應該致力於<u>滿足人性尊嚴</u>的環境，保持個人的自由空間，使之能自我決定、自我認同，而獲致人的價值。（徐振雄，《憲法學導論》，第76頁）

印度電影「貧民百萬富翁」，貧民生活在髒亂的垃圾堆中，連上廁所都還要排隊，平日也身處於不同種族攻擊的恐懼中，印度政府要創造一個符合人性尊嚴的生活環境，恐怕還有一段努力的空間。

● 人性尊嚴於憲法中之架構

釋字第603號解釋中，多數意見開宗明義揭示<u>維護人性尊嚴</u>與<u>人格發展自由</u>是自由民主憲政秩序的核心價值，隱私權則衍生自人性尊嚴與人格發展自由，因而是憲法第22條應該保障的基本權。我國未如德國將人性尊嚴之維護規定在基本法第1條，人格發展自由規定在基本法第2條第1項（人格發展自由與人性尊嚴概念有重疊之處）。

所以，人性尊嚴在我國應該解釋為未明文的基本權概括條款，而屬於基本權規則的<u>上位原則</u>，人格發展自由可以解釋為蘊含於人性尊嚴條款之中，人格權則屬於憲法第22條所保障的其他基本權。憲法對於基本權的規定應該解釋為例示規定，其他沒有規定的基本權，可能屬於憲法第22條的範圍，人性尊嚴條款則是概括條款，是具有補充性質的補充法，當憲法各個基本權規定不敷使用時，可以援引人性尊嚴條款作為<u>解釋依據</u>。（釋603—許玉秀協同意見書）

建立人性尊嚴的環境

路有凍死骨

社會救助體系介入

相關考題

我國人工生殖法禁止以無性生殖方式進行人工生殖，應係基於何種理由？ (A)違反知的權利 (B)違反信仰自由 (C)違反研究自由 (D)違反人性尊嚴 　　　　　　　　　　　　　　　【99三等關務-法學知識】	(D)

【解析】
人工生殖法第31條第1項規定：「意圖營利，從事生殖細胞、胚胎之買賣或居間介紹者，處2年以下有期徒刑、拘役或科或併科新臺幣20萬元以上100萬元以下罰金。」其立法理由為「生殖細胞與物不能等同看待，意圖營利，從事生殖細胞、胚胎之買賣或居間介紹者等行為，不僅影響當事人權益，對於人性尊嚴亦有所傷害，具有相當之反社會性，爰為第1項規定。」

認為複製人應予禁止者，可能係基於下列何種理由？ (A)違反知的權利 (B)違反人身自由 (C)違反人性尊嚴 (D)違反健康權 　　　　　　　　　　　　　　　【96三等關務員特考-法學知識】	(C)

所謂人性尊嚴，下列敘述何者錯誤？ (A)係指人的尊嚴不可侵犯，尊重及保護人的尊嚴是所有國家機關之義務 (B)屬於我國憲法第1條所明定，居於基本權之首位 (C)屬於我國憲法未明文例示而為司法院憲法解釋所承認之人權 (D)世界人權宣言亦明揭：人皆生而自由平等，享有尊嚴與權利 　　　　　　　　　　　　　　　【100普考-法學知識與英文】	(B)

● 同性婚之人性尊嚴

適婚人民而無配偶者，本有結婚自由，包含「是否結婚」暨「與何人結婚」之自由(釋字第362號解釋參照)。該項自主決定攸關人格健全發展與人性尊嚴之維護，為重要之基本權（a fundamental right），應受憲法第22條之保障。（釋字第748號解釋）

● 新聞自由與人性尊嚴有所不同

新聞自由係一制度性基本權利，乃為保障新聞媒體自主獨立，免於政府干預，以發揮監督政府之功能，而與為維護人性尊嚴所設之其他人民基本權利有所不同。（釋字第689號解釋）

相關考題

關於人性尊嚴之敘述，下列何者錯誤？ (A)人性尊嚴不可侵犯，尊重及保護此種尊嚴為國家所有機關之義務 (B)國家不得用殘酷、不合乎人道的刑罰來制裁人民 (C)死刑規定為人性尊嚴之根本剝奪，大法官認屬違憲 (D)命加害人公開道歉之判決，若涉及自我羞辱之道歉，係損及人性尊嚴 　　　　　　　　　　　【104司法四等-法學知識與英文】	(C)
依據司法院釋字第656號解釋，關於法院以判決命加害人公開道歉是否合憲之該解釋意旨，下列何者錯誤？ (A)名譽權旨在維護個人主體性及人格之完整，為實現人性尊嚴所必要 (B)憲法第 11 條保障人民之言論自由，僅保障積極之表意自由外，不包括消極之不表意自由 (C)名譽權乃受憲法第 22 條所保障 (D)判決命加害人公開道歉，如未涉及加害人自我羞辱等損及人性尊嚴之情事者，並無違背比例原則 　　　　　　　　　　　【106高考-法學知識與英文】	(B)

3 法律優越及保留原則

● 法律優越原則

　　法律優越原則，又稱之為消極的依法行政。是指行政行為或其他一切行政權之行使，均不得與法律相牴觸。此項原則具有規範位階之意義，依據憲法第171條第1項規定：「法律與憲法牴觸者無效。」同法第172條規定：「命令與憲法或法律牴觸者無效。」在本書第3頁中所提到的金字塔圖，也就是在論述這個觀念。

　　中央法規標準法第11條亦有類似規範。換言之，憲法優於法律，法律優於命令。行政權之行使，除了必須受到憲法之約束外，還必須遵循法律之規範。上位規範即便有授權，並不代表行政機關之委任命令或授權命令即可恣意作為，還是有可能發生牴觸上位規範之情形。

● 法律保留原則

　　所謂法律保留，又稱之為積極的依法行政。是指若無法律之授權，行政機關即便沒有消極之不牴觸法律，亦不能合法地為行政行為。比較口語的說法是：老大有說的，我才能做；老大沒說的，我不能做。歷年來大法官會議所作出之解釋，業已建立層級化保留體系，例如釋字第313號解釋認為：「對人民違反行政法上義務之行為科處罰鍰，涉及人民權利之限制，其處罰之構成要件及數額，應由法律定之。若法律就其構成要件，授權以命令為補充規定者，授權之內容及範圍應具體明確，然後據以發布命令，始符合憲法第23條以法律限制人民權利之意旨。」

　　釋字第559號解釋再次闡述其意旨：「基於法治國家之基本原則，凡涉及人身自由之限制事項，應以法律定之；涉及財產權者，則得依其限制之程度，以法律或法律明確授權之命令予以規範。惟法律

法律優越原則 ： 憲法＞法律＞命令

憲法＞法律

憲法第171條第1項：
「法律與憲法牴觸者
無效。」

中央法規標準法第11
條：「法律不得抵觸
憲法……。」

法律，你就像是
我的兒子，不能
牴觸我！

是的，法律
與憲法牴觸
者無效。所
以你最大！

憲法＆法律＞命令

憲法第172條：「命令
與憲法或法律牴觸者
無效。」

中央法規標準法第11
條：「……命令不得抵
觸憲法或法律……」所
以，

命令，你就像是我的兒
子、憲法的孫子，不能
牴觸我（法律），當然
也不能牴觸憲法。

是的！我最小，
會謹守本分的。

相關考題

下列何者為法律保留原則之內容？　(A)與人民權利有重要關聯之事項，應由法律自行規定之　(B)命令與法律牴觸者無效　(C)對於人民權利之限制，必須採取干涉最小之手段　(D)無實質上正當理由，不得對人民為差別待遇　　　　　　　　　　　　　　【98四等基警-憲法概要】	（A）

本身若已就人身之處置為明文之規定者，應非不得以法律具體明確之授權委由主管機關執行之。」非不得，指「得」，屬「雙重否定」之用詞。

此外，該號解釋並表示：「至主管機關依法律概括授權所發布之命令若僅屬細節性、技術性之次要事項者，並非**法所不許**。」非法所不許，白話來說指這樣子做是可以的。

【釋字第707號解釋】

教育部於中華民國93年12月22日修正發布之公立學校教職員敘薪辦法（含附表及其所附說明），關於公立高級中等以下學校教師部分之規定，與憲法上**法律保留原則**有違，應自本解釋公布之日起，至遲於屆滿3年時失其效力。

相關考題 憲法保留

依司法院解釋，下列何者屬於憲法保留事項？　(A)人身自由之保障 (B)對財產權限制　(C)對工作權之限制　(D)納稅義務之減免 【99地方特考三等-法學知識與英文】	(A)
憲法第52條規定，總統除犯內亂或外患罪外，非經罷免或解職，不受刑事上之訴究。司法院釋字第388號解釋認為：現職總統競選連任時，因其已名列總統候選人，其競選活動固應受總統副總統選舉罷免法有關規定之規範，惟其總統身分並未因參選而變更，所以現職總統依法競選連任時，除犯內亂或外患罪外，非經罷免或解職，並不得適用刑法及總統副總統選舉罷免法等有關刑罰之規定予以訴究。司法院釋字第388號解釋所依據的法律原則是：　(A)憲法優於法律　(B)總統不必守法　(C)從新從優原則　(D)特別法優於普通法的原則　　　【107高考-法學知識與英文】	(A)

相關考題 法律保留

依據我國憲法第23條規定，國家欲限制人民基本權利時，應以法律為之，此為：　(A)法律優越原則　(B)權力分立原則　(C)法律保留原則 (D)依法行政原則　　　　　【102初等人事行政-公民與英文】	(C)

相關考題　　　　　　　　法律保留

依據司法院釋字第559號解釋，下列說明何者錯誤？　(A)基於法治國家之基本原則，凡涉及人身自由之限制事項，應以法律定之　(B)涉及財產權者，則得依其限制之程度，以法律或法律明確授權之命令予以規範　(C)惟法律本身若已就人身之處置為明文之規定者，應非不得以法律具體明確之授權委由主管機關執行之　(D)主管機關依法律概括授權所發布之命令，若屬細節性、技術性之次要事項者，亦為法所不許 【100四等行政警察-中華民國憲法概要】	(D)
行政機關之職權命令，未經法律授權，限制人民之自由權利，且其影響又非屬輕微者，係屬違反憲法要求之下列那一原則？　(A)比例原則　(B)法律優位原則　(C)法律明確性原則　(D)法律保留原則 【100四等行政警察-中華民國憲法概要】	(D)
國家機關之職權、設立程序及總員額，依憲法增修條文之規定，得以法律為準則性之規定，係涉及下列何種憲法上之原則？　(A)平等原則　(B)法律保留原則　(C)信賴保護原則　(D)比例原則 【100三等司法特考-法學知識與英文】	(B)
國家欲限制人民的自由及權利，依憲法第23條之規定，除為防止妨礙他人自由、避免緊急危難、維持社會秩序或增進公共利益所必要者外，不得以法律限制之。此種規定即係法治國之：　(A)信賴保護原則　(B)法律優位原則　(C)法律保留原則　(D)憲法優位原則 【100三等行政警察-法學知識與英文】	(C)
依我國憲法第172條之規定，命令與憲法或法律牴觸者無效。各級法院法官於審理個案，認為所適用之命令有牴觸憲法或法律之情形者，其應如何處理？　(A)宣告無效　(B)拒絕適用　(C)聲請立法院解釋　(D)聲請行政院解釋　【100地特四等-法學知識與英文】	(B)
依憲法第171條第1項規定，「法律與憲法牴觸者無效」，關於本條的敘述，下列何者錯誤？　(A)本條規定闡述憲法優位原則　(B)各級法院法官得認為法律牴觸憲法無效而拒絕適用　(C)司法院大法官得宣告法律無效　(D)大法官職司憲法解釋，其解釋拘束全國各機關 【104高考-法學知識與英文】	(B)

4 法律明確性原則

● 法律明確性之概念

　　法律明確性原則，是指法律以抽象概念表示者，其意義須非難以理解，且為一般受規範者所得預見，並可經由司法審查加以確認。依據釋字第659號解釋，認為「依本院歷來解釋，法律規定所使用之概念，其意義依法條文義及立法目的，如非受規範者難以理解，並可經由司法審查加以確認，即與法律明確性原則無違（釋字第432號、第491號、第602號及第636號解釋參照）」。

　　例如假設法律規定了一條「不愛國者，得徵收其所有土地。」而此一規範中之「不愛國」三個字，就讓許多人難以理解，好比統派人士與獨派人士在彼此的眼中都是不愛國。

　　除了法律上，實務操作上也有很多與「明確性」相關聯，舉例來說，假設臺北市徵收公告內容只表示徵收仁愛路的土地，但是並沒有明確地說出到底是哪一個地號，或者是哪個地址，致使實際上可能被徵收者無法知悉，也無法循救濟途徑主張自己的權利，就不符合明確性原則。

● 與不確定法律概念之關係

　　此外，大法官會議的解釋中，已經多次揭櫫法律明確性的原則，期望法律之概念依其法條文義及立法目的，不致於讓受規範者難以理解。且使法官在承審案件運用該法條時，也能夠正確的瞭解法條的真正意義，才有強調此明確性的必要。但司法院解釋並未排斥使用不確定法律概念之必要性，所有的法律也都永遠會運用到不確定法律概念。（釋664—陳新民部分協同、部分不同意見書）

法律概念不具明確性的法律

不愛國法（模擬）

第1條：不愛國者，應受處罰。

第2條：難謂愛國者，不得擁有土地。

第3條：尚非屬愛國者，不得取得國籍。

相關考題

臺北市政府公告：「徵收甲所有大安段110 號等土地五筆」，係違反下列何項法原則？ (A)平等原則 (B)信賴保護原則 (C)明確性原則 (D)比例原則 　　　　　　　　　　　　　　　　【96三等地方特考-行政法】	(C)

【實務案例：違法多層次傳銷之規定】

舊公平交易法第23條第1項規定：「多層次傳銷，其參加人如取得佣金、獎金或其他經濟利益，主要係基於介紹他人加入，而非基於其所推廣或銷售商品或勞務之合理市價者，不得為之。」其中所稱「主要」、「合理市價」之認定標準，是否違反法律明確性原則？

前開所稱「主要」、「合理市價」之認定標準，係以參加人取得經濟利益之來源，推廣或銷售商品或勞務之價格為判斷，其範圍應屬可得確定。且多層次傳銷之營運計畫或組織之訂定，傳銷行為之統籌規劃，係由多層次傳銷事業為之，則不正當多層次傳銷事業之行為人，對於該事業之參加人所取得之經濟利益，主要係基於介紹他人加入，而非基於參加人所推廣或銷售商品或勞務之合理市價，依其專業知識及社會通念，非不得預見，並可由司法審查予以認定及判斷，符合法律明確性原則。

釋字第602號解釋理由書：「又法律明確性之要求，非僅指法律文義具體詳盡之體例而言，立法者於立法定制時，仍得衡酌法律所規範生活事實之複雜性及適用於個案之妥當性，適當運用不確定法律概念而為相應之規定。在罪刑法定之原則下，處罰犯罪必須依據法律為之，犯罪之法定性與犯罪構成要件之明確性密不可分。有關**受規範者之行為準則及處罰之立法使用抽象概念者，苟其意義非難以理解，且個案事實是否屬於法律所欲規範之對象，為一般受規範者所得預見，並可經由司法審查加以認定及判斷者，即無違反法律明確性原則。**」

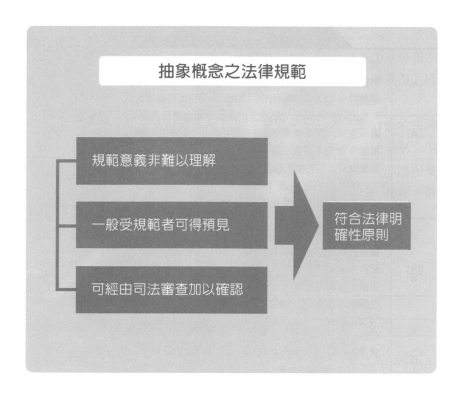

【釋字第680號解釋：走私物品】

　　懲治走私條例第2條第1項規定：「私運管制物品進口、出口逾公告數額者，處7年以下有期徒刑，得併科新臺幣3百萬元以下罰金。」第3項規定：「第1項所稱管制物品及其數額，由行政院公告之。」其所為授權之目的、內容及範圍尚欠明確，有違授權明確性及刑罰明確性原則，應自本解釋公布之日起，至遲於屆滿2年時，失其效力。

重點：授權明確、刑罰明確原則。

【釋字第 710 號：大陸地區人民之強制出境暨收容案】

同條第2項規定：「前項大陸地區人民，於強制出境前，得暫予收容……」（即98年7月1日修正公布之同條例第18條第3項），未能顯示應限於非暫予收容顯難強制出境者，始得暫予收容之意旨，亦未明定暫予收容之事由，有違法律明確性原則。

● 肇事逃逸

民國88年4月21日增訂公布之刑法第185-4條規定，其中有關「肇事」部分，可能語意所及之範圍包括「因駕駛人之故意或過失」或「非因駕駛人之故意或過失」（因不可抗力、被害人或第三人之故意或過失）所致之事故，除因駕駛人之故意或過失所致之事故為該條所涵蓋，而無不明確外，其餘非因駕駛人之故意或過失所致事故之情形是否構成「肇事」，尚非一般受規範者所得理解或預見，於此範圍內，其文義有違法律明確性原則，此違反部分，應自本解釋公布之日起失其效力。（釋字第777號）

相關考題

司法院釋字第535號解釋指出：「……臨檢自屬警察執行勤務方式之一種。臨檢實施之手段：檢查、路檢、取締或盤查等不問其名稱為何，均屬對人或物之查驗、干預，影響人民行動自由、財產權及隱私權等甚鉅，應恪遵法治國家警察執勤之原則。實施臨檢之要件、程序及對違法臨檢行為之救濟，均應有法律之明確規範，方符憲法保障人民自由權利之意旨。……」這段話與下列那一原則較無關聯？　(A)法律保留原則　(B)正當程序原則　(C)信賴保護原則　(D)法明確性原則　【109普考-法學知識與英文】	(C)
甲公務人員某日收受A市政府的處分函，主旨為：「臺端因溢領薪資，限7日內繳回溢領之金額，逾期將送行政執行。」此外並無任何說明。則該處分違反下列那一項原則？　(A)不利變更禁止之原則　(B)必要衡量原則　(C)比例原則　(D)明確性原則　【109普考-法學知識與英文】	(D)
法律規範之構成要件，其意義應非一般人難以理解，且為受規範者所得預見，並可經由司法審查加以確認。此為何種憲法原則？　(A)法律明確性原則　(B)授權明確性原則　(C)誠信原則　(D)處罰法定原則　【99四等海巡-法學知識與英文】	(A)
依司法院大法官解釋，專門職業人員行為準則及懲戒之相關立法，必須使受懲戒處分者，能預見何種作為或不作為構成義務之違反，及所應受之懲戒為何，始符合憲法要求之下列那一原則？　(A)法律抽象性原則　(B)法律概括性原則　(C)法律明確性原則　(D)法律平等性原則　【100四等行政警察-中華民國憲法概要】	(C)

【解析】

釋字第432號解釋：「專門職業人員違背其職業上應遵守之義務，而依法應受懲戒處分者，必須使其能預見其何種作為或不作為構成義務之違反及所應受之懲戒為何，方符法律明確性原則。對於懲戒處分之構成要件，法律雖以抽象概念表示，不論其為不確定概念或概括條款，均須無違明確性之要求。法律明確性之要求，非僅指法律文義具體詳盡之體例而言，立法者於立法定制時，仍得衡酌法律所規範生活事實之複雜性及適用於個案之妥當性，從立法上適當運用不確定法律概念或概括條款而為相應之規定。有關專門職業人員行為準則及懲戒之立法使用抽象概念者，苟其意義非難以理解，且為受規範者所得預見，並可經由司法審查加以確認，即不得謂與前揭原則相違。」

依司法院大法官解釋，下列何者違反法律明確性原則？ (A)教師法以「行為不檢有損師道，經有關機關查證屬實」作為解聘、停聘或不續聘之要件 (B)貨物稅條例規定貨物稅之稅率為稀釋天然果蔬汁從價徵收8%，其他飲料品從價徵收15% (C)社會秩序維護法處罰無正當理由，且經勸阻後仍繼續跟追之行為 (D)檢肅流氓條例關於欺壓善良、品行惡劣、遊蕩無賴之規定 【103高考-法學知識與英文】	（D）

【解析】
「行為不檢有損師道，經有關機關查證屬實」之要件，與憲法上法律明確性原則之要求尚無遺背。（釋字第702號解釋）

法律以抽象概念表示者，其意義須非難以理解，且為一般受規範者所得預見，並可經由司法審查加以確認，方符合何種原則？ (A)法律抽象性原則 (B)法律明確性原則 (C)法律衡平性原則 (D)法律不溯既往原則 【98四等基警-行政法概要】	（B）

5 租稅公平原則

● 符合比例與兼顧平等的租稅公平原則

　　釋字第607號解釋中，多數意見將租稅公平原則確認為憲法原則，並引為審查租稅法規的實質審查原則。因為符合公平的租稅法規，必定是對人民財產權的限制合乎比例原則以及顧及平等原則的規定。

● 與德國租稅正義原則相當

　　租稅公平原則相當於德國聯邦憲法法院所稱的「租稅正義原則」，正義屬於西方文化中的用語，在傳統的中文語言環境中，並沒有正義的用語，相當的用語就是公平。一般習慣上所用的「公平正義」是同義複詞，公平就是平等的意思，沒有平等，無正義可言。沒有得到應該得到的，是不公平，應該給我的部分卻給了別人是不公平，一個是和自己比，一個是和別人比，不管和自己比或和別人比，都有是否合乎比例原則的問題，經過比例原則的檢驗，才知道平等是否實現。

● 量能課稅原則審查

　　德國憲法因為沒有比例原則的規定，審查所得稅法規時，依「量能課稅原則」審查，不論述比例原則，但我國有憲法第23條規定，符合租稅公平原則之所以未對人民財產權造成憲法所不能容忍的侵害，是因為符合比例原則之故。即便租稅法定原則具有絕對法律保留的位階，憲法第23條的比例原則亦可併用而毫無衝突。（釋607—許玉秀部分協同意見書）

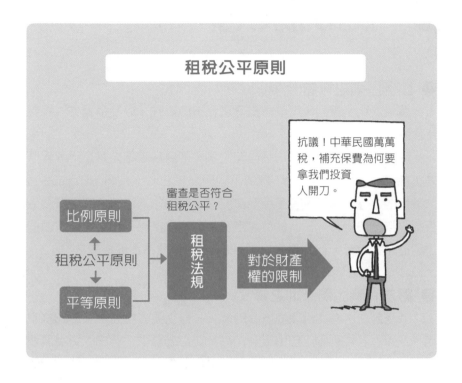

納稅須依法律為之,此稱之為: (A)租稅法律主義 (B)租稅社會主義 (C)租稅公平主義 (D)租稅自由主義 【96三等第二次警察特考-法學知識與英文】	(A)

【解析】

租稅法律主義與租稅公平主義並不相同,後者著重於比例原則與平等原則之兼顧。

6 比例原則

● 比例原則之概念

廣義之比例原則，可以分成適當性、必要性，以及衡量性（狹義比例原則），詳如右頁圖。

除了憲法之外，許多法令也有比例原則之規定，尤其是行政程序法第7條規定：「行政行為，應依下列原則為之：一、採取之方法應有助於目的之達成。二、有多種同樣能達成目的之方法時，應選擇對人民權益損害最少者。三、採取之方法所造成之損害不得與欲達成目的之利益顯失均衡。」直接將比例原則之內容具體落實於條文之中。

● 憲法有關比例原則之條文

我國憲法中有比例原則概念的條文，最主要者當屬憲法第23條規定：「以上各條列舉之自由權利，除為防止妨礙他人自由、避免緊急危難、維持社會秩序，或增進公共利益所必要者外，不得以法律限制之。」其他重要規範如下：

一、憲法第39條規定：「總統依法宣布戒嚴，但須經立法院之通過或追認。立法院認為必要時，得決議移請總統解嚴。」

二、憲法第43條規定：「……依緊急命令法，發布緊急命令，為必要之處置……」憲法增修條文第2條第3項規定：「……得經行政院會議之決議發布緊急命令，為必要之處置……」

三、憲法第68條規定：「……必要時得延長之。」

四、憲法第175條第1項規定：「本憲法規定事項，有另定實施程序之必要者，以法律定之。」

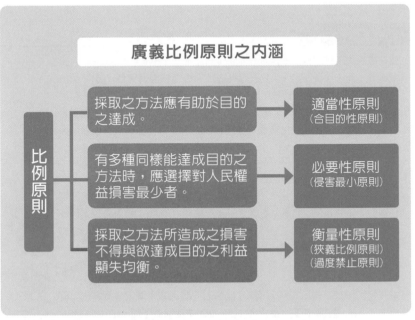

廣義比例原則之內涵

比例原則	採取之方法應有助於目的之達成。	適當性原則（合目的性原則）
	有多種同樣能達成目的之方法時，應選擇對人民權益損害最少者。	必要性原則（侵害最小原則）
	採取之方法所造成之損害不得與欲達成目的之利益顯失均衡。	衡量性原則（狹義比例原則）（過度禁止原則）

大砲打麻雀

想將麻雀打下來，但卻以大砲來射擊，而不選擇其他破壞力較小的彈弓、獵槍等方式，導致附近的農田林地受損嚴重。

相關考題

依司法院大法官解釋，下列何者違反比例原則？　(A)以判決命加害人公開道歉，而未涉及加害人自我羞辱等損及人性尊嚴之情事者　(B)律師接見受羈押被告時，看守所得不問理由全程予以監聽、錄音　(C)對未辦理營利事業登記而經營電子遊戲場業者，科處刑罰之規定　(D)以廣告物、電腦網路等媒介散布、播送或刊登足以引誘、媒介性交易之訊息者，處以刑罰之規定　　　　　　　　　　　　　　　　【98高考三級-法學知識與英文】	(B)
依司法院大法官解釋，下列何者與憲法第23條所定比例原則未盡相符？(A)通姦經配偶縱容或宥恕者，不得提起告訴　(B)毒品危害防制條例規定誣告他人犯該條例之罪者，處以其所誣告之罪之刑　(C)醫師法規定醫師於業務上如有違法或不正當行為，得處1個月以上1年以下停業處分或撤銷其執業執照　(D)毒品危害防制條例規定施用毒品者，處以有期徒刑　　　　　　　　　　　　　　　　　　　　　　　　【99三等關務-法學知識】	(B)
非視覺功能障礙者，不得從事按摩業。上開職業禁止規定違反憲法何種原則？　(A)福利國原則　(B)誠信原則　(C)法律保留原則　(D)比例原則　　　　　　　　　　　　　　　　　　　　　　　　【99四等關務-法學知識】	(D)

【解析】
請參照釋字第649號解釋，本書第166頁。

西諺有云：「打小鳥不用以大砲」；我國俗語亦有：「殺雞焉用牛刀」，此乃所謂「不得為達目的不擇手段」，這是那一種憲法上原則的展現？　(A)法律保留原則　(B)比例原則　(C)公益原則　(D)平等原則　　　　　　　　　　　　　　　　　　　　　　　　【99四等關務-法學知識】	(B)

相關考題

下列何項與國家限制人民自由及權利之比例原則無關？ (A)所採取之限制措施是否有助於目的之達成 (B)所採取之限制措施是否依據法律 (C)所採取之限制措施是否為在可能達成目的之措施中，對當事人最小之侵害者 (D)所採取之限制措施是否過度 【100三等調查特考-法學知識與英文】	(B)
依司法院大法官釋字第471號解釋，對於違反槍砲彈藥刀械管制條例之行為人，一律宣付強制工作3年，不符合下列何種原則？ (A)比例原則 (B)法律優位原則 (C)法律保留原則 (D)信賴保護原則 【100三等司法特考-法學知識與英文】	(A)

【解析】

釋字第471號解釋：「此項規定不問對行為人有無預防矯治其社會危險性之必要，一律宣付強制工作3年，限制其中不具社會危險性之受處分人之身體、自由部分，其所採措施與所欲達成預防矯治之目的及所需程度，不合憲法第23條所定之比例原則。」

憲法第23條的比例原則，其中有三個子原則，其中「採取之方法應有助於目的之達成」，乃屬於那個原則？ (A)適當性原則 (B)必要性原則 (C)過度禁止原則 (D)視情況而定 【100四等行政警察-中華民國憲法概要】	(A)
依據司法院釋字第384號解釋，秘密證人制度違反下列何一原則？ (A)比例原則 (B)一事不再理原則 (C)罪疑唯輕原則 (D)罪刑法定主義原則 【100普考-法學知識與英文】	(A)
依司法院釋字第551號解釋，倘有法律規定捏造證據誣告他人犯罪者，處以其所誣告之罪之刑，此舉是否符合比例原則？ (A)符合，此係以其人之道治其人之身 (B)符合，誣告行為係嚴重浪費司法資源，應以嚴刑峻罰防堵之 (C)不符合，刑事責任應以行為本身之惡害程度予以非難評價，以所誣告罪名反坐，有失均衡 (D)不符合，以所誣告罪名反坐，違反言論自由保障 【99地方特考四等-法學知識與英文】	(C)

依司法院釋字第641號解釋，菸酒稅法第21條規定：「本法施行前專賣之米酒，應依原專賣價格出售。超過原專賣價格出售者，應處每瓶新臺幣2000元之罰鍰。」請問此一規定是否合乎憲法關於人民權利義務保障的意旨？ (A)合乎，新臺幣2000元之罰鍰，就一般人的財力來說，負擔不至於過重，符合比例原則 (B)合乎，為了促使人民遵守法律規定，立法機關有權就違反管制之行為，透過法律給予適當裁罰，符合處罰法定原則 (C)不合乎，米酒要賣多少價格，屬憲法保障米酒所有人財產權與私法自治之範圍，主管機關既無權干涉，更不得裁罰 (D)不合乎，超過原專賣價格出售，不論情節一律按新臺幣2000元裁罰，個案處罰可能會過苛，且沒有設適當調整機制，不符妥當性與比例原則 【101四等一般警察-法學知識】	(D)
依司法院解釋，原菸酒稅法規定該法施行前專賣之米酒應依原專賣價格出售。超過原專賣價格出售者，一律每瓶新臺幣2000元之罰鍰，此規定違反下列何種法律原則？ (A)明確性原則 (B)平等原則 (C)法律保留原則 (D)比例原則 【102初等一般行政-公民與英文】	(D)
下列何項原則要進行是否符合「目的正當性、手段必要性、限制妥當性」之審查？ (A)比例原則 (B)法律保留原則 (C)平等原則 (D)明確性原則 【101四等行政警察-中華民國憲法概要】	(A)
依司法院釋字第551號解釋，某甲栽贓誣陷某乙販賣一級毒品，舊毒品危害防制條例規定對於某甲「處以其所誣告之罪之刑」，此一規定違憲的主要理由為下列何者？ (A)違反罪刑法定原則 (B)違反比例原則 (C)違反明確性原則 (D)違反信賴保護原則 【101四等行政警察-中華民國憲法概要】	(B)

【解析】

釋字第551號解釋：「……未顧及行為人負擔刑事責任應以其行為本身之惡害程度予以非難評價之刑法原則，強調同害之原始報應刑思想，以所誣告罪名反坐，所採措置與欲達成目的及所需程度有失均衡；其責任與刑罰不相對應，罪刑未臻相當，與憲法第23條所定比例原則未盡相符。」

相關考題

比例原則強調國家在進行干預行政時，不得為達目的而不擇手段，強調目的與手段之間均衡，若有多種同樣能達成目的之方法時，應選擇對人民權益損害最少者，此為何種原則的展現？　(A)適當性原則（合目的性原則）　(B)必要性原則（侵害最少原則）　(C)過度禁止原則（狹義的比例原則）　(D)平等原則　　　　　　　　　　【100關稅四等-法學知識】	(B)

相關考題　　　　　　　　正當法律程序

依司法院釋字第563號解釋，大學院校依規定程序訂定有關章則，使成績未達一定標準之學生，予以退學處分，其有關退學事由之規定須合理妥適，其訂定及執行應循何項法律原則為之？　(A)便宜原則　(B)不利變更禁止原則　(C)正當法律程序原則　(D)信賴保護原則　　　　　　　　　　　　　　　　　　　　【100四等行政警察-中華民國憲法概要】	(C)
舊通訊保障及監察法內規定「通訊監察書，偵查中由檢察官依司法警察機關聲請或依職權核發」，依司法院釋字第631號解釋，違反下列何項原則而被宣告違憲？　(A)比例原則　(B)合理、正當之程序　(C)法官獨立原則　(D)審檢分隸原則　　　　　　　　【99地方特考四等-法學知識與英文】	(B)

7 信賴保護原則

● 信賴保護之要件

政府必須值得人民信賴，否則朝令夕改，人民無法適從，權利亦難以保障。信賴保護原則涉及法秩序安定與國家行為可預期性，屬法治國原理重要內涵，其作用非僅在保障人民權益，更寓有藉以實現公益之目的。（釋字第717號解釋）

信賴保護之構成要件須符合：（釋589）

一、信賴基礎：即行政機關表現在外具有法效性之決策。

二、信賴表現：即人民基於上述之法效性決策宣示所形成之信賴，實際開始規劃其生活或財產之變動，並付諸實施，此等表現在外之實施行為乃屬「信賴表現」。

三、有客觀上值得保護之信賴利益存在等要件。

● 行政法規之廢止或變更（釋525）

信賴保護原則攸關憲法上人民權利之保障，公權力行使涉及人民信賴利益而有保護之必要者，不限於授益行政處分之撤銷或廢止（行政程序法第119條、第120條及第126條參照），即行政法規之廢止或變更亦有其適用。行政法規公布施行後，制定或發布法規之機關依法定程序予以修改或廢止時，應兼顧規範對象信賴利益之保護。除法規預先定有施行期間或因情事變遷而停止適用，不生信賴保護問題外，其因公益之必要廢止法規或修改內容致人民客觀上具體表現其因信賴而生之實體法上利益受損害，應採取合理之補救措施，或訂定過渡期間之條款，俾減輕損害，方符憲法保障人民權利之意旨。

波蘭醫生與信賴保護原則

我相信政府的法律制度，波蘭醫生不必經過學歷甄試就可以在臺執業。為何我剛畢業，制度又改了。

波蘭醫生

怕你未經過扎實的實習過程，就在臺灣上陣，恐怕會鬧出人命吧！

主管機關

原針對歐盟地區國家之醫學系學生，醫師法所採行之學歷甄試鑑定制度較為寬鬆，也因此許多臺灣學生轉赴波蘭就讀醫學系，造成國內醫學系學生之不滿與抗議。

基於醫師水準之維持，主管機關遂欲修改相關規範，致使波蘭醫學系學生也須經由一定的學歷甄試鑑定制度才能在臺執業，但也引發違反信賴保護原則之質疑。

相關考題

有關國家強制全民參加全民健康保險及繳納保費之規定，依司法院大法官解釋，下列敘述何者錯誤？　(A)係國家為達成全民納入健康保險，以履行對全體國民提供健康照護之責任所必要之手段　(B)雖對人民的自我決定權以及財產權構成限制，但仍合於憲法第23條之要求　(C)增加原來參加勞保、公保、農保等被保險人之保費負擔，已違反信賴保護原則而違憲　(D)對於無力繳納保費者，國家仍應給予適當之救助，不得逕行拒絕給付，此乃基於國家的保護義務 （C）

【99第二次司法特考-法學知識與英文】

依司法院大法官之解釋，信賴保護原則之適用，必須符合三要件，下列何者屬於所謂之信賴基礎？ (A)行政機關訂定之法規命令 (B)人民提出之證據 (C)行政機關訂定之人員管理規定 (D)人民提出之申請 【104司法四等-法學知識與英文】	(A)
下列何種情形，人民不得主張信賴保護原則？ (A)甲提供正確資料申請農地農用證明書，後因不可抗力無法繼續耕種而遭廢止證明書 (B)乙明知不符合醫師考試應考資格之規定，而報名參加考試，及格後被發覺而被撤銷考試及格資格 (C)軍人丙因相信行政機關「轉任公務員併計算年資」函釋，經參加轉任考試及格錄取後，行政機關廢止該函釋 (D)遊民丁交代其財產所得，主管機關不察發給救助金，稍後發現，丁拒絕退還救助　　　　　　　　【104普考-法學知識與英文】	(B)
司法院釋字第690號解釋，係對於傳染病防治法中關於必要處置及強制隔離規定所為之違憲審查。下列何者，並非上述解釋所引用之原則？ (A)比例原則 (B)信賴保護原則 (C)法律明確性原則 (D)正當法律程序原則　　　　　　　　【109高考-法學知識與英文】	(B)

3

[前言與總綱]

1 憲法前言

● 憲法本文與增修條文之前言

一、憲法本文前言

　　「中華民國國民大會受全體國民之付託，依據孫中山先生創立中華民國之遺教，為鞏固國權，保障民權，奠定社會安寧，增進人民福利，制定本憲法，頒行全國，永矢咸遵。」

二、憲法增修條文前言

　　「為因應國家統一前之需要，依照憲法第27條第1項第3款及第174條第1款之規定，增修本憲法條文如左：」

● 憲法前言之分析

　　由憲法本文之前言可知，憲法之制定者為國民大會，其制定之依據為國父孫中山先生的遺教，不過這一段話咀嚼再三，似乎有種擁護精神領袖的味道，尤其是「永矢咸遵」四字。這段前言好像指稱國父孫中山先生建立的制度最完美，也違反了所謂江山代有才人出的意義，在民主化逐漸成熟的現在，看起來顯得有些突兀，只是這段前言有其歷史背景，因此也不必過於計較。

　　右表中是中華人民共和國憲法的序言，除了提到「毛澤東主席」外，也有提到國父孫中山先生。對於國父孫中山先生創立的中華民國，認為只是歷史的一個階段，「中國人民反對帝國主義和封建主義的歷史任務還沒有完成」，果然兩岸連憲法的前言都差異甚大、各自表述。

中華人民共和國憲法序言

　　中國是世界上歷史最悠久的國家之一。中國各族人民共同創造了光輝燦爛的文化，具有光榮的革命傳統。

　　1840年以後，封建的中國逐漸變成半殖民地、半封建的國家。中國人民為國家獨立、民族解放和民主自由進行了前仆後繼的英勇奮鬥。二十世紀，中國發生了翻天覆地的偉大歷史變革。

　　1911年孫中山先生領導的辛亥革命，廢除了封建帝制，創立了中華民國。但是，中國人民反對帝國主義和封建主義的歷史任務還沒有完成。

　　1949年，以毛澤東主席為領袖的中國共產黨領導中國各族人民，在經歷了長期的艱難曲折的武裝鬥爭和其他形式的鬥爭以後，終於推翻了帝國主義、封建主義和官僚資本主義的統治，取得了新民主主義革命的偉大勝利，建立了中華人民共和國。從此，中國人民掌握了國家的權力，成為國家的主人。

　　大陸憲法並不是稱之為「前言」，而是「序言」。內容比我國本文與增修條文之前言加起來還要多好幾倍，有點像是闡述歷史故事，也一樣提到國父孫中山先生，看來特別有奇妙的感覺。

依司法院釋字第 3 號解釋「我國憲法依據孫中山先生創立中華民國之遺教而制定」，係記載於下列何處？ (A)憲法前言 (B)憲法增修條文前言 (C)憲法附則 (D)憲法增修條文附則　　　　【105四等警察-法學知識】	(A)
根據憲法前言，下列何者為中華民國憲法之制定者？ (A)國民大會 (B)省長聯席會議 (C)政治協商會議 (D)孫中山先生　　　　　　　　　　　　　　　　　　【99三等身障特考-法學知識】	(A)
憲法前言表徵的是制憲的意志，而依據前言所述，下列何者並非制定中華民國憲法的目的？ (A)擴張國土 (B)鞏固國權 (C)保障民權 (D)奠定社會安寧　　　　　　【99高考三級-法學知識與英文】	(A)
依憲法前言，針對中華民國憲法「頒行全國，永矢咸遵」意義之說明，下列何者是正確的？ (A)中華民國憲法是國內法 (B)中華民國憲法是國際慣例法 (C)中華民國憲法是限時法 (D)中華民國憲法是地方法　　　　　　　　　　　　【100關稅四等-法學知識】	(A)
依據憲法前言，中華民國憲法係基於下列何者之付託而制定？ (A)全體國民 (B)立法院 (C)行政院 (D)總統　　　　　　　　　　　　　　　　　【100三等行政警察-法學知識與英文】	(A)
關於憲法前言及憲法增修條文前言，下列敘述何者正確？ (A)憲法之前言因憲法增修條文前言而暫時停止適用 (B)兩者之效力與後續各條文之規範效力相同 (C)其所揭示之內容均具本質重要性，乃現行憲法所賴以存立之基礎，即使透過修憲亦不得變更 (D)兩者皆係由國民大會所制定　　　　　　　　　【109高考-法學知識與英文】	(D)

2 國體

● 民主共和制

憲法第1條規定：「中華民國基於三民主義，為民有、民治、民享之民主共和國。」

由憲法第1條規定，可以得知我國是採取民主共和體制，而民有、民治、民享則是源自於美國林肯總統。目前世界上的國體，可以概分為「民主共和制」以及「君主立憲制」。採取君主立憲制的國家，諸如日本、英國等，但其日本天皇、英國女皇等均無實質上的權力。因此，目前大多數國家是採取民主共和制，也就是透過選舉的機制，讓人民決定率領國家迎向未來的領導人選。

● 政體：民主政體

前開憲法第1條規定：「中華民國基於三民主義，為民有、民治、民享之民主共和國。」有關「民有」、「民治」、「民享」，則是有關「政體」，即是指人民所享有、人民所治理、一切為人民之意思，因此我國採取「民主政體制」。

至於相對應的政體則是「獨裁政體」，例如遭美國攻打後下台之前伊拉克總統海珊，以及現任北韓領袖金正恩都是獨裁政體的領袖，其國家所有的一切只屬於有權有勢的獨裁者所有；所有的一切治理行為，也都是獨裁者所為；所有的一切政治作為，都不是為了人民，而是為了獨裁者的私利。

中文	英文
民有	of the people
民治	by the people
民享	for the people

【釋字第499號解釋】

　　釋字第499號解釋之爭點為「88年9月15日修正公布之憲法增修條文違憲？」內容相當得繁雜，國民大會為憲法所設置之機關，其具有之職權亦為憲法所賦予，基於修憲職權所制定之憲法增修條文與未經修改之憲法條文雖處於同等位階，惟憲法中具有本質之重要性而為規範秩序存立之基礎者，如聽任修改條文予以變更，則憲法整體規範秩序將形同破毀，該修改之條文即失其應有之正當性。憲法條文中，諸如：第一條所樹立之**民主共和國原則**、第二條國民主權原則、第二章保障人民權利、以及有關權力分立與制衡之原則，具有本質之重要性，亦為憲法整體基本原則之所在。基於前述規定所形成之自由民主憲政秩序，乃現行憲法賴以存立之基礎，凡憲法設置之機關均有遵守之義務。

相關考題

關於共和國之意義與特徵，下列敘述何者錯誤？　(A)共和國係與君主國相對稱　(B)共和國之國家元首，係由人民直接或間接選舉產生　(C)共和國之國家元首有一定之任期　(D)依司法院大法官釋字第499號解釋，共和國原則屬於修憲得變更之事項 【99第二次司法特考-法學知識與英文】	(D)
憲法第1條所載「民有、民治、民享」之主張，其英文原文首先係出自何人？　(A)林肯　(B)羅斯福　(C)甘迺迪　(D)杜魯門 【98四等司法特考-法學知識與英文】	(A)
我國憲法第1條之「民有、民治、民享」用語，係首先出自何人之語？(A)我國之國父孫中山　(B)英國之邱吉爾總理　(C)法國之施密特總統(D)美國之林肯總統 【99-三等關務-法學知識】	(D)
下列何者非屬民主國原則之要素？　(A)立法委員選舉之比例代表制(B)總統任期制　(C)立法院對監察委員之人事同意權　(D)總統之刑事豁免權 【98三等司法特考-法學知識與英文】	(D)

相關考題

題目	答案
下列何者規定在憲法第一章總綱當中？　(A)國旗　(B)國歌　(C)國花　(D)國徽　　　　　　　　　　　　　　　【100關稅四等-法學知識】	(A)
我憲法第一章總綱內對下列何者未為規定？　(A)國家主權　(B)國旗　(C)首都　(D)國民　　　　　　　　　　【101四等一般警察-法學知識】	(C)
憲法第1條明定中華民國為民主共和國，下列何者並非民主共和國之特徵？　(A)國家元首是透過選舉產生　(B)國家元首有一定的任期　(C)國家元首由人民直接或間接選出　(D)國家元首可以指定繼承人　　　　　　　　　　　　　　　【100高考-法學知識與英文】	(D)
憲法第1條明定中華民國為民主共和國，下列何項原則並非民主國家必須具備的特徵？　(A)國民主權原則　(B)多數決原則　(C)政黨政治原則　(D)聯邦國原則　　　　　　　　　　　【100地方特考三等-法學知識與英文】	(D)

3 主權

● 國民主權原則

　　所謂國民主權原則，是指主權屬於國民全體，此亦為憲法第2條所明文規定：「中華民國之主權屬於國民全體。」亦為釋字第499號解釋所明文揭示。國民全體與人民個體之概念有所不同，國民主權有些像是人民個體之集合意志，透過民主機制選出來的民意代表，來表達每個人民個體所整合代表的集體意志，而非僅是個人主權。

● 彼岸大陸的國民主權原則

　　彼岸大陸的憲法也有類似規定，亦規定在第2條：「中華人民共和國的一切權力屬於人民。」只是這樣子的規定，似乎與實際上的情況差異很大，屬於「好看的紙糊牛肉」，只能看不能吃，可稱之為形式上的國民主權原則。

【實務見解：第五次憲法增修條文是否違憲？】

相關字號：釋字第499號

　　釋字第499號，針對憲法第五次增修條文是否違憲之議題作出解釋。其解釋文中有關國民主權原則之闡釋，諸如「**修改憲法乃最直接體現國民主權之行為**，應公開透明為之，以滿足理性溝通之條件，方能賦予憲政國家之正當性基礎。」第三屆國大代表透過修憲延任。認為基於國民主權原則，民意代表之所有權限，也是源自於國民選舉授權所生，任期屆滿，除有不能改選之正當理由外應即改選，否則就喪失其代表性。因此，延任事宜並無正當理由，**與國民主權原則不相符合**，也違反利益迴避原則。

相關考題

憲法第2條規定：「中華民國之主權屬於國民全體」，即是宣示我國採行下列那一項原則？　(A)平等原則　(B)國民主權原則　(C)比例原則　(D)法律保留原則　　　　　　　　　　　　【98普考-法學知識與英文】	(B)
中華民國之主權屬於全體國民。有關主權之意義，下列敘述何者錯誤？　(A)主權為屬於國家元首以及執政政府　(B)主權乃構成國家要素　(C)主權為國家自主自決的最高權力　(D)主權為國家最高意志　　　　　　　　　　　　　　　　　　【98調查局-法學知識與英文】	(A)
下列何者不屬於國民主權之具體表現？　(A)總統、副總統之選舉罷免　(B)立法委員之選舉罷免　(C)訴願權及訴訟權之行使　(D)憲法修正案之公民複決　　　　　　　　　　　　　　　　　【98調查局-法學知識與英文】	(C)
憲法規定中華民國之主權，屬於國民全體，而此國民主權則以各種方式呈現，下列何項方式是錯誤的？　(A)公民投票　(B)選舉　(C)宣布戒嚴　(D)制定憲法　　　　　　　　　　　　　　　　　【99高考三級-法學知識與英文】	(C)

依司法院釋字第499號解釋,下列何者不屬於憲法中「具有本質之重要性而為規範秩序存立之基礎」而不得任意修改者? (A)人民基本權利的保障 (B)行政國原則 (C)國民主權原則 (D)權力分立與制衡原則 【101高考-法學知識與英文】	(B)
依據司法院釋字第499號解釋,下列何者具有本質之重要性,屬於憲法整體之基本原則? (A)國民主權原則 (B)信賴保護原則 (C)司法優位原則 (D)公序良俗原則 【100三等行政警察-法學知識與英文】	(A)
依憲法第2條之規定,我國之主權屬於何者? (A)國民全體 (B)總統 (C)中華民族 (D)滿20歲之國民 【100四等行政警察-中華民國憲法概要】	(A)
下列何種事項不屬於國民主權之具體表現? (A)公民投票 (B)民意代表之定期改選 (C)制定憲法 (D)法官終身職之保障 【100地方特考四等-法學知識與英文】	(D)
憲法第2條國民主權之規定,與下列何項憲法基本原則關係最為密切? (A)文化國原則 (B)民主原則 (C)法治國家原則 (D)社會國原則 【100三等行政警察-法學知識與英文】	(B)

4 領土、國旗及國民

● 領土範圍的模糊化

相關條文：憲法第4條規定：「中華民國領土，依其固有之疆域，非經國民大會之決議，不得變更之。」

領土，是一個國家主權所能統治的範圍，他國不得干預領土範圍內之統治權。我國基於兩岸分割分治的事實，對於領土範圍之規定較為特別與彈性，憲法第4條乃係基於政治上及歷史上之理由，而訂定之概括規定。條文中的「固有疆域」是非常模糊的概念，是清朝的固有疆域？還是三國時代？是否包括中國大陸？外蒙古？還是只限於臺澎金馬？

● 領土之變更

由於國民大會已經廢除，所以領土之變更，改由立法委員為提案發動之機關，再經過人民投票的二階段程序。依據憲法增修條文第4條第5項規定：「中華民國領土，依其固有疆域，非經全體立法委員四分之一之提議，全體立法委員四分之三之出席，及出席委員四分之三之決議，提出領土變更案，並於公告半年後，經中華民國自由地區選舉人投票複決，有效同意票過選舉人總額之半數，不得變更之。」至於投票複決的時間，也是有一定的限制，依據憲法增修條文第1條第1項規定：「中華民國自由地區選舉人於立法院提出憲法修正案、領土變更案，經公告半年，應於3個月內投票複決，不適用憲法第4條、第174條之規定。」

領土變更流程示意圖

步驟一

領土變更案提出

1 / 4
提議

3 / 4
出席

3 / 4
決議

提案

出席

決議

全體立委 ➡ 全體立委 ➡ 出席立委

步驟二

公告半年

3個月內

投票複決

自由地區選舉人投票

反對 贊成

選舉人總額過半數同意

變更領土

【釋字第328號解釋】

　　本號解釋認為：「固有疆域範圍之界定，為重大之政治問題，不應由行使司法權之釋憲機關予以解釋。國家領土之範圍如何界定，純屬政治問題；其界定之行為，學理上稱之為統治行為，依權力分立之憲政原則，不受司法審查。」

相關考題	領土變更	
依憲法增修條文第4條規定，對於立法院所提出中華民國領土變更案，經由自由地區選舉人投票複決時，如何才得通過變更？　(A) 選舉人總額三分之一以上同意　(B)選舉人總額二分之一以上同意　(C)選舉人二分之一以上投票，投票數二分之一以上同意　(D)選舉人二分之一以上投票，投票數三分之二以上同意　　　　　　　　　【99四等關務-法學知識】		(B)
依司法院大法官解釋，國家領土範圍之界定不宜由釋憲機關予以解釋的原因，係基於以下何項理由？　(A)此屬於法律問題　(B)此屬於社會問題　(C)此屬於人民認知問題　(D)此屬於政治問題 　　　　　　　　　【99三等第一次司法人員-法學知識與英文】		(D)
依憲法增修條文第4條之規定，領土之變更由立法院提出領土變更案後，並於公告多久後，再交由公民複決？　(A)3個月　(B)4個月　(C)5個月　(D)6個月　　　　　　　　　【99四等身障特考一般行政-法學知識】		(D)
我國司法院釋字第328號，如何解釋憲法第4條關於中華民國「固有疆域」之範圍？　(A)包括中國大陸、外蒙古和臺澎金馬　(B)包括中國大陸和臺澎金馬　(C)僅包括臺澎金馬　(D)屬重大政治問題，釋憲機關不予解釋　　　　　　　　　【99普考-法學知識與英文】		(D)
下列有關中華民國領土變更案之敘述，何者正確？　(A)中華民國自由地區選舉人於立法院提出領土變更案，經公告3個月，應於3個月內投票複決　(B)中華民國自由地區選舉人於立法院提出領土變更案，經公告半年，應於3個月內投票複決　(C)中華民國自由地區選舉人於立法院提出領土變更案，經公告半年，應於半年內投票複決　(D)中華民國自由地區選舉人於立法院提出領土變更案，經公告3個月，應於半年內投票複決　　　　　　　　　【103高考-法學知識與英文】		(B)

相關考題　　　　　　領土變更

司法院大法官釋字第328號解釋，認為國家固有疆域如何界定純屬政治問題，其界定之行為，學理上稱之為何種行為？　(A)行政行為　(B)統治行為　(C)行政處分　(D)事實行為　　　　　　　　【100關稅三等-法學知識】	(B)
下列關於中華民國領土之敘述，何者錯誤？　(A)憲法本文對領土之確定，係採概括規定　(B)依憲法增修條文規定，領土變更案由總統提出 (C)依憲法增修條文規定，領土變更案須經公民複決　(D)依司法院大法官釋字第328號解釋，領土範圍之界定，屬於政治問題　　　　　　　　　　　　　　　　【100三等調查特考-法學知識與英文】	(B)
依憲法增修條文第4條規定，中華民國領土，依其固有疆域，全體立法委員依法提出領土變更案，並於依法公告後，再經中華民國自由地區選舉人投票複決，非經有效同意票過選舉人總額之多少比例，不得變更之？ (A)二分之一　(B)三分之一　(C)四分之一　(D)五分之一　　　　　　　　　　　　　　　　【101三等一般警察-法學知識與英文】	(A)
依憲法增修條文第1條的規定，領土變更案，應由下列何者提出後經公告半年，並於3個月內投票複決？　(A)總統　(B)行政院　(C)立法院 (D)司法院　　　　　　　　　　【100四等司法特考-法學知識與英文】	(C)
依憲法增修條文第1條規定，有關領土變更案之敘述，下列何者正確？ (A)領土變更案涉及受變更地之住民權益，應先由當地住民公投通過後方得成案　(B)領土變更案涉及國家安全，應由國家安全局負責向立法院提出　(C)領土變更案依規定須交由我國自由地區選舉人投票複決　(D)領土變更案為國際法問題，我國應依聯合國之決定辦理　　　　　　　　　　　　　　　　　　　　【100普考-法學知識與英文】	(C)
領土變更案經立法院議決通過後，須經下列何項程序始成立？　(A)交由公民複決　(B)聲請司法院大法官審理　(C)經監察院審議通過　(D)經行政院會議通過　　　　　　　【107高考-法學知識與英文】	(A)

● 國旗

　　相關條文：憲法第6條規定：「中華民國國旗定為紅地，左上角青天白日。」

　　我國的國旗，不可否認地，有著國民黨的潛在性意識，與國民黨的黨徽相當類似(青天白日)。但這是有歷史背景的因素，當初中華民國幾乎就是國民黨的代名詞，甚至有一段貪污腐敗的年代，還讓人質疑國庫通黨庫；時至今日，國民黨黨產議題仍是在野黨批評的重點。所以，國旗跟國民黨黨旗是否真的那麼相像，倒也不必太在乎，畢竟多了一片「滿地紅」，還是有所差距的。

● 中華民國國民

　　相關條文：憲法第3條規定：「具有<u>中華民國國籍</u>者為中華民國國民。」

　　如果沒有中華民國國籍，就不是中華民國國民，即便是在中華民國出生者，亦同。若連其他國籍也沒有，就是國際孤兒，狀況將相當得慘。

【實務案例：印尼黃小妹國際孤兒案】

　　曾有一位印尼小人球黃小妹，印尼籍父母來臺打工遭遣返，小孩子託給嫁至臺灣的表姑照顧，因為黃小妹是非法居留的外國人，依法不能取得身分證，因此無法念書，也無法享受健保卡的福利，處境相當堪憐。最後，經過多方努力，及前總統馬英九的協助下，以父母身分不詳的原因，據此申請身分證，成為中華民國國民。

相關考題　　　領土變更

司法院釋字第328號解釋認為，我國領土固有疆域範圍係屬何種問題，不應由行使司法權之釋憲機關予以解釋？　(A)統獨問題　(B)歷史爭議問題　(C)重大政治問題　(D)國際法問題　　　　【98四等基警-憲法概要】	(C)
依憲法增修條文規定，下列有關「提出領土變更案」的敘述，何者正確？　(A)須經全體立法委員四分之一的提議，全體立法委員三分之二的出席，出席委員四分之三的決議後方可提出　(B)須經全體立法委員四分之一的提議，全體立法委員四分之三的出席，出席委員四分之三的決議後方可提出　(C)須經全體立法委員五分之一的提議，全體立法委員三分之二的出席，出席委員四分之三的決議後方可提出　(D)須經全體立法委員五分之一的提議，全體立法委員四分之三的出席，出席委員四分之三的決議後方可提出　　　　【98普考-法學知識與英文】	(B)

相關考題　　　國　民

有關國民與公民之敘述，下列何者錯誤？　(A)中華民國國民係指具有中華民國國籍者　(B)國民係指滿20歲之成年人　(C)公民是指取得法定資格或條件而享有參與國家公權行使的國民　(D)公民有選舉之自由　　　　【100地方特考三等-法學知識與英文】	(B)
憲法明文規定具有中華民國國籍者為中華民國國民，下列對於國籍與國民之敘述，何者正確？　(A)國民以具有國籍為要素　(B)國籍之取得大多規定於刑法　(C)本國國民若僑居外國，我國法律對其完全無效力　(D)我國國民關於國籍之得喪直接規定於憲法　　　　【98調查局-法學知識與英文】	(A)
依憲法第3條之規定，成為我國國民之要件為何？　(A)年滿20歲者　(B)出生在我國領域內者　(C)具有我國國籍者　(D)依法納稅者　　　　【99四等身障特考一般行政-法學知識】	(C)
關於我國憲法總綱規定，下列敘述何者錯誤？　(A)明文規定我國為民主共和國　(B)明文規定主權屬於國民全體　(C)明文規定我國採單一國籍制　(D)明文規定我國國旗之樣式　【109普考-法學知識與英文】	(C)

有關我國憲法第1條至第6條之總綱規定之敘述,下列何者錯誤? (A)我國國體為民主共和國 (B)中華民國主權屬於國民全體 (C)我國採單一國籍制,不承認雙重國籍 (D)中華民國國旗之樣式為紅地,左上角為青天白日 【103高考-法學知識與英文】	(C)

4

[人民之基本權利與義務]

1 基本權利與 義務之架構

● 權利與義務

　　憲法規範人民之基本權利與義務，屬於最重要的章節，以權利為主，但為了整體社會發展，也有將部分的義務拉升至憲法的層級，諸如納稅、服兵役的義務，至於國民教育最為特殊，同時屬於權利與義務兩種性質。未來我國將採取募兵制，徵兵制暫時不復存在，不過有利於人民，雖然與憲法中人民有服兵役的義務，兩者規範似乎有所衝突，但以有利的募兵制，平等地規範所有的人民，取代對於人民較為不利的徵兵制，並無違反憲法之問題。

● 權利的類型

　　憲法規範人民之基本權利共有四種，包括平等權、自由權、受益權及參政權，其中尤其是自由權的範圍最廣，其下位概念更擴及人身自由、居住遷徙自由、言論講學著作及出版自由、秘密通訊自由、信仰宗教自由、集會結社自由。在受益權方面，則包括生存、工作、財產的權利、應考試服公職權、請願訴願及訴訟的訴訟權利，以及受國民教育之權利。

　　憲法對於基本權利之規範採取例示規定，蓋因人民之權利眾多，難以一一加以規範，所以採取例示規定，而非列舉規定，其他如隱私權、名譽權等則適用於憲法第22條之概括條款：「凡人民之其他自由及權利，不妨害社會秩序公共利益者，均受憲法之保障。」

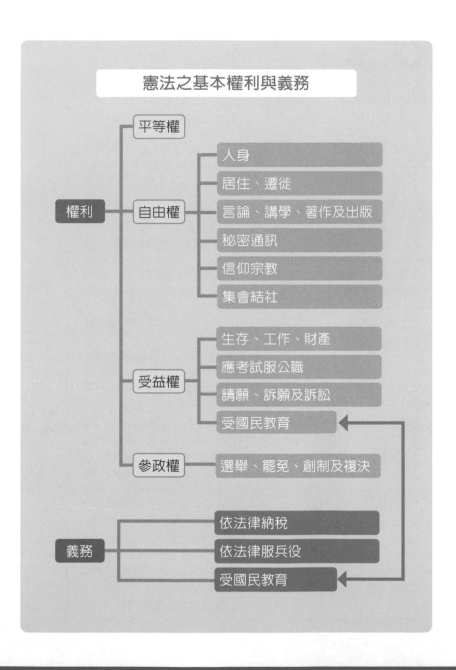

依司法院釋字第445號解釋，下列何者非屬表現自由之範疇？　(A)集會自由　(B)人身自由　(C)講學自由　(D)出版自由　　　　　　　　　　　　　　　　　　【105三等警察-法學知識與英文】	(B)

【解析】
　憲法第14條規定人民有集會之自由，此與憲法第11條規定之言論、講學、著作及出版之自由，同屬表現自由之範疇，為實施民主政治最重要的基本人權。（釋字第445號解釋）

下列何者非屬憲法明文列舉之基本權？　(A)學術自由　(B)遷徙自由　(C)宗教自由　(D)契約自由　　　　　　　　【105三等警察-法學知識與英文】	(D)
下列何者非屬憲法規定之人民基本義務？　(A)納稅　(B)服兵役　(C)受國民教育　(D)繳納社會保險費　　　　　　　　【105四等警察-法學知識】	(D)
憲法第2章所規定的基本權利保障的條文中，何種權利規定種類最多？(A)自由權　(B)平等權　(C)社會權　(D)受益權　　　　　　　　【100四等行政警察-中華民國憲法概要】	(A)
下列有關基本人權保障之敘述，何者正確？　(A)憲法平等權保障僅限於男女、宗教、種族、階級、黨派之形式平等　(B)受基本人權保障之主體除自然人之外，還包括公司、財團法人等私法人　(C)言論自由並非絕對，國家得因公益需要，雖無法律依據仍得為事前之檢查　(D)大陸地區人民來臺設有戶籍後，即可立即比照臺灣地區人民，享有應考試服公職之權利　　　　　　　　【100普考-法學知識與英文】	(B)
我國憲法對人民基本權的保障，係採用何種規定方式？　(A)僅採列舉式　(B)僅採概括式　(C)以列舉為主，概括為輔　(D)以概括為主，列舉為輔　　　　　　　　【100地方特考四等-法學知識與英文】	(C)
下列何者非憲法第2章所明文規定之人民義務？　(A)依法律納稅　(B)依法律服兵役　(C)強制納入健保體系　(D)受國民教育　　　　　　　　【100三等海巡-法學知識與英文】	(C)

2 基本權利之第三人效力與國庫效力

● 基本權利之第三人效力

　　基本權利是否在私人間發生效力，是一個頗為艱澀的憲法議題。例如醫院聘用醫師，但在聘僱契約中約定醫師不得發表任何政治上之言論即屬之。

　　德國威瑪憲法規定人民的言論自由也適用於私人勞動與經濟關係中，因此有論者主張言論自由或其他基本權利，不僅是拘束國家，也可以拘束一般人民；但是，也有學者主張，從憲法基本權力架構中，可看出是抑制國家侵害人民之行為，且若適用於一般人民，也侵害到私法自治之範疇。（許宗力，月旦92/7；吳庚，第17頁）

　　本書認為，基本權利之概念，除了針對國家對於人民權利侵害設置界線外，也應該適用於人民與人民之間的關係。

● 基本權利之國庫效力

　　若是政府機關以私經濟行政之方式，與民眾間成立私法契約之相對立位置，則憲法是否仍有適用，有學者認為私經濟行政依然屬於行政之一環，並不因為對人民作用之型態，而免除行政機關所應負之憲法上之義務。

　　例如政府所經營之公共運輸事業，僅對於私立學校學生提供學生票的優待，但卻未對公立學校學生提供相同的優待，即違反憲法平等之要求。因此，實務上若發生行政機關所為私經濟行為與憲法上義務相違背之際，仍應遵守憲法上之義務。（許宗力，月旦92/7；吳庚，第17頁）

基本權利之第三人效力

人民與人民之間，雖說是私法自治的關係，但是憲法的基本價值還是適用之。如本例中，老闆要求員工成為回教徒，員工認為侵害其選擇宗教的自由。

行政機關之私經濟行為，仍應負憲法上義務

政府機關透過公權力之行使，可能造成人民之基本權利侵害。此時，可以透過憲法基本權利之規範，來防止政府機關對於人民之侵害。

政府機關出租國宅予人民，雙方簽訂的租賃契約，屬於私經濟行政，還是屬於行政的一環，當然還是受到憲法的規範。因此，國宅若是僅租給有錢人，卻對沒有錢的民眾設限，恐怕就違反平等的原則。

相關考題

憲法上基本人權之保障，不僅適用於國家與人民之間，且及於私人相互間之關係，學理上稱之為：　(A)特別權力關係　(B)基本權特別效力　(C)基本權第三人效力　(D)特別權利關係 【100四等行政警察-中華民國憲法概要】	(C)

3 平等權(7)

● 平等權之基本規範

相關條文：憲法第5條規定：「中華民國各民族一律平等。」憲法第7條規定：「中華民國人民，無分男女、宗教、種族、階級、黨派，在法律上一律平等。」這些都是我國憲法中有關平等之規定。

● 實質的平等，還是形式的平等？

一、形式的平等，是指一種齊頭式的平等，無分人民之各種特性，通通一律平等對待。例如所有人繳交的稅都一樣，郭台銘繳交13%的稅，遊民也是繳交13%的稅。

二、實質的平等，參酌事實上的差別，對於不同的屬性給予不同的待遇。例如基於女性在戰場上諸多不便，因此徵兵制原則上只徵募男性當兵。

【實務見解：大法官對於平等權的一些看法】

釋字第211號解釋，針對行政程序法第6條規定：「行政行為，非有正當理由，不得為差別待遇。」條文中所謂正當理由，是指「為保障人民在法律上地位之實質平等，並不限制立法機關在此原則下，為增進公共利益，以法律授權主管機關，斟酌具體案件事實上之差異及立法之目的，而為合理之不同處置」。

釋字第481號解釋理由書：「憲法上之平等原則，係為保障人民在法律上地位之實質平等，並不禁止法律依事物之性質，就事實狀況之差異而為合理之不同規範。」我國採取**實質平等**之原則。

實質平等與形式平等

實質平等：男女有身體上的差異，實質上既然有所不同，所以原則上義務役之兵役，僅徵召男性當兵。

形式平等：男女有身體上的差異，實際上也有所不同，但是在形式平等原則下，都要服兵役。

相關考題

中央警察大學法律研究所考試，其簡章規定：「有色盲者，不得報考」。此一規定，司法院大法官認為如何？ (A)過早限制學生職業選擇自由，違反比例原則 (B)對身體有缺陷者作了不公平對待，違反平等原則 (C)對身體缺陷者，事先予以歧視，違反就業服務法之禁止歧視原則 (D)色盲者確有某些情形不適任警察工作，因此簡章限制報考，與目的間有實質關聯，並不違憲 【99四等基警行政警察-法學緒論】	(D)

【解析】

釋字第626號解釋認為：「因警察工作之範圍廣泛、內容繁雜，職務常須輪調，隨時可能發生判斷顏色之需要，色盲者因此確有不適合擔任警察之正當理由，是上開招生簡章之規定與其目的間尚非無實質關聯，與憲法第7條及第159條規定並無抵觸。」

依據司法院大法官解釋，下列那一項違反平等權？ (A)勞動基準法課雇主負擔勞工退休金之給付義務 (B)耕地三七五減租條例約滿收回須補償承租人 (C)因軍事審判所造成之冤獄不予賠償 (D)就業服務法規定外國人眷屬在勞工保險條例實施區域以外發生死亡事故者，不得請領喪葬津貼 【98三等司法特考-法學知識與英文】	(C)

【實務見解：罰娼不罰嫖】

相關字號：釋字第666號解釋

　　為什麼只罰娼，不罰嫖呢？經濟上較為強勢的嫖不加以處罰，卻只罰經濟上的弱勢，這也是釋字第666號解釋宣告違憲之論點，其重要內容如下：

　　憲法第7條所揭示之平等原則非指絕對、機械之形式上平等，而係保障人民在法律上地位之實質平等，要求**本質上相同之事物應為相同之處理**，不得恣意為無正當理由之差別待遇。

　　性交易行為如何管制及應否處罰，屬於立法裁量之範圍。立法委員如果決定要罰，娼妓與嫖客應該要一起處罰；如果不罰，兩者均不能罰，才符合平等原則。可是社會秩序維護法只罰娼妓（想要賺錢的一方），而不處罰嫖客（付錢的一方），以主觀上有無意圖得利作為是否處罰之標準，法律上已形成差別待遇。

　　性交易乃由娼妓與嫖客共同完成，雖然娼妓可能連續被許多人嫖，這和嫖客短時間只能和一位娼妓，兩者有所差別，但是性交易仍須娼嫖雙方共同完成，均違反維護國民健康與善良風俗之立法目的，在法律上之評價應屬一致，不該因此有所差別待遇。再者，娼妓多屬女性且經濟上弱勢，此無異是針對參與女性娼妓的管制處罰，致其業已窘困之處境更為不利。因此，本號解釋認為：**系爭規定以主觀上有無意圖得利，作為是否處罰之差別待遇標準，與上述立法目的間顯然欠缺實質關聯，自與憲法第7條之平等原則有違。**

都是妨害善良風俗，為何只處罰我不處罰他。

相關考題

下列有關於憲法第7條平等原則的敘述，何者錯誤？ (A)平等原則只拘束司法、行政機關，而立法機關基於立法裁量不受拘束 (B)憲法所謂之「在法律上平等」，並非機械的絕對平等而屬於實質的平等 (C)平等原則禁止公權力機關，恣意地為差別的待遇 (D)平等原則容許因個案差異，為合理之差別待遇 【99四等海巡-法學知識與英文】	(A)
司法院釋字第340號解釋，認為公職人員選舉罷免法第38條第2項規定，政黨推薦之區域候選人，其保證金減半繳納，與憲法第7條之意旨有違。此係違反了： (A)平等原則 (B)比例原則 (C)法律保留原則 (D)必要性原則 【98四等基警-憲法概要】	(A)
大陸人民經許可進入臺灣，非設籍滿10年，不得擔任公務員之規定，依司法院大法官解釋，下列敘述何者錯誤？ (A)對其擔任公務員之資格與其他臺灣地區人民差別對待，與憲法第7條平等原則有違 (B)以10年為期之規定，其手段仍在必要及合理之範圍內，難謂違反憲法第23條 (C)此為鑒於兩岸目前分治與對立之狀態，為確保臺灣地區安全、民眾福祉暨維護自由民主之憲政秩序所為之特別規定，仍屬合理正當 (D)系爭法律雖未區分何種公務員之何種職務於兩岸關係事務中，足以影響臺灣地區安全、民眾福祉暨自由民主之憲政秩序，但尚無明顯重大之瑕疵 【98調查局-法學知識與英文】	(A)
【解析】 本題是考釋字第618號解釋，主要是因為兩岸處於分治與對立之狀態，為確保臺灣地區安全、民眾福祉暨維護自由民主之憲政秩序所為之特別規定，故此種差別待遇，並沒有違反憲法平等原則。	
依司法院大法官有關平等權之解釋，下列敘述何者錯誤？ (A)憲法之平等原則係指相對平等而非絕對平等 (B)基於憲法之價值體系得為差別對待 (C)基於事物之本質得為差別對待 (D)憲法之平等原則只在保障人民在法律形式上的平等 【99高考三級-法學知識與英文】	(D)

依刑事訴訟法令受理案件遭受冤獄之人得請求冤獄賠償，但依軍事審判法令受理案件之受害人則不得請求，係違反下列何種原則？　(A)福利原則　(B)平等原則　(C)比例原則　(D)誠信原則 【99第二次司法特考-法學知識與英文】	(B)
依司法院大法官解釋，下列何者違反平等原則？　(A)大陸地區人民經許可進入臺灣地區者，非在臺灣地區設有戶籍滿10年，不得擔任公務人員　(B)在某一道路範圍內之私有土地均辦理徵收，僅因既成道路有公用地役關係而不辦理徵收補償　(C)對於九二一大地震災區住屋全倒、半倒者，發給慰助金之對象，以設籍、實際居住於受災屋與否作為判斷依據　(D)法律規定菸品所含之尼古丁及焦油含量應以中文標示於菸品容器上，對酒類及食品則未有類似規定　【99第二次司法特考-法學知識與英文】	(B)

【解析】
(B)參見釋字第400號解釋。

依司法院大法官解釋，下列有關平等原則之敘述，何者正確？　(A)國家對勞工與公務人員退休生活所為之保護不得有差異　(B)現役軍人不得兼任文官之規定違反平等原則　(C)父母對於未成年子女權利之行使意思不一致時，由父行使之規定與平等原則有違　(D)政黨推薦之區域候選人保證金減半，無黨籍候選人無此優惠，與平等原則無違 【99調查局-法學知識與英文】	(C)
依司法院大法官相關解釋之意旨，下列何者錯誤？　(A)祭祀公業條例施行前，女系子孫不得為祭祀公業之派下員，違反性別平等原則　(B)政府採購得標廠商於國內員工總人數逾一定人數者，應於履約期間內僱用原住民，不違反種族平等原則　(C)夫妻非薪資所得應強制合併計算申報所得稅，應納稅額較單獨計算稅額為高，違反平等原則　(D)僅就部分宗教規定其不得處分寺廟財產，違反宗教平等原則 【106高考-法學知識與英文】	(A)

【補充資料：釋字第400號解釋】

　　憲法第15條關於人民財產權應予保障之規定，旨在確保個人依財產之存續狀態行使其自由使用、收益及處分之權能，並免於遭受公權力或第三人之侵害，俾能實現個人自由、發展人格及維護尊嚴。如因公用或其他公益目的之必要，國家機關雖得依法徵收人民之財產，但應給予相當之補償，方符憲法保障財產權之意旨。既成道路符合一定要件而成立公用地役關係者，其所有權人對土地既已無從自由使用收益，形成因公益而特別犧牲其財產上之利益，國家自應依法律之規定辦理徵收給予補償，各級政府如因經費困難，不能對上述道路全面徵收補償，有關機關亦應訂定期限籌措財源逐年辦理或以他法補償。

　　若在某一道路範圍內之私有土地均辦理徵收，僅因既成道路有公用地役關係而以命令規定繼續使用，毋庸同時徵收補償，顯與平等原則相違。至於因地理環境或人文狀況改變，既成道路喪失其原有功能者，則應隨時檢討並予廢止。行政院中華民國67年7月14日台67內字第6301號函及同院69年2月23日台69內字第2072號函與前述意旨不符部分，應不再援用。

【釋字第694號解釋：他能減免稅，爲何我不能？】

　　中華民國90年1月3日修正公布之所得稅法第17條第1項第1款第4目規定：「按前三條規定計得之個人綜合所得總額，減除下列免稅額及扣除額後之餘額，爲個人之綜合所得淨額：一、免稅額：納稅義務人按規定減除其本人、配偶及合於下列規定扶養親屬之免稅額；……（四）納稅義務人其他親屬或家屬，合於民法第1114條第4款及第1123條第3項之規定，未滿20歲或滿60歲以上無謀生能力，確係受納稅義務人扶養者。……」其中以「未滿20歲或滿60歲以上」爲減除免稅額之限制要件部分（100年1月19日修正公布之所得稅法第17條第1項第1款第4目亦有相同限制），違反憲法第7條平等原則，應自本解釋公布日起，至遲於屆滿1年時，失其效力。（釋字第694號解釋）

重點：違反平等原則。

速讀：35歲（20-60歲），但無謀生能力者，實際上有被扶養，卻無法享有免稅額。

舉例：重度身心障礙者，毫無謀生能力，已經35歲了，卻無法享有免稅額。

【釋字第696號解釋：懲罰婚姻條款】

　　中華民國78年12月30日修正公布之所得稅法第15條第1項規定：「納稅義務人之配偶，及合於第17條規定得申報減除扶養親屬免稅額之受扶養親屬，有前條各類所得者，應由納稅義務人合併報繳。」（該項規定於92年6月25日修正，惟就夫妻所得應由納稅義務人合併報繳部分並無不同。）其中有關夫妻非薪資所得強制合併計算，較之單獨計算稅額，增加其稅負部分，違反憲法第7條平等原則，應自本解釋公布之日起至遲於屆滿2年時失其效力。

　　財政部76年3月4日台財稅第7519463號函：「夫妻分居，如已於綜合所得稅結算申報書內載明配偶姓名、身分證統一編號，並註明已分居，分別向其戶籍所在地稽徵機關辦理結算申報，其歸戶合併後全部應繳納稅額，如經申請分別開單者，准按個人所得總額占夫妻所得總額比率計算，減除其已扣繳及自繳稅款後，分別發單補徵。」其中關於分居之夫妻如何分擔其全部應繳納稅額之計算方式規定，與租稅公平有違，應不予援用。

重點：違反平等原則。
速讀：大法官作出第696號解釋，所得稅法有關「夫妻非薪資所得必須合併計稅」的規定違憲。此種懲罰婚姻條款，違反憲法平等原則。

【釋字第701號解釋：長照醫藥費限指定醫療院所始得列舉扣除】

中華民國94年12月28日修正公布之所得稅法第17條第1項第2款第2目之3前段規定：「……（二）列舉扣除額：……3、醫藥……費：納稅義務人及其配偶或受扶養親屬之醫藥費……，以付與公立醫院、公務人員保險特約醫院、勞工保險特約醫療院、所，或經財政部認定其會計紀錄完備正確之醫院者為限」（上開規定之「公務人員保險特約醫院、勞工保險特約醫療院、所」，於97年12月26日經修正公布為「全民健康保險特約醫療院、所」，規定意旨相同），就身心失能無力自理生活而須長期照護者（如失智症、植物人、極重度慢性精神病、因中風或其他重症長期臥病在床等）之醫藥費，亦以付與上開規定之醫療院所為限始得列舉扣除，而對於付與其他合法醫療院所之醫藥費不得列舉扣除，與憲法第7條平等原則之意旨不符，在此範圍內，系爭規定應不予適用。

重點：違反平等原則。

速讀：為何一定要去指定的醫療院所接受長期照護，我找些小家的醫療院所，但離我家近，難道不行據此列舉為所得扣除額嗎？

相關考題

關於憲法第7條所定平等原則之敘述，下列何者正確？　(A)係保障人民在法律上地位之平等　(B)指國家不得斟酌規範事物性質之差異而為差別對待　(C)指絕對、機械之形式上平等　(D)僅拘束行政機關，不拘束立法機關，立法者有形成自由　【100關稅三等-法學知識】	(A)
司法院大法官釋字第649號解釋中，認為「非視覺功能障礙者，不得從事按摩業。」之法律規定，違反下列何項憲法基本權之保障？　(A)生存權　(B)人身自由　(C)平等權　(D)應考試之權　【100三等司法特考-法學知識與英文】	(C)
舊民法第1089條「父母對於未成年子女權利之行使意思不一致時，由父行使之」之規定部分，主要違反下列何者？　(A)隱私權　(B)人格權　(C)平等權　(D)資訊自決權　【101四等行政警察-中華民國憲法概要】	(C)
依憲法第20條規定，人民有依法律服兵役之義務，但兵役法第1條卻僅規定只有「男子」有服兵役之義務，是否違反平等原則？　(A)違反，憲法第7條規定人民無分男女，在法律上一律平等　(B)違反，僅規定男子有服兵役之義務，剝奪女性從事兵役相關工作之權利　(C)不違反，此係立法者基於男女生理上之差異，所為合理之差別待遇　(D)不違反，此係對女性有利之規定　【101四等行政警察-中華民國憲法概要】	(C)
下列事項何者曾被司法院解釋認為違反「男女平等」而宣告違憲？(A)兵役法規定，僅中華民國男子依法有服兵役之義務　(B)一夫一妻之婚姻制度　(C)夫或妻之剩餘財產差額分配請求權　(D)父母對於未成年子女權利之行使意思不一致時，應由父行使之規定　【100地方特考三等-法學知識與英文】	(D)

【解析】

釋字第365號解釋：「民法第1089條，關於父母對於未成年子女權利之行使意思不一致時，由父行使之規定部分，與憲法第7條人民無分男女在法律上一律平等，及憲法增修條文第9條第5項消除性別歧視之意旨不符……」

依司法院釋字第340號解釋，公職人員選舉罷免法第38條第2項規定：「政黨推薦之區域、山胞候選人，其保證金減半繳納。但政黨撤回推薦者，應全額繳納」，無異使無政黨推薦之候選人，須繳納較高額之保證金，形成不合理之差別待遇，此乃憲法上何種原則之檢驗？ (A)比例原則 (B)平等原則 (C)法律保留原則 (D)法律優位原則 【99地方特考四等-法學知識與英文】	（B）
下列何者為憲法上未明文的一般平等要求？ (A)不分宗教在法律上一律平等 (B)不分黨派在法律上一律平等 (C)不分男女在法律上一律平等 (D)不分學歷在法律上一律平等 【103普考-法學知識與英文】	（D）
所得稅法對夫妻免徵贈與稅，但卻不及於「同居」之事實配偶。此一法律規定，依司法院大法官解釋有無違憲之虞？ (A)沒有。因為同居制度違反公序良俗的認知 (B)沒有。因為婚姻制度受憲法特別保障 (C)有。違反平等權 (D)有。違反對一般人格權保護 【103四等司特-法學知識與英文】	（B）

【解析】

釋字第647號解釋：「遺產及贈與稅法第20條第1項第6款規定，配偶相互贈與之財產不計入贈與總額，乃係對有法律上婚姻關係之配偶間相互贈與，免徵贈與稅之規定。至因欠缺婚姻之法定要件，而未成立法律上婚姻關係之異性伴侶未能享有相同之待遇，係因首揭規定為維護法律上婚姻關係之考量，目的正當，手段並有助於婚姻制度之維護，自難認與憲法第7條之平等原則有違。」

相關考題

依司法院釋字第365號解釋，當父母對於未成年子女權利行使意思不一致時，法律若規定由父行使之，則違反何項憲法原則？ (A)比例原則 (B)未成年子女保護原則 (C)平等原則 (D)不當連結禁止原則 【101員級鐵路人員-法學知識與英文】	(C)
下列何者不在憲法第7條平等權保障所明文列舉的範圍？ (A)男女 (B)宗教 (C)黨派 (D)族群 【101四等一般警察-法學知識】	(D)
依司法院解釋，下列何者與平等原則有違？ (A)戒嚴時期人民受損權利回復條例僅規定對受無罪判決確定前喪失人身自由者予以賠償，不包含不起訴處分確定前後、無罪判決確定後喪失人身自由者 (B)就業服務法就外國人眷屬在勞工保險條例實施區域以外發生死亡事故者，限制其不得請領喪葬津貼 (C)兵役法規定中華民國男子依法皆有服兵役之義務，女子則無服兵役之義務 (D)法律對於各類食品、菸品、酒類等商品所規定之標示義務有所不同 【99地方特考三等-法學知識與英文】	(A)

【解析】

釋字第477號解釋：「……戒嚴時期人民受損權利回復條例第6條適用對象，以『受無罪之判決確定前曾受羈押或刑之執行者』為限，未能包括不起訴處分確定前或後、經治安機關逮捕以罪嫌不足逕行釋放前、無罪判決確定後、有罪判決（包括感化、感訓處分）執行完畢後，受羈押或未經依法釋放之人民，係對權利遭受同等損害，應享有回復利益者，漏未規定，顯屬立法上之重大瑕疵，若仍適用該條例上開規定，僅對受無罪判決確定前喪失人身自由者予以賠償，反足以形成人民在法律上之不平等，就此而言，自與憲法第7條有所抵觸。是凡屬上開漏未規定之情形，均得於本解釋公布之日起2年內，依該條例第6條規定請求國家賠償。」

關於夫妻婚後之住所，依司法院釋字第452號解釋，下列說明何者錯誤？ (A)夫妻有同居義務，夫妻婚後所設定之住所亦應同一 (B)住所雖得由夫妻約定之，不能協議約定者，應准許訴請法院決定之 (C)如法律規定妻以夫之住所為住所，贅夫以妻之住所為住所，有違男女平等原則 (D)住所選擇乃人民權利，夫妻婚後未設定住所者，亦應尊重其決定 【100普考-法學知識與英文】	(A)

行政程序法第6條規定：「行政行為，非有正當理由，不得為差別待遇。」係何種基本權利的表現？　　(A)生存權　(B)參政權　(C)平等權 (D)訴訟權　　　　　　　　　　　　　　　　【103普考-法學知識與英文】	(C)
有關平等原則之敘述，下列何者錯誤？　　(A)禁止國家權力在無正當理由的情況下，對於相同事件為不同處理　(B)憲法強調婦女與原住民族之實質地位保障，以落實平等原則　(C)平等原則包含恣意禁止原則　(D)離島人民，僅金門、馬祖地區因曾為戰地之故，應予特別保障　　　　　　　　　　　　　　　　　　　　　　　【105四等警察-法學知識】	(D)
憲法第7條規定，中華民國人民無分男女、宗教、種族、階級、黨派，在法律上一律平等。所謂法律上平等之意義，下列敘述何者正確？ (A)僅指法律適用平等　(B)僅拘束行政權與司法權，例外情形始拘束立法權　(C)平等原則不包含實質平等　(D)行政機關受行政慣例拘束，應遵守對相同案件相同處理之原則　　　　　　　　　【105三等警察-法學知識與英文】	(D)

關於司法院釋字第748號解釋之敘述，下列何者錯誤？ (A)相同性別二人成立永久結合關係，亦受憲法第22條婚姻自由之保障 (B)現行民法第4編親屬第2章婚姻規定，侵害憲法第22條保障之隱私權 (C)以何種形式保障相同性別二人成立永久結合關係，以達婚姻自由之平等保護，屬立法形成之範圍　(D)以性傾向為分類標準所為之差別待遇，亦屬憲法第7條平等權規範之範圍　　　　　【107普考-法學知識與英文】	（B）
甲男平日皆著褲裝上班，後因醫師建議其表現自我而開始著裙裝上班，同事對於甲男的改變開始竊竊私語，甲向主管乙反映此事，但並未獲得相關協助，反而將甲調職，雖然新工作甲亦可勝任，但仍悶悶不樂，請求調回原職，關於上述案例，下列敘述何者正確？　　(A)乙不得因甲之性傾向而有不利益對待　(B)甲著裙裝已違背公序良俗　(C)乙之調職決定和甲之性傾向無關　(D)甲穿裙裝造成他人困擾　　　　　　　　　　　　　　　　　　　　【109普考-法學知識與英文】	（A）

相關考題 夫妻非薪資所得強制合併計算

司法院釋字第696號解釋，宣告所得稅法關於夫妻非薪資所得強制合併計算之規定，與單獨計算稅額比較，有增加稅負之情形而違憲。其違憲理由，應為下列那一個原則？ (A)信賴保護原則 (B)平等原則 (C)實質課稅原則 (D)法律保留原則 【109高考-法學知識與英文】	(B)

4 人身自由(8)

● 人身自由之基本概念

相關規定：憲法第8條（條文參見第89頁）

憲法第8條是保障人身自由的條文，排除國家公權力不法的侵害。例如白色恐怖時代，常聽說人只要被警總帶走，很少有機會能平安返家，刑求逼供更是家常便飯，法院還沒判刑，警方的私刑就先來整頓一下，與現在中國大陸法律條文都是參考的情況頗為類似。時至今日，臺灣已邁向法治國家，非法逮捕、拘禁、審問、處罰，當事人都可以拒絕之，也就是要義正嚴詞地告訴違法的警察機關、法院，這種濫行拘禁、刑求逼供可是違反憲法的基本原則。

【釋字第392號解釋】

1、檢察機關，是廣義司法之一。所以依據法律程序，檢察機關可逮捕拘禁。

2、「審問」，係指法院審理之訊問。「法院」，當指有審判權之法官所構成之獨任或合議之法院。

3、提審權，不以「非法逮捕拘禁」為條件。

因此，依據本號解釋對於憲法第8條第2項規定之解釋，刑事訴訟法舊法有關檢察官擁有羈押權之規定違憲，現行羈押權之裁決權業已移轉至法院。

相關考題

根據司法院大法官釋字第392號解釋，憲法第8條之羈押權應由何人行使之？　(A)法官　(B)檢察官　(C)警察　(D)調查局 【99高考三級-法學知識與英文】	(A)

● 檢警共用24小時

被告或犯罪嫌疑人因拘提或逮捕到場者，應<u>即時訊問</u>。（刑訴§93Ⅰ）例如警方圍捕銀行搶匪之現行犯，將搶匪制伏，押回後即應解送檢察官，並立即訊問。偵查中經檢察官訊問後，認有羈押之必要者，應自拘提或逮捕之時起24小時內，以<u>聲請書敘明犯罪事實並所犯法條及證據與羈押之理由</u>，備具繕本並檢附卷宗及證物，聲請該管法院羈押之。（刑訴§93Ⅱ）所謂自拘提或逮捕之時起24小時，即所謂之「檢警共用24小時」。

檢警共用24小時之計算

24小時

| 拘提或因通緝逮捕之被告 | 警方 | 檢方 | 送達指定處所 |

實務與法令之發展

舊刑事訴訟法第91條違憲，原規定為「拘提或通緝逮捕之被告，應即解送指定之處所，如3日內不能達到指定之處所者，應先行解送較近之法院」。

《釋字第392號解釋見解》

憲法第8條第2項規定「至遲於24小時內移送該管法院審問」。

《民國86年修法》

刑事訴訟法第91條：「拘提或因通緝逮捕之被告，應即解送指定之處所；如24小時內不能達到指定之處所者，應分別其命拘提或通緝者為法院或檢察官，先行解送較近之法院或檢察機關，訊問其人有無錯誤。」

● 憲法保留原則與正當法律程序

憲法第8條規定關於人身自由之保障，乃憲法各條文中最為詳盡者，國家限制人身自由的程序乃屬於憲法保留。換言之，人身自由的保障已經拉高到憲法的層級，立法者也不能另外制定法律，來剝奪憲法已經給予人民人身自由的權利。

人身自由，乃人民行使其憲法上各項自由權利所不可或缺之前提，憲法第8條第1項規定所稱「法定程序」，係指凡限制人民身體自由之處置，不問其是否屬於刑事被告之身分，除須有法律之依據外，尚須分別踐行必要之司法程序或其他正當法律程序，始得為之。此項程序固屬憲法保留之範疇，縱係立法機關亦不得制定法律而逕予剝奪。（釋588）此號解釋是針對舊有行政執行法所為「管收」之規定，違反正當法律程序之憲法意旨。

【實務見解：執行期滿的午前釋放】

相關字號：釋字第677號解釋

犯人服刑期滿，過去的規定是要隔天的中午才釋放，主要考量是若凌晨釋放，對於安全與交通上有所顧慮。本號解釋認為既然服刑期滿，就不應該以其他理由將之非法拘禁，有違正當法律程序，且所採取限制受刑人身體自由之手段亦非必要，牴觸憲法第8條及第23條之規定。

所謂刑期執行期滿當日，就執行刑罰目的之達成，並不以執行至午夜24時為必要，是於期滿當日之午前釋放，既無違刑期執行期滿之意旨，亦無受刑人交通與人身安全之顧慮。

● 提審制度

提審制度，源自於英美法之「人身保護令狀」，得以防止法院以外之機關非法拘禁人民，藉以保障人民之人身自由。所以檢警只能共用24小時，不得超過此一時間，本人或他人可以聲請該管法院「提審」，法院也不得拒絕。

● 外國人暫時收容

　　逾越暫時收容期間之收容部分，非由法院審查決定，均有違憲法第8條第1項保障人民身體自由之意旨（釋708）。

【憲法第8條】

Ⅰ 人民身體之自由應予保障。除現行犯之逮捕由法律另定外，非經司法或警察機關依法定程序，不得逮捕拘禁。非由法院依法定程序，不得審問處罰。非依法定程序之逮捕、拘禁、審問、處罰，得拒絕之。

Ⅱ 人民因犯罪嫌疑被逮捕拘禁時，其逮捕拘禁機關應將逮捕拘禁原因，以書面告知本人及其本人指定之親友，並至遲於24小時內移送該管法院審問。本人或他人亦得聲請該管法院，於24小時內向逮捕之機關提審。

Ⅲ 法院對於前項聲請，不得拒絕，並不得先令逮捕拘禁之機關查覆。逮捕拘禁之機關，對於法院之提審，不得拒絕或遲延。

Ⅳ 人民遭受任何機關非法逮捕拘禁時，其本人或他人得向法院聲請追究，法院不得拒絕，並應於24小時內向逮捕拘禁之機關追究，依法處理。

相關考題

檢肅流氓條例內「秘密證人」之規定因違反何者遭大法官宣告違憲？ (A)法律保留原則　(B)明確性原則　(C)權利救濟原則　(D)正當法律程序原則　　　　　　　　　【98四等司法特考-法學知識與英文】	(D)
人民因犯罪嫌疑被逮捕時，得對下列何者聲請，向逮捕之機關要求提審？　(A)該管檢察署　(B)該管法院　(C)大法官　(D)監察院　　　　　　　　　【98普考-法學知識與英文】	(B)
依司法院大法官解釋，提審法上之提審制度，主要係保障何種人權？ (A)言論自由權　(B)人身自由權　(C)居住遷徙自由權　(D)平等權　　　　　　　　　【99普考-法學知識與英文】	(B)

依憲法本文規定,非依法定程序之逮捕、拘禁、審問、處罰,人民得如何因應? (A)依法申覆 (B)拒絕之 (C)自力救濟之 (D)異議之【98四等基警-憲法概要】	(B)
依憲法本文規定,人民因犯罪嫌疑被逮捕或拘禁時,逮捕拘禁機關應將逮捕拘禁原因,以何種方式告知其本人及其指定之親友? (A)透過司法警察告知 (B)電話告知 (C)透過第三人傳話告知 (D)書面告知【98四等基警-憲法概要】	(D)
依司法院大法官解釋,下列何種規定並未牴觸憲法第8條? (A)法院得裁定管收行政執行之義務人 (B)警察得科處違警者拘留 (C)檢察官得開押票羈押犯罪嫌疑人 (D)行政機關得命安置兒童及青少年【98四等基警-憲法概要】	(A)

【解析】
(A)釋字第588號:行政執行法關於「管收」處分之規定,係在貫徹公法上金錢給付義務,於法定義務人確有履行之能力而不履行時,拘束其身體所屬間接強制其履行之措施,尚非憲法所不許。
(B)釋字第251號解釋:違警罰法規定由警察官署裁決之拘留、罰役,係關於人民身體自由所屬之處罰,應迅改由法院依法定程序為之,以符憲法第8條第1項之本旨。
(D)參照釋字第590號解釋。

依憲法本文規定,人民因犯罪嫌疑被捕時,得聲請下列何者,向逮捕之機關提審? (A)該管檢察署 (B)該管法院 (C)司法院 (D)監察院【98四等基警-憲法概要】	(B)
有關正當法律程序之敘述,下列何者正確? (A)審判原則上不應公開 (B)被告無緘默權 (C)傳喚被告須有傳票 (D)被告無選任辯護人之權利【98四等基警-憲法概要】	(C)
憲法第8條規定關於人身自由之保障,乃憲法各條文中最為詳盡者,國家限制人身自由的程序乃屬於以下何者? (A)憲法保留 (B)狹義法律保留 (C)國會保留 (D)行政保留【99四等關務-法學知識】	(A)

相關考題

憲法上有關人身自由之保障，下列敘述何者與司法院釋字第384號解釋相符？　(A)限制人身自由之法律規定內容須實質正當　(B)現行犯之逮捕無須遵守正當法律程序原則　(C)人身自由保障僅及於刑事被告　(D)違警罰法未牴觸人身自由保障之意旨　【98四等地方特考-法學知識與英文】	(A)

【解析】
(C)人身自由保障不僅止於刑事被告，請參見釋字第436號解釋。
(D)請參見釋字第251號解釋。

依司法院釋字第535號解釋，警察對人實施臨檢，應符合什麼條件，始不至於對於受檢人之自由、權利造成過度之侵害？　(A)臨檢進行前應事先向該管地檢署檢察官，聲請臨檢許可後，會同管區警員執行之　(B)臨檢進行前應告以臨檢事由，並出示證件表明身分，執行時遵守比例原則，不得逾越必要程度　(C)臨檢時受檢人雖已提示身分證明文件，警察仍可不經其同意，帶至警局接受調查　(D)臨檢時受檢人不服臨檢，應向該管地方法院民事庭聲明異議　【98四等司法特考-法學知識與英文】	(B)

【解析】
釋字第535號解釋：「除法律另有規定外，警察人員執行場所之臨檢勤務，應限於已發生危害或依客觀、合理判斷易生危害之處所、交通工具或公共場所為之，其中處所為私人居住之空間者，並應受住宅相同之保障；對人實施之臨檢則須以有相當理由足認其行為已構成或即將發生危害者為限，且均應遵守比例原則，不得逾越必要程度。臨檢進行前應對在場者告以實施之事由，並出示證件表明其為執行人員之身分。臨檢應於現場實施，非經受臨檢人同意或無從確定其身分或現場為之對該受臨檢人將有不利影響或妨礙交通、安寧者，不得要求其同行至警察局、所進行盤查。其因發現違法事實，應依法定程序處理者外，身分一經查明，即應任其離去，不得稽延。」

依司法院大法官解釋，羈押法規定對受羈押被告與辯護人接見時監聽、錄音所獲得之資訊，得作為偵查或審判上認定被告本案犯罪事實之證據，牴觸憲法所保障之何種基本權利？　(A)言論自由　(B)人身自由　(C)財產權　(D)訴訟權　【99調查局-法學知識與英文】	(D)

依司法院大法官釋字第535號解釋，以下關於警察對人實施臨檢之說明，何者是錯誤？　(A)須申請法院核發搜索令，始符合人身自由的令狀主義　(B)對於私人居住空間之臨檢，應受住宅相同之保障　(C)對人實施之臨檢則須以有相當理由足認其行為有危險，且不得逾越必要程度　(D)從事臨檢警察須出示證件，表明其身分　【100關稅三等-法學知識】	(A)
依司法院釋字第535號解釋，警察人員對人民實施臨檢時，經受檢人表明身分後，除涉有不法或妨礙交通、安寧之外，應任其離去，係遵守憲法何項人民權利自由之保障？　(A)平等權　(B)人身自由　(C)居住遷徙自由　(D)生存權　【101四等行政警察-中華民國憲法概要】	(B)
憲法第8條第2項所定「至遲於24小時內移送」之時限，應計入下列何項時間？　(A)因交通障礙所致之時間　(B)其他不可抗力之事由所生不得已之遲滯時間　(C)在途解送時間　(D)在途解送之不必要遲延所致之時間　【100三等調查特考-法學知識與英文】	(D)

【解析】
(D)例如解送途中，跑去泡茶、看電影。

憲法第8條第1項規定：「人民身體之自由應予保障。……非由法院依法定程序，不得審問處罰。」這裡所稱之「法院」係指下列何者？　(A)僅指有審判權之法官組成之法庭　(B)除法官外，尚包括檢察官在內　(C)除法官外，尚包括檢察官與司法警察（官）在內　(D)除法官外，包括所有偵查、訴追、審判、刑之執行之機關　【101四等行政警察-法學緒論】	(A)
依司法院釋字第392號解釋意旨，下列何者對於犯罪嫌疑人擁有羈押權限？　(A)警察機關　(B)調查局　(C)檢察官　(D)法官　【101四等一般警察-法學知識】	(D)
我國憲法第2章關於人民權利，規定最為詳細具體者為何？　(A)言論自由　(B)選舉權　(C)平等權　(D)人身自由　【101四等行政警察-中華民國憲法概要】	(D)

相關考題

依據司法院大法官解釋之意旨，有關人身自由之保障，下列何者正確？ (A)行政執行之管收屬憲法第8條第1項所規定之「拘禁」，涉及人身自由之限制，於決定管收之前，應由法院審問　(B)傳染病防治法之強制隔離使人民在一定期間內負有停留於一定處所之義務，已屬人身自由之剝奪，於決定隔離前，應由法院審理　(C)臺灣地區與大陸地區人民關係條例規定之強制出境前暫予收容程序，涉及人身自由之限制，於決定收容前，應由法院審理　(D)入出國及移民法規定之受驅逐前暫時收容程序，係干預人民身體自由之強制處分，於決定收容前，應由法院審理 【107普考-法學知識與英文】	(A)
依司法院大法官解釋，關於人身自由之敘述，下列何者錯誤？　(A)憲法第8條第1項所稱「法定程序」，須以法律規定，其內容更須實質正當　(B)凡限制人民身體自由之處置，不問其是否屬於刑事被告之身分，皆應踐行相同之法定程序　(C)行政執行法之管收處分，係於一定期間內拘束人民身體自由於一定之處所，屬拘禁之類型之一　(D)人身自由之保障亦應及於外國人，使其與本國人同受保障　【109普考-法學知識與英文】	(B)
下列何者不屬於憲法第6條所規定之法定程序的適用範圍？　(A)逮捕　(B)拘禁　(C)提審　(D)公務員懲戒　【104司法三等-法學知識與英文】	(D)
依憲法本文規定，人民因犯罪嫌疑被逮捕，至遲應於何時移送法院審問？　(A)24 小時　(B)36 小時　(C)48 小時　(D)72 小時 【101四等行政警察-中華民國憲法概要】	(A)
關於人身自由權之保障，非由何種機關依法定程序，不得審問處罰？ (A)立法機關　(B)警察機關　(C)檢察機關　(D)法院 【101員級鐵路人員-法學知識與英文】	(D)

人民身體自由享有充分保障，行政執行法拘提管收事由相關規定是否違憲，依司法院大法官解釋，下列敘述何者錯誤？　(A)立法機關基於重大之公益目的，藉由限制人民自由之強制措施，以貫徹其法定義務，於符合憲法上比例原則之範圍內，應為憲法之所許　(B)行政執行法關於「管收」處分之規定，於法定義務人確有履行之能力而不履行時，拘束其身體所為間接強制其履行之措施，尚非憲法所不許　(C)行政執行法如規定，「於調查執行標的物時，對於執行人員拒絕陳述者」得予以拘提管收，已逾越必要程度，與憲法第23條規定之意旨違背　(D)憲法第8條第1項規定所稱「法定程序」，係指凡限制人民身體自由之處置，不問其是否屬於刑事被告之身分均須同一　【100高考-法學知識與英文】

(D)

【解析】

釋字第588號解釋：

人身自由乃人民行使其憲法上各項自由權利所不可或缺之前提，憲法第8條第1項規定所稱「法定程序」，係指凡限制人民身體自由之處置，不問其是否屬於刑事被告之身分，除須有法律之依據外，尚須分別踐行必要之司法程序或其他正當法律程序，始得為之（釋字第384號解釋參照）。此項程序固屬憲法保留之範疇，縱係立法機關亦不得制定法律而遽予剝奪；惟刑事被告與非刑事被告之人身自由限制，畢竟有其本質上之差異，是其必須踐行之司法程序或其他正當法律程序，自非均須同一不可。

某國中生因經常逃學，結識犯罪組織成員，依法律規定令入少年感化教育機構施以感化教育，於該機構感化教育期間不得外出。下列敘述何者正確？　(A)該少年非刑事犯，令入感化教育機構並非拘禁，不得主張人身自由　(B)感化教育機構係提供少年居住之場所，與人格自由發展無關　(C)題示之感化教育制度妨害人身自由，應予全面廢除　(D)依司法院大法官解釋意旨，限制經常逃學虞犯少年人身自由，不符比例原則

【105司特四等-法學知識與英文】

(D)

相關考題

依司法院解釋，下列何者與刑事被告正當法律程序之保護無直接關聯？ (A)詰問證人之權利　(B)證據排除法則　(C)自白任意性　(D)法官兼任庭長　【99地方特考三等-法學知識與英文】	(D)

【解析】

參照釋字第582號解釋。

下列何種制度為憲法人身自由權保障之內容？　(A)聽證　(B)檢察一體 (C)審計　(D)提審　【101普考-法學知識與英文】	(D)

關於憲法第8條人身自由的保障，司法院釋字第639號解釋之敘述，下列何者錯誤？　(A)羈押之被告僅得向原法院聲請撤銷或變更該處分，不得提起抗告之審級救濟之法律規定，為立法機關基於訴訟迅速進行之考量所為合理之限制，未逾立法裁量之範疇，與憲法第16條、第23條尚無違背　(B)法律規定審判長、受命法官或受託法官得為羈押處分，與憲法第8條並無牴觸　(C)審級制度乃訴訟權保障之核心內容，立法機關不得限制　(D)憲法第8條所定之法院，包括依法獨立行使審判權之法官　【101普考-法學知識與英文】	(C)

【解析】

(C)釋字第639號解釋理由書：「……其雖限制人民提起抗告之權利，惟審級制度並非訴訟權保障之核心內容，立法機關非不得衡量訴訟案件之性質、訴訟制度之功能及司法資源之有效運用等因素，決定是否予以限制，迭經本院解釋在案（釋字第396號、第442號、第512號及第574號解釋參照）。上開規定為立法機關基於訴訟經濟之考量所為合理之限制，未逾立法裁量之範疇，與憲法第16條、第23條尚無違背。」

相關考題

依憲法本文之規定，有關人身自由之敘述，下列何者正確？　(A)除現行犯外，非經司法或警察機關依法定程序，不得逮捕拘禁人民　(B)依層級化法律保留之原理，人身自由只能以憲法限制之，不得以法律限制之 (C)除刑法之犯罪外，法院一律不得拘束人身自由　(D)人民遭受任何機關非法逮捕拘禁時，其本人或他人得向監察院聲請追究，監察院不得拒絕　【103普考-法學知識與英文】	(A)

依據司法院釋字第392號解釋，下列關於司法之敘述何者正確？ (A)凡法律上納入司法權行使者，均屬實質意義之司法 (B)形式意義之司法，係指裁判權及輔助裁判權行使之作用 (C)依據現制，狹義之司法限於民、刑事訴訟之裁判 (D)檢察機關所行使之職權，係屬廣義司法之一
【105四等警察-法學知識】 (D)

司法院大法官釋字第384號解釋，依據憲法第8條強調犯罪追訴應遵守「實質正當之法律程序」。因此，依此大法官說理，下列敘述何者正確？ (A) 犯罪追訴檢察官同屬法官定位 (B)犯罪追訴檢察官應有強制處分權 (C)強制處分應有法律或命令授權 (D)犯罪追訴應遵守罪刑法定原則
【100四等司法特考-法學知識與英文】 (D)

【解析】

釋字第384號解釋：「檢肅流氓條例第6條及第7條授權警察機關得逕行強制人民到案。無須踐行必要之司法程序；第12條關於秘密證人制度，剝奪被移送裁定人與證人對質結問之權利，並妨礙法院發見真實；第21條規定使受刑之宣告及執行者，無論有無特別預防之必要，有再受感訓處分而喪失身體自由之虞，均逾越必要程度，欠缺實質正當，與首開憲法意旨不符。又同條例第5條關於警察機關認定為流氓並予告誡之處分，人民除向內政部警政署聲明異議外，不得提起訴願及行政訴訟，亦與憲法第16條規定意旨相違。」

依司法院大法官解釋之意旨，關於限制外國人人身自由保障應踐行之正當法律程序，下列敘述何者錯誤？ (A)暫時收容處分屬於國家主權之行使，並不違反憲法第8條第1項保障人身自由之意旨 (B)內政部移民署得逕為暫時收容處分，無須向法院提出聲請裁定許可 (C)受收容人得對收容處分表示不服，或要求法院審查決定是否予以收容 (D)外國人受暫時收容已逾越期間，主管機關認為仍有繼續收容之必要時，得作成逕為繼續收容之處分
【104司法四等-法學知識與英文】 (D)

5 不受軍事審判(9)

● 基本概念

相關條文：憲法第9條規定：「人民除現役軍人外，不受軍事審判。」

由於臺灣男性都有當兵的義務，在軍隊中有許許多多的規定，若不小心牴觸軍中的規定，除了會受到長官的處罰外，如果犯行更加嚴重的話，還可能會受到軍事審判、處罰。

● 嚴格軍事審判程序之必要性

目前臺灣有制定陸、海、空軍刑法。其規定比一般的刑法還要嚴格，因為軍人的紀律較為嚴格，且軍人受過軍事訓練，攻擊性較強，如果沒有用更嚴格的法律來約束，可能更加危險。

另外，軍隊強調上下服從，尤其在戰爭期間，更重視絕對遵守長官命令。而士兵在軍中服役因訓練以及任務而受苦受難，很容易因為壓力而做出傻事，或者違逆長官命令，為了怕這種事情發生，我們更需要嚴厲的特別刑法。

● 軍事審判之程序與大法官會議之見解

軍人若觸犯陸、海、空軍刑法，不是到一般的法院接受審判，而是在軍事法院接受審判。軍事法院比起一般法院審判，比較不保障被告的權益。以前軍事審判被定罪後，只能再上訴一次，而且只能在軍事法院上訴，有當事人認為犧牲被告的權益，於是聲請大法官解釋，而有釋字436號解釋，該號解釋認為，如果是在「非戰爭期間」的承平時代，若被告被判決有期徒刑，應該允許其到普通法院去上訴，這樣才能獲得多一點保障。

另外，大法官在釋字436號也要求軍事法必須修正，以符合一般的公平、合理的訴訟程序。

相關考題

依司法院大法官解釋，下列關於軍事審判之敘述，何者正確？ (A)軍事法庭對於軍人之各種犯罪應有專屬審判權 (B)在平時，經軍事審判之被告，應得上訴至普通法院 (C)軍人平時各種犯罪之軍事審判，均不得上訴至普通法院 (D)對軍人之軍事審判權非屬國家刑罰權之作用

【99三等第一次司法人員-法學知識與英文】

(B)

6 居住自由與遷徙自由(10)

● 居住、遷徙自由之基本概念

相關條文：憲法第10條規定：「人民有居住及遷徙之自由。」

居住與遷徙自由，是指人民有決定住居所及加以變更的自由，旨在保障人民有任意移居或旅行各地之權利，也是屬於人身自由之內涵，例如游牧民族居無定所，喜歡逐水草而居。

此一權利實屬重要，例如主管機關「計畫遷村之手段」（翡翠水庫集水區石碇鄉碧山、永安、格頭三村遷村作業實施計畫），也是對人民居住遷徙自由有所限制。（釋字542）

● 居住、遷徙自由之限制

符合憲法第23條之情況，還是可以限制人民遷徙之自由，例如透過電子腳鐐的方式，掌控性侵犯假釋之後的行蹤以避免再務犯案（性侵害犯罪防治法）。

另外，許多被限制住居的涉嫌人，都必須定時向法院通報行蹤，以防止棄保潛逃，例如王令麟涉及相關掏空弊案，就必須定時向派出所簽到。

> **【實務案例：役男可以出國嗎？】**
>
> 限制役男出境係對人民居住遷徙自由之重大限制，兵役法及其施行法均未設有限制，但是行政院曾頒布徵兵規則，委由內政部訂定役男出境處理辦法，欠缺法律授權之依據，遭釋字第443號解釋宣告違憲。

限制住居：定時向轄區派出所報到

為何要限制我的居住及遷徙自由？

每天都要向派出所報到，搬家也要通報…

因為你犯了罪，怕你跑掉，潛逃到大陸去啊！

相關考題

依司法院釋字第542號解釋，主管機關「計畫遷村之手段」，係涉及何種基本權利的保障？　(A)秘密通訊自由　(B)言論自由　(C)居住自由　(D)集會自由　　　　　　　　　　【98四等地方特考-法學知識與英文】	(C)
下列何者得作為限制遷徙自由之事由？　(A)未成年人　(B)精神疾病患者　(C)假釋之人犯　(D)愛滋病患　　　【98三等地方特考-法學知識與英文】	(C)

對於國民返國之權利，依司法院大法官解釋，下列敘述何者錯誤？ (A)為維護國家安全及社會秩序，人民入出境之權利，於符合憲法第23條比例原則下，得加以限制　(B)應就國民是否於臺灣地區設有住所而有不同區分，而非一律非經許可不得入境　(C)人民返國入境之權利絕對不得限制　(D)在臺灣地區無戶籍人民申請在臺灣地區長期居留得不予許可之規定，係對人民居住及遷徙自由之重大限制，屬法律保留之範疇 【100三等行政警察-法學知識與英文】	（C）

【解析】
釋字第558號解釋：「憲法第10條規定人民有居住、遷徙之自由，旨在保障人民有自由設定住居所、遷徙、旅行，包括出國境之權利。人民為構成國家要素之一，從而國家不得將國民排斥於國家疆域之外。於臺灣地區設有住所而有戶籍之國民得隨時返回本國，無待許可，惟為維護國家安全及社會秩序，人民入出境之權利，並非不得限制，但須符合憲法第23條之比例原則，並以法律定之。」

限制役男出境，依司法院釋字第443號解釋，主要係對下列何種自由之限制？　(A)集會自由　(B)遷徙自由　(C)表現自由　(D)信仰宗教自由 【101四等行政警察-中華民國憲法概要】	（B）
法律規定人民入出境均應經主管機關之許可，涉及何種基本權利？ (A)居住遷徙自由　(B)人身自由　(C)秘密通訊自由　(D)職業選擇自由 【99地方特考三等-法學知識與英文】	（A）
依司法院釋字第345號解釋，國家對欠稅之人限制出境之措施，主要係對其何項基本權之限制？　(A)人身自由　(B)遷徙自由　(C)財產權 (D)人格權　【101三等一般警察-法學知識與英文】	（B）
如果國家限制自己的國民不能回到國內，是涉及人民之何種自由？ (A)言論自由　(B)遷徙自由　(C)講學自由　(D)集會自由 【100地方特考三等-法學知識與英文】	（B）

相關考題

憲法保障居住及遷徙的自由,以下敘述何者正確?　(A)國民有權利移居外國　(B)即使患有法定傳染病,政府亦不可限制居所　(C)保釋在外的嫌疑犯可以自由旅行　(D)政府對於犯罪的國民可以拒絕其入境 【101高考-法學知識與英文】	(A)
人民有居住遷徙的自由,依司法院釋字第454號解釋,以下敘述何者錯誤?　(A)憲法第10條規定人民有居住及遷徙之自由,旨在保障人民有自由設定住居所、遷徙、旅行,包括出境或入境之權利　(B)對人民上述自由或權利加以限制,必須符合憲法第23條所定必要之程度,並以法律定之　(C)對於「國人入境短期停留長期居留及戶籍登記作業要點」第7點規定,關於在臺灣地區無戶籍人民申請在臺灣地區長期居留得不予許可、撤銷其許可、撤銷或註銷其戶籍,並限期離境之規定,係對人民居住及遷徙自由之重大限制,應有法律或法律明確授權之依據　(D)對人民入境居住之權利,固得視規範對象究為臺灣地區有戶籍人民,僑居國外或居住港澳等地區之人民,及其所受限制之輕重而容許合理差異之規範,惟必須符合憲法第23條所定必要之程度,並以法律定之,不得經立法機關明確授權由行政機關以命令定之　【100高考-法學知識與英文】	(D)

【解析】

釋字第454號解釋文:「……第7點規定,關於在臺灣地區無戶籍人民申請在臺灣地區長期居留得不予許可、撤銷其許可、撤銷或註銷其戶籍,並限期離境之規定,係對人民居住及遷徙自由之重大限制,應有法律或法律明確授權之依據。……」

釋字第454號解釋理由書:「憲法第10條規定人民有居住及遷徙之自由,旨在保障人民有自由設定住居所、遷徙、旅行,包括出境或入境之權利。對人民入境居住之權利,固得視規範對象究為臺灣地區有戶籍人民,僑居國外或居住港澳等地區之人民,及其所受限制之輕重而容許合理差異之規範,惟必須符合憲法第23條所定必要之程度,並以法律定之,或經立法機關明確授權由行政機關以命令定之。……」

依司法院大法官解釋,有關人民居住遷徙自由的保護,下列敘述何者錯誤?　(A)居住、遷徙之自由,包括入出國境之權利　(B)國家不得將國民排斥於國家領土之外　(C)國家對居住、遷徙之自由不應予以任何限制　(D)法律不區分國民是否於臺灣地區設有住所而有戶籍,一律非經許可不得入境,係屬違憲之規定　【100四等行政警察-法學緒論】	(C)

未經人民許可，而侵入人民住宅之情況，下列何者不符憲法保障人民居住自由之意旨？　(A)以蒐集情資為名進行家戶訪查　(B)依據搜索票之刑事搜索　(C)依據法定程序之行政檢查　(D)基於緊急狀況之即時強制 【107高考-法學知識與英文】	(A)
關於「遷徙自由」之限制，下列敘述何者正確？　(A)警方得依據法律或法律授權將本國國民遞解出境　(B)中華民國人民每年僅得出國觀光兩次　(C)依刑事訴訟法規定，得對被告限制住居　(D)國民出境2個月以上者，戶政機關依職權為遷出登記　　　　　　　　【104高考-法學知識與英文】	(C)
依傳染病防治法之規定，主管機關得令與傳染病病人接觸者強制隔離，司法院釋字第690號解釋認為，此規定對於人民人身自由之限制，尚未違憲。下列關於人民基本權利受到公權力限制之情形，何者與本號解釋所涉之基本權不同？　(A)法務部依監獄行刑法之規定否准受刑人提出之假釋申請　(B)少年法院對於吸食毒品之少年作出收容於少年觀護所之裁定　(C)財政部依稅捐稽徵法規定限制欠稅達一定數額之納稅義務人出境　(D)警察機關對於違反社會秩序維護法之行為人依確定之裁定執行拘留　　　　　　　　　　　　　　【103三等司特-法學知識與英文】	(C)
【解析】 (C)遷徙自由。	
依司法院大法官解釋，下列何者未限制人民之居住或遷徙自由？　(A)行政機關因實施都市更新，強制人民遷離其居住場所　(B)行政機關為保護集水區之潔淨與安全，強制居住於集水區之人民遷村　(C)警察進入人民投宿之旅館房間實施臨檢　(D)行政機關公告禁止人民於住宅前之騎樓擺設攤位　　　　　　　　　【105司特四等-法學知識與英文】	(D)
【解析】 (D)釋字第564號，財產權之行使。	
有關憲法保障之居住自由，下列敘述何者錯誤？　(A)居住自由旨在保障人民居住之住宅不受毀損或破壞　(B)居住自由之保障範圍，不限於密閉空間，亦包括設有圍牆之庭院　(C)受居住自由保障者，不限於所有權人，亦包括占有人　(D)居住自由旨在保障人民有選擇其居住處所，營私人生活不受干預之自由　　　　　　　　　　　　【105司特四等-法學知識與英文】	(A)

7 言論自由(11)

● 言論自由之概念

相關條文：人民有言論、講學、著作及出版之自由。(憲§11)

憲法第11條保障人民有積極表意之自由，及消極不表意之自由，其保障之內容包括主觀意見之表達及客觀事實之陳述。(釋577)

人民之言論自由應予保障，鑑於言論自由有實現自我、溝通意見、追求真理、滿足人民知的權利，形成公意，促進各種合理的政治及社會活動之功能，乃維持民主多元社會正常發展不可或缺之機制，國家應給予最大限度之保障。(釋509理由書)

● 憲法保障言論自由之基礎理論

多數意見通過的解釋文，認為言論自由有個人實現自我、促進民主政治、實現多元意見、促進監督政治等多重功能。

然而，有認為促進「監督」政治、社會公意的功能，對於媒體來說，雖然確實有助於促進新聞公正報導的作用，但是就人民意見表現之自由而言，恐引起誤導。因為言論自由，本來就是讓人民能在開放的規範環境中發表言論，不應該建立所謂的正統價值言論。當然言論也會對於整體社會有正面或負面的影響，但應該由言論市場自行節制，否則將抑制社會價值層出不窮的活力。

至於透過公權力干預言論自由之濫用，是立法考量之問題，並非憲法對於言論內容之價值業已有所評價，故不應過度強調「監督」之概念。(釋509—蘇俊雄協同意見書)

固然有些言論自由屬於非正統，讓主流價值深感烏煙瘴氣，但這些非主流價值的言論，也維繫著社會的基本活力。

相關考題

下列何者不屬言論自由所具有之功能？ (A)實現自我 (B)促進經濟成長 (C)形成公意 (D)滿足人民知的權利 【98四等基警-憲法概要】	(B)
依司法院大法官解釋，下列何者受憲法絕對保障，不得限制？ (A)生命權 (B)思想自由 (C)言論自由 (D)財產權 【109高考-法學知識與英文】	(B)

● 猥藝出版品

　　共有兩號大法官會議解釋涉及有關猥藝出版品，但也由於猥藝二字本來就是很抽象且不確定的法律概念，所以會讓人有愈解釋愈模糊的感覺。

一、釋字第407號解釋

　　該號解釋之要點如下：

　　1. 猥藝出版品，乃指一切在客觀上，足以刺激或滿足性慾，並引起普通一般人羞恥或厭惡感而侵害性的道德感情，有礙於社會風化之出版品而言。

　　2. 猥藝出版品與藝術性、醫學性、教育性等出版品之區別，應就出版品整體之特性及其目的而為觀察，並依當時之社會一般觀念定之。

二、釋字第617號解釋

　　刑法第235條第1項規定所謂散布、播送、販賣、公然陳列猥藝之資訊或物品，或以他法供人觀覽、聽聞之行為，係指對含有暴力、性虐待或人獸性交等而無藝術性、醫學性或教育性價值之猥藝資訊或物品為傳布，或對其他客觀上足以刺激或滿足性慾，而令一般人感覺不堪呈現於眾或不能忍受而排拒之猥藝資訊或物品，未採取適當之安全隔絕措施而傳布，使一般人得以見聞之行為；同條第2項規定所謂意圖散布、播送、販賣而製造、持有猥藝資訊、物品之行為，亦僅指意圖傳布含有暴力、性虐待或人獸性交等而無藝術性、醫學性或教育性價值之猥藝資訊或物品而製造、持有之行為，或對其他客觀上足以刺激或滿足性慾，而令一般人感覺不堪呈現於眾或不能忍受而排拒之猥藝資訊或物品，意圖不採取適當安全隔絕措施之傳布，使一般人得以見聞而製造或持有該等猥藝資訊、物品之情形。

刑法第235條【散布猥藝物品罪】

硬蕊（Hard Core）猥藝資訊或物品：
含有暴力、性虐待或人獸性交等而無藝術性、醫學性或教育性價值。

滴蠟燭虐待

或

非硬蕊之一般猥藝言論：
客觀上足以刺激或滿足性慾，而令一般人感覺不堪呈現於眾或不能忍受而排拒。

（如A片）

資訊未採取適當之安全隔絕措施而傳布，使一般人得以見聞之行為

成立刑法第235條散布猥藝物品罪

（高等法院97年度上易字第578號刑事判決）

【實務見解：性交易資訊】

相關字號：釋字第623號解釋

　　憲法第11條保障人民之言論自由，乃在保障意見之自由流通，使人民有取得充分資訊及自我實現之機會，包括政治、學術、宗教及商業言論等，並依其性質而有不同之保護範疇及限制之準則。商業言論所提供之訊息，內容為真實，無誤導性，以合法交易為目的而有助於消費大眾作出經濟上之合理抉擇者，應受憲法言論自由之保障。惟憲法之保障並非絕對，立法者於符合憲法第23條規定意旨之範圍內，得以法律明確規定對之予以適當之限制，業經本院釋字第414號、第577號及第617號解釋在案。

　　促使人為性交易之訊息，固為商業言論之一種，惟係促使非法交易活動，因此立法者基於維護公益之必要，自可對之為合理之限制。中華民國88年6月2日修正公布之兒童及少年性交易防制條例第29條規定：「以廣告物、出版品、廣播、電視、電子訊號、電腦網路或其他媒體，散布、播送或刊登足以引誘、媒介、暗示或其他促使人為性交易之訊息者，處5年以下有期徒刑，得併科新臺幣1百萬元以下罰金」，乃以科處刑罰之方式，限制人民傳布任何以兒童少年性交易或促使其為性交易為內容之訊息，或向兒童少年或不特定年齡之多數人，傳布足以促使一般人為性交易之訊息。是行為人所傳布之訊息如非以兒童少年性交易或促使其為性交易為內容，且已採取必要之隔絕措施，使其訊息之接收人僅限於18歲以上之人者，即不屬該條規定規範之範圍。上開規定乃為達成防制、消弭以兒童少年為性交易對象事件之國家重大公益目的，所採取之合理與必要手段，與憲法第23條規定之比例原則，尚無牴觸。惟電子訊號、電腦網路與廣告物、出版品、廣播、電視等其他媒體之資訊取得方式尚有不同，如衡酌科技之發展可嚴格區分其閱聽對象，應由主管機關建立分級管理制度，以符比例原則之要求，併此指明。

註：立法院104年1月23日三讀通過原「兒童及少年性交易防制條例」修正為「兒童及少年性剝削防治條例」，並將39條之法條增列共計55條。

相關考題

國家以法律科處刑罰之方式，限制人民傳布任何以兒童性交易為內容之訊息，依司法院大法官解釋，下列敘述何者錯誤？　(A)此種商業性之言論，並非憲法保障之對象　(B)此項限制符合憲法第23條之比例原則　(C)憲法保障之言論自由並非絕對保障　(D)商業言論與學術言論應有不同之保護範疇　【98調查局-法學知識與英文】	(A)
關於藥商刊播藥物廣告前，應於刊播前將所有文字、圖畫或言詞申請衛生主管機關核准之規定，依司法院大法官解釋，下列敘述何者正確？　(A)此為對言論內容之事前審查，已違反憲法第11條對言論自由之保障　(B)藥物廣告之商業言論，因與國民健康有重大關係，基於公共利益之維護，自應受較嚴格之規範　(C)此非關公意形成、真理發現或信仰表達之商業言論，非屬憲法第11條言論自由之保護範疇　(D)廣告係在提供資訊，而社會對商業訊息之自由流通有重大利益，故限制傳播業者不得刊播未經衛生主管機關核准之藥物廣告之規定，應屬違憲　【100三等行政警察-法學知識與英文】	(B)

【解析】
釋字第414號解釋。

衛生主管機關對於藥商刊播廣告前，應事先加以檢查。依司法院釋字第414號解釋，此種規定直接限制了人民何種基本權利？　(A)言論自由　(B)秘密通訊自由　(C)人身自由　(D)結社自由　【101員級鐵路人員-法學知識與英文】	(A)
下列言論，何者得受較嚴格之規範？　(A)政治性言論　(B)商業性言論　(C)宗教性言論　(D)學術性言論　【100關稅三等-法學知識】	(B)
菸害防制法規定菸品所含之尼古丁及焦油含量，應以中文標示於菸品容器上。涉及下列何種基本權利？　(A)不表意之自由　(B)禁止不當聯結　(C)不工作之自由　(D)吸菸之行動自由　【100三等司法特考-法學知識與英文】	(A)

【實務見解：藥物廣告應先經過核准嗎？】

　　言論自由，在於保障意見之自由流通，使人民有取得充分資訊及自我實現之機會，包括政治、學術、宗教及商業言論等，並依其性質而有不同之保護範疇及限制之準則。其中非關公意形成、真理發現或信仰表達之商業言論，尚不能與其他言論自由之保障等量齊觀。藥物廣告之商業言論，因與國民健康有重大關係，基於公共利益之維護，自應受較嚴格之規範。（釋414）

　　藥事法第66條第1項規定：「藥商刊播藥物廣告時，應於刊播前將所有文字、圖畫或言詞，申請省（市）衛生主管機關核准，並向傳播業者送驗核准文件。傳播業者不得刊播未經省（市）衛生主管機關核准之藥物廣告。」旨在確保藥物廣告之真實，維護國民健康，為增進公共利益所必要，與憲法第11條及第15條尚屬相符。又藥事法施行細則第47條第2款規定：藥物廣告之內容，利用容器包裝換獎或使用獎勵方法，有助長濫用藥物之虞者，主管機關應予刪除或不予核准，係依相關規定之授權，符合立法意旨，並未逾越母法之授權範圍，與憲法亦無牴觸。（釋414）

　　註：藥事法民國95年5月公布修正第66條條文。

　　本號解釋的重點在於，商業言論也是受到言論自由的保護。只是言論自由還是有不同的等級，一般涉及到國民健康有重大關係之商業言論，當然是比不上與公意形成、真理發現或信仰表達的言論。這種商業言論，就會受到法令較高的規範、較多的限制，以達到維護整體國民健康之公共利益。（右頁係常見有關藥物的廣告，也都受到相關法令的規範）

相關考題

下列何種言論相較之下，可受較大之限制？　(A)鼓吹臺灣獨立　(B)主張共產主義　(C)藥物廣告　(D)在網際網路上徵求16歲少女當援交對象【101高考-法學知識與英文】	(D)

各類常見藥品廣告

> 40歲像一尾活龍。

> 80歲的老公公參加馬拉松賽跑。

感冒用溼溼，
男人不行也用溼溼，
讓男人精氣神活起來，
馬上能夠抬起頭。

駝鳥蛋精華，
健步如飛，
讓80歲的老公公都能跑百米。

> 100天讓我的身材婀娜多姿。

> 保證只要一顆就藥到命除。

不必辛苦運動、不必打針吃藥、百日內即可擁有好身材。

華駝保命丸，
保證一顆藥到命除。

【實務見解：菸品廣告】

　　商品標示為提供商品客觀資訊之方式，應受言論自由之保障，惟為重大公益目的所必要，仍得立法採取合理而適當之限制。菸品容器上要標明尼古丁或焦油含量，甚至於有些還要註明會有致癌、性功能障礙風險的警語，這些菸害防制法的法律規定，對於菸品的銷售當然會有影響，會造成言論自由的限制，但是此種限制卻有合理的正當性目的，主要是基於提醒國民吸菸的風險，來維護國民的健康，所以並沒有侵害言論自由。強制規定要在菸品容器上有一定的標示，對於菸品業者財產權有所限制，但這是菸品財產權所具有之社會義務，且所受限制尚屬輕微，未逾越社會義務所應忍受之範圍，與憲法保障人民財產權之規定並無違背。（釋577）

　　菸品是廠商賺錢，但卻可能導致吸菸者的健康受損。廠商為了賺更多的錢，而製作引人吸菸的廣告，涉及到兩個憲法層次的問題，一個是言論自由，一個是財產權。

　　同樣地，菸品廣告與藥物廣告相同，也要受到較大的限制，以維護國民的健康；其次，強制標示警語，當然是負面性的廣告宣傳，對於業者也會少賺些錢，而侵害其財產權。但這就是業者應該負擔的社會義務，也就是適時地提醒人民注意自己的健康，這種標示警語的限制，大法官認為尚屬輕微，並未違背憲法對於人民財產權之保障。

● 基本權衝突及其解決之道

憲法保障的不同基本權之間,有時在具體事件中會發生基本權衝突,也就是一個基本權主體在行使其權利時,會影響到另一個基本權主體的基本權利實現。

基本權利之間發生衝突時,也就是兩種看起來對立的憲法要求(對不同基本權的實現要求)同時存在;此時,必然有一方之權利主張必須退讓,方能維持憲法價值秩序的內部和諧。由於憲法所揭示的各種基本權,並沒有特定權利必然優先於另外一種權利的抽象位階關係,故在發生基本權衝突的情形時,就必須且也只能透過進一步的價值衡量,來探求超越憲法對個別基本權保護要求的整體價值秩序。

　　就此，立法者應有「優先權限」採取適當之規範與手段，於衡量特定社會行為態樣中相衝突權利的比重後，決定系爭情形中對立基本權利實現的先後。而釋憲者的職權，則在於透過比例原則等價值衡量方法，審查現行規範是否對於相衝突的基本權利，已依其在憲法價值上之重要性與因法律規定而可能有的限制程度做出適當的衡量，而不至於過分限制或忽略了某一項基本權。

　　至於在個案適用法律時，行政或司法機關亦應具體衡量案件中法律欲保護的法益與相對的基本權限制，據以決定系爭法律的解釋適用，追求個案中相衝突之基本權的最適調和。（釋509——蘇俊雄協同意見書）

　　由誹謗行為所引起的社會爭議，基本上便是一種典型的基本權衝突問題；蓋此際表意人所得向國家主張之言論自由防禦權，會與人格名譽受侵害者所得要求國家履行的基本權保護義務，發生碰撞衝突。面對此項難題，立法者一方面必須給予受到侵擾的人格名譽權益以適當之保護，滿足國家履行保護義務的基本要求，他方面亦須維持言論自由的適度活動空間，不得對其造成過度之干預限制。而在社會生活型態多樣的情況下，如何妥慎區分不同的生活事實以進行細緻之權衡決定，更是此項基本權衝突能否獲致衡平解決的重要關鍵。（釋509——蘇俊雄協同意見書）

相關考題

依司法院釋字第414號解釋，關於藥物廣告，下列敘述何者錯誤？ (A)雖非關公意形成、真理發現或信仰表達之商業言論，仍應與其他言論自由之保障等量齊觀　(B)藥物廣告之商業言論，因與國民健康有重大關係，基於公共利益之維護，自應受較嚴格之規範　(C)藥物廣告係利用傳播方法，宣傳醫療效能，以達招徠銷售為目的，乃為獲得財產而從事之經濟活動　(D)言論自由，包括政治、學術、宗教及商業言論均屬之，其有不同之保護範疇及限制之準則　【99四等關務-法學知識】	(A)
衛生主管機關對藥商刊播廣告之審查核准行為，依司法院大法官釋字第414號解釋，認為是：(A)侵害憲法第11條之言論、出版自由權　(B)侵害人民之經濟活動自由　(C)合乎憲法第23條規定意旨　(D)違反憲法第15條人民之財產權應予保障規定　【98三等地方特考-法學知識與英文】	(C)

【解析】

釋字第414號解釋認為「藥物廣告係為獲得財產而從事之經濟活動，涉及財產權之保障，並具商業上意見表達之性質，惟因與國民健康有重大關係，基於公共利益之維護，應受較嚴格之規範。」因此認定相關規定「旨在確保藥物廣告之真實，維護國民健康，為增進公共利益所必要，與憲法第11條及第15條尚屬相符。」

法律規定「菸品所含尼古丁及焦油含量，應以中文標示於菸品容器上」，依司法院大法官解釋，下列敘述何者錯誤？　(A)該項標示已逾越菸品財產權所具有之社會義務　(B)此係對人民就特定商品資訊不表述自由的限制　(C)該項標示對菸品財產權之限制尚屬輕微　(D)該規定不違反法律明確性原則　【99三等第一次司法人員-法學知識與英文】	(A)
依司法院釋字第577號解釋，現行菸害防制法規定強制所有菸品，均應於菸品容器上，以中文標示所含之尼古丁及焦油含量，此舉是否合憲？ (A)違憲，此舉係強制菸商在菸品上標示尼古丁及焦油含量之言論，過度侵害人民有不言論的消極自由　(B)違憲，因酒類無需標示，而所有菸品均一律標示所含之尼古丁及焦油含量，違反平等原則　(C)合憲，菸品一律標示所含之尼古丁及焦油含量，係出於國民衛生健康之重大公益，屬於對言論自由依法的合理限制　(D)合憲，菸品上是否標示所含之尼古丁及焦油含量，係菸商如何處分菸品容器，僅屬私法自治，無關言論自由　【99四等海巡-法學知識與英文】	(C)
依據學理以及相關司法院大法官解釋，下列何種言論應受到較大之保障？　(A)藥品廣告　(B)報導私人之緋聞　(C)公然陳列與販售猥褻性書刊　(D)對於政治人物之批評　【98四等基警-憲法概要】	(D)

依司法院釋字第509號解釋意旨，下列何者非屬憲法保障言論自由之功能？　(A)滿足人民知的權利　(B)監督各種政治活動　(C)溝通意見追求真理　(D)確保人民服公職權利　　　　　　　【104司法三等-法學知識與英文】	(D)
有關言論自由，依司法院大法官解釋，下列說明何者錯誤？　(A)言論自由有實現自我、溝通意見、追求真理、滿足人民知的權利，形成公意，促進各種合理的政治及社會活動之功能，乃維持民主多元社會正常發展不可或缺之機制　(B)言論自由如以法律加以限制者，應符合比例原則之要求　(C)人民團體法第2條規定：「人民團體之組織與活動，不得主張共產主義」，使主管機關於許可設立人民團體以前，得就人民「主張共產主義」之政治上言論內容而為審查，與憲法保障人民結社自由與言論自由之意旨相符　(D)政黨成立後發生其目的或行為危害中華民國之存在或自由民主之憲政秩序者，經憲法法庭作成解散之判決後，始得禁止　　　　　　　　　　　　　　　　　　【100高考-法學知識與英文】	(C)

【解析】
釋字第644號解釋。

關於言論自由之敘述，下列何者錯誤？　(A)法律中規定香菸包裝上應加註有害健康之警語，構成對言論自由之合法限制　(B)須證明言論內容確屬真實，始受言論自由保障　(C)保障言論自由，有維持民主多元社會發展之功能　(D)主張共產主義之言論，受言論自由之保障　　　　　　　　　　　　　　【101四等一般警察-法學知識】	(B)
某人將同事生活上的怪癖，向機關同事廣為散布，雖其所言為真，仍屬刑法誹謗罪之可罰行為。在此情形，刑法所限制的是下列何種基本權利之行使？　(A)言論自由權　(B)秘密通訊自由　(C)生存權　(D)平等權　　　　　　　　　　　　　　　　【101四等一般警察-法學知識】	(A)
某關於言論自由，下列敘述何者錯誤？　(A)表意人經由焚燒旗幟方式表達其意見，此乃象徵性言論之展現，為言論自由保障的範圍　(B)電視廣告的商業言論，屬於言論自由的保障　(C)不向國旗敬禮的消極行為，為言論自由保障的範圍　(D)使用暴力手段傷害他人表達意見之行動表現，為言論自由保障的範圍　　　　　【101四等行政警察-中華民國憲法概要】	(D)

相關考題

依司法院大法官解釋，下列關於言論自由之敘述，何者錯誤？ (A)猥褻資訊亦受言論自由保障 (B)法律要求特定商品應標示警語，為對於言論自由之限制 (C)與事實不符之言論不受言論自由保障 (D)化妝品廣告之事前審查原則上應屬違憲 【109普考-法學知識與英文】	（C）
依司法院大法官解釋意旨，有關言論及出版自由，下列敘述何者錯誤？ (A)憲法保障人民有積極表意之自由及消極不表意之自由 (B)言論自由保障之內容包括主觀之意見表達及客觀之事實陳述 (C)性言論之表現與性資訊之流通，不論是否出於營利目的，均受憲法對言論及出版自由之保障 (D)商業性意見表達亦屬言論自由保障之範圍，要求藥物廣告刊播前先送審，已違背事前檢查之禁止原則 【108高考-法學知識與英文】	（D）
依司法院釋字第744號解釋意旨，下列敘述何者錯誤？ (A)化粧品廣告宣傳化粧品效能，應受言論自由之保障 (B)化粧品廣告之事前審查乃對言論自由之重大干預 (C)事前審查應賦予人民有立即司法救濟之機會 (D)對化粧品廣告之事前審查，係為維護國民健康所必要，與憲法並無牴觸 【107普考-法學知識與英文】	（D）
有關出版自由之敘述，下列何者錯誤？ (A)出版自由保障範圍，包含從資訊取得到傳播報導甚至意見表達之過程 (B)出版自由所保護之意見或成果，必須對於社會有正面積極意義者 (C)出版自由所保護之出版品，亦包含流通於少數族群之刊物 (D)出版自由所保護之出版品，除書籍刊物外亦包含錄音、錄影及光碟等媒介物 【105四等警察-法學知識】	（B）
依司法院大法官解釋意旨，下列何者不受憲法表意自由之保障？ (A)於網路上對不特定人散布促使人為性交易之訊息 (B)於網路上刊登化粧品廣告 (C)網友未經主管機關許可，於公共場所緊急舉行集會遊行 (D)對他人可受公評且確信其為真實之事項，所為不利之事實陳述 【109高考-法學知識與英文】	（A）

8 新聞自由(11)

● 新聞自由的基本概念

　　新聞媒體具有提供資訊及形成公意的功能，可說是新聞媒體傳統及一般性的功能。另一個重要性功能就是有效地監督政府，尤其現代政府為一結構龐雜的組織，若要監督之，必須要有一個結構良好、財務健全、擁有專業評論者、具有獲取充分資訊能力，並且有將其所獲資訊或評論傳遞給一般大眾之組織，才足以擔負監督政府之功能。而為了減低「寒蟬效果（Chilling Effect）」所引起新聞媒體的卻步而不敢多言，對於新聞自由之空間，應較一般民眾之言論自由為寬。然而此一容許空間之界限，卻是處於一種變動的狀態中，隨著客觀環境之變化而不斷地異動，世界各國皆然，例如美國紐約時報記者Judith Miller報導某中情局幹員的真實身分，為了堅持保護消息來源而入獄，新聞自由的空間似乎變小了。

● 回復名譽的適當處分

　　判決命加害人公開道歉，有沒有牴觸憲法對於表意自由的保障呢？釋字第656號解釋緣起於呂副總統與新新聞的嘿嘿嘿官司，新新聞第715期刊出「鼓動緋聞、暗鬥阿扁的竟然是呂秀蓮」為主題的封面故事，經呂秀蓮提出民事賠償之訴訟，判決應登報道歉，新新聞遂提起釋憲。（本案業由法院於98年9月28日代為刊登道歉啟事）本號解釋認為：民法第195條第1項後段規定：「其名譽被侵害者，並得請求回復名譽之適當處分。」所謂回復名譽之適當處分，如屬以判決命加害人公開道歉，而未涉及加害人自我羞辱等損及人性尊嚴之情事者，即未違背憲法第23條比例原則，而不牴觸憲法對不表意自由之保障。

登報罵自己道歉案

你真是大害蟲，像瘋狗一樣亂吠亂叫。

加害人　　　　　　　　被害人

①

我不應該罵他瘋狗，我願意接受處罰。

那來問問看被害人的意見！

② 加害人　　　　　　　法官

他只要登報罵自己是瘋狗，這件事情就算了。

這種處罰方式涉及自我羞辱，也違反人性尊嚴，不准！

③ 被害人　　　　　　　法官

實務上，也曾發生郭姓男子因電梯管理維修的問題，與社區蘇姓住戶發生糾紛，而遭對方張貼「大害蟲，像瘋狗一樣亂吠亂叫」的公告，逐起訴要求賠償，並要求加害人以相同公告內容登報罵自己。但因涉及自我羞辱及人性尊嚴之情事，而遭法院拒絕。(臺中地方法院98年度訴字第2933號民事判決)

【實務見解：以刑法來處罰新聞媒體之報導，是否妥當？】

釋字第509號解釋

一、案例事實：

　　商業週刊報導前蔡姓交通部長，花費高額公帑裝潢官舍，並形容其「氣量狹小」、「趕盡殺絕」、「刻薄寡恩」等語，遭法院判處誹謗罪確定。當事人逐提出釋憲，認為動輒以刑法處罰，有箝制新聞媒體之疑慮，違反憲法對於新聞自由之保障。

二、解釋文：

　　(一)言論自由的基本原則：

　　言論自由為人民之基本權利，憲法第11條有明文保障，國家應給予最大限度之維護，俾其實現自我、溝通意見、追求真理及監督各種政治或社會活動之功能得以發揮。

　　(二)誹謗罪屬言論自由之例外不受保護情況：

　　惟為兼顧對個人名譽、隱私及公共利益之保護，法律尚非不得對言論自由依其傳播方式為合理之限制。刑法第310條第1項及第2項誹謗罪即係保護個人法益而設，為防止妨礙他人之自由權利所必要，符合憲法第23條規定之意旨。至刑法同條第3項前段以對誹謗之事，能證明其為真實者不罰，係針對言論內容與事實相符者之保障，並藉以限定刑罰權之範圍，非謂指摘或傳述誹謗事項之行為人，必須自行證明其言論內容確屬真實，始能免於刑責。惟行為人雖不能證明言論內容為真實，但依其所提證據資料，認為行為人有相當理由確信其為真實者，即不能以誹謗罪之刑責相繩，亦不得以此項規定而免除檢察官或自訴人於訴訟程序中，依法應負行為人故意毀損他人名譽之舉證責任，或法院發現

其為真實之義務。就此而言,刑法第310條第3項與憲法保障言論自由之旨趣並無牴觸。

三、本書認為:

此號解釋主要是說,誹謗罪沒有違反憲法保障言論自由之規定。本號解釋並不認為新聞媒體在新聞自由的大旗幟下,得以排除誹謗罪之適用,也就是說新聞自由或許能讓其有較大的空間發揮,即使跨越了一般人觸犯誹謗罪之界線,我們對於新聞媒體的容忍度也應該要更大,但並不代表就能完全地免除刑法誹謗罪之責任。

高手過招

依司法院大法官解釋,回復名譽之適當處分,如屬以判決命加害人公開道歉,是否違反憲法第23條之比例原則? (A)未涉及加害人自我羞辱等損及人性尊嚴之情事者,即不違反比例原則 (B)既然係依民法規定,即當然合法合憲 (C)即使未涉及加害人自我羞辱等損及人性尊嚴之情事者,仍違反比例原則 (D)回復名譽之適當處分屬民法規範事項,與憲法之比例原則無關 【99三等關務-法學知識】	(A)

【解析】
參照釋字第656號解釋。

一般民眾得依一定條件,要求傳播媒體提供版面或時間,許其行使表達意見之權利,是指下列何項權利? (A)講學自由 (B)接近使用傳播媒體之權利 (C)出版權利 (D)秘密通訊自由 【99第二次司法特考-法學知識與英文】	(B)

● 平等接近使用傳播媒體權

以廣播及電視方式表達意見，屬於憲法第11條所保障言論自由之範圍。為保障此項自由，國家應對電波頻率之使用為公平合理之分配，對於人民「接近使用傳播媒體」之權利，亦應在兼顧傳播媒體編輯自由原則下，予以尊重，並均應以法律定之。（釋字第364號解釋）

言論自由為民主憲政之基礎。廣播電視係人民表達思想與言論之重要媒體，可藉以反映公意強化民主，啟迪新知，促進文化、道德、經濟等各方面之發展，其以廣播及電視方式表達言論之自由，為憲法第11條所保障之範圍。

惟廣播電視無遠弗屆，對於社會具有廣大而深遠之影響。故享有傳播之自由者，應基於自律觀念善盡其社會責任，不得有濫用自由情事。其有藉傳播媒體妨害善良風俗、破壞社會安寧、危害國家利益或侵害他人權利等情形者，國家自得依法予以限制。

廣播電視之電波頻率為有限性之公共資源，為免被壟斷與獨占，國家應制定法律，使主管機關對於開放電波頻率之規劃與分配，能依公平合理之原則審慎決定，藉此謀求廣播電視之均衡發展，民眾亦得有更多利用媒體之機會。

至學理上所謂「接近使用傳播媒體」之權利（the right of access to the media），乃指一般民眾得依一定條件，要求傳播媒體提供版面或時間，許其行使表達意見之權利而言，以促進媒體報導或評論之確實、公正。例如媒體之報導或評論有錯誤而侵害他人之權利者，受害人即可要求媒體允許其更正或答辯，以資補救。又如廣播電視舉辦公職候選人之政見辯論，於民主政治品質之提升，有所裨益。

惟允許民眾「接近使用傳播媒體」，就媒體本身言，係對其取材及編輯之限制。如無條件強制傳播媒體接受民眾表達其反對意見之要求，無異剝奪媒體之編輯自由，而造成傳播媒體在報導上瞻前顧後，

畏縮妥協之結果，反足影響其確實、公正報導與評論之功能。是故民眾「接近使用傳播媒體」應在兼顧媒體編輯自由之原則，予以尊重。如何設定上述「接近使用傳播媒體」之條件，自亦應於法律內為明確之規定，期臻平等。

綜上所述，以廣播及電視方式表達意見，屬於憲法第11條所保障言論自由之範圍。為保障此項自由，國家應對電波頻率之使用為公平合理之分配，對於人民平等「接近使用傳播媒體」之權利，亦應在兼顧傳播媒體編輯自由原則下，予以尊重，並均應以法律定之。（釋字第364號解釋理由書）

相關考題

依據司法院釋字第364號解釋，人民得請求接近使用媒體，係屬於憲法保障之下列何種權利？　(A)言論自由權　(B)隱私權　(C)人格權　(D)工作權　【104普考-法學知識與英文】	(A)
司法院釋字第364號解釋有提及國家應保障電波頻率的使用為合理分配，並尊重人民「平等接近使用傳播媒體」之權利。請問此係由那一個基本權利所導引而來？　(A)秘密通訊自由　(B)言論自由　(C)財產權　(D)工作權　【100地方特考三等-法學知識與英文】	(B)

● 跟追權與新聞採訪自由

　　蘋果日報社之記者分別於中華民國97年7月間二度跟追神通電腦集團副總苗華斌及其曾為演藝人員之新婚夫人,並對彼等拍照,經苗某委託律師二度郵寄存證信函以為勸阻,惟聲請人復於同年9月7日整日跟追苗某夫婦,苗某遂於當日下午報警檢舉;案經臺北市政府警察局中山分局調查,以聲請人違反系爭規定為由,裁處罰鍰新臺幣1500元。聲請人不服,依社會秩序法第55條規定聲明異議,嗣經臺灣臺北地方法院97年度北秩聲字第16號裁定無理由駁回,全案確定。該名記者遂主張有牴觸憲法第11條新聞自由、第15條工作權、第23條法律明確性、比例原則及正當法律程序等之疑義,聲請大法官會議解釋。

【釋字第689號解釋文】

　　社會秩序維護法第89條第2款規定,旨在保護個人之行動自由、免於身心傷害之身體權、及於公共場域中得合理期待不受侵擾之自由與個人資料自主權,而處罰無正當理由,且經勸阻後仍繼續跟追之行為,與法律明確性原則尚無牴觸。新聞採訪者於有事實足認特定事件屬大眾所關切並具一定公益性之事務,而具有新聞價值,如須以跟追方式進行採訪,其跟追倘依社會通念認非不能容忍者,即具正當理由,而不在首開規定處罰之列。於此範圍內,首開規定縱有限制新聞採訪行為,其限制並未過當而符合比例原則,與憲法第11條保障新聞採訪自由及第15條保障人民工作權之意旨尚無牴觸。又系爭規定以警察機關為裁罰機關,亦難謂與正當法律程序原則有違。

高手過招

下列何者原則上不涉及人民之居住遷徙自由？　(A)強制大陸地區人民出境　(B)新聞記者以跟追方式對公眾人物進行採訪　(C)遷村計畫之實施　(D)限制本國國民入境　　　　　　　【105三等警察-法學知識與英文】	(B)
【解析】 (B)釋字第689號解釋。	
關於言論自由，下列敘述何者錯誤？　(A)公務員於下班後仍有發表言論之限制　(B)媒體對於報導事實須證明確屬真實，始能免責　(C)禁止對言論之事前審查乃保障言論自由之重要原則　(D)言論自由的保障包含利用廣播電視媒體表達意見　　　　　　【105司特四等-法學知識與英文】	(B)

9 講學自由(11)

● 講學自由之概念

相關條文：憲法第11條規定：「人民有言論、講學、著作及出版之自由。」

釋字第380號解釋，曾對講學自由之內涵加以闡釋，謂：「憲法第11條關於講學自由之規定，係對學術自由之制度性保障；就大學教育而言，應包含研究自由、教學自由及學習自由等事項。」

● 私人興學自由

所謂私人興學的自主性，乃指私人設立學校或其他教育機構（如補習班）以從事教育活動之自由而言，主要來自於憲法第11條所保障之講學自由，及第162條所明確宣示的私立學校制度。私立學校自主性就興學者的面向而言，應確保私立學校的設立及經營的自主，具體而言，包括外部經營型態及內部經營方式的形成自由，實踐建學精神及獨立學風之自由、選擇學生及教師之自由。

一、國家不得過度侵害私立學校的自主權

學校之組織型態屬私立學校外部經營型態自由之一環，依據私立學校法之規定，私立學校皆須登記為財團法人，董事會作為私立學校之重要組織，負有相當之法定職權，其職權之行使影響私立學校之正常運作甚大，因此關於董事會之成員，無論其選任或解職，均屬私立學校之人事自主權範圍，國家為維護私立學校之公共性，雖得對於董事之選、解任立法規範，惟仍應注意不得損及私立學校之自主性，於手段上必須遵守比例原則，不得以保障私立學校之公共性為由，過度侵害私立學校之自主權。系爭規定但書規定於情節重大且情勢急迫

私人興學自由是否屬憲法保障範圍？

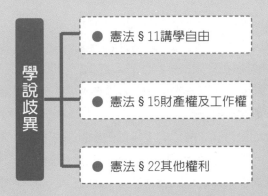

學說歧異

● 憲法§11講學自由

● 憲法§15財產權及工作權

● 憲法§22其他權利

私立學校在設立初始，係由創辦人、捐助人之捐助而得以設立，其後學校之經營管理，固均牽涉人民財產權之處置，惟其設立之目的乃欲從事教育之活動，亦即欲設校以講學、傳播知識，故本質上仍應視為一教育活動。私人興學自由既係私人以設立學校講學之方式闡揚其教育理念，乃意見表現自由之一種形態，應屬憲法第11條講學自由保障之範疇。

（釋659—蔡清遊協同意見書）

時，主管機關得經私立學校諮詢委員會決議解除全體董事之職務或停止其職務2個月至6個月，必要時得延長之，使私立學校之董事會喪失改進之機會，違反私立學校自主原則。（釋659-蔡清遊協同意見書）

二、私立學校之董事個人亦具有私人興學自由之權利

私立學校之董事個人是否具有私人興學自由之權利，須先瞭解私人興學自由之保障內容。私人興學自由應包括：

（一）設立私立學校或其他教育機構之自由。

（二）經營管理私立學校或其他教育機構之自由。

　　1 外部經營型態之形成自由，即有關學校組織、學制選擇、課程規劃與設計之自由。

　　2 內部經營方式之形成自由，即教學計畫之擬定，教學目標、方法、教材之選擇，以及教科書之選用等自由。

　　3 實踐建學精神及形成獨自學風的自由。

　　4 選擇符合自己學風及辦學理念之教師的自由。

　　5 選擇符合自己學風及辦學理念之學生的自由。

（三）分享國家獎勵、補助之權利。

（四）補助給付請求權。

私人興學自由之權利，於私立學校為財團法人登記後，非僅專屬私立學校所得享有，私立學校董事會全體董事在其職權行使之範圍內，亦同受上開憲法權利之保障。超出其職權行使範圍之事項，則專屬為權利主體之私立學校所有，個別董事不得主張之。而董事在其職權行使範圍內，與學校同時擁有私人興學自由權利，正與教師與學校同時擁有講學自由權利一樣，二者並不衝突。（釋659—蔡清遊協同意見書）

三、系爭規定但書除限制董事工作權外，另限制董事私人興學自由權利，惟其限制並未牴觸比例原則。

　　系爭規定但書（86年6月18日修正公布之私立學校法第32條第1項規定）賦予主管教育行政機關得以解除或停止全體董事職務之權力，自係對董事私人興學自由權利之干預，惟因系爭規定但書，旨在維護私立學校之健全發展，保障學生之受教權利及教職員之工作權益等重要公益，目的洵屬正當，所採取之限制手段，乃為達成目的所必要，並未牴觸憲法第23條之比例原則。

四、私立學校法第32條第1項（86年6月1日修正公布）

　　董事會因發生糾紛，致無法召開會議或有違反教育法令情事者，主管教育行政機關得限期命其整頓改善；逾期不為整頓改善或整頓改善無效果時，得解除全體董事之職務。但其情節重大且情勢急迫時，主管教育行政機關得經私立學校諮詢委員會決議解除全體董事之職務或停止其職務2至6個月，必要時得延長之。

依司法院大法官相關解釋之意旨，下列敘述何者錯誤？ (A)學術自由屬於憲法第11條所規定之講學自由 (B)學術自由之內容，就大學而言，包括研究自由、教學自由以及學習自由之相關事項 (C)大學不享有學術自由，只有大學中之教授才能主張此項基本權 (D)立法或行政對學術自由之規範，應受到適度之限制 【105三等警察-法學知識與英文】	(C)
依司法院大法官解釋，私立學校董事執行私立學校法中有關經費之籌措等事，係屬下列何一憲法權利保障之範圍？ (A)大學自治 (B)職業自由 (C)教育權 (D)集會結社權 【99三等關務-法學知識】	(B)
【解析】 釋字第659號解釋理由書：「……私立學校董事執行私立學校法上開職務之工作，屬職業自由之範疇，自應受憲法工作權之保障。」	
就公立大學教育而言，下列何者不屬於憲法第11條講學自由之保障範圍？ (A)行政規費之收取 (B)教師之研究主題設定 (C)教師之教學大綱決定 (D)學生之學習自由 【100高考-法學知識與英文】	(A)
大學對於教學、研究之學術事項享有自治權，是基於憲法何項權利之保障？ (A)人身自由 (B)講學自由 (C)財產權 (D)結社權 【101四等行政警察-中華民國憲法概要】	(B)
憲法第11條關於講學自由之規定，是針對學術自由及大學自治所設計之何種保障？ (A)階段性保障 (B)層級性保障 (C)集團性保障 (D)制度性保障 【100關稅四等-法學知識】	(D)

10 大學自治(11)

● 大學自治

在法律層級上，大學自治權受到大學法之保障，依據大學法第1條第2項規定：「大學應受學術自由之保障，並在法律規定範圍內，享有自治權。」

而在憲法層面，大學自治屬於憲法第11條之講學自由。釋字第563號解釋認為：「憲法第11條之講學自由賦予大學教學、研究與學習之自由，並於直接關涉教學、研究之學術事項，享有自治權。國家對於大學之監督，依憲法第162條規定，應以法律為之，惟仍應符合大學自治之原則。是立法機關不得任意以法律強制大學設置特定之單位，致侵害大學之內部組織自主權；行政機關亦不得以命令干預大學教學之內容及課程之訂定，而妨礙教學、研究之自由，立法及行政措施之規範密度，於大學自治範圍內，均應受適度之限制（釋字第380號及第450號解釋參照）。」

一、大學可以將學生退學嗎？

學生被退學，對權益影響可是相當大，可能又要重考，否則沒機會拿到大學畢業證書，頂多是「肄業」。但是，民國83年1月5日修正的大學法，並沒有規定大學可以或不可以將學生退學，沒有法令依據的退學，合法嗎？

為維持學術品質，健全學生人格發展，大學有考核學生學業與品行之權責，其依規定程序訂定有關章則，使成績未符一定標準或品行有重大偏差之學生予以退學處分，亦屬大學自治之範疇。（釋563）所以，有些學校採取一次二一制，也就是單一學期中，二分之一的學分不及格，就被退學；有些學校則是採取連續兩次二一制，或者是就學

期間兩次二一制，都是為了確保學生的一定品質，均屬大學自治的範疇。

二、可不可以規定大學一定要設立軍訓室？

臺灣與大陸一直處於一種對立的狀態，大學接受一些軍事化教育，在發生戰爭時，任何人都有拿起武力對抗外來入侵的能力。但是，教官進入校園，在逐漸民主化的臺灣，也引發許多政治上的聯想與質疑，諸如政治的黑手深入校園、白色恐怖的遺毒等，也違反了大學自治的原則。

釋字第450號解釋，認為憲法第11條有關於講學自由之規定，除了保障學術自由之外，大學自治也是保障的範圍。而釋字第380號解釋，認為「大學內部組織、教師聘任及資格評量，亦為大學之自治權限，尤應杜絕外來之不當干涉。」（釋380）

大學為什麼能夠設置軍事室呢？主要是依據大學法第11條第1項第6款及同法施行細則第9條第3項規定，這樣子算不算不當干涉，釋字第450號解釋對此條文很感冒，認為大學要不要開設軍訓或護理課程，可以自主決策，假設認為有必要，當然會設置與軍訓或護理課程相關的單位，也會據此聘請相關教學人員，如果強以法令要求設置軍訓室並配置人員，顯有違反憲法對於大學自治的保障。

高手過招

依據司法院釋字第563號解釋，下列何者符合大學自治之原則？　(A)立法機關應以法律規定大學內部組織，並要求設置特定之單位　(B)大學對學生入學退學資格之訂定於合理範圍內享有自主權　(C)行政機關應以命令訂定大學教學之內容及課程　(D)直接關涉大學教學、研究之學術事項，應以法律定之　　　　　　　　　　【99四等關務-法學知識】	(B)
依司法院大法官解釋，關於大學自治，下列敘述何者正確？　(A)立法機關得以法律強制大學應設特定教學研究單位　(B)教育部得以命令干預大學教學之內容及課程　(C)各大學不得訂定碩士生資格考二次未通過即退學之規定　(D)成績未符合一定標準之學生，大學得予以退學處分　　　　　　　　【99三等第一次司法人員-法學知識與英文】	(D)
某國立大學法律研究所為增加碩士畢業生之外語能力，要求須通過第二外國語檢定。按司法院釋字第563號解釋之見解，此一畢業資格限制是否合憲？　(A)合憲，因其不構成對畢業生受教權之任何限制　(B)合憲，大學為確保學位之授予具備一定之水準，基於大學自治得於合理及必要之範圍內，訂定有關取得學位之資格條件　(C)不合憲，限制碩士畢業生資格違反憲法關於人民有受國民教育之權利　(D)不合憲，碩士畢業生將來未必從事外語有關之工作，此係構成對受教權不合比例原則之侵害　　　　　　　　　　　　　　　　　　　　【99四等關務-法學知識】	(B)
下列敘述何者正確？　(A)基於宗教自由，國家對興建寺廟地點，不得以法律加以任何限制　(B)基於學術自由，國家不得在未經法律授權下，以行政命令要求大學開設特定必修科目　(C)基於言論自由，國家不得以法律要求香菸業者在香菸外包裝上標示吸菸有礙健康之警語　(D)基於遷徙自由，國家不得以法律限制役男出境　【102初等一般行政-公民與英文】	(B)

秘密通訊自由(12)

● 秘密通訊自由之概念

相關條文：人民有秘密通訊之自由。（憲§12）

秘密通訊自由具有防禦權的作用，可以避免國家對於人民通訊之非法監聽。例如通訊保障及監察法保障人民之秘密通訊自由，惟有在符合一定條件下，才可以進行情報監聽或犯罪監聽。

此外，監獄受刑人，服刑期間則無法享有秘密通訊自由。除了國家侵害個人的秘密通訊自由，一般人也可能成為侵害之主體，如刑法第315條無故開拆他人封緘信函罪，違反者處拘役或9千元以下罰金。

舊監獄行刑法第66條，其中閱讀書信部分未區分書信種類，亦未斟酌個案情形，一概許監獄長官閱讀書信之內容，顯已對受刑人及其收發書信之相對人之秘密通訊自由，造成過度之限制，於此範圍內，與憲法第12條保障秘密通訊自由之意旨不符。至其中刪除書信內容部分，應以維護監獄紀律所必要者為限，並應保留書信全文影本，俟受刑人出獄時發還之，以符比例原則之要求，於此範圍內，與憲法保障秘密通訊及表現自由之意旨尚屬無違。（釋756）

相關考題

關於憲法第12條之秘密通訊自由，下列敘述何者正確？ (A)法律禁止人民行駛道路時使用行動電話，構成對秘密通訊自由之限制 (B)秘密通訊自由之保障範圍不包括通訊時間、通訊方式之事項 (C)秘密通訊自由乃隱私權保障之具體樣態之一 (D)為保障秘密通訊自由，警察機關原則上必須取得檢察官核發之通訊監察書，始得採取通訊監察措施 【104司法四等-法學知識與英文】	(C)

通訊監察示意圖

你要幾包？

我要快樂(安非他命)2包。

【實務見解：通訊監察書之核發】

　　早期由檢察官核發通訊監察書，依釋字第631號解釋，認為未設適當之權力制衡機制，可能使人民秘密通訊自由遭受不必要侵害，現行機制已修法改由法官簽發。依據該號解釋認為：

　　憲法第12條規定：「人民有秘密通訊之自由。」旨在確保人民就通訊之有無、對象、時間、方式及內容等事項，有不受國家及他人任意侵擾之權利。國家採取限制手段時，除應有法律依據外，限制之要件應具體、明確，不得逾越必要之範圍，所踐行之程序並應合理、正當，方符憲法保護秘密通訊自由之意旨。原通訊保障及監察法規定，偵查中，通訊監察書由檢察官依司法警察機關聲請或依職權核發，未要求通訊監察書原則上應由客觀、獨立行使職權之法官核發，而使職司犯罪偵查之檢察官與司法警察機關，同時負責通訊監察書之聲請與核發，難謂為合理、正當之程序規範，與憲法第12條保障秘密通訊自由之意旨不符。

由偵查中之檢察官核發對被告或犯罪嫌疑人之通訊監察書，依司法院大法官解釋，下列敘述何者正確？　(A)未設適當之權力制衡機制，可能使人民秘密通訊自由遭受不必要侵害　(B)檢察官核發對被告或犯罪嫌疑人之通訊監察書確有通訊監察之必要，且亦已謹守最小侵害原則，應屬合理正當　(C)此為確保國家安全、維護社會秩序所必需　(D)國家基於犯罪偵查之目的，對被告或犯罪嫌疑人進行通訊監察，其對人民基本權之侵害程度並不強烈，所涉範圍亦非廣泛　【98調查局-法學知識與英文】	(A)
下列有關秘密通訊自由之說明，何者錯誤？　(A)秘密通訊自由具有防禦權的作用　(B)刑法第315條規定，無故開拆他人之封緘信函，處拘役或3千元以下罰金之規定，係保護人民秘密通訊自由免於受到第三人之侵害　(C)通訊保障及監察法限制國家對於人民通訊之監聽，是保障人民之秘密通訊自由　(D)監獄受刑人，服刑期間享有秘密通訊自由　【98四等地方特考-法學知識與英文】	(D)

【解析】
現刑法§315罰則已修改為處拘役或9千元以下罰金。

下列何種基本人權屬於消極防禦權性質？　(A)秘密通訊自由　(B)訴訟權　(C)服公職權　(D)受國民教育　【100三等海巡-法學知識與英文】	(A)
憲法第12條規定，人民有秘密通訊之自由，下列說明何者錯誤？(A)旨在確保人民就通訊之有無、對象、時間、方式及內容等事項，有不受國家及他人任意侵擾之權利　(B)其乃憲法保障言論自由之具體態樣之一　(C)國家若採取限制手段，應有法律為其依據　(D)限制之要件應具體、明確，不得逾越必要之範圍，所踐行之程序並應合理、正當　【100地方特考四等-法學知識與英文】	(B)
依司法院釋字第631號解釋之意旨，下列何者錯誤？　(A)憲法第12條之秘密通訊自由，確保人民就通訊之有無、對象、時間、方式及內容等事項，有不受國家及他人任意侵擾之權利　(B)國家採取限制手段時，如無法律依據，不得限制　(C)限制之要件應具體、明確，不得逾越必要之範圍　(D)檢察官與司法警察機關，同時負責通訊監察書之聲請與核發，其所踐行之程序乃屬合理、正當　【106高考-法學知識與英文】	(D)

相關考題

依司法院釋字第631號解釋之意旨，秘密通訊之自由權利，與下列何者較無關係？　(A)維持人性尊嚴　(B)維持個人主體性　(C)維護私人財產(D)維護人格發展完整　　　　　　　【107高考-法學知識與英文】	（C）
依司法院大法官解釋之意旨，關於秘密通訊自由，下列敘述何者錯誤？ (A)國家對人民之通訊採取限制手段時，應有法律依據　(B)國家對人民之通訊採取限制手段時，限制之要件應具體明確　(C)通訊監察書應由法官、而非檢察官核發　(D)犯罪嫌疑人危害國家安全情節重大且情況急迫時，例外得由檢察官核發通訊監察書　　　　【107普考-法學知識與英文】	（D）

12 宗教自由(13)

● 宗教自由之概念

相關條文：憲法第13條規定：「人民有信仰宗教之自由。」

宗教自由是指人民有信仰與不信仰任何宗教之自由，以及參與或不參與宗教活動之自由；國家不得對特定之宗教加以獎勵或禁制，或對人民特定信仰給予優待或不利益。具體內容例如宗教的儀式、傳教的自由，又如大甲媽祖繞境，或者是摩門教徒騎腳踏車傳教，均屬之。

● 宗教自由與服兵役之衝突

立法者鑒於男女生理上之差異，及因此種差異所生之社會生活功能角色之不同，兵役法規定中華民國男子依法皆有服兵役之義務，係為實踐國家目的及憲法上人民之基本義務而為之規定，屬立法政策之考量，非為助長、促進或限制宗教而設，且無助長、促進或限制宗教之效果。復次，服兵役之義務，並無違反人性尊嚴亦未動搖憲法價值體系之基礎，且為大多數國家之法律所明定，更為防衛國家安全所必需，與憲法平等原則及宗教信仰自由之保障，並無牴觸。（釋490）

● 拒服兵役的宗教良心犯

任何宗教男信徒均應該服兵役，不能以某種宗教信仰為由，而能夠藉此免除服兵役之義務。我國曾有19位「耶和華見證人」信徒，堅決以聖經中公元一世紀基督徒為典範，不再學習戰事，對國家事務嚴守中立，選擇以另一種方式服務社會，造福人群，結果成為因為拒絕服兵役而遭軍法判刑的宗教良心犯。民國89年，總統特赦該19人。現行制度則有替代役可以解決此一問題，未來也因為全面改採募兵制，所以也將不再有此類宗教良心犯的問題。

相關考題

關於憲法上保障人民信仰宗教自由，依司法院釋字第490號解釋，下列敘述何者錯誤？ (A)包含人民參與宗教活動之自由 (B)包含人民有不信仰宗教之自由 (C)人民得因為信仰宗教而拒絕服兵役 (D)一般民間信仰亦包括在廣義信仰自由內 【105司特四等-法學知識與英文】	（C）
關於宗教自由，下列何者正確？ (A)國家應獎勵特定之宗教 (B)人民應有宗教信仰 (C)國家應對無益於社會之信仰加以禁止 (D)人民可參與或不參與宗教活動 【98四等基警-憲法概要】	（D）
「宗教自由」之內涵不包含下列何事項？ (A)宗教儀式自由 (B)傳教自由 (C)宗教醫療行為之自由 (D)不參加任何宗教之自由 【98普考-法學知識與英文】	（C）
下列關於「宗教信仰自由」的敘述，何者正確？ (A)因宗教理由拒絕接受國民教育，國家應尊重之 (B)因宗教理由拒絕服兵役，國家立法處罰，並未違憲 (C)因宗教能安定人心，國家應設立國教 (D)因宗教理由而使用詐術者，國家應諒解之 【98高考三級-法學知識與英文】	（B）

【實務見解：宗教中立原則】

　　人民所從事之宗教行為及宗教結社組織，與其發乎內心之虔誠宗教信念無法截然二分，人民為實現內心之宗教信念而成立、參加之宗教性結社，就其內部組織結構、人事及財政管理應享有自主權，宗教性規範苟非出於維護宗教自由之必要或重大之公益，並於必要之最小限度內為之，即與憲法保障人民信仰自由之意旨有違。

　　憲法保障人民有信仰宗教之自由，係為維護人民精神領域之自我發展與自我實踐，及社會多元文化之充實，故國家對宗教應謹守中立及寬容原則，不得對特定之宗教加以獎勵或禁制，或對人民特定信仰畀予優待或不利益，前已述及；且憲法第7條明文規定：「中華民國人民，無分男女、宗教、種族、階級、黨派，在法律上一律平等。」是國家如僅針對特定宗教而為禁制或畀予不利益，即有悖於宗教中立原則及宗教平等原則。（釋573解釋理由書）

註：畀（ㄅㄧˋ）予，是「給予」的意思。

　　總統也有自己的信仰，可是為了選舉或其他的考量，即便是信仰基督教，還是得到一般的廟宇參拜一下，違反基督教不得亂拜其他神明的意旨。但是，既然選舉上了總統，總統這個職位代表著國家，應該跳脫出個人的框框，對於每個宗教應該平等、中立視之。

● 宗教自由與詐欺

　　許多打著宗教的旗幟，卻明顯造假，誘騙不知情的民眾，誤信其確有神力，藉此賺取錢財。然而，宗教與詐欺，兩者之界限頗為模糊，法院有些也以宗教自由而忽略了詐欺之本質，縱放了許多在宗教自由旗幟下的詐欺犯。

相關考題

法律若規定，佛、道寺廟之不動產及法物，非經所屬教會之決議並呈請該管官署許可，不得處分或變更，依司法院解釋，下列敘述何者正確？ (A)該規定有害及寺廟信仰之傳布存續，對宗教活動自由之限制尚未逾越必要之程度 (B)該規定與憲法第7條之宗教平等原則仍屬相符 (C)寺廟之財產不受憲法有關財產權規定之保障 (D)該規定未顧及寺廟之組織自主性，對其組織自主權及財產處分權加以限制，妨礙宗教活動自由，已逾越必要之程度 【104高考-法學知識與英文】	(D)
下列何者較可能違反宗教自由之精神？ (A)公立中小學懸掛耶穌受難十字架 (B)民間進行佛教婚禮儀式 (C)個人信仰風水易經 (D)個人主張無神論 【101三等一般警察-法學知識與英文】	(A)
下列那一項不符合憲法上宗教信仰自由之精神？ (A)國家不應強制人民信仰宗教 (B)立法院得立法設立國教 (C)人民有傳教之自由 (D)人民不得因宗教信仰不同而受差別待遇 【101普考-法學知識與英文】	(B)
下列何者不符合憲法保障宗教自由之意旨？ (A)國家應補助勸募成績優良之特定宗教團體 (B)國家對宗教應保持中立 (C)國家對各宗教應一律平等對待 (D)國家應對各宗教保持寬容 【100關稅三等-法學知識】	(A)
內政部若定農曆4月8日佛陀誕辰為國定紀念日，則會與下列何種原則衝突？ (A)宗教自治原則 (B)政教分離原則 (C)和平信仰原則 (D)宗教獨占原則 【100三等調查特考-法學知識與英文】	(B)

13 集會自由(14)

● 集會自由的基本概念

相關條文：人民有集會及結社之自由。（憲§14）

憲法第14條規定人民有集會之自由，此與憲法第11條規定之言論、講學、著作及出版之自由，同屬表現自由之範疇，為實施民主政治最重要的基本人權。國家為保障人民之集會自由，應提供適當集會場所，並保護集會、遊行之安全，使其得以順利進行。以法律限制集會、遊行之權利，必須符合明確性原則與憲法第23條之規定。（釋445）

● 集會遊行需要申請許可嗎？

集會遊行法中有關時間、地點及方式等未涉及集會、遊行之目的或內容之事項，為維持社會秩序及增進公共利益所必要，屬立法自由形成之範圍，於表現自由之訴求不致有所侵害，與憲法保障集會自由之意旨尚無牴觸。（釋445）

● 集會遊行可以主張共產主義嗎？

集會遊行法第11條第1款規定違反同法第4條規定者，為不予許可之要件，乃對「主張共產主義或分裂國土」之言論，使主管機關於許可集會、遊行以前，得就人民政治上之言論而為審查，與憲法保障表現自由之意旨有違；同條第2款規定：「有事實足認為有危害國家安全、社會秩序或公共利益之虞者」，第3款規定：「有危害生命、身體、自由或對財物造成重大損壞之虞者」，有欠具體明確，對於在舉行集會、遊行前，尚無明顯而立即危險之事實狀態，僅憑將來有發生之可能，即由主管機關以此作為集會、遊行准否之依據部分，與憲法保障集會自由之意旨不符。（釋445；補充說明：上開集會遊行法已於91年修正）

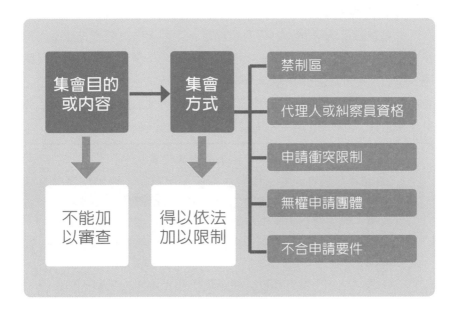

● 其他集會遊行法不違憲之限制

集會遊行法第6條規定集會遊行之<u>禁制區</u>，係為保護國家重要機關與軍事設施之安全、維持對外交通之暢通；同法第10條規定限制集會、遊行之負責人、其代理人或糾察員之資格；第11條第4款規定同一時間、處所、路線已有他人申請並經許可者，為不許可集會、遊行之要件；第5款規定未經依法設立或經撤銷許可或命令解散之團體，以該團體名義申請者得不許可集會、遊行；第6款規定申請不合第9條有關責令申請人提出申請書填具之各事項者為不許可之要件，係為確保集會、遊行活動之和平進行，避免影響民眾之生活安寧，均屬防止妨礙他人自由、維持社會秩序或增進公共利益所必要，與憲法第23條規定並無牴觸。（釋445）集會遊行法第29條對於不遵從解散及制止命令之首謀者科以刑責，為<u>立法自由</u>形成範圍，與憲法第23條之規定尚無牴觸。（釋445）

● 偶發性集會遊行

惟集會遊行法第9條第1項但書規定：「因天然災變或其他不可預見之重大事故而有正當理由者，得於2日前提出申請。」對此偶發性集會、遊行，不及於2日前申請者不予許可，與憲法保障人民集會自由之意旨有違，亟待檢討改進。(釋445；補充說明：上開集會遊行法已於91年修正)

【實務案例：陳雲林來臺與民進黨抗爭】

2008年陳雲林來臺，引發民進黨率眾抗爭，整個秩序的維持過程中，引發許多憲政議題的討論，諸如有唱片行播放特殊音樂太大聲，警方疑似進入強行關掉，也有民眾遊行或在附近「遊蕩」的舉動，遭警方以疑似粗暴行為阻止，都引發極為強烈的質疑與反彈。

陳雲林來臺，民進黨部分民意代表表示將全力抗爭，但是問題在於申請集會遊行還沒有抗爭，政府機關在審核是否許可集會遊行時，可不可以基於防範未然而拒絕集會遊行的申請？釋字第445號解釋採取否定的見解，認為現在沒有明顯而立即的危險，即便未來有發生的可能，也不能據此拒絕集會遊行之申請。

總之，不能因為具體個案，而藉此限制人民集會遊行之權利。如右頁圖，陳雲林訪臺前發生張銘清遭襲擊事件，固然是號稱民主國家的恥辱，但仍然屬於個案，不能夠因為此一個案，導致陳雲林來臺時，集會遊行自由遭到高度壓制。但是，權利不能無限上綱，但仍不應該過度地影響他人。

相關考題

依司法院釋字第445號解釋，下列之敘述何者正確？ (A)集會自由屬表現自由之範疇 (B)偶發性集會仍須於事前申請許可 (C)集會主張共產主義或分裂國土者，得不予許可 (D)集會有危害生命或財產之虞者，得不予許可 【101三等一般警察-法學知識與英文】	(A)

陳雲林訪臺

不准在附近隨意遊蕩。

唱片放小聲一點。

唱片

▲訪臺前：張銘清遭襲事件　　▲訪臺後：集會遊行權過度剝奪

相關考題

憲法保障之集會結社自由，在人權體系中，屬於自由權當中的何種權利？ (A)內部精神自由 (B)人身自由 (C)集體表現自由 (D)經濟自由 【104司法三等-法學知識與英文】	（C）
A 社團因不滿交通部開放觀光賭場之政策，遂號召民眾包圍交通部。針對此一緊急性集會，下列敘述何者正確？ (A)因大法官解釋已宣告緊急性集會採許可制為合憲，故仍應申請許可 (B)因大法官解釋已宣告緊急性集會採許可制為違憲，故已毋庸申請許可 (C)因大法官解釋已宣告緊急性集會採許可制並未違憲，但立法者應檢討改進，在法律未修改前，仍應申請許可 (D)因大法官解釋已宣告緊急性集會採許可制為違憲，並定期宣告失效，然於未失效前仍應申請許可 【105四等警察-法學知識】	（D）
下列何種室外集會遊行，須向主管機關申請許可？ (A)依法令規定舉行者 (B)學術、藝文、旅遊、體育競賽或其他性質相類之活動 (C)宗教、民俗、婚、喪、喜、慶活動 (D)反對政府政策之街頭遊行 【100關稅三等-法學知識】	（D）
憲法所保障之人民基本權利，例如人民的集會遊行自由，國家是否可以加以限制？ (A)屬自然權利，故完全不可限制之 (B)必要時得以法律限制之 (C)必要時得以命令限制之 (D)得任意限制之 【101四等一般警察-法學知識】	（B）

依司法院大法官解釋意旨，有關集會自由之敘述，下列何者正確？ (A)對於集會遊行之管制採行事前許可或報備程序，立法者有形成自由 (B)群眾因特殊原因自發性聚集之偶發性集會，仍應事先申請許可，但應有緊急申請程序之設計 (C)報備制相對於許可制而言屬於相同能達到目的之侵害較小手段，故集會遊行採事前許可制即與比例原則有違 (D)對於不遵從解散及制止命令之首謀者科以刑責，已違反比例原則 【107高考-法學知識與英文】	(A)
關於集會自由，下列何者正確？ (A)集會屬憲法保留的基本權利，不得以法律限制之 (B)國家不得劃定集會遊行之禁制區 (C)偶發性集會一律違法 (D)國家應提供適當集會場所，並保護集會、遊行之安全 【108高考-法學知識與英文】	(D)

14 結社自由(14)

● 結社自由之意義

相關條文：人民有集會及結社之自由。（憲§14）

所謂結社自由，是指人民為一定目的，以共同之意思持續性的組織團體的自由，並參與其活動之自由，以形成共同意志，追求共同理念，進而實現共同目標，為人民應享之基本權利，為憲法第14條所明文規定人民享有結社的自由。例如為了照顧與愛貓愛狗人士分享寵物的資訊，遂成立愛貓愛狗協會，又如相同政治理念者組成政黨團體。

● 保障結社自由之目的

憲法保障結社自由，主要在保障人民得自由組織或加入具有共同理念之團體，以擴展人我互動，參與各類關於文化、教育、政治、經濟、宗教或娛樂等各類活動，藉以表現自我，提升自我與實現自我；而不同結社團體之存在，得發展豐富多元社會生活，並形成長期穩定之社會秩序，分擔部分國家功能或責任。同時，民主憲政社會因有多元結社團體之存在，增進人民參與民主政治及形成公共決策之機會，而有助於民主理念的實踐。

故結社基本權不僅包含一項防衛權，同時亦可建構一項民主及法治國秩序的組織原則，以產生長期穩定之團體秩序，並避免國家以主流社會之價值體系型塑與組織團體，乃維持民主憲政秩序不可或缺之制度性基本權。國家對人民之結社自由固非不得以法律或以法律明確授權主管機關以命令予以限制，惟其限制是否合憲，應視所欲限制之結社團體之類型，而採取不同審查標準予以審查。（釋643—林子儀、彭鳳至協同意見書）

實務見解：人民團體是否可以主張共產主義？

我們支持共產主義！

相關字號：釋字第644號解釋

　　人民團體法第2條規定：「人民團體之組織與活動，不得主張共產主義，或主張分裂國土。」同法第53條前段關於「申請設立之人民團體有違反第2條……之規定者，不予許可」之規定部分，乃使主管機關於許可設立人民團體以前，得就人民「主張共產主義，或主張分裂國土」之政治上言論之內容而為審查，並作為不予許可設立人民團體之理由，顯已逾越必要之程度，與憲法保障人民結社自由與言論自由之意旨不符，於此範圍內，應自本解釋公布之日起失其效力。

結社自由之目的
- 防衛權
- 建構民主及法治國秩序的組織原則
- 避免國家以主流社會之價值體系型塑與組織團體

● 結社自由之範圍

　　結社自由保障之範圍，不僅保障人民得自由選定結社目的以集結成社、參與或不參與結社團體之組成與相關事務，並保障由個別人民集合而成之結社團體就其本身之形成、存續、命名及與結社相關活動之推展免於受不法之限制。(釋479)

相關考題

下列關於政黨之敘述，何者錯誤？　(A)政黨為現代民主政治推行之重要機制　(B)政黨之組成與運作，可從人民結社自由所導出　(C)政黨為憲法機關之一　(D)司法院大法官享有政黨違憲解散之專屬權限 【98三等司法特考-法學知識與英文】	(C)
下列何者為結社自由的意涵？　(A)人民為一定目的，持續性的組織團體的自由　(B)多數人民為一定目的，而暫時集合於一特定地點的自由　(C)人民在公開場所，表達內心想法的自由　(D)人民於公眾得出入的場所，集體行進的自由　　　　　　　　　　　【98四等基警-憲法概要】	(A)
下述情形，何者係結社自由權之行使？　(A)共同組成公司　(B)舉辦室內音樂會　(C)多人在公眾場所靜坐　(D)在市街、道路集體行進 【98普考-法學知識與英文】	(A)
【解析】 (B)(C)(D)是集會權的行使。	
依司法院大法官釋字第479號解釋之見解，保障人民為特定目的，以共同之意思組成團體並參與其活動之自由，係涉及何種憲法保障之基本權利？　(A)結社自由　(B)集會自由　(C)言論自由　(D)講學自由 【99初等一般行政-法學大意】	(A)

相關考題

人民團體法第2條規定：「人民團體之組織與活動，不得主張共產主義，或主張分裂國土。」依司法院釋字第644號解釋，是否合乎憲法保障人民自由權利之意旨？　(A)符合，共產主義或分裂國土之言論或主張，不受言論自由保障　(B)符合，人民雖有組成人民團體之權利，法律本得於必要範圍內予以合理限制　(C)不符合，此無異容許主管機關就政治性言論，進行事前審查，違反言論自由保障　(D)不符合，集會結社自由屬人民政治自由，受憲法絕對保障，不得以法律限制之 【99四等身障特考一般行政-法學知識】	(C)
申請設立人民團體，不得主張共產主義或分裂國土，否則即不予許可之規定，依司法院大法官解釋，下列敘述何者錯誤？　(A)與憲法保障人民結社自由之意旨不符　(B)以政治上言論之內容而為審查，並作為不予許可設立人民團體，顯已逾越必要之程度　(C)倘於申請設立人民團體之始，僅因其主張共產主義或分裂國土即予禁止，已逾越憲法第23條所定之必要性　(D)主管機關於許可設立人民團體，可先就其所主張之內容為實質審查　【99三等第一次司法人員-法學知識與英文】	(D)
依司法院大法官解釋，下列那一項違反憲法保障言論自由之意旨？ (A)以刑罰處罰以廣告物、出版品、廣播、電視、電子訊號、電腦網路或其他媒體，散布、播送或刊登足以引誘、媒介、暗示或其他促使人為性交易之訊息者　(B)限制人民團體之組織與活動，不得主張共產主義，或主張分裂國土　(C)規定人民舉辦有關證券投資講習業務者，須為經主管機關核准之證券投資顧問事業　(D)要求菸品所含之尼古丁及焦油含量，應以中文標示於菸品容器上　【98三等司法特考-法學知識與英文】	(B)
有關憲法保障之結社自由，下列敘述何者錯誤？　(A)乃在全體人民利用結社之形式以追求共同理念，實現共同目標　(B)包含設立、加入、內部運作之自由　(C)包含退出、合併與解散社團之自由　(D)為維護社團之紀律，社團對社員只能要求社員自律，不得對其進行懲戒罰 【99第二次司法特考-法學知識與英文】	(D)

依司法院大法官釋字第479號解釋,認為人民團體名稱必須冠以所屬行政區域名稱之規定,侵害何項憲法上所保障之權利? (A)財產權 (B)結社權 (C)人格權 (D)工作權 【100關稅四等-法學知識】	(B)
依司法院釋字第373號解釋,各級政府行政及教育事業、軍火工業之員工,應有組織公會之權利,係憲法保障之何項權利? (A)工作權 (B)言論自由 (C)結社權 (D)集會權 【100四等行政警察-中華民國憲法概要】	(C)
人民團體法規定,申請設立之人民團體,其組織與活動,不得主張共產主義,或分裂國土,否則不予許可。此一規定依司法院釋字第644號解釋,侵害人民言論自由及下列那一權利? (A)集會自由 (B)結社自由 (C)旅行自由 (D)人格自由 【101四等一般警察-法學知識】	(B)
由我國憲法對下列何種基本人權的保障中,可導出對政黨自由之保障? (A)人身自由 (B)居住遷徙自由 (C)集會結社自由 (D)宗教信仰自由 【100地方特考四等-法學知識與英文】	(C)

【解析】

集會遊行法第11條

申請室外集會、遊行,除有左列情事之一者外,應予許可:一、違反第6條或第10條規定者。二、有明顯事實足認為有危害國家安全、社會秩序或公共利益者。三、有明顯事實足認為有危害生命、身體、自由或對財物造成重大損壞者。四、同一時間、處所、路線已有他人申請並經許可者。五、未經依法設立或經撤銷、廢止許可或命令解散之團體,以該團體名義申請者。六、申請不合第9條規定者。

依司法院釋字第644號解釋,下列何項人民團體法之規定違憲? (A)人民團體得以行政區域為其組織區域,並得分級組織 (B)人民團體之組織與活動,不得主張共產主義,或主張分裂國土 (C)人民團體在同一組織區域內,除法律另有限制外,得組織2個以上同級同類之團體,但其名稱不得相同 (D)人民團體會址應設於主管機關所在地區,但報經主管機關核准者,得設於其他地區,並得設分支機構 【101三等一般警察-法學知識與英文】	(B)

相關考題

依司法院大法官解釋意旨，有關結社自由之限制，下列敘述何者正確？
(A)農會法規定農會會員住址遷離原農會組織區域者為出會之原因，過度侵害人民之結社自由　(B)督導各級人民團體實施辦法規定，人民團體經主管機關限期整理者，其理監事之職權應即停止，僅屬細節性規定，無須法律明確授權　(C)基於國家安全，人民團體法規定主張特定政治性言論之團體得不予許可設立，並不牴觸結社自由　(D)人民團體法規定職業團體理事長應由理事就常務理事中選舉之，不設常務理事者，就理事中互選之，限制內部組織與事務之自主決定，違反比例原則

【108普考-法學知識與英文】

(D)

15 生存權(15)：死刑之存廢

● 死刑存廢之基本概念

　　相關條文：人民之生存權、工作權及財產權，應予保障。(憲§15)世界各國中，有部分的國家已經廢除死刑，惟我國目前暫時依舊採取死刑的制度。只是法務部長有最後下達執行死刑命令之權力，隨著主政者心態之轉變，已經有一段時間不願或延遲簽核執行死刑之命令，造成實質上廢除死刑之結果。偶爾在發生重大刑案之際，民意強大壓力下，才意思一下，執行幾個人的死刑。

● 永不停歇的死刑爭議

　　死刑存廢的爭議一直存在，隨著人權浪潮襲捲近代的歷史，死刑的議論隨之而來。 有論者認為，死刑本身是殘虐的刑罰；死刑無異是國家殺人，所以應該廢除死刑等論據；亦有見解認為，死刑具備有效壓抑犯罪的效果，以及填補受害者的治療功能等見解，而主張不應該廢除死刑。

● 死刑的執行方法

　　從古至今，執行死刑的方法千奇百怪，我國古代較為常見者如絞刑、砍頭、凌遲、梟首、戮屍、腰斬等，大清律例明定之死刑，則有斬監候、斬立決、絞監候、絞立決四種。我國執行死刑規則第6條第1項規定：「執行死刑，用槍決、藥劑注射或其他符合人道之適當方式為之。」

　　為了避免死刑執行過程過於痛苦，可以注射麻醉劑。行刑應嚴守秘密，非經檢察官或典獄長許可，不得入行刑場內。所以，不會再發生古代公開執行死刑之情形，目前我國死刑之執行，通常只聞槍響，其他過程只能單憑臆測了。

死刑存在與廢止主張之比較表

	存 在 論	廢 止 論
威 嚇 力	死刑有威嚇力。	死刑無威嚇力。
誤 判	誤判之危險性，是裁判制度上應否檢討及改進之問題，與死刑之存廢，無直接關聯性。	誤判時無回復可能性。
人 道	任何刑罰均違反人道，若代之以無期徒刑之刑罰，關到死未必符合人道。	死刑為殘酷野蠻之刑罰。
符合國民法感情	基於報應感情與正義感之主張，對於窮兇惡極之徒處以死刑，符合國民法感情。	國民法感情內容頗不明確，且隨著時代演變，該如何確認被害人與社會一般人感情之消長，恐怕仍有問題。
防衛社會	廢止死刑，窮兇極惡之徒將有機會返回社會，無法確保社會安全。	可代之以絕對無期徒刑（大赦、特赦應謹慎為之），亦可達到防衛社會之目的。

【實務見解：死刑不違憲】

　　釋字第476號解釋，認為對於特定的毒品案件採取死刑的處罰並不違憲。而後在2010年廢死聯盟提出釋憲，大法官會議也予以不受理。顯見是否採取死刑的制度，是人民的共識，若要廢除死刑，可以透過此一共識的力量，藉由立法代議制度來加以完成。

　　國內主張廢止論者，雖然占少數人士，但在民主國家中，其意見當然也要加以尊重。由於我國剛通過聯合國兩大人權公約，也成為廢止死刑論者的重要依據。

　　然而，聯合國兩項人權公約「公民與政治權利國際公約」、「經濟社會文化權利國際公約」（相關內容參照本書附錄第477-479頁），禁止「恣意」剝奪生命權，但並不未表示剝奪生命權的制度一定要全面禁止，所以我國逐漸採取嚴格的刑事訴訟程序，例如辯護、羈押、交互詰問等制度的修正，或最近採取的刑事妥速審判法，都使得司法權無法恣意地剝奪生命權。

　　其次，有學者認為政府以社會錯誤的共識，作為不推動廢止死刑的基礎，並認為許多錯誤的共識，如指紋隱私的侵害，也遭大法官會議宣告違憲。其論點顯有違誤，因為沒有共識，立法院也不可能廢除死刑，既然立法院的共識是採行死刑，這種共識也確實有可能違憲，只是死刑的制度，大法官會議並未認為是違憲。

【釋字第476號解釋文】

　　人民身體之自由與生存權應予保障，固為憲法第8條、第15條所明定；惟國家刑罰權之實現，對於特定事項而以特別刑法規定特別之罪刑所為之規範，倘與憲法第23條所要求之目的其正當性、手段必要性、限制妥當性符合，即無乖於比例原則，要不得

僅以其關乎人民生命、身體之自由，逐執兩不相侔之普通刑法規定事項，而謂其係有違於前開憲法之意旨。

　　中華民國81年7月27日修正公布之「肅清煙毒條例」、87年5月20日修正公布之「毒品危害防制條例」，其立法目的，乃特別為肅清煙毒、防制毒品危害，藉以維護國民身心健康，進而維持社會秩序，俾免國家安全之陷於危殆。因是拔其貽害之本，首予杜絕流入之途，即著重煙毒來源之截堵，以求禍害之根絕；而製造、運輸、販賣行為乃煙毒禍害之源，其源不斷，則流毒所及，非僅多數人之生命、身體受其侵害，幷社會、國家之法益亦不能免，為害之鉅，當非個人一己之生命、身體法益所可比擬。對於此等行為之以特別立法嚴厲規範，當已符合比例原則；抑且製造、運輸、販賣煙毒之行為，除有上述高度不法之內涵外，更具有暴利之特質，利之所在，不免群趨僥倖，若僅藉由長期自由刑措置，而欲達成肅清、防制之目的，非但成效難期，要亦有悖於公平與正義。肅清煙毒條例第5條第1項：「販賣、運輸、製造毒品、鴉片或麻煙者，處死刑或無期徒刑。」毒品危害防制條例第4條第1項：「製造、運輸、販賣第一級毒品者，處死刑或無期徒刑；處無期徒刑者，得併科新臺幣1千萬元以下罰金。」其中關於死刑、無期徒刑之法定刑規定，係本於特別法嚴禁毒害之目的而為之處罰，乃維護國家安全、社會秩序及增進公共利益所必要，無違憲法第23條之規定，與憲法第15條亦無牴觸。

相關考題

我國生存權之相關立法的敘述，下列何者錯誤？　(A)司法院解釋之態度歷來皆認為死刑違憲　(B)對於罹患醫學上不治之症之患者，醫師即便得其承諾，亦不得以藥物合法幫助患者自殺　(C)懷孕婦女經診斷患有礙優生之傳染性疾病者，得自願施行人工流產　(D)國家為改良農民之生活，增進其生產技能，應制定保護農民之法律，實施保護農民之政策【103普考-法學知識與英文】	(A)

16 工作權(15)

● 工作權之基本概念

　　相關條文：人民之生存權、工作權及財產權，應予保障。
（憲§15）

　　工作權是指人民有自由選擇工作之權利，藉此達到生存權之目的，其保障的範疇如次：

一、職業選擇自由：人民有選擇其想要工作的項目種類，國家不應該強迫人民從事特定的工作。例如中國大陸就有所謂的下放勞改、人民公社，要求以大我為中心，從事一些人民不想要做的工作。

二、職業經營自由：包括營業時間、地點、方式的自由，例如7-11採行24小時的營運，不能要求營業時間只能在早上9點到下午5點。

三、職業能力養成教育請求權：人民有受國民教育或補習教育之權利，分別規範在憲法第21條、第160條，及增修條文第10條第8項規定，也針對國民就業有原則性之規範。我國設有職業訓練局，負責提高民眾就業能力。

四、職業能力資格取得權：取得特定職業資格者，例如保險業務員，其職業活動之範圍及工作方法，以法律加以限制。

● 職業自由之三階理論

　　對於工作權之限制，如醫生要考執照，計程車司機不能有一定犯罪之前科，均屬之。德國聯邦憲法法院於西元1958年之藥房案中，提出了著名的「階梯理論」，有論者稱之為「三階理論」（Drei-stufentheories），認為國家對於人民職業自由之限制，包括職業經營階層之限制、職業選擇階層之主觀限制，及職業選擇階層之客觀限制。

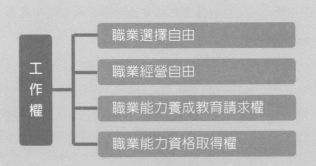

三階理論之内涵

　　第一個層次，是指法律完全不干涉之工作，任何人可以加以選擇，法律頂多對於工作的方式略作規劃；第二個層次，則是指法律要求選擇此一工作者，應具備特定之能力與條件；第三個層次，是指除了特定之能力與條件外，法律還會要求符合一些客觀條件，必須符合這些客觀條件，當事人才得以選擇此一工作。（客觀條件不能改變，如原住民身分）

【實務見解：性工作與職業自由的三階理論】

　　許宗力協同意見書：「……其實，如果立法者不是採取全面禁止的手段，而是合目的性地鑑於政策需要，對於從事性工作之方法、時間、地點等執行職業之自由，予以適當限制，則由於—根據職業自由的三階理論—此類管制手段性質上屬寬鬆之合理審查的範疇，立法者反而能獲取更大的政策形成空間，一得一失之間，何者明智，已不言可喻。」（釋666）

【實務見解：道交條例禁曾犯特定罪者駕計程車規定違憲？】

相關字號：釋字第584號解釋

　　人民之工作權為憲法第15條規定所保障，其內涵包括人民選擇職業之自由。人民之職業與公共福祉有密切關係，故對於從事一定職業應具備之資格或其他要件，於符合憲法第23條規定之限度內，得以法律或法律明確授權之命令加以限制。原道路交通管理處罰條例第37條第1項規定：「曾犯故意殺人、搶劫、搶奪、強盜、恐嚇取財、擄人勒贖或刑法第221至229條妨害性自主之罪，經判決罪刑確定者，不准辦理營業小客車駕駛人執業登記。」乃基於營業小客車營運及其駕駛人工作之特性，就駕駛人個人應具備之主觀條件，對人民職業選擇自由所為之限制，旨在保障乘客之安全，確保社會之治安，及增進營業小客車之職業信賴，與首開憲法意旨相符，於憲法第23條之規定，尚無牴觸。

　　營業小客車之管理，各國國情與治安狀況有不同。相關機關審酌曾犯上述之罪之累再犯比率偏高，衡量乘客生命、身體安全等重要公益，與人民選擇職業主觀條件之限制，而就其選擇職業自由為合理之不同規定，不違反憲法第7條平等原則。

　　惟以限制營業小客車駕駛人選擇職業之自由，作為保障乘客安全、預防犯罪之方法，乃不得已措施，應隨營業小客車管理，犯罪預防制度之發展或其他制度之健全，就其他較小限制替代措施之建立，隨時檢討改進；且若已有方法證明曾犯此等犯罪之人不具特別危險時，即應適時解除其限制，俾於維護公共福祉之範圍內，更能貫徹憲法人民工作權之保障及平等原則之意旨。

與工作權有關之大法官會議解釋

釋字解釋	內　容
404	為增進公共利益，對於人民工作之方法及應具備之資格或要件，得以法律為適當之限制。
411	對於職業選擇概念加以釐清。
412	工作權之平等保障概念。
510	對於工作之方式及必備資格或其他要件，得以法律或視工作權限制之性質，以有法律明確授權之命令加以規範。
514	職業自由之限制，須符合法律保留原則及授權明確性原則。
584	工作權之內涵包括人民選擇職業之自由。
612	憲法第15條規定人民之工作權應予保障，人民從事工作並有選擇職業之自由，如為增進公共利益，於符合憲法第23條規定之限度內，對於從事工作之方式及必備之資格或其他要件，得以法律或經法律授權之命令限制之。
634	人民之職業與公共福祉有密切關係，故對於選擇職業應具備之主觀條件加以限制者，於符合憲法第23條規定之限度內，得以法律或法律明確授權之命令加以限制，惟其目的須為重要之公共利益，且其手段與目的之達成有實質關聯，始符比例原則之要求。
637	公務員服務法第14-1條之定：「公務員於其離職後3年內，不得擔任與其離職前5年內之職務直接相關之營利事業董事、監察人、經理、執行業務之股東或顧問。」旨在維護公務員公正廉明之重要公益，而對離職公務員選擇職業自由予以限制，其目的洵屬正當；其所採取之限制手段與目的達成間具實質關聯性，乃為保護重要公益所必要，並未牴觸憲法第23條之規定，與憲法保障人民工作權之意旨尚無違背。

【實務見解：視障者，才能從事按摩業？】

相關字號：釋字第649號解釋

　　原身心障礙者保護法第37條第1項前段規定：「非本法所稱視覺障礙者，不得從事按摩業。」這樣子的規定導致非視障者不能從事按摩業，甚至據此提出釋憲。釋字第649號作出解釋，認為與憲法第7條平等權、第15條工作權及第23條比例原則之規定不符。

　　本條規定是因視障者較為弱勢，為了保障其工作權為目的，所採職業保留之優惠性差別待遇，也符合憲法第155條後段規定：「人民之老弱殘廢，無力生活，及受非常災害者，國家應予以適當之扶助與救濟。」以及憲法增修條文第10條第7項規定：「國家對於身心障礙者之保險與就醫、無障礙環境之建構、教育訓練與就業輔導及生活維護與救助，應予保障，並扶助其自立與發展。」顯已揭櫫**扶助弱勢**之原則。所以，保障視障者工作權確實具備重要公共利益，其優惠性差別待遇之目的合乎憲法相關規定之意旨。**(合目的性)**

　　此一規定卻讓許多明眼人不得從事按摩業，影響甚鉅。所以一套保護視障者的制度，除了要能有助於視障者工作權的維護，還應該對於非視障者的權利並沒有太多的限制，而且這一條規範制定之手段與目的間有實質關聯，才沒有違反平等權保障之原則。但是現在視障者的知識水平不斷提升，已經不再僅限於從事按摩業，這條規定根本對於提高視障者的社經地位沒什麼太大的幫助，難謂有實質關聯性，再加上這條規定讓不是視障者的其他身心障礙者也不能從事按摩業，顯然規範上過度限制，有違憲法平等原則。**(手段與目的欠缺實質關聯性)**

非視障者不得按摩

　　法律固然可以對於工作權有一定之限制，例如須具備特定知識、學位、體能；須有重要的公共利益存在，也有所謂的行業獨占制度，也是要保護特定重要之公共利益，無論如何都必須符合比例原則。

　　本號解釋認為從憲法第155條規定後段及增修條文第10條第7項規定角度觀察，自屬特別重要之公共利益，目的洵屬正當。但是因為相關規範並非明確、執行標準不一，非視障者因為本規定而必須轉行與失業，未能形成多元競爭環境裨益消費者選擇，與所欲保障視障者工作權而生之就業利益相較，顯不相當，違反比例原則，且牴觸憲法工作權之保障。

法律規定曾犯殺人罪經判決確定者不准辦理營業小客車駕駛人職業登記，對此規定，依司法院大法官解釋，下列敘述何者錯誤？ (A)此限制之目的在於增進人民對於營業小客車之職業信賴 (B)此規定限制人民職業選擇之自由 (C)本規定是否合憲，應衡量之重要公益為乘客生命身體安全 (D)此乃是對於職業選擇應具備之主觀條件之違憲限制 【98三等司法特考-法學知識與英文】	（D）
下列那一項是人民之權利？ (A)依法律納稅 (B)工作權 (C)遵守法律 (D) 依法律服兵役　　　　　　　　　　【98四等基警-憲法概要】	（B）

【解析】
納稅與服兵役都是屬於義務。

擔任醫師須先考試取得醫師執照，係對人民何種基本權利之限制？ (A)生存權 (B)工作權 (C)財產權 (D)人格權【98普考-法學知識與英文】	（B）
道路交通管理處罰條例規定曾犯故意殺人、搶劫、妨害性自主之罪，經判決罪刑確定者，不准辦理營業小客車職業駕駛人登記。依據司法院大法官釋字第584號解釋，此一規定對人民之何種基本權構成限制？ (A)財產權 (B)職業選擇自由 (C)請求給予適當工作機會之自由 (D)生存權　　　　　　　　　　　【98三等地方特考-法學知識與英文】	（B）

【解析】
釋字第584解釋認為雖構成限制，但並不違反憲法第7、23條之規定。
該號解釋進一步說明：「惟以限制營業小客車駕駛人選擇職業之自由，作為保障乘客安全、預防犯罪之方法，乃基於現階段營業小客車管理制度所採取之不得已措施，但究屬人民職業選擇自由之限制，自應隨營業小客車管理，犯罪預防制度之發展或其他制度之健全，就其他較小限制替代措施之建立，隨時檢討改進⋯⋯」

禁止非視覺障礙者不得從事按摩業，涉及憲法上何種基本權利之限制？ (A)人身自由 (B)隱私權 (C)工作權 (D)財產權 【100關稅三等-法學知識】	（C）

相關考題

如立法者制定法律，規定僅原住民得擔任原住民族教育工作者，則對於此規定所進行違憲審查時，應考慮之主要基準為何？　(A)涉及執行職業自由之限制，為追求一般公益，立法者得予適當之限制　(B)涉及選擇職業之主觀要件，為保障重要公益，立法者得予適當之限制　(C)涉及選擇職業之客觀要件，基於特別重要公益，立法者始得予以限制　(D)涉及執行職業之身分要件，基於保障特定身分之人，立法者均得予限制　　　　　　　　　　　　　　　　　【104司法三等-法學知識與英文】	(C)
就業服務法中對外籍勞工不可自行更換雇主的規定，主要是限制了外籍勞工的何種基本權利？　(A)人身自由　(B)工作權　(C)遷徙自由　(D)訴訟權　　　　　　　　　　　　　　　　　【97鐵公路-佐級-公路監理-法學大意】	(B)
國家對職業自由之限制，下列敘述何者正確？　(A)對職業自由之限制，即使其限制內容有所差異，但基於平等權之考量，在憲法上不可有寬嚴不同之容許標準　(B)關於從事工作之時間，屬執行職業之自由，立法者不得予以限制　(C)從事特定職業之專業能力或資格，立法者欲對此加以限制，須有重要公共利益存在　(D)為保障視覺障礙者，得限制非視覺障礙者，不得從事按摩業　　　【99三等第一次司法人員-法學知識與英文】	(C)

【解析】
(D)依據釋字第649號解釋，只讓盲人從事按摩業，對於非盲人從事按摩業卻加以限制屬違憲。

法律規定犯擄人勒贖妨害性自主罪經判決罪刑確定者，不准辦理營業小客車駕駛人執業登記，涉及下列何種基本權利？　(A)職業選擇自由　(B)集會結社自由　(C)改過自新自由　(D)思想表現自由　　　　　　　　　　　　　　　　　　　　【100關稅三等-法學知識】	(A)
認根據司法院憲法解釋，下列何者不屬於人民選擇職業之自由應具備之主觀條件？　(A)知識　(B)學位　(C)體能　(D)行業獨占制度　　　　　　　　　　　　　　　　　【99地方特考四等-法學知識與英文】	(D)

【解析】
釋字第649號解釋。

下列何者不屬於對於職業選擇自由的客觀限制？ (A)原住民族教育師資以具備原住民族身分者為限 (B)以總量管制方式核發計程車牌照,亦即須有人繳回牌照,始得接受新申請案 (C)禁止非視障者從事按摩業 (D)藥師經登記領照執業後,執業處所以一處為限　　　　　【109高考-法學知識與英文】	(D)
依司法院大法官解釋,下列敘述何者與憲法保障人民工作權之意旨不符？ (A)已聘任之教師有教師法規定行為不檢有損師道者,應報請主管教育行政機關核准後,予以解聘、停聘或不續聘 (B)限制公務員於離職後一定期間內,選擇營利事業特定職務之自由 (C)對於未肇事拒絕接受酒測之職業駕駛人,吊銷其持有各級車類之駕駛執照,且 3 年內不得考領 (D)針對經主管機關限期整理之人民團體,依據督導各級人民團體實施辦法,停止其理監事之職權　　　　　【108普考-法學知識與英文】	(D)

17 財產權(15)

● 財產權之基本概念

相關條文：人民之生存權、工作權及財產權，應予保障。（憲§15）

憲法第15條關於人民財產權應予保障之規定，旨在確保個人依財產之存續狀態行使其自由使用、收益及處分之權能，不得因他人之法律行為而受侵害。（釋671）例如人民擁有一間房子，政府不能非法地將房子充公，這是憲法及法律制度對於個人財產權之保障。

如果因為公用或公益目的之必要，國家可以徵收人民的財產，但是要給予合理的補償，此項補償乃因財產之徵收，對被徵收財產之所有權人而言，係為公共利益所受之特別犧牲，國家自應予以補償，以填補其財產權被剝奪或其權能受限制之損失。故補償不僅需相當，更應儘速發給，方符憲法保障人民財產權之意旨，迭經司法院解釋在案（釋字第400號、第425號、第516號解釋參照）。（釋652）

● 締結契約自由之限制

基於個人之人格發展自由，個人得自由決定其生活資源之使用、收益及處分，因而得自由與他人為生活資源之交換，是憲法於第15條保障人民之財產權，於第22條保障人民之契約自由。惟因個人生活技能強弱有別，可能導致整體社會生活資源分配過度不均，為求資源之合理分配，國家自得於不違反憲法第23條比例原則之範圍內，以法律限制人民締約之自由，進而限制人民之財產權。（釋580）

【實務案例：重罰囤積米酒案】

　　臺灣加入WTO後，米酒要課稅，因此預期價格將大幅攀高，許多不肖業者遂開始囤積米酒，待漲價時再予賣出，以賺取高額差價。舊菸酒稅法第21條規定：「本法施行前專賣之米酒，應依原專賣價格出售。超過原專賣價格出售者，應處每瓶新臺幣2千元之罰鍰。」業者某甲將本來每瓶21元的米酒，以平均約54.2元的價格，賣4,800瓶給某加油站業者，遭查獲後，以每瓶2,000元處以罰鍰，共計1億零560萬元，遂提起釋憲，經釋字第641號解釋宣告該規定違憲。

　　該號解釋認為，其有關處罰方式之規定，使超過原專賣價格出售該法施行前專賣之米酒者，一律處每瓶新臺幣2千元之罰鍰，固已考量販賣數量而異其處罰程度，惟採取劃一之處罰方式，於個案之處罰顯然過苛時，法律未設適當之調整機制，對人民受憲法第15條保障之財產權所為限制，顯不符妥當性而與憲法第23條之比例原則尚有未符。（釋641）

政府基於維持交通秩序而規定騎樓不准設攤，依司法院大法官解釋，下列敘述何者正確？ (A)就私有土地而言，此已牴觸憲法保障財產權之意旨 (B)騎樓之建造係為供公眾通行之用，不准設攤之規定對其財產權並未妨礙 (C)此為財產權之社會義務，對人民財產權之限制尚屬輕微，無悖於憲法第23條比例原則 (D)此規定已構成個人之特別犧牲，若國家未對其有任何補償，即與憲法保障人民財產權之規定有所違背 【98三等司法特考-法學知識與英文】	(C)

【解析】

(C)釋字第564號解釋：「限制騎樓設攤，維護道路暢通為目的，尚屬適當……鑑於騎樓所有人既為公益負有社會義務，國家則提供不同形式之優惠如賦稅減免等，以減輕其負擔。從而人民財產權因此所受之限制，尚屬輕微，自無悖於憲法第23條比例原則之要求，亦未逾其社會責任所應忍受之範圍，更未構成個人之特別犧牲，難謂國家對其有何補償責任存在，與憲法保障人民財產權之規定並無違背。」

有關財產權之敘述，下列何者正確？ (A)國家可立法限制人民財產權之行使 (B)財產權僅具權利性，完全不具社會責任 (C)個人行使財產權之利益絕對優先於公共團體之利益 (D)著作權不屬財產權保障之範圍 【98高考三級-法學知識與英文】	(A)

商標法規定，商標專用期間為10年，並得依法申請延展專用期間，倘有行政函釋規定公司停止營業或解散時，商標專用權視為消滅，則侵害人民受憲法保障之何項權利？ (A)人格權 (B)財產權 (C)工作權 (D)集會及結社權 【99四等身障特考一般行政-法學知識】	(B)

【解析】

釋字第492號解釋。

依憲法第15條規定，下列何者非本條應予保障之人民權利？ (A)生存權 (B)工作權 (C)財產權 (D)遷徙自由權 【99四等身障特考一般行政-法學知識】	(D)

【實務見解：菸品廣告的限制】

釋字第577號解釋：「又於菸品容器上應為上述之一定標示，縱屬對菸品業者財產權有所限制，但該項標示因攸關國民健康，乃菸品財產權所具有之社會義務，且所受限制尚屬輕微，未逾越社會義務所應忍受之範圍，與憲法保障人民財產權之規定，並無違背。」

● 國家徵收私人土地之補償

人民之財產權應予保障，憲法第15條定有明文。國家因公用或其他公益目的之必要，得依法徵收人民之財產，對被徵收財產之權利人而言，係為公共利益所受之**特別犧牲**，國家應給予合理之補償，且補償與損失必須相當。國家依法徵收土地時，對該土地之所有權人及該土地之其他財產權人均應予以合理補償，惟其補償方式，立法機關有一定之自由形成空間。（釋字第579號解釋）

●繼承回復請求權

繼承回復請求權與個別物上請求權係屬真正繼承人分別獨立而併存之權利。繼承回復請求權於時效完成後，真正繼承人不因此喪失其已合法取得之繼承權；其繼承財產如受侵害，真正繼承人仍得依民法相關規定排除侵害並請求返還。然為兼顧法安定性，真正繼承人依民法第767條規定行使物上請求權時，仍應有民法第125條等有關時效規定之適用。於此範圍內，本院釋字第107號及第164號解釋，應予補充。（釋771）

本院院字及院解字解釋，係本院依當時法令，以最高司法機關地位，就相關法令之統一解釋，所發布之命令，並非由大法官依憲法所作成。於現行憲政體制下，法官於審判案件時，固可予以引用，但仍得依據法律，表示適當之不同見解，並不受其拘束。本院釋字第108號及第174號解釋，於此範圍內，應予變更。（釋771）

相關考題

依司法院大法官解釋意旨，關於憲法第15條財產權之保障，下列敘述何者正確？　(A)要求菸品業者於菸品容器上標示一定內容之警語，已逾越菸品財產權社會義務所應容忍之範圍　(B)成立公用地役關係之既成道路，係基於公益目的而限制土地所有權人之財產權，故無須給予補償　(C)於依法徵收都市計畫道路用地前在該地埋設地下設施物，若對於土地權利人權利行使構成特別犧牲者，應給予補償　(D)對於未依規定報明登記即攜帶逾法定數額外幣出入國境之人民，沒入其外幣，已違反比例原則　【105司特四等-法學知識與英文】	(C)
依憲法第15條保障人民的財產權，但國家對於財產權得以合法的侵害，例如對於土地的徵收，則國家應對被徵收者給予：　(A)補償　(B)賠償　(C)補助　(D)補充　【100四等司法特考-法學知識與英文】	(A)
依大法官解釋，臨檢實施之手段包含檢查、路檢、取締或盤查等，影響人民之何種基本權利？　(A)行動自由、財產權及隱私權　(B)秘密通訊自由及營業自由　(C)財產權、營業自由及契約自由　(D)秘密通訊自由及隱私權　【100三等司法特考-法學知識與英文】	(A)
依司法院大法官解釋，下列何者並非就人民財產權加以限制？　(A)主管機關依法為禁止設攤之公告或為道路擺設攤位之許可　(B)九二一大地震災區住屋全倒、半倒者，發給慰助金之對象，以是否實際居住於受災屋作為判斷依據　(C)法規規定電動玩具業不得容許未滿 18 歲之兒童及少年進入其營業場所　(D)法律規定商標專用權人於商標專用期間內廢止營業者，其商標專用權當然消滅　【101高考-法學知識與英文】	(B)

【解析】

(A)釋字第564號解釋。

(B)釋字第571號解釋：「憲法增修條文第2條第3項規定，總統為避免國家或人民遭遇緊急危難或應付財政經濟上重大變故，得經行政院會議之決議發布緊急命令，為必要之處置。又對於人民受非常災害者，國家應予以適當之扶助與救濟，憲法第155條亦定有明文。此項扶助與救濟，性質上係國家對受非常災害之人民，授與之緊急救助，關於救助之給付對象、條件及範圍，國家機關於符合平等原則之範圍內，得斟酌國家財力、資源之有效運用及其他實際狀況，採取合理必要之手段，為妥適之規定。」。

(C)釋字第514號解釋。

(D)釋字第492號解釋。

財政部函示:「同一建物、土地先後有數人申報,且各有其合法依據時,為避免日後可能發生糾紛起見,……稅捐稽徵機關得暫緩就申報案件核發稅捐稽徵通知書」,致人民無從完成納稅手續憑以辦理所有權移轉登記。此可能侵害下列何種基本權? (A)居住自由 (B)工作權 (C)生存權 (D)財產權 【105四等警察-法學知識】	(D)
依司法院釋字第579號解釋,下列關於國家徵收私人土地,發放補償費之敘述,何者錯誤? (A)國家徵收私人土地對被徵收財產之權利人而言,係為公共利益所受之特別犧牲,故應給予相當之補償 (B)國家徵收私人土地應發放補償費,係基於財產權保障 (C)國家所應給予之徵收補償,須符合補償與損失必須相當之原則 (D)徵收補償之發放標準以及是否合理,立法機關有絕對自由之形成空間,無須考量社會經濟發展 【100地方特考四等-法學知識與英文】	(D)
勞動基準法規定雇主負擔給付勞工退休金,按月提撥勞工退休準備金之工退休準備金之義務,涉及下列何種基本權利? (A)人格權及契約自由 (B)平等權及人格權 (C)契約自由及財產權 (D)人格權及財產權 【100關稅三等-法學知識】	(C)
有關財產權之限制,依據司法院大法官解釋,下列何項敘述正確? (A)得依其限制之程度,以法律或法律明確授權之命令予以規範 (B)有關財產權之限制,必須以法律定之 (C)屬憲法保留層次問題 (D)原則上由法規命令或行政規則為之 【100高考-法學知識與英文】	(A)
【解析】 *釋字第559號解釋。*	
依司法院大法官釋字第492號解釋,商標專用權屬於人民受憲法保障之何項權利? (A)財產權 (B)生存權 (C)工作權 (D)結社權 【100關稅四等-法學知識】	(A)
國家依法徵收人民之財產,依司法院釋字第516號解釋,對於被徵收財產之所有人,應採取下列何種措施? (A)合理之賠償 (B)最低限度之補償 (C)合理之補償 (D)最低限度之賠償 【101四等行政警察-中華民國憲法概要】	(C)

18 訴訟權(16)

● 訴訟權之基本概念

相關條文：人民有請願、訴願及訴訟之權。（憲§16）

憲法第16條保障人民訴訟權，係指人民於其權利遭受侵害時，有請求法院救濟之權利（釋418參照）。基於有權利即有救濟之原則，人民權利遭受侵害時，必須給予向法院提起訴訟，請求依正當法律程序公平審判，以獲及時有效救濟之機會，此乃訴訟權保障之核心內容（釋396、釋574參照），不得因身分之不同而予以剝奪（釋243、釋266、釋298、釋323、釋382、釋430、釋462參照）。（釋653）

立法機關衡量訴訟案件之種類、性質、訴訟政策目的及司法資源之有效配置等因素，而就訴訟救濟應循之審級、程序及相關要件，以法律或法律授權主管機關訂定命令限制者，應符合憲法第23條規定，方與憲法保障人民訴訟權之意旨無違（釋160、釋378、釋393、釋418、釋442、釋448、釋466、釋512、釋574、釋629、釋639參照）。（釋653）

原監獄行刑法不許受刑人就監獄處分或其他管理措施，逾越達成監獄行刑目的所必要之範圍，而不法侵害其憲法所保障之基本權利且非顯屬輕微時，得向法院請求救濟之部分，逾越憲法第23條之必要程度，與憲法第16條保障人民訴訟權之意旨有違。（釋755）

● 立法機關衡量訴訟權之行使

憲法第16條所保障之訴訟權，旨在確保人民於其權利受侵害時，有依法定程序提起訴訟，並受法院公平審判之權利。惟訴訟應循之程序及相關要件，立法機關得衡量訴訟案件之種類、性質、訴訟制度之功能及訴訟外解決紛爭之法定途徑等因素，為正當合理之規定；倘其規範內容合乎上開意旨，且有其必要性者，即與憲法保障訴訟權之意旨無違。（釋591）

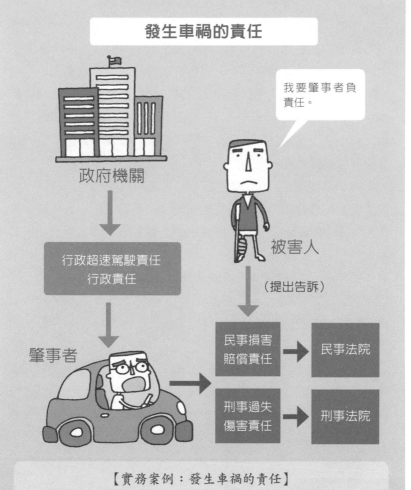

發生車禍的責任

政府機關

我要肇事者負責任。

被害人

行政超速駕駛責任
行政責任

（提出告訴）

肇事者

民事損害賠償責任 → 民事法院

刑事過失傷害責任 → 刑事法院

【實務案例：發生車禍的責任】

　　以最常見的車禍案件為例，肇事人可能面對被害人主張民事責任與刑事責任，更可能面臨行政機關給予的行政處分，例如開立酒醉駕車的罰單，或者是記點或講習教育。

【實務案例：對配偶不得提起自訴】

相關字號：釋字第569號解釋

　　刑事訴訟法第321條規定，對於配偶不得提起自訴，係為防止配偶間因自訴而對簿公堂，致影響夫妻和睦及家庭和諧，乃為維護人倫關係所為之合理限制，尚未逾越立法機關自由形成之範圍；且人民依刑事訴訟法相關規定，並非不得對其配偶提出告訴，其憲法所保障之訴訟權並未受到侵害，與憲法第16條及第23條之意旨尚無牴觸。(釋569)

　　刑事訴訟法第321條規定固限制人民對其配偶之自訴權，惟對於與其配偶共犯告訴乃論罪之人，並非不得依法提起自訴。本院院字第364號及院字第1844號解釋相關部分，使人民對於與其配偶共犯告訴乃論罪之人亦不得提起自訴，並非為維持家庭和諧及人倫關係所必要，有違憲法保障人民訴訟權之意旨，應予變更；最高法院29年上字第2333號判例前段及29年非字第15號判例，對人民之自訴權增加法律所無之限制，應不再援用。(釋569)

　　換言之，夫妻本是同林鳥，立法者實在是不忍夫妻雙方對簿公堂，在法院中互相指責不是，因此，不能對配偶提出自訴，以避免提出自訴之後，原告與被告是夫妻。雖然不能提出自訴，但還是可以提出告訴，也就是由檢察官變成訴訟當事人，自己就不會與配偶對簿公堂。

相關考題

人民為解決公法爭議得提起行政訴訟，此屬於人民之何種權利？　(A)社會權　(B)參政權　(C)行政受益權　(D)司法受益權 　　　　　　　　　　　　　　　　　　　　　　　【99普考-法學知識與英文】	(D)

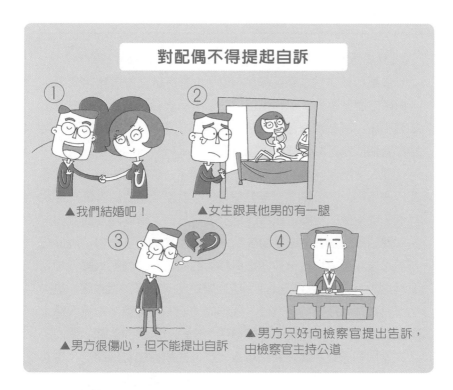

對配偶不得提起自訴

① ▲我們結婚吧！

② ▲女生跟其他男的有一腿

③ ▲男方很傷心，但不能提出自訴

④ ▲男方只好向檢察官提出告訴，由檢察官主持公道

●有權利即有救濟之補充

　　都市計畫個別變更範圍外之人民，如因都市計畫個別變更致其權利或法律上利益受侵害，基於有權利即有救濟之憲法原則，應許其提起行政訴訟以資救濟，始符憲法第16條保障人民訴訟權之意旨。本院釋字第156號解釋應予補充。（釋774）

　　本於憲法第16條保障人民訴訟權之意旨，各級學校學生認其權利因學校之教育或管理等公權力措施而遭受侵害時，即使非屬退學或類此之處分，亦得按相關措施之性質，依法提起相應之行政爭訟程序以為救濟，無特別限制之必要。於此範圍內，本院釋字第382號解釋應予變更。（釋784）

【釋字第681號解釋：撤銷假釋處分，不得提起行政爭訟】

最高行政法院中華民國93年2月份庭長法官聯席會議決議：「假釋之撤銷屬刑事裁判執行之一環，為廣義之司法行政處分，如有不服，其救濟程序，應依刑事訴訟法第484條之規定，即俟檢察官指揮執行該假釋撤銷後之殘餘徒刑時，再由受刑人或其法定代理人或配偶向當初諭知該刑事裁判之法院聲明異議，不得提起行政爭訟。」及刑事訴訟法第484條規定：「受刑人或其法定代理人或配偶以檢察官執行之指揮為不當者，得向諭知該裁判之法院聲明異議。」並未剝奪人民就撤銷假釋處分依法向法院提起訴訟尋求救濟之機會，與憲法保障訴訟權之意旨尚無牴觸。惟受假釋人之假釋處分經撤銷者，依上開規定向法院聲明異議，須俟檢察官指揮執行殘餘刑期後，始得向法院提起救濟，對受假釋人訴訟權之保障尚非周全，相關機關應儘速予以檢討改進，俾使不服主管機關撤銷假釋之受假釋人，於入監執行殘餘刑期前，得適時向法院請求救濟。

【釋字第684號解釋：學生的權利受侵害，可不可以爭訟？】

大學為實現研究學術及培育人才之教育目的或維持學校秩序，對學生所為行政處分或其他公權力措施，如侵害學生受教育權或其他基本權利，即使非屬退學或類此之處分，本於憲法第16條有權利即有救濟之意旨，仍應許權利受侵害之學生提起行政爭訟，無特別限制之必要。在此範圍內，本院釋字第382號解釋應予變更。

【釋字第752號：第二審初次受有罪判決者得上訴第三審案】

　　第二審撤銷原審無罪判決並自為有罪判決者，被告不得上訴於第三審法院部分，未能提供至少一次上訴救濟之機會，與憲法第16條保障人民訴訟權之意旨有違，應自本解釋公布之日起失其效力。

相關考題

依司法院解釋，有關訴訟權之敘述，下列何者錯誤？　(A)國家不只消極的不侵害人民訴訟權，更應積極的建立一套保障權利的訴訟制度　(B)「受送達權」屬於訴訟權所保障之範圍　(C)對於律師懲戒覆審委員會所為之決議，不得向最高行政法院再行提起行政爭訟，不生侵害訴訟權之疑慮　(D)法官於審判案件時，除憲法與法律外，亦受行政表示之拘束　【104司法三等-法學知識與英文】	(D)

【解析】

釋字第137號解釋：「法官於審判案件時，對於各機關就其職掌所作有關法規釋示之行政命令，固未可逕行排斥而不用，但仍得依據法律表示其合法適當之見解。」

依據司法院釋字第574號解釋，下列何者為憲法第16條訴訟權之核心內容？　(A)訴訟審級制度　(B)律師強制代理制度　(C)符合正常法律程序之法院救濟　(D)提起上訴之要件　【106普考-法學知識與英文】	(C)
依司法院大法官解釋，下列有關訴訟權之敘述，何者正確？　(A)民事訴訟法對上訴第三審利益之數額限制，不違反訴訟權之保障　(B)對於律師懲戒覆審委員會所為之決議，仍得向最高行政法院請求救濟　(C)都市計畫因定期通盤檢討所為之變更，屬法規性質，人民不得爭訟　(D)有關審級制度之設計，完全屬立法形成之自由　【108高考-法學知識與英文】	(A)
依司法院釋字第736號解釋，下列敘述何者正確？　(A)教師因學校年終成績考核留支原薪，認其權利或法律上利益受侵害時，得向法院請求救濟　(B)教師不服再申訴決定者，僅得依法提起訴願　(C)教師因學校教師評量，認其權利或法律上利益受侵害時，仍不得向法院請求救濟　(D)基於大學自治，大學教師之權利因學校具體措施遭受侵害時，僅能尋求大學內部管道救濟　【108普考-法學知識與英文】	(A)

依司法院大法官解釋，下列關於訴訟權之敘述，何者正確？　(A)訴訟權如何行使，得由立法機關衡量訴訟事件之性質，為合理之規定　(B)公務員懲戒委員會之一級一審制，有違憲法第16條訴訟權之保障　(C)交通違規事件不得再抗告，有違憲法第16條訴訟權保障　(D)選舉罷免訴訟不設再審制度，有違憲法第16條訴訟權保障　【99三等關務-法學知識】	(A)
下列有關憲法第16條訴訟權之敘述，何者錯誤？　(A)人民得依法定程序提起訴訟　(B)訴訟權之保障不包含暫時權利救濟　(C)提供人民有實效之權利救濟途徑　(D)人民有受公平審判的權利　【98三等司法特考-法學知識與英文】	(B)
下列何者不屬於人民訴訟權的保障範圍？　(A)上訴第三審的權利　(B)依法定程序提起訴訟　(C)接受公平審判　(D)由法定的法官審理案件　【98四等基警-憲法概要】	(A)
訴願權係人民針對政府的下列何種行為不滿而提出救濟的權利？　(A)重大政策　(B)行政處分　(C)立法結果　(D)司法判決　【98四等基警-憲法概要】	(B)
下列何者可以歸類為行政上之受益權範圍？　(A)創制權　(B)提審權　(C)選舉權　(D)請願權　【98四等基警-憲法概要】	(D)
依司法院大法官解釋，羈押法規定對受羈押被告與辯護人接見時監聽、錄音所獲得之資訊，得作為偵查或審判上認定被告本案犯罪事實之證據，牴觸憲法所保障之何種基本權利？　(A)言論自由　(B)人身自由　(C)財產權　(D)訴訟權　【99調查局-法學知識與英文】	(D)
下列各項何者不是請願行使的對象？　(A)考試機關　(B)行政機關　(C)立法機關　(D)地方法院　【98普考-法學知識與英文】	(D)

相關考題

依司法院大法官解釋，下列關於軍事審判之敘述，何者正確？　(A)軍事法庭對於軍人之各種犯罪應有專屬審判權　(B)在平時，經軍事審判之被告，應得上訴至普通法院　(C)軍人平時各種犯罪之軍事審判，均不得上訴至普通法院　(D)對軍人之軍事審判權非屬國家刑罰權之作用 【99三等第一次司法人員-法學知識與英文】	(B)
依司法院解釋，軍人在平時經終審軍事審判機關宣告有期徒刑以上之案件，應許其向下列何機關以判決違背法令為理由請求救濟？　(A)國防部　(B)監察院　(C)普通法院　(D)行政法院 【99地方特考三等-法學知識與英文】	(C)
依據司法院釋字第436號解釋，在平時經終審軍事審判機關宣告有期徒刑以上之案件，應許被告直接向何種機關請求救濟？　(A)國防部　(B)普通法院　(C)司法院大法官　(D)公務員懲戒委員會【98四等基警-憲法概要】	(B)

【解析】

釋字第436號解釋：「本於憲法保障人身自由、人民訴訟權利及第77條之意旨，在平時經終審軍事審判機關宣告有期徒刑以上之案件，應許被告直接向普通法院以判決違背法令為理由請求救濟。軍事審判法第11條，第133條第1項、第3項，第158條及其他不許被告逕向普通法院以判決違背法令為理由請求救濟部分，均與上開憲法意旨不符……」

人民有請願權，下列何者非為請願的對象？　(A)監察院　(B)行政院經濟建設委員會　(C)鄉民代表會　(D)法院 【100四等行政警察-中華民國憲法概要】	(D)
依司法院大法官釋字第582號解釋，刑事被告有詰問證人之權利，是受憲法何項權利之保障？　(A)言論自由　(B)提審權　(C)訴訟權　(D)司法權 【100關稅四等-法學知識】	(C)
下列有關人民訴訟權之敘述，何者錯誤？　(A)憲法第16條保障人民有訴訟權，意義係人民只要權利遭受侵害，均有透過三級三審救濟之權利　(B)立法機關得斟酌訴訟案件的特性，對訴訟權而為適當之限制　(C)人民提起民事訴訟應繳納裁判費，係斟酌司法資源所為之合理限制　(D)訴訟權保障之內容，包括訴訟程序之設計應符合正當法律程序原則 【100四等司法特考-法學知識與英文】	(A)

法律若規定申請稅捐稽徵之復查，必須繳納一定比例之稅款或提供相當擔保作為條件時，依司法院大法官解釋，下列敘述何者正確？　(A)該規定使未能繳納或提供相當擔保之人，喪失行政救濟之機會，係對人民訴願及訴訟權所為不必要之限制　(B)該規定使稅款能迅速獲清償或擔保，仍符合比例原則　(C)雖使部分有資力之人，得享行政救濟之利益，仍不違反平等原則　(D)以繳納一定比例之稅款或提供相當擔保為條件，係對人民財產權之違憲侵害　【100三等行政警察-法學知識與英文】	(A)

【解析】
釋字第224號解釋：「稅捐稽徵法關於申請復查，以繳納一定比例之稅款或提供相當擔保為條件之規定，使未能繳納或提供相當擔保之人，喪失行政救濟之機會，係對人民訴願及訴訟權所為不必要之限制，且同法又因而規定，申請復查者，須於行政救濟程序確定後始予強制執行，對於未經行政救濟程序者，亦有欠公平，與憲法第7條、第16條、第19條之意旨有所不符……」

依司法院釋字第574號解釋，憲法第16條所規定之訴訟權，係以人民於其權利遭受侵害時，得依下列何者請求法院救濟為其核心內容？　(A)三級三審　(B)正當法律程序　(C)職權進行主義　(D)自力救濟　【100普考-法學知識與英文】	(B)
若法律規定：「律師接見羈押被告時監聽、錄影所獲得之資訊，得作為審判上認定被告犯罪事實之證據。」依據司法院解釋，請問此項規定違反被告下列何項憲法基本權利之保障？　(A)訴訟權　(B)集會自由　(C)言論自由　(D)人身自由　【100地方特考三等-法學知識與英文】	(A)
某地人口激增，現有道路不敷使用，人民可以依據下列何種方式請求政府闢建馬路？　(A)請願　(B)提起訴願　(C)提起行政訴訟　(D)國家賠償　【101四等行政警察-中華民國憲法概要】	(A)
人民不服稅捐稽徵機關所發之稅單，需繳納二分之一稅款才得提起復查，此係違反憲法何種權利？　(A)請願權　(B)訴願及訴訟權　(C)結社自由　(D)言論自由　【101四等一般警察-法學知識】	(B)

相關考題

有關法律不許子女獨立提起否認親子關係之訴訟，不涉及到何人之何種基本權利？　(A)母親之隱私權　(B)母親之訴訟權　(C)子女之人格權　(D)子女之訴訟權　　　　　　　　　【105四等警察-法學知識】	(B)
法律扶助制度使無資力者於訴訟上可獲得律師代理辯護，此實現訴訟權保障之何種內涵？　(A)無漏洞的權利救濟　(B)公平的權利救濟　(C)有效的權利救濟　(D)公開的權利救濟　　　　　　【105四等警察-法學知識】	(B)
依司法院釋字第654號解釋，以下羈押法之規定，那一項與憲法第16條保障人民訴訟權之意旨有違？　(A)被告在看守所之言語、行狀、發受書信之內容可供偵查或審判上之參考者，應呈報檢察官或法院　(B)看守所對於刑事被告，得限制其行動，及施以生活輔導　(C)受死刑或無期徒刑之宣告者，應與其他被告分別羈押　(D)律師接見受羈押被告時，應受監視　　　　　　　　　　　　　　　　　【99地方特考四等-法學知識與英文】	(A)

【解析】

(A)釋字第654號解釋理由書：「羈押法第28條規定：『被告在所之言語、行狀、發受書信之內容，可供偵查或審判上之參考者，應呈報檢察官或法院。』使依同法第23條第3項對受羈押被告與辯護人接見時監聽、錄音所獲得之資訊，得以作為偵查或審判上認定被告本案犯罪事實之證據，在此範圍內妨害被告防禦權之行使，牴觸憲法保障訴訟權之規定。」

依司法院釋字第459號解釋，如不服徵兵機關兵役體位之判定，役男得如何提出救濟？　(A)提起民事訴訟　(B)提起訴願及行政訴訟　(C)提起國家賠償訴訟　(D)向公務員懲戒委員會聲明異議　　　　　　【100地方特考四等-法學知識與英文】	(B)

【解析】

釋字第459號解釋：「兵役體位之判定，係徵兵機關就役男應否服兵役及應服何種兵役所為之決定而對外直接發生法律效果之單行行政行為，此種決定行為，對役男在憲法上之權益有重大影響，應為訴願法及行政訴訟法上之行政處分。受判定之役男，如認其判定有違法或不當情事，自得依法提起訴願及行政訴訟。」

19 參政權(17)

● 參政權之基本概念

相關條文：人民有選舉、罷免、創制及複決之權。（憲§17）被選舉人得由原選舉區依法罷免之。（憲§133）

一、選舉：人民透過選票選擇適當的人擔任公職人員。

二、罷免：人民對於因選舉產生的公職候選人，因為違法失職或其他重大原因背負選民所託，以投票方式促使其下台的一種制度。

三、創制：人民得以符合一定法定程序進行法律的提案，甚至於修改憲法。

四、複決：人民透過一定的程序，贊成或否定憲法或法律的提案。

● 代議制度缺失之彌補

現行代議制度，使得人民的決定必須透過民意代表代為伸張，但是民意代表在選出後，往往背棄了民意的方向，反而以政黨利益或自身利益為主要導向。蓋因選舉過程中，民意代表口口聲聲為選民謀福利，可是只要一選上，卻因為積欠大筆選舉經費，或擔心下次政黨不再提名，人民的利益往往拋在腦後。因此，有必要讓民意再次直接展現，在某些重要議題，讓人民再次享有創制、複決的權利。

創制複決兩權之行使，以法律定之。（憲§136）例如公民投票法藉由公民投票的方式，進行下列依憲法規定外事項：一、法律之複決。二、立法原則之創制。三、重大政策之創制或複決。（公投§2Ⅱ）又直轄市民、縣（市）民、鄉（鎮、市）民對於地方自治事項，有依法行使創制、複決之權。（地方制度法§16②）

公民投票權

【創制、複決權的發展】

　　憲法規範選舉、罷免、創制及複決權,其中創制及複決權一直沒有落實到法律中,所以只能說是「雲端」的權利。但自從公民投票法通過後,人民可以藉此提出許多看法,諸如消基會推動美國牛肉進口之公投、澎湖博弈公投,以及台聯黨所提出的ECFA公投。

● 公民投票權

　　憲法第17條另規定：「人民有選舉、罷免、創制及複決之權。」第136條復規定：「創制、複決兩權之行使，以法律定之。」足見憲法亦明定人民得經由創制、複決權之行使，參與國家意志之形成。在不改變我國憲政體制係採代議民主之前提下，立法機關依上開規定之意旨，制定公民投票法，提供人民對重大政策等直接表達意見之管道，以協助人民行使創制、複決權，與憲法自屬無違。（釋645）

　　直接民意，讓人民直接參與政策的決定，是民主最落實的表現。但是，直接民意的做法卻衍生出高成本、欠缺效率的問題，如果事事都要經過民意的徹底檢驗，恐怕對於緊急事件難以有效地回應，雖然獲得了民主，但是卻失去了更多。所以，一般而言，只有在重大爭議事件才會讓人民以直接參與的方式介入。

【實務案例：加拿大魁北克省獨立公投】

　　例如加拿大魁北克省的許多居民講法語，因此衍生一些政治上的相歧，該省多次主張要與加拿大切割關係而舉辦獨立公投，分別在1980及1995年舉辦，第一次大約有六成的民眾反對，第二次則票數相當接近，50.6%反對、49.4%贊成。贊成者雖然曾經在票數上差點超過一半，但迄今尚未通過。

相關考題

公民投票法的制定是為了實現下列何種基本權利？ (A)選舉權 (B)罷免權 (C)創制及複決權 (D)請願權 【98四等司法特考-法學知識與英文】	(C)
依憲法增修條文規定，下列何項提案之決定，毋須經由公民投票或複決之程序？ (A)總統、副總統之罷免案 (B)總統、副總統之彈劾案 (C)領土變更案 (D)憲法修正案 【98高考三級-法學知識與英文】	(B)

【解析】
有關總統、副總統之彈劾案，請參照本書第262-263頁。

依憲法增修條文第12條規定，憲法修正案公民複決的通過門檻為何？ (A)投票率過半，有效同意票多於不同意票 (B)有效同意票超過選舉人總額之半數 (C)有效同意票多於不同意票即可 (D)有效同意票超過選舉人總額之三分之二 【98調查局-法學知識與英文】	(B)
有關公民投票法中公民投票訴訟之敘述，下列何者正確？ (A)以二審終結，且不得提起再審之訴 (B)以二審終結，但得提起再審之訴 (C)以一審終結，且不得提起再審之訴 (D)以一審終結，但得提起再審之訴 【99高考三級-法學知識與英文】	(A)
人民以公民投票方式，議決國家重要事項，依司法院釋字第645號解釋，其憲法上法源基礎為何？ (A)憲法第7條平等權 (B)憲法第17條人民有創制、複決之權 (C)憲法第18條人民有應考試服公職之權 (D)憲法第22條一般行為自由與第23條比例原則 【99普考-法學知識與英文】	(B)

● 選舉方式

本憲法所規定之各種選舉，除本憲法別有規定外，以普通、平等、直接及無記名投票之方法行之。（憲§129）

一、普通：符合一定年齡之中華民國國民即享有投票權。中華民國國民年滿20歲者，有依法選舉之權，除本憲法及法律別有規定者外，年滿23歲者，有依法被選舉之權。（憲§130）

二、平等：指一人一票，每一個人的投票權價值都是相同的。

三、直接：投票的方式是自行對候選人投票，不需要再透過其他程序，即可決定出最後的當選人。過去總統、副總統是採用間接選舉，也就是先選出國大代表，再由國大代表選出總統、副總統。

四、無記名：選票上並不需要記名投票人的身分。過去許多民意機關首長的選舉，為了避免跑票，都會要求所屬黨團成員亮票，讓黨的意志能夠徹底地貫徹。

● 良好的選舉風氣

本憲法所規定各種選舉之候選人，一律公開競選。（憲§131）選舉應嚴禁威脅利誘。選舉訴訟，由法院審判之。（憲§132）選舉訴訟也應該著重速審速結，否則許多候選人因為賄選而被宣告當選無效時，由同選區其他候選人遞補時，常發生任其已經快要屆滿，無法確保真正的選舉正義。

● 名額保障

各種選舉，應規定婦女當選名額，其辦法以法律定之。（憲§134）內地生活習慣特殊之國民代表名額及選舉，其辦法以法律定之。（憲§135）

相關考題　　　　　　　參政權

下列何種考試，不屬憲法第18條應考試權之範圍？　(A)公務人員高等考試　(B)外交領事人員考試　(C)專技人員律師考試　(D)保姆證照考試 【104高考-法學知識與英文】	(D)
依憲法本文規定，人民有選舉、罷免、創制及複決之權，試問人民之此一權利可以統稱為下列何者？　(A)集會權　(B)生存權　(C)參政權　(D)服公職權　　　　　　　　　　　【100關稅四等-法學知識】	(C)
外國人在我國無法享有下列那一項基本權？　(A)言論自由　(B)參政權　(C)財產權　(D)人身自由權　　【100地方特考四等-法學知識與英文】	(B)
為防立法怠惰，人民應有：　(A)罷免權　(B)複決權　(C)創制權　(D)制憲權　　　　　　　　　　　【100地方特考四等-法學知識與英文】	(C)

相關考題　　　　　　　選舉基本原則

下列何者非屬憲法本文中規定之行使選舉權方法之原則？　(A)平等選舉　(B)普通選舉　(C)間接選舉　(D)無記名選舉 【99四等身障特考一般行政-法學知識】	(C)
下列何者非屬憲法所規定之選舉原則？　(A)無記名原則　(B)普通原則　(C)公開原則　(D)直接原則　　　　【98調查局-法學知識與英文】	(C)
同屬選舉制度之重要原則，但憲法第129條未明文規定者為何？　(A)自由選舉原則　(B)普通選舉原則　(C)平等選舉原則　(D)直接選舉原則　　　　　　　　　　　　　　　　【98四等基警-憲法概要】	(A)
下列何者非屬選舉之基本原則？　(A)普通選舉原則　(B)直接選舉原則　(C)秘密選舉原則　(D)比例選舉原則　　　【100關稅三等-法學知識】	(D)

相關考題	選舉訴訟	
依憲法第132條之規定，選舉訴訟應如何處理？　(A)由法院審判之 (B)由中央選舉委員會裁處之　(C)由司法院大法官解釋之　(D)由各縣市選舉委員會裁處之　　　　【99四等身障特考一般行政-法學知識】		(A)
選舉為民主國家的重要制度，應嚴禁威脅利誘。為維護選舉之公正，選舉訴訟由什麼機關管轄？　(A)中央選舉委員會審議　(B)司法院大法官組憲法法庭審理　(C)立法院組選舉委員會審議　(D)法院審判　　　　　　　　　　　　　　　　　　　　【98四等基警-憲法概要】		(D)

相關考題	選舉、被選舉權	
依憲法本文之規定，除憲法及法律別有規定者外，國民年滿幾歲者，有依法被選舉之權？　(A)18歲　(B)20歲　(C)21歲　(D)23歲　　　　　　　　　　　　　　　　【101四等行政警察-中華民國憲法概要】		(D)
依憲法本文之規定，國民年滿幾歲者，有依法選舉之權？　(A)17歲 (B)18歲　(C)19歲　(D)20歲　　　　　【101四等一般警察-法學知識】		(D)
若法律規定立法委員候選人須有大學畢業之資格，係限制人民之何種權利？　(A)選舉權　(B)被選舉權　(C)罷免權　(D)創制權　　　　　　　　　　　　　　　　　　　【101員級鐵路人員-法學知識與英文】		(B)

相關考題	罷　免	
依關於憲法所規定之人民選舉權與罷免權，下列敘述何項正確？　(A)選舉爭議之訴訟由行政院組織特別委員會審理　(B)年滿18歲有依法選舉之權　(C)被選舉人得由原選舉區依法罷免之　(D)各種選舉以普通、平等、間接及記名投票之方法行之　　　【100三等調查特考-法學知識與英文】		(C)

20 應考試服公職權(18)

● 應考試服公職權之概念

相關條文：憲法第18條規定：「人民有應考試、服公職之權。」

其中應考試之權，係指具備一定資格之人民有報考國家所舉辦公務人員任用資格暨專門職業及技術人員執業資格考試之權利；服公職之權，則指人民享有擔任依法進用或選舉產生之各種公職、貢獻能力服務公眾之權利。（釋546）

其次，服公職之權利，除了保障人民有依法令從事於公務，還包括由此衍生享有之身分保障、俸給與退休金等權利。（釋605）

人民倘主張上開權利遭受公權力之侵害，自應許其提起爭訟，由法院依法審判，方符有權利即有救濟之法理。（釋546）

● 與平等權之關係

中華民國人民，無分男女、宗教、種族、階級、黨派，在法律上一律平等，為憲法第7條所明定。其依同法第18條應考試服公職之權，在法律上自亦應一律平等。（釋618）

此號解釋是針對兩岸關係條例第21條第1項前段規定，大陸地區人民經許可進入臺灣地區者，非在臺灣地區設有戶籍滿10年，不得擔任公務人員部分，認為是考量兩岸分治與對立之狀態，對於大陸地區人民擔任公職行使公權力，恐怕難以獲得人民信賴，所為之10年限制，手段仍在合理必要的範圍內，並不認為違憲。

【實務見解：公務人員考績法免職處分要件之授權規定違憲？】

相關見解：釋字第491號解釋

憲法第18條規定人民有服公職之權利，旨在保障人民有依法令從事於公務之權利，其範圍不惟涉及人民之工作權及平等權，國家應建立相關制度，用以規範執行公權力及履行國家職責之行為，亦應兼顧對公務人員之權益之保護。公務人員之懲戒乃國家對其違法、失職行為之制裁。此項懲戒得視其性質，於合理範圍內，以法律規定由其長官為之。中央或地方機關依公務人員考績法或相關法規之規定對公務人員所為免職之懲處處分，為限制人民服公職之權利，實質上屬於懲戒處分，其構成要件應由法律定之，方符憲法第23條之意旨。（釋491）

過去考績法對於公務人員公務一次記二大過免職之規定，其標準由銓敘部定之，此號解釋認為不符合以法律上開意旨，且應踐行正當法律程序，諸如作成處分應經機關內部組成立場公正之委員會決議，處分前並應給予受處分人陳述及申辯之機會，處分書應附記理由，並表明救濟方法、期間及受理機關等，設立相關制度予以保障。

● 懲處權行使期間

憲法第18條規定人民有服公職之權，旨在保障人民得依法擔任一定職務從事公務，國家自應建立相關制度予以規範。國家對公務員違法失職行為應予懲罰，惟為避免對涉有違失之公務員應否予以懲戒，長期處於不確定狀態，懲戒權於經過相當期間不行使者，即不應再予追究，以維護公務員權益及法秩序之安定。

公務員懲戒法第25條第3款規定，懲戒案件自違法失職行為終了之日起，至移送公務員懲戒委員會之日止，已逾10年者，公務員懲戒委員會應為免議之議決，即本此意旨而制定。(註：本法於109年修法)

公務人員經其服務機關依中華民國79年12月28日修正公布之公務人員考績法第12條第1項第2款規定所為免職之懲處處分，實質上屬於懲戒處分，為限制人民服公職之權利，未設懲處權行使期間，有違前開意旨。為貫徹憲法上對公務員權益之保障，有關公務員懲處權之行使期間，應類推適用公務員懲戒法相關規定。(釋字第583號解釋)

相關考題

依司法院大法官解釋，下列關於公務人員身分保障的敘述，何者錯誤？ (A)公務員身分保障之法律措施，係為貫徹憲法第18條應考試服公職之基本權 (B)為確保公務員職務中立，其身分保障與俸給多寡絕對不得低於一般私營企業之雇員水準 (C)服務機關改組、解散或改隸，應設適度過渡條款或其他緩和措施，以維護公務員身分保障 (D)對於公務員身分造成重大影響之處分，如懲戒與考績處分，均應踐行正當法律程序 【101四等行政警察-中華民國憲法概要】	(B)

【解析】

釋字第575號解釋：「憲法第18條規定人民有服公職之權利，旨在保障人民有依法令從事於公務，暨由此衍生享有之身分保障、俸給與退休金等權利。機關因改組、解散或改隸致對公務人員之憲法所保障服公職之權利產生重大不利影響，應設適度過渡條款或其他緩和措施，以資兼顧。」

依司法院大法官解釋意旨，下列何者非憲法服公職權之保障主體？ (A)立法委員 (B)國立大學專任教授 (C)志願役預備士官 (D)退休公務人員 【108高考-法學知識與英文】	(B)

【中醫考試制度是否違憲？】

　　中華民國90年7月23日修正發布之專門職業及技術人員考試法施行細則第15條第2項規定：「前項總成績滿60分及格……者，若其應試科目有一科成績為0分、專業科目平均不滿50分、特定科目未達規定最低分數者，均不予及格。」（97年5月14日修正發布之現行施行細則第10條第2項規定亦同）、專門職業及技術人員考試總成績計算規則第3條第1項規定：「……採總成績滿60分及格……者，其應試科目有一科成績為0分，或專業科目平均成績不滿50分，或特定科目未達規定最低分數者，均不予及格；……」及90年7月25日修正發布之專門職業及技術人員特種考試中醫師考試規則第9條第3項規定：「本考試應試科目有一科成績為0分或專業科目平均成績未滿50分或專業科目中醫內科學成績未滿55分或其餘專業科目有一科成績未滿45分者，均不予及格。」尚未牴觸憲法第23條法律保留原則、比例原則及第7條平等權之保障，與憲法第15條保障人民工作權及第18條保障人民應考試權之意旨無違。（釋字第682號解釋）

> **重點：工作權、應考試權、平等權**

相關考題

依司法院釋字第715號解釋，國防部預備軍士官班招生簡章規定曾受刑之宣告者不得報考，其規定：　(A)違憲，招生簡章非屬法律，違反法律保留原則　(B)違憲，對於因過失受刑之宣告者，該規定限制其服公職權利過大，違反比例原則　(C)合憲，無論故意或過失受刑之宣告，其服公職權利同樣受到限制，不牴觸平等原則　(D)合憲，曾受刑之宣告的規定明確，符合法律明確性原則　　　　　【105四等警察-法學知識】	(B)
依司法院大法官解釋，免職之懲處處分未設懲處權行使期間，涉及下列何種基本權利之限制？　(A)人身自由　(B)服公職之權　(C)請願訴訟權　(D)財產權　　　　　　　　　　　　　　【100關稅三等-法學知識】	(B)

【解析】
釋字第583號解釋。

21 納稅義務(19)

● 納稅義務之基本概念

相關條文：人民有依法律納稅之義務。（憲§19）

憲法第19條規定，人民有依法律納稅之義務，係指國家課人民以繳納稅捐之義務或給予人民減免稅捐之優惠時，應就租稅主體、租稅客體、稅基、稅率等租稅構成要件，以法律明文規定。（釋607理由書）

● 租稅法定原則的意涵

一、租稅法定原則與絕對法律保留

租稅與刑罰，是人類社會最古老的兩種國家加諸於人民的負擔與制裁。沒有經費，國家機器難以運作，此所以各國憲法大抵承認租稅的必要性，而有租稅法定原則的規定。

租稅法定原則，一方面賦予國家課人民稅捐的權利，另一方面藉由法定原則避免過度限制人民的財產權。雖然租稅法定原則規定於憲法第19條，應該具有憲法保留的意義，或者依照釋字第443號解釋的意旨，屬於絕對的法律保留，但是在租稅法律秩序當中（如釋字第602號解釋中營利事業所得稅之課徵），因為隨著商業環境的改變，以及社會經濟型態的改變，租稅法規客觀上的鉅細靡遺既辦不到，主觀上也不容許鉅細靡遺，絕對法律保留原則難以貫徹，而有以法律授權主管機關以行政命令予以補充，以適用財稅實務運作之要求。所以許玉秀大法官認為，租稅法律主義的傳統用語，名實並不相符，稱為租稅法定原則較為妥適。（釋602—許玉秀部分協同意見書）

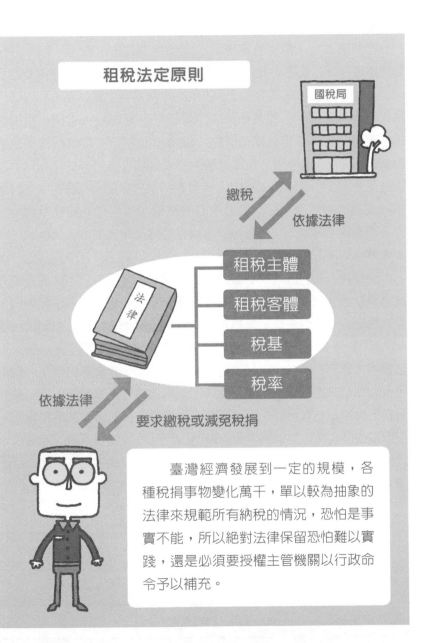

租稅法定原則

國稅局

繳稅

依據法律

法律

租稅主體

租稅客體

稅基

稅率

依據法律

要求繳稅或減免稅捐

　　臺灣經濟發展到一定的規模，各種稅捐事物變化萬千，單以較為抽象的法律來規範所有納稅的情況，恐怕是事實不能，所以絕對法律保留恐怕難以實踐，還是必須要授權主管機關以行政命令予以補充。

二、免稅規定的絕對法律保留

　　雖然形式上，租稅法定原則不能如同罪刑法定原則一般，守住絕對法律保留的位階，但是關於免稅規定，則遵守絕對法律保留的原則。多數意見於解釋文首先揭示的租稅法律主義：國家課人民以繳納稅捐之義務或給予人民減免稅捐之優惠時，應就租稅主體、租稅客體、稅基、稅率等租稅構成要件，以法律明定之，首見於為釋字第210號解釋。以法律明文規定人民的納稅義務（雖然不能完全做到）固然重要，但由法律明文規定免稅優惠卻更形重要，因為如果准許稅務行政機關有給予人民免稅優惠的裁量權，不但可能導致租稅不中立，而有害平等原則，更重要的應該是使國庫蒙受損失。（釋602—許玉秀部分協同意見書）

　　對納稅人有利的規定必須明文，對納稅人不利的規定則可授權行政機關以命令行之，正好與罪刑法定原則相反。根據罪刑法定原則，犯罪的處罰必須以法律明文規定，不得以行政命令行之，但對人民有利的事項，例如阻卻違法或阻卻罪責條件則不以明文規定為必要，刑法學術及實務上，皆容許超法規阻卻違法或阻卻罪責事由存在。租稅法定與罪刑法定兩相比照，租稅法定原則的絕對法律保留位階，竟然只在免稅規定方有意義，而我國憲法對限制人民財產權的納稅義務，以憲法位階相待，對剝奪人民行動自由乃至生命的刑罰權，卻僅規定於刑法，在憲法意識中，人民的行動自由基本權或生命基本權似乎不如國家財庫重要。（釋602—許玉秀部分協同意見書）

絕對法律保留之適用

（絕對法律保留）	租稅法定主義	罪刑法定主義
不利當事人	不適用	適用
有利當事人	適用（例如免稅）	不適用

相關考題

依司法院大法官解釋之意旨,下列何者不屬於憲法第19條人民有依法律納稅義務之內涵? (A)關於租稅主體、租稅客體、稅基、稅率等租稅構成要件,應有法律或法規命令之明文規定 (B)主管機關得依憲法原則、立法意旨及法律一般解釋方法,依職權就租稅相關法律進行闡釋 (C)主管機關課稅時,就執行法律之細節性、技術性等次要事項,得自行發布行政規則為規範 (D)國家給予人民減免稅捐之優惠,係授予人民財產上之利益,不受到憲法第19條規定之拘束 【106高考-法學知識與英文】	(D)
人民有依法律納稅之義務,而應以法律明定之租稅構成要件,不包括下列何者? (A)稅基 (B)稅率 (C)納稅主體 (D)納稅地點 【109普考-法學知識與英文】	(D)

本書觀點

　　許玉秀大法官的見解相當有趣，也讓法律人重新省思憲法第19條有關人民有依法律納稅義務規定之妥適性。既然規定在憲法，就有所謂憲法保留之意義，但是基本上憲法第19條只是闡述有依法納稅之義務，因此參照釋字第443號解釋的意旨，應該屬於絕對的法律保留，此其一也。

　　可是問題又來了，實務上對於絕對的法律保留卻覺得窒礙難行，這也透過大法官的解釋加以補充，如釋字第602號解釋，亦即社會環境不斷快速變化，法律不但要鉅細靡遺，而要不斷修正更迭的規定，恐有面臨事實上不能的窘境，實際上還是要以行政命令加以補充，也因此許玉秀大法官才會認為應該改稱之為「租稅法定原則」為當。

　　最後，許玉秀大法官認為免稅規定才有絕對法律保留之適用，其認為避免政府機關恣意讓特定人士免稅，反而有違平等原則。這讓筆者想到「促進產業升級條例」中，針對特定產業之租稅優惠所引發的立法爭議，也正式牽涉到減免稅所引發之平等議題，以及國庫的損失。只是，免稅規定必須符合絕對法律保留，已經提升到憲法位階，而罪刑法定主義卻仍處於法律階層，在憲法意識中，人民的行動自由基本權或生命基本權似乎不如國家財庫重要，似乎讓人有著唏噓之嘆。

相關考題

租稅之課徵須有法律之明文規定，此稱之為：　(A)實質量能課稅原則 (B)形式量能課稅原則　(C)法律強制主義　(D)租稅法律主義 【98四等基警-憲法概要】	(D)
下列何者與憲法第19條依法納稅原則無關？　(A)特別犧牲理論　(B)租稅法律主義　(C)稅捐公平原則　(D)實質課稅原則 【99三等身障特考-法學知識】	(A)

【解析】

有關特別犧牲理論，請參考本書有關「財產權」之部分，第172頁。

【釋字第692號：增加法律所無之租稅義務】

　　中華民國90年1月3日及92年6月25日修正公布之所得稅法第17條第1項第1款第2目均規定，納稅義務人之子女滿20歲以上，而因在校就學受納稅義務人扶養者，納稅義務人依該法規定計算個人綜合所得淨額時，得減除此項扶養親屬免稅額。惟迄今仍繼續援用之財政部84年11月15日台財稅第841657896號函釋：「現階段臺灣地區人民年滿20歲，就讀學歷未經教育部認可之大陸地區學校，納稅義務人於辦理綜合所得稅結算申報時，不得列報扶養親屬免稅額。」限縮上開所得稅法之適用，增加法律所無之租稅義務，違反憲法第19條租稅法律主義，應自本解釋公布之日起不再援用。

重點：違反租稅法律主義。

速讀：法律規定只要是「在校就學」，但財政部函釋卻將「就讀學歷未經教育部認可之大陸地區學校」的學生排除在外，增加法律所無之租稅義務。

相關考題

下列何者屬於憲法第19條租稅法律主義要求，應以法律規定之事項？ (A)納稅義務人應於何時開始，辦理結算申報　(B)納稅義務人填具申報書之格式　(C)申報書所應檢附之資料、文件　(D)稽徵機關接到納稅義務人申報之後，應於多久的時間之內，核定應納稅額 【101四等行政警察-中華民國憲法概要】	（A）

22 服兵役義務(20)

● 服兵役義務之基本概念

相關規定：人民有依法律服兵役之義務。（憲§20）

人民如何履行兵役義務，憲法本身並無明文規定，有關人民服兵役之重要事項，應由立法者斟酌國家安全、社會發展之需要，以法律定之。（釋490）我國從開國以來，即歷經各種內憂外患，現在彼岸仍正虎視眈眈地期待兩岸統一，姑且不論兩岸統一之利與弊，只要違反我國人民意願之統一方式，就是一種外在的侵害，必須透過各種方式加以防制，包括武力。

軍隊，是武力的基礎，所以憲法規定人民有服兵役的義務，讓人民可以透過服兵役的方式保衛國家。目前兩岸關係逐漸和緩，以及未來的戰爭不需要大量的士兵，所以將由徵兵制改為募兵制。從最早的3年制、2年制、到現在當1年兵即可，還有替代役的制度，到未來甚至全面改採募兵制。

● 服兵役與信仰宗教之衝突

人民有信仰宗教之自由。（憲§13）在宗教自由的章節中已討論。

兵役法第1條規定：中華民國男子依法皆有服兵役之義務，係為實踐國家目的及憲法上人民之基本義務而為之規定，原屬立法政策之考量，非為助長、促進或限制宗教而設，且無助長、促進或限制宗教之效果。復次，服兵役之義務，並無違反人性尊嚴亦未動搖憲法價值體系之基礎，且為大多數國家之法律所明定，更為保護人民，防衛國家之安全所必需，與憲法第7條平等原則及第13條宗教信仰自由之保障，並無牴觸。（釋490）

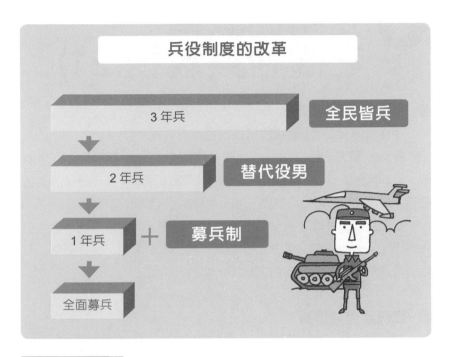

兵役制度的改革

3 年兵　　全民皆兵

2 年兵　　替代役男

1 年兵　＋　募兵制

全面募兵

相關考題

司法院釋字第443號解釋宣告，役男出境處理辦法第8條規定限制役男出境事由為違憲，其主要理由為何？　(A)違反比例原則　(B)非以法律限制之　(C)並非維持社會秩序或增進公共利益所必要　(D)並無防止妨礙他人自由或避免緊急危難之情事　　【98四等基警-憲法概要】	(B)
請下列關於「服兵役」的敘述，何者正確？　(A)女性不用當兵，違反男女平等原則　(B)採徵兵制才符合憲法規定　(C)兵役體位判定如果發生錯誤，不得聲明不服　(D)後備軍人居住所遷移，無故不依規定申報者，而處以刑事罰，係合憲的措施　　【100三等行政警察-法學知識與英文】	(D)
下列何者為憲法規定之人民義務？　(A)繳納社會保險費　(B)服兵役　(C)受大學教育　(D)勞工加入工會　　【107高考-法學知識與英文】	(B)

23 受國民教育 之權利與義務(21)

● 受國民教育之概念

相關規定：人民有受國民教育之權利與義務。（憲§21）

教育是國家的根本，所以世界各國對於下一代之教育都非常重視，從6年國教、9年國教，進而邁向12年國教政策，都是厚植國力的基礎。普遍性，一個都不能少，都有享受國民教育的權利。

受國民教育，除了是權利之外，還是義務。有些家長因為個人的特殊因素，未經法定之程序，拒絕讓學生到學校求學，就會遭縣市政府透過公權力，強制將學生安置以達到學習的目的。

● 教育經費之排擠

在教育經費方面，原憲法第164條規定：「教育、科學、文化之經費，在中央不得少於其預算總額百分之十五，在省不得少於其預算總額百分之二十五，在市縣不得少於其預算總額百分之三十五，其依法設置之教育文化基金及產業，應予以保障。」

但是，增修條文第10條第10項規定，則使憲法第164條停止適用，僅規定教育、科學、文化之經費，尤其國民教育之經費「應優先編列」，不再採用最低預算總額之比例。

或許是教育不容易顯示政績，唯有實質的建設才看得到，未來可能教育經費將遭到不當的排擠，口口聲聲說重視教育，但實質上對於教育預算的編排卻是左閃右躲。

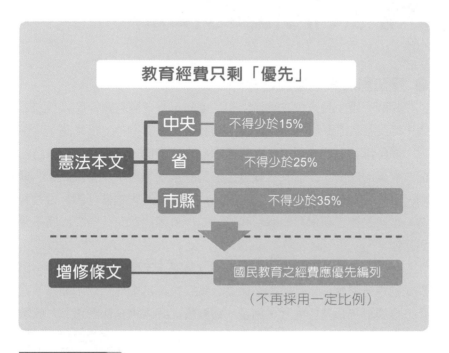

下列何者屬於我國憲法上的社會權規定？ (A)結社權 (B)受教育權 (C)服公職權 (D)應考試權 【99普考-法學知識與英文】	(B)
有關受國民教育的保障，下列敘述何項錯誤？ (A)國民接受國家教育主要是一種義務，不是權利，所以一般稱之為國民義務教育 (B)國家應保障教育內容客觀中立，不可強制國民接受特定思想或理念 (C)先進國家對受教育權已發展為學習權理念 (D)設置並落實國民義務教育 【101三等一般警察-法學知識與英文】	(A)
下列何者屬於憲法上明定之人民義務？ (A)從事社區服務 (B)繳納違規罰鍰 (C)參與公民投票 (D)接受國民教育 【100四等行政警察-中華民國憲法概要】	(D)

24 其他權利(22)

● 憲法對於其他權利之保障

　　相關規定：凡人民之其他自由及權利，不妨害社會秩序公共利益者，均受憲法之保障。（憲§22）

　　除了憲法有明文規定的人身自由權、參政權、平等權、宗教自由權、言論自由權、集會結社權等，還有許多是憲法所沒有規範到的權利，例如隱私權、名譽權、姓名權等，只要不妨害社會秩序、公共利益，也都是憲法所保障的權利範疇，並不會因為沒有「明文」而不受到保護。

　　憲法只是原則性的規定，還是有許多憲法未明文規定之範圍，仍然受到憲法之保障，例如近來最受人矚目者，當屬隱私權，這一項近年來發展最為迅速的權利，隨著「電腦處理個人資料保護法」，發展到「個人資料保護法」，國人隱私權的保護受到大幅度的重視，但是隱私權也並沒有明文規定在憲法的條文之中。

● 例示規定

　　人們擁有各種權利，然而，沒有明文規定並不代表不受到保障，憲法採用的是「例示規定」，而非「列舉規定」。

　　所謂「例示規定」，是指只有舉些例子，並不是所有的情況都一一詳列；而「列舉規定」，則是僅限於有列舉出來的範圍，沒有列舉出來的項目，就不包括之。所以，即便是憲法所沒有規定的自由及權利，依據憲法第22條之規定，只要不妨害社會秩序公共利益者，均受憲法之保障。

列舉與例示

列
舉
規
定

甲　　　　　乙　　　　　丙

列舉規定：

例如某個社團有某甲、某乙、某丙3個人，就代表這個社團只有這3個人。

例
示
規
定

甲　　　　　乙　　　　　其他

例示規定：

例如某個社團有某甲、某乙，以及其他人，就代表除了某甲、某乙兩個人外，還有其他人，只是因為人太多而無法一一列舉，某甲、某乙只是舉例。

憲法第22條規定：「凡人民之其他自由及權利，不妨害社會秩序公共利益者，均受憲法之保障」。下列何者非本條規定所保障之權利？　(A)收養子女之權利　(B)受國民教育之權利　(C)隱私權　(D)一般行動自由【104司法三等-法學知識與英文】	(B)
根據司法院釋字第603號解釋，下列關於資訊隱私權保障內涵之陳述，何者錯誤？　(A)屬人格權之一部分，受憲法第22條之保障　(B)人民享有自主控制個人資料是否揭露之決定權　(C)人民享有個人資料記載錯誤之更正權　(D)人民之資訊隱私權係屬憲法保留之基本權，不得以法律限制之【103高考-法學知識與英文】	(D)
名譽權旨在維護個人之主體性，為實現人性尊嚴所必要，受下列何項規定所保障？　(A)憲法第11條言論自由　(B)憲法第22條憲法非明文列舉權利　(C)憲法第8條人身自由　(D)憲法第15條生存權【101三等一般警察-法學知識與英文】	(B)
依司法院釋字第399號解釋，人之姓名為其人格之表現，故命名乃人民受憲法保障之何項自由？　(A)憲法第11條之言論自由　(B)憲法第13條之信仰自由　(C)憲法第15條之生存權　(D)憲法第22條之人格權【101四等行政警察-中華民國憲法概要】	(D)
依司法院大法官解釋，下列關於隱私權之敘述，何者錯誤？　(A)隱私權非屬憲法明文列舉之權利　(B)個人資料自主控制權亦屬於隱私權　(C)個人指紋受憲法隱私權之保障　(D)隱私權為憲法所保障財產權之一種【108高考-法學知識與英文】	(D)

下列何者非特別人格權？　(A)信用　(B)信仰　(C)姓名　(D)自由【99普考-法學知識與英文】	(B)

相關考題　　　　　　　　　概括條款

下列何者為大法官解釋認為係屬憲法第22條之非明文列舉權利？　(A)商業性言論、誹謗性言論　(B)職業選擇自由、契約自由　(C)商業性言論、性言論之表現自由　(D)隱私權、契約自由　　　　【100三等司法特考-法學知識與英文】	（D）
我國憲法自第7條到第22條規定了人民之權利與義務，其中關於權利，乃是採何種方式的規定所形成？　(A)個別列舉規定　(B)概括規定　(C)個別列舉並概括規定　(D)授權由法律個別形成規定　　　　【100四等行政警察-中華民國憲法概要】	（C）

25 隱私權(22)

● 隱私權之發展

我國近幾年來開始重視隱私權，憲法本文並未明文保障隱私權，必須依據憲法第22條之例示規定加以保障。隱私權的發展可分為三個階段，第一個是傳統隱私權，如偷看別人洗澡、信件等；第二個階段則是資訊隱私權，主要是個人資料遭竊取、刪改，目前個人資料保護法即屬規範此一領域；第三則是行蹤隱私權，例如狗仔隊偷偷地跟蹤明星的行蹤並加以報導，未來許多資料庫也會開始分析人民的行蹤，作為目標行銷的參考資料。

● 隱私權的權利性質

如果從人格權引申隱私權，必須說明人格的價值為什麼建立在私密性之上？所謂私密就是除了自己之外，別人無法碰觸的事物，也就無法干預；換言之，私密性的事物只有自己能夠主宰，保障隱私，因而就是保障自主，能自主才有價值，有價值才有人格，人的自主正是彰顯個人人格價值的首要特徵，所以隱私權可以用來保障個人自主的領域，是實現人格權的一種程序權利。隱私權當然有它的實體面向，在民法上被歸類為人格權的一種，因為隱私權本身具有保護個人利益、維護個人安全等價值。（釋603—許玉秀協同意見書）

與個人關係最親密的就是個人的人身，因此人身所有的特徵，當然可以屬於個人的私密領域，附著於人體的手指、腳趾紋路，因而可以屬於隱私權的保護範圍。隱私權是憲法第22條所保障的基本權，但是並不是完全不能被限制。（釋603—許玉秀協同意見書）

傳統隱私權

資訊隱私權

王小明R1234567890

閃

行蹤隱私權

相關考題

憲法第22條規定凡人民之其他自由及權利,不妨害社會秩序、公共利益者,均受憲法之保障。依大法官解釋,下列何者可列入憲法第22條所保障之基本權利? (A)隱私權 (B)請願權 (C)訴訟權 (D)工作權 【99高考三級-法學知識與英文】	(A)

● 指紋資訊的敏感度如何？

依照憲法意旨，按捺指紋是否可以強制，以及何種限度內可以強制，取決於指紋資訊是否為<u>敏感資訊</u>。所謂資訊的敏感度，就是該資訊如果脫離個人控制，可能對個人造成的損害有多大，也就是資訊的抽象危險性有多高的問題。

各種資訊都可能對生命造成有利或不利的後果，如果按捺指紋是為了保護人身安全，指紋紀錄可能是一個有利的資訊，但從可能對於人民進行無所遁逃的控制而言，則是一個負面的資訊。

再拿人的相貌來比較，人的相貌雖然是肖像權所保護的對象，但是不被認為屬於敏感資訊，因為它原則上可以從外觀察覺（雖然有時候也需要科學技術方能鑑別），而指紋則需要透過科學技術才比較能夠精確分辨，而且指紋碰觸留痕是因人各異。但比較兩種資訊，指紋固然碰觸留痕，如果沒有碰觸就不會留痕，也就不會暴露行蹤；反之，如果人出現在某一個地方，縱使沒有碰觸任何物品，只要被監視器照到，被別人看到，同樣會暴露行蹤。面相可能暴露行蹤，影響人身自由，指紋可能沒有留痕，而不會暴露行蹤，如果面相不夠敏感，指紋紀錄也就只有相對的敏感度。（釋603—許玉秀協同意見書）

指紋的敏感度應該還是在於它的「程序性質」，因為<u>指紋可以辨識人別，辨識的精確度愈高，抽象危險性愈高</u>。一旦確定個人屬性，屬於個人的資料庫於門戶洞開，個人等於失去對於自己其他資訊的自主控制，指紋資訊的敏感度（也就是抽象危險性）在此。（釋603—許玉秀協同意見書）

●原住民從事狩獵活動之文化權利

民國103年6月10日修正發布之槍砲彈藥刀械許可及管理辦法第2條第3款規定對於自製獵槍之規範尚有所不足，未符合使原住民得安全從事合法狩獵活動之要求，於此範圍內，與憲法保障人民生命權、身體權及原住民從事狩獵活動之<u>文化權利</u>之意旨有違。（釋803）

相關考題

電腦處理個人資料保護法主要是涉及下列何種基本權利？　(A)隱私權　(B)工作權　(C)選舉權　(D)人身自由　【99初等人事行政-法學大意】	(A)

【解析】
目前業已修正為個人資料保護法。

依司法院釋字第603號解釋，「指紋乃重要之個人資訊，個人對其指紋資訊之自主控制」受下列何項權利之保障？　(A)人身自由　(B)生存權　(C)財產權　(D)資訊隱私權　　　　　　　　　　【99四等關務-法學知識】	(D)
法律規定請領國民身分證應捺指紋並錄存，否則不發給身分證，涉及何種基本權利？　(A)姓名權　(B)隱私權　(C)名譽權　(D)財產權　　　　　　　　　　　　　　　【99三等第一次司法人員-法學知識與英文】	(B)
依司法院釋字第603號解釋，下列有關隱私權之敘述，何者為錯誤？(A)基於個人主體性之維護，隱私權乃為不可或缺之基本權利　(B)個人自主控制個人資料之情形屬所謂資訊隱私權　(C)隱私權屬憲法上明文列舉權利　(D)憲法對資訊隱私權之保障，並非絕對　　　　　　　　　　　　　　　　　　【98普考-法學知識與英文】	(C)
依司法院大法官解釋，子女獲知其血統來源，確定其真實父子關係，為憲法所保障之何種基本權利？　(A)財產權　(B)人身自由　(C)工作權　(D)人格權　　　　　　　　　　【98高考三級-法學知識與英文】	(D)
國民請領新身分證，如果戶籍法規定申請者應先按指紋等措施始予以發給，此項措施可能侵犯人民何種權利？　(A)財產權　(B)人身自由權　(C)身體權　(D)資訊隱私權　【100三等行政警察-法學知識與英文】	(D)
依據司法院解釋，指紋乃重要個人資訊，個人對其指紋資訊之自主控制，受下列何項權利之保障？　(A)資訊公開請求權　(B)資訊隱私權　(C)表意自由　(D)請求人身自由　【99地方特考三等-法學知識與英文】	(B)

某女性外籍勞工如廁時，遭甲拍攝裙下內褲，該勞工與甲發生爭執。下列敘述何者正確？ (A)外籍勞工非國民，不受憲法保障 (B)外籍勞工只能因工作因素在我國居留，故僅享有工作權之保障 (C)題示情形，該外籍勞工亦享有隱私權之保障 (D)若當事人不服民事法院判決聲請釋憲，司法院大法官必須受理其聲請 【105四等警察-法學知識】	(C)
依藥事法規定，藥商刊播藥物廣告時，應於刊播前申請衛生主管機關核准，不涉及下列何種基本權利之限制？ (A)隱私權 (B)財產權 (C)營業自由 (D)表意自由 【99地方特考三等-法學知識與英文】	(A)
下列何者非屬表現自由之保障範疇？ (A)集會結社 (B)示威遊行 (C)名譽隱私 (D)新聞自由 【100四等行政警察-中華民國憲法概要】	(C)
將個人身分、健康與財務資料完整地納入一片晶片上之「國民卡」措施，可能使人民之何種權利受到侵害？ (A)結婚自由 (B)隱私權 (C)健康權 (D)行動自由 【101四等一般警察-法學知識】	(B)
依司法院釋字第603號之見解，請領國民身分證須按指紋的規定，主要因涉及人民何種基本權利，須符合比例原則的要求？ (A)選舉權 (B)財產自由權 (C)資訊隱私權 (D)遷徙自由權 【101四等行政警察-中華民國憲法概要】	(C)
依司法院釋字第603號解釋，強行按捺並錄存指紋係違憲，乃基於下列何種理由？ (A)違反基本權利 (B)違反權力分立 (C)違反基本國策 (D)違反主權在民 【101四等行政警察-法學緒論】	(A)
根據司法院大法官解釋，下列那一項對於隱私權的敘述是正確的？ (A)法律有特別規定者始受保障 (B)憲法明文列舉之權利 (C)保障個人生活私密領域免於他人侵擾及個人資料自主控制之權利 (D)不屬於憲法第22條保護之列 【100四等行政警察-中華民國憲法概要】	(C)
下列何者非屬我國憲法內所列舉之基本權利？ (A)隱私權 (B)秘密通訊自由 (C)財產權 (D)請願權 【100四等司法特考-法學知識與英文】	(A)

相關考題

更新身分證時，主管機關決定將身分證與健保卡、駕照等合而為一，統一為一種證件。可能涉及下列何種基本權？ (A)職業自由 (B)隱私權 (C)平等權 (D)秘密通訊自由 【106高考-法學知識與英文】	(B)

相關考題 跟追權之行蹤隱私

依司法院釋字第689號解釋，下列敘述何者錯誤？ (A)依正當法律程序原則，人民權利受侵害時，應有司法救濟之機會 (B)警察機關就無正當理由之跟追行為，經勸阻而不聽者，須由法官核定後，始得裁罰跟追人 (C)新聞採訪自由並非僅保障隸屬於新聞機構之新聞記者之採訪行為 (D)個人縱於公共場域中，亦應享有依社會通念得不受他人持續注視、監看等侵擾私人活動領域之權利 【108普考-法學知識與英文】	(B)

26 權利限制條款(23)

● 基本概念

相關條文：以上各條列舉之自由權利，除為防止妨礙他人自由、避免緊急危難、維持社會秩序，或增進公共利益所必要者外，不得以法律限制之。（憲§23）

權利可以無限上綱嗎？

常聽到許多當事人罵人之後，主張這是我的言論自由，受到憲法的保障，怎麼可以科刑處罰！事實上這是錯誤的觀念，本書前面介紹許多憲法的保障，如果讓每個權利都能夠無限擴大，則到最後連殺人都變成是憲法保障的範圍，因為殺人也是一種行動的自由。所以，權利還是應該要加以限制，應該在影響他人權利的最小限度範圍內，找到權利與權利衝突間的一個平衡點，而憲法第23條就是規範這個平衡點所在的規定。

● 基本權衝突之解決

基本權衝突及其解決之道，由立法者決定要優先保護的基本權，而對其他基本權加以限制。決定哪一個基本權應該要優先保護，這是立法者的考量，但因為牽涉到其他基本權的限制，所以必須要謹慎為之，而憲法第23條就是避免立法者恣意妄為的界限，也是事後大法官會議進行審查法令是否違憲之標準。

● 通姦罪違憲

刑法第239條規定：「有配偶而與人通姦者，處1年以下有期徒刑。其相姦者亦同。」對憲法第22條所保障性自主權之限制，與憲法第23條比例原則不符，應自本解釋公布之日起失其效力；於此範圍內，本院釋字第554號解釋應予變更。刑事訴訟法第239條但書規定：「但刑法第239條之罪，對於配偶撤回告訴者，其效力不及於相姦人。」與憲法第7條保障平等權之意旨有違，且因刑法第239條規定業經本解釋宣告違憲失效而失所依附，故亦應自本解釋公布之日起失其效力。

【憲法第23條之要件】

- 防止妨礙他人自由
- 避免緊急危難
- 維持社會秩序
- 增進公共利益

＋

必要
（比例原則）

得以法律限制自由權利

【釋字第702號解釋：行為不檢有損師道】

中華民國98年11月25日修正公布之教師法第14條第1項規定，教師除有該項所列各款情形之一者外，不得解聘、停聘或不續聘，其中第6款（即101年1月4日修正公布之同條第1項第7款）所定「行為不檢有損師道，經有關機關查證屬實」之要件，與憲法上法律明確性原則之要求尚無違背。又依同條第3項（即101年1月4日修正公布之同條第3項，意旨相同）後段規定，已聘任之教師有前開第6款之情形者，應報請主管教育行政機關核准後，予以解聘、停聘或不續聘，對人民職業自由之限制，與憲法第23條比例原則尚無牴觸，亦與憲法保障人民工作權之意旨無違。惟同條第3項前段使違反前開第6款者不得聘任為教師之規定部分，與憲法第23條比例原則有違，應自本解釋公布之日起，至遲於屆滿1年時失其效力。

重點：違反比例原則。

憲法第23條的比例原則，其中有三個子原則，其中「有多種同樣能達成目的之方法時，應選擇對人民權益損害最少者」，乃屬於那個原則？ (A)適當性原則　(B)必要性原則　(C)過度禁止原則　(D)視情況而定 【99普考-法學知識與英文】	(B)
依司法院大法官解釋意旨，下列何者與憲法上之比例原則未盡相符？ (A)冤獄賠償法規定，曾受羈押而受不起訴處分或無罪宣告者，若行為違反公共秩序或善良風俗，一律不得請求賠償　(B)商標法規定商標圖樣，有其他團體之名稱，未得其承諾者，不得申請註冊　(C)徵收土地於不妨礙徵收目的之範圍內，應就損失最少之地方為之　(D)法律為保育瀕臨絕種及珍貴稀有野生動物，對於非法買賣主管機關公告之管制動物及製品者規定予以處罰　【99三等身障特考-法學知識】	(A)

【解析】
釋字第487號解釋：「……冤獄賠償法第2條第2款前段，僅以受害人之行為違反公共秩序或善良風俗為由，剝奪其請求賠償之權利，未能以其情節是否重大，有無逾越社會通常觀念所能容忍之程度為衡量標準，與前述憲法意旨未盡相符。……」

依司法院釋字第603號解釋，留存指紋才可領取國民身分證之法律，除牴觸憲法第22條關於隱私權保護之外，尚違反憲法何項基本人權保障規定？　(A)憲法第7條平等原則　(B)憲法第8條人身自由保障　(C)憲法第15條財產權保障　(D)憲法第23條比例原則 【100四等行政警察-中華民國憲法概要】	(D)
裁罰性之行政處分，涉及人民權利之限制，其處分之構成要件，應由下列何者定之？　(A)憲法　(B)法律　(C)行政命令　(D)行政規則 【101四等行政警察-中華民國憲法概要】	(B)
憲法未明文規定之人民其他自由權利，在不妨害社會秩序、公共利益之前提下，應否受保障？　(A)不受保障　(B)均受保障　(C)經修憲後，方受保障　(D)經立法後，方受保障 【100四等行政警察-中華民國憲法概要】	(B)

相關考題　　　　　　　　　概括條款

有關憲法第23條所規定人民自由權利之法律限制，司法院解釋係採何種見解？　(A)全面保留　(B)干預保留　(C)憲法保留　(D)層級性法律保留【104高考-法學知識與英文】	(D)
下列關於限制人民權利之敘述，何者錯誤？　(A)未得法律授權，行政機關仍得以行政命令限制人民權利　(B)限制人民權利之法律不得牴觸憲法關於基本權之保障　(C)法律規定限制人民權利，必須符合比例原則　(D)依據限制人民權利之程度不同，法律保留之密度不同【104高考-法學知識與英文】	(A)
關於憲法第23條規定之敘述，下列何者錯誤？　(A)比例原則之依據　(B)法律保留之依據　(C)自由權並非絕對保障　(D)基本權概括條款之規定【105三等警察-法學知識與英文】	(D)

● 選舉、罷免、創制、複決

　　本憲法所規定之各種選舉，除本憲法別有規定外，以普通、平等、直接及無記名投票之方法行之。（憲§129）

　　中華民國國民年滿20歲者，有依法選舉之權，除本憲法及法律別有規定者外，年滿23歲者，有依法被選舉之權。（憲§130）

　　本憲法所規定各種選舉之候選人，一律公開競選。（憲§131）

　　選舉應嚴禁威脅利誘。選舉訴訟，由法院審判之。（憲§132）

　　被選舉人得由原選舉區依法罷免之。（憲§133）

　　各種選舉，應規定婦女當選名額，其辦法以法律定之。（憲§134）

　　內地生活習慣特殊之國民代表名額及選舉，其辦法以法律定之。（憲§135）

　　創制複決兩權之行使，以法律定之。（憲§136）

依憲法規定，有關選舉及被選舉年齡之敘述，下列何者正確？　(A)中華民國國民年滿21歲者，有依法被選舉之權　(B)中華民國國民年滿20歲者，得依法選舉總統　(C)中華民國國民年滿18歲者，得依法選舉縣長　(D)中華民國國民年滿35歲者，得依法被選為總統 【108高考-法學知識與英文】	(B)
依憲法規定，中華民國國民年滿幾歲，有依法被選舉之權？　(A)18歲　(B)20歲　(C)22歲　(D)23歲 【107高考-法學知識與英文】	(D)
年滿20歲的公民皆有選舉權，此為下列何種原則之體現？　(A)普通選舉　(B)平等選舉　(C)直接選舉　(D)秘密選舉 【109普考-法學知識與英文】	(A)

5

[政府組織]

1 國民大會

● 國民大會之體系地位

國民大會依本憲法之規定，代表全國國民行使政權。（憲§25）以前我國實際統治的範圍包括大陸30餘個省份，還有許多特別行政區，因此在當時交通、通訊並不便利的情況下，透過國民大會代表行使人民所擁有的政權，變成不得不的選擇。

● 國民大會推動修憲的努力

依據中華民國憲法增修條文第1條第2項規定，憲法第25條至第34條有關國民大會之規定停止適用。反觀歷史，國民大會在我國憲政歷史中占有重要的地位。

在解嚴之後，國民大會終於請求總統召開臨時會，並於民國（下同）80年4月8日召開第一屆國民大會第二次臨時會，也正式提出「中華民國憲法增修條文」，80年5月1日通過共計10條之增修條文，重點在於程序性的議題，作為第二階段實質修憲作準備。

第一屆國民大會代表依規定於80年12月31日退職，代表自由地區最新民意的第二屆國民大會代表於81年元月1日報到，進行第二階段修憲任務，81年5月28日，公布增修條文第11條至第18條正式生效施行，調整監察院、考試院的職權、增設憲法法庭、增加基本國策之內容、直轄市市長及臺灣省省長人民直接選舉，最重要者決定總統由自由地區全體人民選舉。為何不直接寫明由臺澎金馬地區呢？因為這牽涉到我國還未放棄大陸主權，所以未來有可能大陸也變成自由地區，這樣子不會自限領土範圍。

修憲次數	修憲時間	修憲重點
第一次	80年5月1日通過	1.終止動員勘亂時期，及解決數十年資深中央民意代表退職和提供第二屆中央民意代表選舉法源。 2.將國大代表、總統副總統任期由6年改為4年，並對中央政府職權做了若干調整。 3.將總統、副總統的選舉改由自由地區人民直接選舉。 4.進一步調整中央政府體制和精簡政府組織層級。
第二次	81年5月28日	
第三次	83年8月1日	
第四次	86年7月21日	
第五次	88年9月15日	1.基本國策之修訂。 2.剝奪大法官終身職待遇之適用。 3.廢除國大，相關配套措施，總統、副總統彈劾案改由司法院大法官組成憲法法庭審理之，領土變更案改由公民投票複決，憲法修正案改由公民投票複決。 4.將補選副總統、提出總統、副總統罷免案、修改憲法、對總統提名任命之人員行使同意權等各項職權，均改由立法院行使。 5.立委席次減半、任期改為4年、單一選區兩票制、婦女保障名額。
第六次	89年4月25日	
第七次	94年6月10日	

※國民大會網站：http://www.na.gov.tw

相關考題

根據我國憲法規定意旨，下列何者擁有國政最高決定權？ (A)行政院 (B)總統 (C)立法院 (D)國民全體 【99三等身障特考-法學知識】	(D)

　　國民大會引領的第三次修憲，於83年8月1日將增修條文整編為10條，重點在於確認總統選舉改為自由地區人民直接選舉，而非「委任選舉」，並於85年3月23日辦理中華民國有史以來首次的總統直接選舉，由李登輝、連戰順利當選為第九任總統、副總統。

● 國家發展會議及後階段修憲

　　為建構長治久安，並兼具民主與效能之憲政體制，李登輝召開國家發展會議，分從「經濟發展」、「兩岸關係」、「憲政體制與政黨政治」等三項議題，廣邀朝野各界熱烈討論，獲得多項共識，並據此共識於86年5月5日集會進行修憲，於同年7月18日三讀通過憲法第四次增修條文之修訂。其重點包括總統任命行政院院長，無須經立法院同意。據稱此項修正是為了賦予民選總統根據民意逕行任命行政院院長的權力，以維政治安定，但究其歷史背景，應係行政院長之任命如果還要立法院的支持，在野黨勢力逐漸崛起的當時，恐怕會引發許多政治上的波動。

　　其他重點如立法院與行政院間之不信任案與解散立法院之權力、司法院的改革，最後還有「精簡省級政府組織」，從第二次修憲之省長人民直選，到第四次修憲變成選派制，宋楚瑜當時競選省長的票數，幾乎已經接近總統的票數，也引發最高層的質疑，遂使宋楚瑜成為第一任也是最後一任的民選省長。

　　第五次修憲，於88年9月3日三讀通過修正憲法增修條文第1條、第4條、第9條及第10條等四項條文。其內容包括國民大會代表產生方式之改變、延長國大任期，以及基本國策之修訂，但是此修正程序牴觸公開透明原則，而慘遭釋字第499號解釋宣告違憲，應自解釋公布之日起失其效力。

　　第六次修憲，因為上次修憲被大法官會議宣告違憲，於89年4月

24日採行記名投票，通過對憲法增修條文第1條、第2條、第4條、第5條、第6條、第7條、第8條、第9條及第10條條文之修正，其內容包括剝奪大法官終身職待遇之適用，顯然是不滿上次修憲遭到宣告違憲的報復性措施；此外，上一次修憲之基本國策內容修正、國民大會「非常設化」及縮減職權（一、複決立法院所提之憲法修正案，二、複決立法院所提之領土變更案，三、議決立法院提出之總統、副總統彈劾案），將補選副總統、提出總統、副總統罷免案、修改憲法、對總統提名任命之人員行使同意權等各項職權，均改由立法院行使。

● 第七次修憲與國民大會正式走向終點

第七次修憲，由立法院通過憲法修正案，於94年6月10日修正公布憲法增修條文第1條、第2條、第4條、第5條、第8條及增訂第12條。其重點包括立委席次減半、任期改為4年、單一選區兩票制、婦女保障名額；另外廢除國民大會之相關配套措施，總統、副總統彈劾案改由司法院大法官組成憲法法庭審理之，領土變更案改由公民投票複決，憲法修正案改由公民投票複決。

相關考題

依憲法規定，憲法施行之準備程序，由何機關定之？　(A)制定憲法之國民大會　(B)立法院　(C)行政院　(D)司法院大法官 【108高考-法學知識與英文】	(A)

2 總統

● 總統制

總統制，行政、立法各自獨立，總統與立法機關中的民意代表，各自透過不同的選舉機制選出，並且透過立法機關來監督以總統為首的行政機關。一般來說，總統制的特色如下：

一、總統向全民負責，也受到立法機關之監督。

二、全民直選、固定任期，為負有實際行政責任之最高行政首長。

三、總統籌組政府，內閣由總統任免。

四、有覆議制度，但沒有副署制度。

五、無不信任投票與解散制度。

● 內閣制

內閣制，行政立法合一，也就是由國會選出之議員，其中的多數或少數黨組合的聯盟，推選出內閣，內閣首相（常見者尚有總理）進而組成政府，另有一虛位元首，不負責實際政治責任。其特色如下：

一、內閣向國會負責。

二、內閣首相（總理）掌控行政上的實權。

三、內閣由國會內部產生。

四、公布法令必須經由內閣副署，以示負責。

五、有不信任投票與解散制度。

相關考題	內閣制	
依憲法原理，下列有關內閣制主要特徵的描述，何者正確？ (A)內閣總理即為國家元首 (B)國會議員不可兼任行政官員 (C)贏得國會選舉多數席次者有組閣權 (D)內閣若認為議會通過之法案窒礙難行，可將法案退回議會請求覆議 【100四等行政警察-中華民國憲法概要】		(C)

內閣制

內
閣

國
會

內閣成員，通常均由國會議員出任，是具備實質權利的行政組織。日本、英國尚有所謂的天皇、國王（目前是女皇），但只是時代下殘存的產物，作為彰顯過去光榮歷史的虛幻事物，並沒有實際上的權力。

總統制

總
統

籌組

行
政
團
隊

監督

議
會
成
員

選舉

選舉

人
民

總統與議會成員分別由人民所選出，議會成員是人民代行監督與制定規則的機關，而總統及其所率領的行政團隊，則是執行機關。兩者有如公司的監察人與董事會。

● 雙行政首長制

如果又有總統，又有總理，兩者權力常發生扞格不入的狀況，即所謂的雙行政首長制，如法國屬之。既然稱之為雙行政首長制，代表總統與總理均有實權，通常總統享有特定範圍、偶一為之的權力，總理則對於多數及普遍之經常性行政事項享有權力。總統由全民直接民選，總理之選任必須經過國會同意，並向國會負責。

● 我國採行雙行政首長制嗎？

乍看之下，我國似乎最接近雙行政首長制。不過，如果仔細研究，我國還是偏向總統制。主要可以觀察底下幾個重點：

一、行政院長不需要立法院的同意

憲法第55條之規定：「行政院院長由總統提名，經立法院同意任命之。」但是憲法增修條文第3條第1項規定，則僅規定「行政院院長由總統任命之。」不再需要立法院同意。因此，雖然行政院還是要向立法院負責，但是實質上行政院長還是受到總統的控制，畢竟總統一不高興，就可以將行政院長換掉。以阿扁執政8年，從唐飛開始，張俊雄、游錫堃、謝長廷、蘇貞昌，以及再回鍋一次的張俊雄，總共5人七任，行政院長好像只是總統的「管家」。

二、副署權的剝奪

我國行政院長本來享有副署權，未經過行政院長簽署，總統的施政作為、法令頒布等是無法生效的，在剝奪了部分副署權之後，行政院長只有做牛做馬的義務、任人宰割的命運，毫無實質上的權力可言。

行政院長副署之修正

	憲法本（§37）	憲法增修條（§2Ⅱ）
發布行政院院長任免命令	V	X
依憲法經立法院同意 任命人員之任免命令	V	X
解散立法院之命令	V	X
依法公布法律，發布命令	V	V

【實務案例：李登輝與郝柏村的鬥爭】

　　李登輝當年任命郝柏村為行政院長，有論者研析此舉主要是拔掉郝柏村之軍權，郝柏村或許是受此一職位之引誘，所以才願意從參謀總長轉換跑道成為行政院長。但是很快地又要郝柏村下台時，郝柏村卻不願意副署，當時也引發政治上的動盪。

【實務案例：王金平當行政院長！？】

　　再回想馬英九與王金平競逐國民黨內總統候選人的資格時，馬英九勝出，王金平人馬當時有主張憲政改採內閣制，這樣子就算馬英九當選總統，只要王金平出任行政院長，還是能掌握實質大權。否則，立法院長雖有職位上的尊榮，但卻連吵吵鬧鬧的立法院都沒權力管好，還比不上其他國家的「糾儀長」呢！只是現在修憲相當困難，最後還是作罷。

● 年齡

中華民國國民年滿40歲者，得被選為總統、副總統。（憲§45）

● 代表中華民國及三軍統帥

總統為國家元首，對外代表中華民國。（憲§35）所以，總統出訪會找些企業界人士陪同，例如南進政策，總統出訪時，就有許多企業界人士配合政府南進政策，在東南亞地區投資，當地政府也認為總統有實際上的權力，所以多願意提高禮遇的規格。

總統統率全國陸海空軍。（憲§36）雖然名為實質的三軍統帥，但只要總統換黨做做看，都還是擔心軍方的反彈，如同鄰近的泰國、菲律賓政變不斷。但是隨著我國民主化程度日深，即便是軍官有這種政變的企圖心，士兵也未必會聽令。

● 大赦、特赦、減刑、復權

總統依法行使大赦、特赦、減刑及復權之權。（憲§40）這樣子的制度，還是存在著些許王權的思想，實際施行卻可能破壞既有的正義與公平。例如詐欺犯、殺人犯，因為減刑而提早放了出來，被釋放者認為理所當然，受害人又氣得牙癢癢的，這就是讓人詬病的帝王恩典啊！立法委員邱毅曾因陳水扁的減刑而提早放出來，但卻從來未曾感謝過陳水扁。

這四者之定義，規範在赦免法。大赦，罪與刑之宣告無效，尚未宣告者，追訴權也消滅。特赦，則只是刑消滅，罪依然存在，但是若情節特殊者，則罪刑均無效。減刑，就是減輕其所宣告之刑，目前減刑的次數，迄今共有五次之多，都有其時代的背景與特殊的意涵。至於復權，如受褫奪公權宣告之人經復權者，回復其被褫奪之公權。

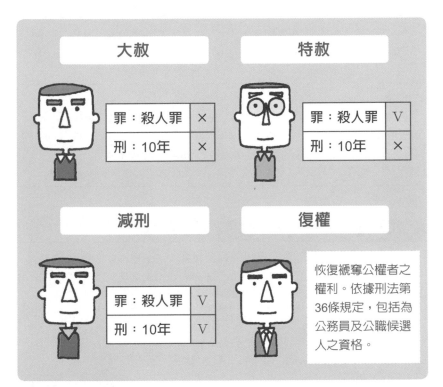

大赦

特赦

減刑

復權

恢復褫奪公權者之權利。依據刑法第36條規定，包括為公務員及公職候選人之資格。

相關考題

下列何國屬於總統制國家？　(A)英國　(B)美國　(C)日本　(D)德國 【103普考-法學知識與英文】	(B)

相關考題　　　　　　　　　　（45）年　齡

依憲法第45條之規定，國民年滿幾歲者，得被選為總統、副總統？　(A)23歲　(B)30歲　(C)35歲　(D)40歲　【101員級鐵路-法學知識與英文】	(D)

依憲法本文規定，下列何者負責統率全國陸海空軍？　(A)參謀總長 (B)國防部部長　(C)國家安全局局長　(D)總統 【100四等行政警察-中華民國憲法概要】	(D)
依有關憲法所規定的總統職權，下列敘述何者正確？　(A)總統統率陸海空三軍，是為最高統帥權，所指僅為軍令權，不包括軍政權　(B)依據憲法增修條文相關規定，總統依法公布法律、發布命令，不須行政院院長之副署　(C)總統可拒絕公布法律　(D)總統行使締約、宣戰等權，仍須經行政院會議通過及經立法院決議【99地方特考三等-法學知識與英文】	(D)

總統依法行使大赦時，須經何種程序？　(A)由總統逕行頒布　(B)由行政院會議議決及立法院通過　(C)由總統令行政院轉令主管部會執行　(D)由司法院提出，總統同意後公布　【100三等司法特考-法學知識與英文】	(B)
依憲法本文及增修條文之規定，下列何者非屬行政院會議得議決的事項？　(A)緊急命令　(B)預算案　(C)法律案　(D)特赦案 【100四等行政警察-中華民國憲法概要】	(D)
必須先經行政院會議議決，立法院通過，並產生「罪」與「刑」免除效果的是：　(A)大赦　(B)特赦　(C)減刑　(D)復權 【100關稅三等-法學知識】	(A)
下列何者非憲法本文及增修條文中總統之職權？　(A)行使大赦、特赦等赦免權　(B)提出法律案　(C)授與榮典　(D)統率陸海空軍 【98四等基警-憲法概要】	(B)
依憲法本文規定，總統行使下列何種赦免權，須經行政院會議議決，並經立法院審議通過？　(A)大赦　(B)特赦　(C)減刑　(D)復權 【99鐵路高員三級人事行政-法學知識與英文】	(A)

Note

● 刑事豁免權

　　總統除犯內亂或外患罪外，非經罷免或解職，不受刑事上之訴究。（憲§52） 此條文本來就經釋字第388號解釋在案，後來又在前總統陳水扁涉及相關弊案時，因其對抗及拖延司法審判，又有釋字第627號解釋。

一、總統職位的尊崇與保障

　　憲法第52條規定，總統除犯內亂或外患罪外，非經罷免或解職，不受刑事上之訴究。此係憲法基於總統為國家元首，對內肩負統率全國陸海空軍等重要職責，對外代表中華民國之特殊身分所為之尊崇與保障，業經釋字第388號解釋在案。擔任總統之個人不能拒絕此一尊崇與保障，因為這是對「總統職位」而非「總統個人」。

二、暫時性的程序障礙

　　依釋字第388號解釋意旨，總統不受刑事上之訴究，乃在使總統涉犯內亂或外患罪以外之罪者，暫時不能為刑事上訴究，並非完全不適用刑法或相關法律之刑罰規定，故為一種暫時性之程序障礙，而非總統就其犯罪行為享有實體之免責權。是憲法第52條規定「不受刑事上之訴究」，係指刑事偵查及審判機關，於總統任職期間，就總統涉犯內亂或外患罪以外之罪者，暫時不得以總統為犯罪嫌疑人或被告而進行偵查、起訴與審判程序而言。但對總統身分之尊崇與職權之行使無直接關涉之措施，或對犯罪現場之即時勘察，不在此限。

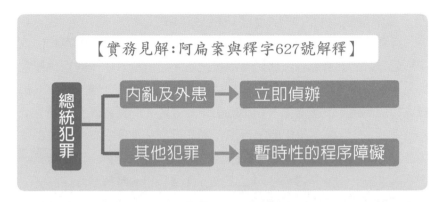

三、他案可以對總統為證據調查與證據保全

總統之刑事豁免權，不及於因他人刑事案件而對總統所為之證據調查與證據保全。惟如因而發現總統有犯罪嫌疑者，雖不得開始以總統為犯罪嫌疑人或被告之偵查程序，但得依本解釋意旨，為必要之證據保全，均不得限制總統之人身自由，例如拘提或對其身體之搜索、勘驗與鑑定等，不得妨礙總統職權之正常行使。

四、搜索總統處所之限制及總統拒絕之事由

其有搜索與總統有關之特定處所以逮捕特定人、扣押特定物件或電磁紀錄之必要者,立法機關應就搜索處所之限制、總統得拒絕搜索或扣押之事由,及特別之司法審查與聲明不服等程序,增訂適用於總統之特別規定。於該法律公布施行前,除經總統同意者外,無論上開特定處所、物件或電磁紀錄是否涉及國家機密,均應由該管檢察官聲請<u>高等法院</u>或其分院以資深庭長為審判長之法官5人組成特別合議庭審查相關搜索、扣押之適當性與必要性,非經該特別合議庭裁定准許,不得為之,但搜索之處所應避免總統執行職務及居住之處所。其抗告程序,適用刑事訴訟法相關規定。

五、總統當證人之義務

總統之刑事豁免權,亦不及於總統於他人刑事案件為證人之義務。惟以他人為被告之刑事程序,刑事偵查或審判機關以總統為證人時,應準用民事訴訟法第304條:「元首為證人者,應就其所在詢問之」之規定,以示對總統之尊崇。 例如阿珍被審問,阿扁應該去當證人,不可以主張刑事豁免權,而拒絕履行為證人之義務。畢竟作證是國民應盡之義務,既然偵查之案件與總統無關,就不會影響總統此一職務之尊崇。

相關考題

有關總統國家機密特權之敘述,下列何者錯誤? (A)總統之國家機密特權以其依憲法及憲法增修條文所享有之行政權範圍內,有關國家安全、國防及外交資訊為限 (B)國家機密特權非憲法明文規定,屬行政首長固有權能,其依據為權力分立與制衡原則 (C)總統依其國家機密特權,就國家機密事項於刑事訴訟程序應享有拒絕證言權,並於拒絕證言權範圍內,有拒絕提交相關證物之權 (D)總統陳述涉及國家機密事項之證言或提交相關證物,如經保密程序進行,即不能認為有妨害國家利益之虞	(D)
【105三等警察-法學知識與英文】	

相關考題	(52) 刑事豁免權	
依憲法第52條之規定，總統於下列何種情況，必然不得享有刑事豁免權？　(A)任期屆滿前　(B)犯內亂外患罪　(C)競選連任期間　(D)未經罷免或解職　　　　　【100四等行政警察-中華民國憲法概要】		(B)
總統於犯下列何種犯罪時，不得享有刑事豁免權？　(A)殺人罪　(B)貪污罪　(C)外患罪　(D)賄選罪　　　　　　　【98四等基警-憲法概要】		(C)
依憲法第52條規定，總統之法律責任豁免權，以下何者錯誤？　(A)係指刑事豁免權　(B)也包含民事責任之豁免　(C)犯內亂罪、外患罪不得豁免　(D)豁免權不及於副總統　　　　　【99四等海巡-法學知識與英文】		(B)
依司法院釋字第627號解釋對總統刑事豁免權之見解，下列何者正確？　(A)若發現總統有犯罪嫌疑，雖得進行偵查程序，但不得提起公訴　(B)因總統本身或他人刑事案件均不得對總統為證據調查與證據保全　(C)因他人刑事案件可對總統為搜索或扣押，但非經由最高法院法官5人組成合議庭裁定准許不得為之　(D)因他人刑事案件而以總統為證人時，應準用民事訴訟法第304條規定就其所在詢問之　　　　　【99四等關務-法學知識】		(D)
我國憲法第52條規定，總統除犯內亂罪或外患罪外，非經罷免或解職，不受刑事上之訴究。請問此屬於何種事項之規定？　(A)對總統的實體免責權規定　(B)對總統職權的限制規定　(C)地域管轄的規定　(D)對人效力的特別規定　　　　　【99四等身障特考一般行政-法學知識】		(D)

● 直接民選制與間接民選制

中華民國國民年滿40歲者，得被選為總統、副總統。（憲§45）憲法第27條規定，總統由國民大會選舉之。此一規定，讓總統並不是直接透過人民選舉出來，而是人民選舉出國民大會代表後，再由這些代表選出總統、副總統。但是自國民大會廢止之後，則改為由人民直接選舉之。（憲增§2Ⅰ）任期4年，連選得連任一次。（憲增§2Ⅵ）原憲法第47條規定之任期6年，並不適用。

● 副總統可否兼任行政院長？

1996年間，連戰擔任副總統時兼任行政院長，致使立法委員提出釋憲，認為不應同時兼任二職，但是總統府認為並無兼任限制的規定，因此連戰仍身兼二職。最後，大法官作出釋字第419號解釋，見解如下：

> 「副總統得否兼任行政院院長憲法並無明文規定，副總統與行政院院長二者職務性質亦非顯不相容，惟此項兼任如遇總統缺位或不能視事時，將影響憲法所規定繼任或代行職權之設計，與憲法設置副總統及行政院院長職位分由不同之人擔任之本旨未盡相符。引發本件解釋之事實，應依上開解釋意旨為適當之處理。」

這號解釋的結果好像違憲，又好像沒有違憲，只說應「適當之處理」，對於極具政治性之釋憲議題，也有個極具政治性之解釋。最後，連戰有辭職其中之一嗎？沒有，直到白曉燕命案才交卸行政院長職務，或許是因為總統缺位的機率很低，至少還有一個副總統（兼任行政院長），兩人同時缺位的可能性更低，卸任8個月後，也沒有發生任何不幸，才由蕭萬長先生接任，整起事件也就不了了之了。

總統、副總統選舉方式比較表

	憲法本文	增修條文
選舉方式	間接民選 透過國民大會代表選舉	直接民選
任期	6 年	4 年
連任	1 次	1 次

● 相對多數制

以得票最多之一組為當選。所以如果有三組候選人，馬英九、蔡英文與呂秀蓮參選，馬英九獲得45%的選票，蔡英文獲得40%的選票，呂秀蓮15%的選票，沒有人獲得過半民意的支持，則馬英九最高票而當選。

有些國家採取絕對多數制，往往要經過第二輪的投票表決，才能分出最後的勝負。第二輪只容許兩位候選人投票，由於只有兩位候選人，所以一定會有一位過半，這位候選人也能取得「形式上」過半數民意的支持。

之所以稱之為「形式上」過半數民意的支持，因為實際上來投票的選民可能只有七成，就算是獲得了60%的選票，也只不過取得有投票權選民42%的支持（70% X 60%），所以真的過半嗎？恐怕還是一個疑問。

相關考題　　　　（419E）總　辭

行政院院長於新任總統就職時提出總辭，依司法院釋字第419號解釋，下列敘述何者錯誤？　(A)為其不可違反之職責　(B)係尊重國家元首　(C)乃屬禮貌性辭職　(D)非其憲法上義務 【100四等行政警察-中華民國憲法概要】	(A)

● 總統、副總統之不能視事與缺位

國家的運作還是以總統為主，副總統應該是無聲的角色。陳水扁、呂秀蓮競選過程中，陳水扁原本承諾讓女性有發揮的空間，但是等到呂秀蓮上台後，卻被打入冷宮，而深表不滿，卻忘記憲法本來就是讓副總統沒什麼事情做。唯一的事情就是「等待」。總統因故不能視事時，由副總統代行其職權。總統、副總統均不能視事時，由行政院院長代行其職權。

當總統缺位時，由副總統繼任，至總統任期屆滿為止。（憲§49）副總統缺位時，總統應於3個月內提名候選人，由立法院補選，繼任至原任期屆滿為止。（憲增§2 Ⅶ）總統、副總統均缺位時，由行政院院長代行其職權，並進行補選總統、副總統，繼任至原任期屆滿為止，不適用憲法第49條之有關規定。（憲增§2 Ⅷ）總統於任滿之日解職，如屆期次任總統尚未選出，或選出後總統、副總統均未就職時，由行政院院長代行總統職權。（憲§50）行政院院長代行總統職權時，其期限不得逾3個月。（憲§51）

【實務案例：波蘭總統墜機事件】

波蘭總統卡欽斯基（Lech Kaczynski）搭乘的空軍一號專機，於2010年4月10日，在俄國疑似因濃霧視線不佳墜毀，包括卡欽斯基夫婦與多位黨政軍要員在內，機上96人全數罹難。由眾議院議長（head of Poland's lower house of parliament）科莫羅斯基（Bronislaw Komorowski）暫代任總統職務。根據該國憲法，波蘭政府需在2週內公布大選日期，並在2個月之內舉行選舉。

【模擬案例：我國政要墜機案】

「假設」我國總統搭乘總統專機不幸墜毀罹難，或總統與副總統搭乘高鐵發生出軌意外身亡，該怎麼辦呢？

參酌憲法第49條及憲法增修條文第2條第8項規定，其處理方式如下：

一、總統缺位時：

由副總統繼任，至總統任期屆滿為止。（憲法§49）

二、副總統缺位時：

總統應於3個月內提名候選人，由立法院補選，繼任至原任期屆滿為止。（憲增§2 Ⅶ）

三、總統、副總統均缺位時：

由行政院院長代行其職權，並依憲法增修條文第2條第1項規定補選總統、副總統，繼任至原任期屆滿為止，不適用憲法第49條之有關規定。（憲增§2 Ⅷ）

「假設」2011年，我國總統馬英九搭乘總統專機不幸墜毀罹難，則由副總統蕭萬長繼任到2012年任期結束，「假設」我國總統馬英九現在搭乘總統專機不幸墜毀罹難，副總統蕭萬長搭乘高鐵也發生出軌意外身亡，則由行政院長吳敦義代行其職，並進行補選總統、副總統，選出來的總統、副總統，任期也是到2012年。

依憲法本文及增修條文之規定，有關總統、副總統均缺位時之敘述，下列何者錯誤？　(A)應重新辦理總統、副總統之選舉　(B)繼任者任期重新起算　(C)由行政院院長代行總統職權　(D)行政院院長代行總統職權時，其期限不得逾3個月　　　　　【101高考-法學知識與英文】	(B)
依憲法第49條之規定，總統因故不能視事時，由下列何者代行其職權？(A)副總統　(B)立法院院長　(C)國家安全會議秘書長　(D)總統府秘書長　　　　　　　　　　　　　　　　　　　　　【101四等一般警察-法學知識】	(A)
依憲法第51條之規定，行政院院長代行總統職權時，其期限不得逾幾個月？　(A)3個月　(B)4個月　(C)5個月　(D)6個月　　　　　　　　　　　　　　　　　　　　　　【101四等行政警察-中華民國憲法概要】	(A)
依憲法增修條文第2條之規定，副總統缺位時，應如何處理？　(A)總統應於3個月內提名候選人，由立法院補選　(B)由中華民國自由地區全體人民直接補選　(C)由行政院院長代行職權　(D)由總統直接任命　　　　　　　　　　　　　　　　　　【100四等司法特考-法學知識與英文】	(A)
依憲法增修條文之規定，副總統缺位時，應如何處置？　(A)不須補選　(B)由行政院長兼任　(C)開放登記，人民補選之　(D)總統提名候選人，立法院補選之　　　　　　　　　　　　　【100普考-法學知識與英文】	(D)
副總統於任期屆滿前半年發生缺位之情事，下列敘述何者正確？　(A)各政黨應於3個月內提名候選人　(B)由人民投票進行補選　(C)總統應於3個月內提名候選人，由立法院補選，繼任至原任期屆滿時為止　(D)因任期已逾一半，不須進行補選　　　　　【100四等行政警察-法學緒論】	(C)
依憲法增修條文第2條之規定，因缺位而補選之副總統，其任期為多久？(A)繼任至原任期一半為止　(B)由總統決定　(C)繼任至原任期屆滿為止　(D)由立法院決定　　　　　　　　　　　　　　　【100關稅四等-法學知識】	(C)

相關考題　　　（增2VII、VIII）缺位或不能視事	
依憲法及憲法增修條文規定，有關行政院院長代行總統職權，以下何者錯誤？　(A)總統、副總統任期中均缺位時，由行政院院長代行職權　(B)總統、副總統任期中均缺位時，由行政院院長代行職權，期限至原總統任期屆滿為止　(C)總統於任滿之日解職，如次屆總統尚未選出或新選出總統、副總統均未就職時，由行政院院長代行職權　(D)總統、副總統均不能視事時，由行政院院長代行職權 【100四等行政警察-中華民國憲法概要】	(B)
下列何種情形，尚非行政院院長代行總統職權之時機？　(A)總統、副總統之罷免案經立法院提議時　(B)總統、副總統選出後均未就職時　(C)總統、副總統皆因故不能視事時　(D)總統、副總統均缺位時 【98高考三級-法學知識與英文】	(A)
依司法院釋字第419號解釋，下列敘述，何者正確？　(A)副總統不得兼任行政院院長為憲法所明文規定　(B)副總統與行政院院長二者職務性質顯不相容　(C)副總統如兼任行政院院長，於總統缺位或不能視事時，將影響憲法所規定繼任或代行職權之設計　(D)副總統得兼任行政院院長，與憲法設置副總統及行政院院長職位分由不同之人擔任之本旨並無相符 【99二等關務-法學知識】	(C)
依憲法增修條文規定，當行政院院長辭職或出缺時，應如何處理？ (A)在總統未任命新任行政院院長之前，由副總統先行兼任　(B)在總統未任命新任行政院院長之前，可由立法院院長兼任　(C)由行政院副院長兼任至立法院改選為止　(D)在總統未任命新任行政院院長之前，由行政院副院長暫行代理　【99三等關務-法學知識】	(D)
依憲法第49條及增修條文第2條規定，有關總統、副總統缺位，下列何者錯誤？　(A)總統任期未屆滿而缺位，由副總統繼任　(B)副總統缺位時，總統應於3個月內提名候選人，由立法院補選之　(C)副總統僅係備位，副總統缺位不必補選　(D)總統、副總統均缺位，由行政院院長代行職權，至總統、副總統補選產生為止　【99四等關務-法學知識】	(C)

司法院大法官認為副總統不得兼任行政院院長的理由為： (A)基於副總統不得干預行政院之原理 (B)基於憲法對於副總統並無職權之規定 (C)基於總統缺位或不能視事時，影響繼任及代行職權之憲法制度設計本旨 (D)基於副總統應保持政治中立之原理　　　　　　　　　【99三等身障特考-法學知識】	（C）
中華民國國民至少年滿多少歲，得被選為總統、副總統？ (A)30歲 (B)35歲 (C)40歲 (D)45歲 　【98四等地方特考-法學知識與英文】	（C）
我國在那一年舉行第一次總統直接民選？ (A)民國36年 (B)民國52年 (C)民國85年 (D)民國89年 　　【98四等地方特考-法學知識與英文】	（C）

【解析】

民國83年第三次修憲，總統由人民直選，並於85年舉辦首次總統直選。當時還曾經發生中共飛彈試射，以及美國航空母艦巡航在臺灣海峽附近。

對於總統、副總統之選舉，下列敘述何者錯誤？ (A)回復中華民國國籍者，不得為總統、副總統候選人 (B)投票日前10日內，不得發布有關候選人之民意調查資料 (C)無競選經費上限之規定 (D)不得接受大陸地區人民之競選經費補助 　【98三等地方特考-法學知識與英文】	（C）

【解析】

依據總統副總統選舉罷免法第38條第1項規定：「同一組候選人競選經費最高金額，由中央選舉委員會訂定，並於發布選舉公告之日同時公告之。」因此有競選經費上限之規定。

相關考題

關於立法院職權之敘述，下列何者錯誤？　(A)立法院對於總統所提名之司法院大法官有同意權　(B)為有效行使憲法所賦予之立法職權，本其固有之權能，立法院自得享有一定之調查權　(C)總統於立法院解散後發布緊急命令，立法院應於3日內自行集會，並於開議7日內追認之　(D)總統、副總統均缺位時，由行政院院長代行其職權，行政院院長應於3個月內提名候選人，由立法院補選，繼任至原任期屆滿為止　【109普考-法學知識與英文】	(D)
關於行政院之敘述，下列何者正確？　(A)行政院對於立法院決議之法律案，如認為窒礙難行時，經行政院會議之決議後，即得移請立法院覆議　(B)立法院通過對行政院院長之不信任案後，行政院院長得解散立法院　(C)覆議時，如經全體立法委員二分之一以上決議維持原案，行政院院長應即辭職　(D)行政院院長辭職或出缺時，由行政院副院長暫行代理，直至總統任命新行政院院長為止　【107普考-法學知識與英文】	(D)

● 副署權

　　總統依法公布法律，發布命令，須經行政院院長之副署，或行政院院長及有關部會首長之副署。（憲§37）但是，此舉可能造成總統與行政院長之間的對抗，郝柏村就曾經對於李登輝要升任某位將官為上將，認為資格不符而拒絕副署。為此，憲法增修條文將本條規定實質廢除，剝奪了行政院長的副署權，主要就是掌握對行政院長的人事任命權，不需要行政院長的副署，反正不聽話就換一個。其規定為「總統發布行政院院長與依憲法經立法院同意任命人員之任免命令及解散立法院之命令，無須行政院院長之副署，不適用憲法第37條之規定。」（憲增§2Ⅱ）

　　行政院副院長、各部會首長及不管部會之政務委員，由行政院院長提請總統任命之。（憲§56）仍應由行政院長副署。

● 國家安全會議

　　除了任命權之外，總統另外一支掌控行政院的大手，當屬國家安全會議。總統為<u>決定國家安全有關大政方針</u>，得設國家安全會議及所屬國家安全局，其組織以法律定之。（憲增§2Ⅳ）哪些國家安全的大政方針呢？其範圍包括了國防、外交、兩岸關係及國家重大變故之相關事項。（國家安全會議組織法§2Ⅱ）再加上行政院長及與國家安全相關聯之部會首長也要出席（國家安全會議組織法§5），所以，圓桌會議幾乎就能決定國家大大小小的事情了。

　　再加上國家安全會議，只是總統決定國家安全有關之大政方針之諮詢機關。（國家安全會議組織法§2Ⅰ）國家安全會議之決議，作為總統決策之參考。（國家安全會議組織法§5）所以，總統是決定者，國家安全會議也不是合議制。

總統實質掌握國家大權

誰說我國不是總統制！這兩個憲政上的工具真好用，讓我能掌握行政體系。

任命權

我連副署權都幾乎沒有了，又隨時可能被換掉，還是要乖乖聽總統的話。

總統　　國家安全會議　　行政院長

國家安全會議之功能

任何事情都與國家安全有關係。

依憲法、憲法增修條文及司法院大法官解釋意旨，關於總統之職權，下列敘述何者正確？　(A)總統不得以有妨礙國家安全為由，拒絕公開其職權範圍內有關之外交資訊　(B)總統對內政部部長之任命，須經行政院院長之副署　(C)總統為避免國家或人民遭遇緊急危難，得經立法院同意後發布緊急命令以為必要之處置　(D)總統為決定國家內政有關大政方針，得設國家發展委員會為其諮詢機關　　　【105四等警察-法學知識】	（B）
憲法本文與增修條文關於副署的規定不盡相同，下列何者屬於增修條文之特別規定？　(A)總統宣布戒嚴，無須行政院院長之副署　(B)總統發布緊急命令，無須任何人之副署　(C)總統發布解散立法院之命令，無須行政院院長之副署　(D)總統發布總統府秘書長之任免命令，無須行政院院長之副署　　　【98普考-法學知識與英文】	（C）
總統所發布的下列命令中，何者須經行政院院長之副署？　(A)解散立法院　(B)任命行政院院長　(C)公布法律發布命令　(D)依法經立法院同意任命人員　　　【99四等關務-法學知識】	（C）
依憲法增修條文第2條之規定，總統發布下列那一項命令，無須行政院院長之副署？　(A)戒嚴令　(B)緊急命令　(C)大法官之任免命令　(D)特赦令　　　【100四等行政警察-中華民國憲法概要】	（C）
依憲法增修條文之規定，下列何項總統所發布之命令須經行政院院長之副署？　(A)任命司法院大法官　(B)任命監察委員　(C)任命駐外大使　(D)任命考試委員　　　【101四等行政警察-法學知識】	（C）
副署制度係源自那一國？　(A)英國　(B)德國　(C)法國　(D)日本　　　【98三等司法特考-法學知識與英文】	（A）
依憲法及憲法增修條文之規定，下列何者應經行政院院長副署？　(A)總統宣布解散立法院之命令　(B)總統任命考試院院長、監察院院長、司法院院長　(C)總統任命行政院院長　(D)總統依法公布法律　　　【99四等身障特考一般行政-法學知識】	（D）

相關考題	（增2IV）國家安全會議&國土安全局	
依憲法增修條文規定，國家安全會議由誰所設置？　(A)總統　(B)行政院院長　(C)立法院　(D)司法院　　　【103四等地特-法學知識與英文】		(A)
依憲法增修條文第2條第4項規定，總統為決定國家安全有關大政方針，得設何種組織？　(A)國家調查會議及所屬調查局　(B)國家中央情報會議及所屬中央情報局　(C)國家安全會議及所屬國家安全局　(D)國家緊急會議及所屬軍事情報局　　　【100地方特考三等-法學知識與英文】		(C)
憲法增修條文規定的國家安全局，其地位或功能為何？　(A)隸屬於行政院大陸委員會　(B)為國家安全會議的上級機關　(C)為總統決定國家安全有關大政方針的法定幕僚機關　(D)為行政院決定大陸政策的幕僚機關　　　【100關稅四等-法學知識】		(C)
國家安全局隸屬何機關？　(A)國防部　(B)國家安全會議　(C)法務部　(D)行政院　　　【100三等行政警察-法學知識與英文】		(B)
總統行使何種職權，無須經行政院會議之議決？　(A)宣布戒嚴　(B)發布緊急命令　(C)行使國家安全大政方針決定權　(D)行使大赦之權　　　【100高考-法學知識與英文】		(C)
有關國家安全會議之敘述，下列何者錯誤？　(A)國家安全會議置秘書長1人，特任　(B)國家安全會議置副秘書長1人至3人，職務比照簡任第14職等　(C)國家安全會議及其所屬國家安全局直屬總統，不受立法院之監督　(D)國家安全會議置諮詢委員5人至7人，由總統特聘之　　　【98調查局-法學知識與英文】		(C)

相關考題	其他考題	
下列憲法機關的關係中，何者彼此間不具有組織人事上民主正當性之連結？　(A)總統與行政院　(B)總統與立法院　(C)立法院與監察院　(D)立法院與考試院　　　【98三等司法特考-法學知識與英文】		(B)

● 解散立法院

　　總統於立法院通過對行政院院長之不信任案後10日內，經諮詢立法院院長後，得宣告解散立法院。但總統於戒嚴或緊急命令生效期間，不得解散立法院。立法院解散後，應於60日內舉行立法委員選舉，並於選舉結果確認後10日內自行集會，其任期重新起算。（憲增§2V）

　　立法院通過對行政院長之不信任案，往往發生在於立法院受到在野黨掌控的情況，對於總統與行政院長（通常同屬執政黨）往往以各種名義拉其二人下台，雖然兩邊都是具有民意基礎，但可能是不同時期選出來的結果，相差個幾年的民意，所以總統有權解散立法院，讓立法委員重選，聽聽看最新的民意到底支持哪一方！

　　「戒嚴或緊急命令生效期間，不得解散立法院」，主要是擔心如果解散了立法院，對於總統頒布戒嚴令或緊急命令，就沒有民意機關可以追認或不追認該等命令之效力，則總統可以任意地發布各種命令，導致獨裁發生的可能性。（不信任案，請參照本書第276頁）

相關考題

依憲法增修條文之規定，立法院通過對行政院院長之不信任案後10日內，總統應經諮詢下列何者後，得宣告解散立法院？　(A)行政院院長 (B)司法院院長　(C)立法院院長　(D)監察院院長 【98三等地方特考-法學知識與英文】	(C)
依憲法本文及增修條文，下列何者非總統卸任之原因？　(A)辭職　(B)罷免　(C)不信任投票　(D)彈劾　　　　【98四等基警-憲法概要】	(C)
依憲法增修條文第2條規定，總統之立法院解散權，以下何者正確？(A)在立法院通過行政院院長之不信任案後7日內　(B)戒嚴或緊急命令生效期間，不得解散立法院　(C)立法院解散後，應於90日內舉行立法委員選舉　(D)立法委員選舉結果確認後，應於7日內自行集會 【99四等海巡-法學知識與英文】	(B)

解散立法院示意圖

本院通過不信任行政院長，請換一個。

我找了這麼優秀的行政院長，你們這些立委根本是亂搞，解散重選……

總統

立法委員

行政院長

相關考題 不得解散立法院

依憲法增修條文規定，下列有關解散立法院之敘述何者為正確？ (A)由行政院院長解散之 (B)由行政院院長諮詢立法院院長後解散之 (C)總統於諮詢立法院院長後得宣告解散之 (D)總統於諮詢國民大會後得宣告解散之 【98四等基警-憲法概要】	(C)
依憲法增修條文規定，總統於下列何種情況下，不得解散立法院？ (A)國家慶典期間 (B)立法委員任期未滿1年 (C)於戒嚴或緊急命令生效期間 (D)立法院院長不同意時 【98高考三級-法學知識與英文】	(C)
依憲法增修條文規定，總統於下列那個期間內不得解散立法院？ (A)立法院休會 (B)緊急命令生效 (C)國家財政危機 (D)外來武力威脅 【99-地方特考四等-法學知識與英文】	(B)
依憲法增修條文規定，行政院移請覆議案，立法院未於期限內作成決議者，原決議之效力為何？ (A)無效 (B)不生效力 (C)失效 (D)定期失效 【99-地方特考四等-法學知識與英文】	(C)
依據憲法增修條文之規定，有關總統解散立法院之敘述，下列何者正確？ (A)總統得隨時解散立法院 (B)總統於行政院長呈請後，須即刻解散立法院 (C)總統在立法院休會期間不得解散立法院 (D)總統解散立法院後，新立法委員之任期重新起算 【100三等行政警察-法學知識與英文】	(D)

相關考題　　　　　　　　　不信任案

依憲法增修條文的規定，若立法院通過對行政院院長的不信任案，下列敘述何者正確？　(A)行政院院長應辭職，並得同時呈請總統解散立法院　(B)行政院院長應辭職，立法院因此自動解散　(C)行政院院長得決定是否辭職，並得同時呈請總統解散立法院　(D)行政院院長得決定是否辭職，立法院是否自動解散，視行政院院長辭職與否而定	(A)
【99普考-法學知識與英文】	

● 緊急命令權

一、原憲法緊急命令之規定

國家遇有天然災害、癘疫，或國家財政經濟上有重大變故，須為急速處分時，總統於立法院休會期間，得經行政院會議之決議，依緊急命令法，發布緊急命令，為必要之處置。但須於發布命令後1個月內提交立法院追認，如立法院不同意時，該緊急命令立即失效。（憲§43） 緊急命令，雖然名為命令，可是實質上還是必須經由立法院的追認，所以其效力卻等同於法律。

二、增修條文修正之重點

為加速面對危難或重大變故之應變速度與能力，增修條文修正為即便立法院開議期間，仍可直接由行政院會議以決議發布緊急命令。

其次，也增加發布緊急命令之原因，依據增修條文第2條第3項之規定：「總統為避免國家或人民遭遇緊急危難或應付財政經濟上重大變故，得經行政院會議之決議發布緊急命令，為必要之處置，不受憲法第43條之限制。但須於發布命令後10日內提交立法院追認，如立法院不同意時，該緊急命令立即失效。」憲法本文僅限於天然災害、癘疫或財政經濟的重大變故，增修條文除維持財政經濟上的重大變故外，並修正為「緊急危難」，不再僅限於「天然災害、癘疫」。

總統於立法院解散後發布緊急命令，立法院應於3日內自行集會，並於開議7日內追認之。但於新任立法委員選舉投票日後發布者，應由新任立法委員於就職後追認之。如立法院不同意時，該緊急命令立即失效。（憲增§4Ⅵ）

【實務案例：八八水災事件】

總統，快點發布緊急命令吧！

應該沒有發布的必要吧！緊急命令是非正常狀態，應該儘量避免。

各界人民

總統

　　八八水災，中南部災情慘重，各界就有許多希望馬英九總統發布緊急命令之聲浪，甚至於在野黨都搶著說會支持緊急命令，但總統認為現行法制業已足以面對八八水災，無庸發布緊急命令。

相關考題

依司法院大法官之見解，總統所發布之緊急命令的效力等同於： (A)行政規則 (B)法律 (C)行政命令 (D)自治規章 【98三等司法特考-法學知識與英文】	(B)
總統所發布之何種命令，應經行政院會議之議決？ (A)大法官之任免命令 (B)解散立法院之命令 (C)內政部部長之任免命令 (D)緊急命令 【98調查局-法學知識與英文】	(D)
總統頒布緊急命令後須提交何者追認？ (A)國民大會 (B)立法院 (C)行政院 (D)不須追認 【97鐵公路佐級公路監理-法學大意】	(B)
依憲法增修條文第4條規定，總統於立法院解散後發布緊急命令，立法院應於3日內如何集會，以決定是否追認？ (A)由總統召集 (B)由行政院長召集 (C)由立法院院長召集 (D)自行集會 【99四等海巡-法學知識與英文】	(D)
依憲法增修條文之規定，有關總統發布緊急命令之敘述，下列何者正確？ (A)緊急命令僅得於立法院休會期間發布之 (B)緊急命令之發布須經行政院會議之決議 (C)緊急命令須依緊急命令法發布之 (D)緊急命令須經立法院同意後始得發布之【99第二次司法特考-法學知識與英文】	(B)

● 緊急命令得再為補充規定？

因九二一地震所發布之緊急命令，是修憲後的首例，但也引發憲政上之疑義，大法官會議曾針對此一議題做出解釋如下：

憲法增修條文第2條第3項規定：「總統為避免國家或人民遭遇緊急危難或應付財政經濟上重大變故，得經行政院會議之決議發布緊急命令，為必要之處置，不受憲法第43條之限制。但須於發布命令後10日內提交立法院追認，如立法院不同意時，該緊急命令立即失效。」由此可知，緊急命令係總統為應付緊急危難或重大變故，直接依憲法授權所發布，具有暫時替代或變更法律效力之命令，其內容應力求周延，以不得再授權為補充規定即可逕予執行為原則。若因事起倉促，一時之間不能就相關細節性、技術性事項鉅細靡遺悉加規範，而有待執行機關以命令補充，方能有效達成緊急命令之目的者，則應於緊急命令中明文規定其意旨，於立法院完成追認程序後，再行發布。此種補充規定應依行政命令之審查程序送交立法院審查，以符憲政秩序。又補充規定應隨緊急命令有效期限屆滿而失其效力，乃屬當然。（釋543）

本書觀點

緊急命令，與一般法律案的審查有所不同，立法院並不能變更緊急命令之內容，僅能就其內容允當與否做出決議。針對授權行政機關所為緊急命令之補充規定，原則上不得為之，例外才可以因急迫情況而授權加以規範。

相關考題

依司法院釋字第543號解釋對緊急命令之見解，下列何者錯誤？
(A)緊急命令可暫時替代或變更法律效力，故其內容應力求周延　(B)細節性、技術性事項可以行政命令補充，但應於緊急命令中明文規定其意旨　(C)為應付緊急危難或重大變故，補充規定得於立法院追認同意緊急命令前，先行發布　(D)補充規定應隨緊急命令有效期間屆滿而失其效力

（C）

【99四等海巡-法學知識與英文】

相關考題

依司法院釋字第543號解釋之意旨，立法院對緊急命令之追認，可否變更緊急命令之內容？ (A)如同法律案之審查，可以變更緊急命令之內容 (B)僅得就其當否為決議，不得逕予變更其內容 (C)視緊急命令之類型而定 (D)視緊急命令之緊急程度而定 【99三等關務-法學知識】	(B)
依司法院釋字第543號解釋，下列有關緊急命令授權之補充規定的敘述，何者正確？ (A)因事出突然，故原則上可再授權行政機關訂立補充規定 (B)若於緊急命令中明定意旨，行政機關即可於緊急命令發布後發布補充規定 (C)補充規定應依行政命令之審查程序送立法院審查 (D)補充規定之效期依補充規定本身所定，與緊急命令之效期無關 【98四等司法特考-法學知識與英文】	(C)

相關考題　　　　　　（增2III）緊急命令

對於下列何項事件，總統曾發布緊急命令為必要處置？ (A) 921 地震 (B) 911 世貿恐怖攻擊 (C) 2008 金融海嘯 (D) 2009 莫拉克颱風 【104司法三等-法學知識與英文】	(A)
依憲法增修條文之規定，總統於立法院解散後發布緊急命令，立法院至少須於幾日內自行集會？ (A)2日 (B)3日 (C)5日 (D)7日 【101普考-法學知識與英文】	(B)
下列何者非憲法增修條文所定有關總統發布緊急命令之條件？ (A)總統為避免國家或人民遭遇緊急危難或應付財政經濟上重大變故 (B)須經行政院會議之決議 (C)發布緊急命令後20日內，應提交立法院追認 (D)立法院若不追認，該緊急命令失效 【101普考-法學知識與英文】	(C)
依憲法增修條文之規定，總統發布緊急命令後最遲幾日內須提交立法院追認？ (A)3日 (B)5日 (C)7日 (D)10日 【101四等行政警察-中華民國憲法概要】	(D)
依憲法本文及增修條文規定，下列何者屬總統之職權？ (A)擬定預算案 (B)發布緊急命令 (C)主持行政院會議 (D)提出施政報告 【100四等行政警察-中華民國憲法概要】	(B)
依憲法本文及增修條文之規定，總統行使何種職權，無須依立法院所制定之法律行使之？ (A)設置國家安全局 (B)發布緊急命令 (C)宣布戒嚴 (D)授與榮典 【100關稅三等-法學知識】	(B)

依憲法增修條文規定，下列關於緊急命令之敘述，何者正確？ (A)總統有發布緊急命令之權，但以立法院休會期間為限 (B)緊急命令發動之要件，以國家遇有天然災害、癘疫，或國家財政經濟上有重大變故，須急速處分者為限 (C)總統發布緊急命令，須經行政院會議決議，並送立法院事後追認 (D)緊急命令經立法院追認後，於生效期間總統仍得解散立法院 【109普考-法學知識與英文】	(C)
依憲法及增修條文規定、司法院大法官解釋，關於緊急命令，下列敘述何者錯誤？ (A)緊急命令具有暫時變更或代替法律之效力 (B)緊急命令之發布，屬於總統之職權 (C)緊急命令發布前，應諮詢行政院院長 (D)發布後10日內應提交立法院追認 【108普考-法學知識與英文】	(C)

● 罷免與彈劾

一、罷免之概念與程序

罷免，是指雖然總統、副總統沒有什麼違法的事由，但是上任之後的一些行政舉措，並不為民意所接受，所以透過一定的罷免程序，使總統、副總統去職的制度。

總統、副總統之罷免案，須經全體立法委員<u>四分之一之提議</u>，全體立法委員<u>三分之二之同意</u>後提出，並經中華民國自由地區<u>選舉人總額過半數之投票</u>，<u>有效票過半數</u>同意罷免時，即為通過。（憲增§2 IX）

二、彈劾之概念與程序

彈劾，國家執掌糾彈之機構，對於違法失職人員，向有權彈劾之機關所提出之控訴。原本有權彈劾之機關為監察院，但依據增修條文第4條第7項規定，排除增修條文第7條第1項監察院行使彈劾權之適用（條文如右頁），而由立法委員提議及決議，並聲請大法官審理。

立法院對於總統、副總統之彈劾案，須經全體立法委員二分之一以上之提議，全體立法委員三分之二以上之決議，聲請司法院大法官審理，不適用憲法第90條、第100條及增修條文第7條第1項有關規定。（憲增§4 VII）

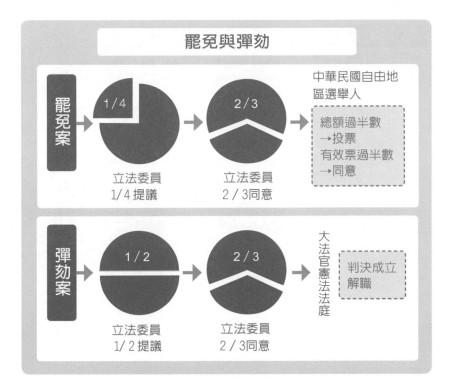

立法院提出總統、副總統彈劾案，聲請司法院大法官審理，經憲法法庭判決成立時，被彈劾人應即解職。（憲增§2X）

可是上開彈劾規定，也沒有說明彈劾的事由，是否僅限於內亂外患？還是必須要符合其他違法失職的事由？立院職權行使法於99年5月修正後，未來正副總統失言或失職，都可能成為彈劾理由，不限於犯內亂或外患罪。

【增修條文第7條第1項規定】

監察院為國家最高監察機關，行使彈劾、糾舉及審計權，不適用憲法第90條及第94條有關同意權之規定。

依據中華民國憲法增修條文，總統、副總統之罷免案，須經全體立法委員四分之一之提議，全體立法委員幾分之幾之同意後提出？　(A)二分之一　(B)三分之二　(C)四分之三　(D)五分之四 【99初等一般行政—法學大意】	(B)
依憲法增修條文之規定，有關罷免與彈劾總統之程序，下列何者正確？(A)兩者均由立法委員提議　(B)均須經司法院大法官審理　(C)最後均須人民複決通過　(D)罷免總統與彈劾總統之程序完全相同 【98普考-法學知識與英文】	(A)
下列有關總統、副總統彈劾案之敘述，何者錯誤？　(A)全體立法委員二分之一以上之提議　(B)全體立法委員三分之二以上之決議　(C)由司法院大法官審理　(D)由監察院監察委員審查　【99四等關務-法學知識】	(D)
下列那個機關與司法院共同行使彈劾總統之職權？　(A)立法院　(B)行政院　(C)考試院　(D)監察院　【99四等身障特考一般行政-法學知識】	(A)
依據憲法增修條文規定，司法院大法官組成憲法法庭審理下列何事項？(A)總統副總統之彈劾　(B)集會遊行違憲之解散　(C)總統副總統之罷免(D)中央與地方權限之爭議　【99四等身障特考一般行政-法學知識】	(A)
依憲法增修條文之規定，總統、副總統之彈劾案最後須由何機關審理？(A)憲法法庭　(B)考試院　(C)立法院　(D)監察院 【98普考-法學知識與英文】	(A)
依憲法增修條文之規定，立法院提出之總統、副總統彈劾案，由下列何者審理？　(A)國民大會　(B)監察院　(C)司法院憲法法庭　(D)全國人民 【99四等海巡-法學知識與英文】	(C)
依憲法增修條文之規定，有關總統、副總統的罷免程序，下列那一項陳述錯誤？　(A)全體立法委員四分之一提議　(B)全體立法委員三分之二同意　(C)司法院大法官審理　(D)經中華民國自由地區選舉人總額過半數之投票，有效票過半數同意　【98四等基警-憲法概要】	(C)

相關考題 　　　　彈　劾

依憲法增修條文第5條之規定，副總統之彈劾案由下列何者負責審理？　(A)立法院　(B)監察院　(C)憲法法庭　(D)最高法院　　　　　　　　　　　　　　　　　　　　【105四等警察-法學知識】	(C)
依憲法增修條文之規定，總統、副總統之彈劾案，經立法院決議通過後，由下列何者審理之？　(A)監察院　(B)高等法院　(C)司法院大法官　(D)公務員懲戒委員會　　　　　　　　　　　　【99普考-法學知識與英文】	(C)
立法院對於總統、副總統之彈劾案，須經全體立法委員多少以上之提議？　(A)五分之一　(B)四分之一　(C)三分之一　(D)二分之一　　　　　　　　　　　　　【101員級鐵路人員-法學知識與英文】	(D)
依憲法增修條文之規定，有關立法院對於總統、副總統之彈劾案程序之敘述，下列何者錯誤？　(A)須經全體立法委員二分之一以上之提議，全體立法委員三分之二以上決議　(B)立法院決議通過的總統、副總統之彈劾案，須聲請司法院大法官審理　(C)監察院仍可依憲法第100條規定，提出對於總統、副總統的彈劾案，故與立法院形成雙軌制　(D)彈劾的事由不限於內亂與外患罪　　　　【101三等一般警察-法學知識與英文】	(C)
依憲法增修條文第4條規定，有關總統彈劾，何者正確？　(A)由全體監察委員四分之一以上提議，全體監察委員過半數審查及決議後向國民大會提出　(B)由全體監察委員三分之一以上提議，全體監察委員三分之二以上審查及決議後向國民大會提出　(C)由全體立法委員三分之一以上提議，全體立法委員三分之二以上之決議　(D)由全體立法委員二分之一以上提議，全體立法委員三分之二以上之決議【100普考-法學知識與英文】	(D)
依憲法增修條文之規定，下列何者由立法院通過後，無須交由公民複決？　(A)憲法修正案　(B)領土變更案　(C)對總統之彈劾案　(D)對總統之罷免案　　　　　　　　【100四等行政警察-中華民國憲法概要】	(C)
立法院決議通過總統、副總統之彈劾案後，須再由下列何者審理？　(A)普通法院法官　(B)行政法院法官　(C)公務員懲戒委員會委員　(D)憲法法庭　　　　　　　　【101四等行政警察-中華民國憲法概要】	(D)

有關總統、副總統罷免案之敘述,下列何者錯誤? (A)須經全體立法委員三分之一之提議 (B)全體立法委員三分之二之同意後提出 (C)經中華民國自由地區選舉人總額過半數之投票 (D)選舉人投票之有效票過半數同意罷免為通過 【104司法三等-法學知識與英文】	(A)
依憲法增修條文第2條之規定,總統、副總統之罷免案,須經全體立法委員至少何比例之提議? (A)二分之一 (B)三分之一 (C)四分之一 (D)五分之一 【103普考-法學知識與英文】	(C)
依憲法增修條文及相關法律之規定,關於總統、副總統之敘述,下列何者正確? (A)副總統缺位時,總統應於3個月內提名候選人,由全體人民補選之 (B)總統、副總統之彈劾案,由立法院提出後交由全體人民投票表決之 (C)總統、副總統就職未滿2年者,不得對之進行罷免 (D)總統、副總統之罷免案經通過者,被罷免人自解除職務之日起4年內不得為總統、副總統之候選人 【105司特四等-法學知識與英文】	(D)

3 行政院

● 最高行政機關

憲法第53條規定：「行政院為國家最高行政機關。」但真的是最高嗎？從憲法本文上來看，過去隱含著內閣制，行政院長擁有副署權，總統特定範圍之命令，沒有經過行政院長的副署，對外無法發生效力。但是在增修條文歷次制定的過程中，卻看到在上位者力求掌握大權，卻不願意接受監督，導致一個巨大的權力怪獸—總統，於焉誕生，行政院是最高行政機關嗎？當然不是。

● 總統與行政院長之任命關係

憲法第55條原規定：「Ⅰ行政院院長，由總統提名，經立法院同意任命之。Ⅱ立法院休會期間，行政院院長辭職或出缺時，由行政院副院長代理其職務，但總統須於40日內咨請立法院召集會議，提出行政院院長人選，徵求同意。行政院院長職務，在總統所提行政院院長人選未經立法院同意前，由行政院副院長暫行代理。」

但是，增修條文第3條第1項規定：「行政院院長由總統任命之。行政院院長辭職或出缺時，在總統未任命行政院院長前，由行政院副院長暫行代理。憲法第55條之規定，停止適用。」也就是行政院長依舊由總統任命，只是不需要立法院同意，所以行政院長似乎已經變成總統的「幕僚長」，或者說難聽一些，只是一名「管家」。

而且，行政院長沒有任期的保障，總統要換人，隨時都可以換人，如同右頁表，陳水扁擔任總統的8年任內，依據行政院的資料，就有5位不同的行政院長。

陳水扁任期多變化的行政院長

編號	時間	姓名
1	2000/05/20-2000/10/06	唐 飛
2	2000/10/06-2002/02/01	張俊雄
3、4	2002/02/01-2005/02/01	游錫堃
5	2005/02/01-2006/01/25	謝長廷
6	2006/01/25-2007/05/21	蘇貞昌
7	2007/05/21-2008/05/20	張俊雄

第3、4任均為游錫堃，因為第3任於總統就職後進行總辭，總辭之後，陳水扁再次任命游錫堃擔任行政院長。

相關考題 （55+增3）行政院院長任命

依憲法增修條文第3條之規定，關於行政院院長之任命，以下何者正確？ (A)由總統任命，不必經立法院同意 (B)由總統提名，經立法院同意後任命之 (C)由立法院最大黨提名，交由總統任命之 (D)由總統提名，經監察院同意後任命之 【100四等行政警察-中華民國憲法概要】	(A)
依憲法增修條文規定，行政院院長依下列何項方式產生？ (A)總統提名，經立法院同意後任命 (B)立法院提名，經總統同意後任命 (C)總統提名任命，無須經立法院同意 (D)總統提名，立法院院長副署後任命 【99四等身障特考一般行政-法學知識】	(C)
依憲法與行政院組織法規定，行政院院長之任期為何？ (A)一任3年 (B)一任4年 (C)一任6年 (D)均未規定其任期【99三等關務-法學知識】	(D)

● 行政院及行政院長的職責

一、主持行政院會議

　　行政院設行政院會議，由行政院院長、副院長、各部會首長及不管部會之政務委員組織之，以院長為主席。(憲§58 I)

二、法律案、預算案等提出權

　　行政院院長、各部會首長，須將應行提出於立法院之法律案、預算案、戒嚴案、大赦案、宣戰案、媾和案、條約案及其他重要事項，或涉及各部會共同關係之事項，提出於行政院會議議決之。(憲§58 II)

三、提請任命權

　　行政院副院長、各部會首長及不管部會之政務委員，由行政院院長提請總統任命之。(憲§56)

　　另外如省政府主席暨委員、省諮議會議員，亦同。(憲增§9 I ①②)

四、提出施政方針及施政報告

　　行政院有向立法院提出施政方針及施政報告之責。立法委員在開會時 ，有向行政院院長及行政院各部會首長質詢之權。(憲增§3 II ①)

五、覆議權

　　行政院對於立法院決議之法律案、預算案、條約案，如認為有窒礙難行時，得經總統之核可，於該決議案送達行政院10日內，移請立法院覆議。(憲增§3 II ②)

六、副署權

　　總統依法公布法律，發布命令，須經行政院院長之副署，或行政院院長及有關部會首長之副署。(憲§37)

　　但是依據憲法增修條文第2條第2項規定：「總統發布行政院院長

與依憲法經立法院同意任命人員之任免命令及解散立法院之命令，無須行政院院長之副署，不適用憲法第37條之規定。」

七、調和院際爭執權

總統對於院與院間之爭執，除本憲法有規定者外，得召集有關各院院長會商解決之。（憲§44）

八、代行總統職權（參照本書第246-247頁）

九、預算與決算之提出

行政院於會計年度開始3個月前，應將下年度預算案提出於立法院。（憲§59）

行政院於會計年度結束後4個月內，應提出決算於監察院。（憲§60）

十、緊急命令之議決權

總統為避免國家或人民遭遇緊急危難或應付財政經濟上重大變故，得經行政院會議之決議發布緊急命令，為必要之處置，不受憲法第43條之限制。但須於發布命令後10日內提交立法院追認，如立法院不同意時，該緊急命令立即失效。（憲增§2Ⅲ）

十一、呈請總統解散立法院

立法院通過不信任案時，行政院長可以呈請總統解散立法院。（憲增§3Ⅱ③）

十二、行政監督權

省承行政院之命，監督縣自治事項。（憲增§9Ⅰ⑦）

關於行政院會議，下列敘述何者正確？　(A)行政院會議之決議係由行政院院長與其他閣員共同決定　(B)行政院會議僅向行政院院長提出諮詢之權　(C)行政院會議得議決各院共同關係之事項　(D)行政院會議雖屬合議制，但在爭議時，行政院院長有最後決定權【104司法四等-法學知識與英文】	(D)
依憲法本文之規定，行政院會議之主席，原則上為下列何者？　(A)行政院秘書長　(B)總統　(C)每次開會時，由出席人員互推一人　(D)行政院院長　【104普考-法學知識與英文】	(D)
下列何者為行政院會議之成員？　(A)行政院秘書長　(B)國家安全局局長　(C)考選部部長　(D)國防部部長　【100三等海巡-法學知識與英文】	(D)
依憲法之規定，關於行政院會議，以下何者錯誤？　(A)行政院院長為主席　(B)行政院院長不能出席時，由秘書長代理主持　(C)依法須提出於立法院之戒嚴案、大赦案、宣戰案、媾和案、條約案均應提出於行政院會議議決之　(D)涉及各部會共同關係之事項，應提出於行政院會議議決之　【100四等行政警察-中華民國憲法概要】	(B)
依憲法第58條之規定，下列有關行政院會議之敘述，何者正確？　(A)行政院設行政院會議，以便總統決定國家安全有關大政方針　(B)行政院會議由副院長任主席，所作決議交院長定奪　(C)行政院欲提出於立法院之法律案，須經行政院會議議決之　(D)不管部會之政務委員，不是行政院會議組織成員　【101四等行政警察-中華民國憲法概要】	(C)

相關考題　　　　（57①）行政院長職權

依憲法本文及增修條文之規定，下列何者非行政院院長職權？　(A)法令副署權　(B)答覆立法委員質詢　(C)主持國家安全會議　(D)行政院會議主席權　　　　　　　　　　　　　　　　【100關稅四等-法學知識】	(C)
下列何者非行政院院長之職權？　(A)法令副署　(B)移請覆議　(C)宣布戒嚴　(D)主持行政院會議　　　　　【100地方特考三等-法學知識與英文】	(C)
依憲法及其增修條文規定，下列何者非屬行政院院長之職權？　(A)總統、副總統均缺位時，代行總統職權　(B)提請總統任命行政院副院長之權　(C)總統發布命令之副署權　(D)預算執行完畢後，向立法院提出審核報告之權　　　　　　　　　　　　　　　　【100普考-法學知識與英文】	(D)
【解析】 (B)憲法第56條規定：「行政院副院長、各部會首長及不管部會之政務委員，由行政院院長提請總統任命之。」	
下列何人應於立法院院會中接受立法委員質詢？　(A)銓敘部部長　(B)司法院秘書長　(C)教育部部長　(D)審計部審計長　　　　　　　　　　　　　　　　　　　　　　　【100關稅四等-法學知識】	(C)

相關考題　　　　（增3I）行政院院長辭職或出缺

有關行政組織與職務運作之規定，下列敘述何者正確？　(A)行政院經行政院會議及立法院之決議，得增設、裁併各部、各委員會　(B)行政院院長因事故不能視事時，由副院長代理其職務　(C)行政院為處理特定事務，得於院內設各種委員會或局處署，其組織得以命令訂之　(D)行政院院長不得邀請有關人員列席行政院會議　　　　　　　　　　　　　　　　【104司法三等-法學知識與英文】	(B)
依憲法增修條文之規定，行政院院長辭職或出缺時，在總統未任命行政院院長前，應如何處理？　(A)由行政院副院長繼任　(B)由行政院副院長代理　(C)由行政院秘書長代理　(D)由行政院會議以合議方式代行院長職權　　　　　　　　　　　【101四等行政警察-中華民國憲法概要】	(B)

國家年度總預算案由什麼機關向什麼機關提出？　(A)由行政院向總統提出　(B)由行政院向立法院提出　(C)由行政院向監察院提出　(D)由司法院向立法院提出　　　　　　　　【100地方特考四等-法學知識與英文】	(B)
攸關國家財政之預算，以下何者正確？　(A)由行政院會議決議後，向立法院提出　(B)由總統向立法院提出　(C)由總統向國家安全會議提出　(D)由行政院呈請總統核可後，向立法院提出　　　　　　　　【100四等行政警察-中華民國憲法概要】	(A)
行政院於會計年度結束後4個月內應向何一機關提出決算？　(A)立法院　(B)司法院　(C)監察院　(D)總統府　　　【101普考-法學知識與英文】	(C)
行政院於會計年度結束後，應向下列何機關提出決算案？　(A)監察院　(B)立法院　(C)司法院　(D)考試院　　　　　　　　【101四等行政警察-中華民國憲法概要】	(A)
依憲法第60條規定，行政院於會計年度結束後幾個月內，應提出決算於監察院？　(A)1個月　(B)2個月　(C)3個月　(D)4個月　　　　　　　　【99三等第一次司法人員-法學知識與英文】	(D)
立法院本身之預算案，應如何提出？　(A)不編入中央政府總預算案，由立法院自行提出　(B)編入中央政府總預算案，由行政院提出　(C)編入中央政府總預算案，由總統府提出　(D)編入中央政府總預算案，由審計部提出　　　　　　　　【99初等人事行政-法學大意】	(B)

● 行政院與立法院之關係

行政院依左列規定，對立法院負責（憲增§3Ⅱ）：

一、提出施政方針及施政報告

行政院有向立法院提出施政方針及施政報告之責。立法委員在開會時，有向行政院院長及行政院各部會首長質詢之權。

二、覆議

行政院對於立法院決議之法律案、預算案、條約案，如認為有窒礙難行時，得經總統之核可，於該決議案送達行政院10日內，移請立法院覆議。立法院對於行政院移請覆議案，應於送達15日內作成決議。如為休會期間，立法院應於7日內自行集會，並於開議15日內作成決議。覆議案逾期未議決者，原決議失效。覆議時，如經全體立法委員二分之一以上決議維持原案，行政院院長應即接受該決議。

例如美國牛肉進口案，引發許多爭議，立法院更通過食品衛生管理法的修正案，引發臺美關係緊張。如果行政院認為此項修正案有窒礙難行之處，可以移請立法院覆議。

三、不信任案

立法院得經全體立法委員三分之一以上連署，對行政院院長提出不信任案。不信任案提出72小時後，應於48小時內以記名投票表決之。如經全體立法委員二分之一以上贊成，行政院院長應於10日內提出辭職，並得同時呈請總統解散立法院；不信任案如未獲通過，1年內不得對同一行政院院長再提不信任案。（解散立法院，請參見本書第256-257頁）

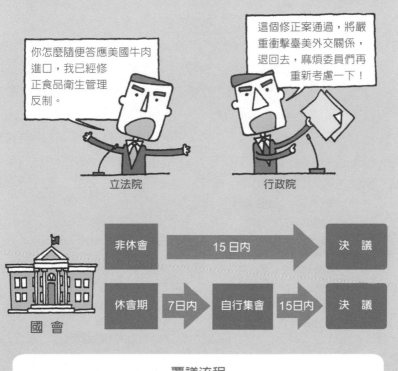

覆議流程

立法院對於行政院移請覆議案，應於送達 15 日內作成決議。
如為休會期間，立法院應於 7 日內自行集會，並於開議 15 日
內作成決議。覆議案逾期未議決者，原決議失效。覆議時，如
經全體立法委員二分之一以上決議維持原案，行政院院長應即
接受該決議。

● 憲法第57條停止適用

（因增修條文第3條第2項規定而停止適用）

行政院依左列規定，對立法院負責：

一、行政院有向立法院提出施政方針及施政報告之責。立法委員在開
　　會時，有向行政院院長及行政院各部會首長質詢之權。

二、立法院對於行政院之重要政策不贊同時，得以決議移請行政院變
　　更之。行政院對於立法院之決議，得經總統之核可，移請立法院
　　覆議。覆議時，如經出席立法委員三分之二維持原決議，行政院
　　院長應即接受 該決議或辭職。

三、行政院對於立法院決議之法律案、預算案、條約案，如認為有窒
　　礙難行時，得經總統之核可，於該決議案送達行政院10日內，移
　　請立法院覆議。覆議時，如經出席立法委員三分之二維持原案，
　　行政院院長應即接受該決議或辭職。

相關考題

下列何者是憲法增修條文就立法院對行政院院長提出不信任案的要求？ (A)行政院院長就任未滿1年前，不得提出不信任案　(B)總統就任未滿1年前，不得提出不信任案　(C)不信任案須由立法委員以記名投票表決 (D)不信任案提出前應先徵詢總統意見　　　　　【98三等地方特考-法學知識與英文】	(C)
行政院對於立法院決議之條約案若不欲接受，依憲法享有下列那種對抗立法院之權？　(A)解散立法院權　(B)複決權　(C)移請立法院覆議權 (D)交由公民投票權　　　　　　　　　　　【98四等基警-憲法概要】	(C)
行政院院長或有關部會首長，何時應向立法院院會提出報告，並備質詢？　(A)行政院向立法院提出覆議時　(B)行政院遇有施政方針或重要政策變更時　(C)行政院院長提名各部會首長時　(D)立法院對於行政院院長提出不信任案時　【99第二次司法特考-法學知識與英文】	(B)

相關考題

依憲法增修條文第3條之規定，立法院對覆議案逾期未議決者，原決議之效力為何？　(A)失效　(B)繼續有效　(C)由總統決定其效力　(D)由司法院大法官認定其效力之有無　【98四等司法特考-法學知識與英文】	(A)
立法院所議決之法律案，行政院認為窒礙難行時，得：　(A)提出覆議　(B)聲請司法院解釋憲法　(C)直接不予以執行　(D)提起行政訴訟　【98國安局五等-法學大意】	(A)
依憲法增修條文第 3 條規定，立法院對行政院移請之覆議案，至遲應於送達幾日內作成決議？　(A)7 日　(B)10 日　(C)15 日　(D)20 日　【99四等海巡-法學知識與英文】	(C)
依憲法增修條文規定，行政院對於立法院決議之條約案，於立法院休會期間提出覆議案時，立法院應如何處理？　(A)立法院應於該覆議案送達30日內作成決議　(B)立法院應於該覆議案送達7日內自行集會，並於開議15日內作成決議　(C)該覆議案無效而不須處理　(D)將該覆議案保留至下一會期再行決議　【99三等關務-法學知識】	(B)
下列何者不屬於行政院可提出覆議之對象？　(A)預算案　(B)戒嚴案　(C)法律案　(D)條約案　【99三等第一次司法人員-法學知識與英文】	(B)
憲法增修條文第 3 條所謂之「不信任案」何指？　(A) 係總統不信任行政院院長時，使行政院院長辭職的憲法程序　(B) 係立法院院長不獲人民信任，總統解散立法院時應經的憲法程序　(C) 係立法院罷免總統時，應經的憲法程序　(D) 係立法院迫使行政院院長辭職時，應經的憲法程序　【99四等身障特考一般行政-法學知識】	(D)
依憲法及增修條文規定，下列關於行政與立法關係之敘述，何者錯誤？　(A)行政院有向立法院提出施政報告之責　(B)行政院對於立法院決議的預算案與條約案，得經總統核可後移請立法院覆議　(C)立法院通過之預算案，若無涉法定經費，行政院得依政策需求停止執行　(D)立法院通過對行政院院長之不信任案後，行政院院長得呈請總統解散立法院　【109普考-法學知識與英文】	(C)
依憲法增修條文之規定，關於行政院覆議權之敘述，下列何者正確？　(A)覆議案之範圍為法律案、預算案、條約案與重要政策變更　(B)行政院對窒礙難行之法律案決議，直接向立法院提出覆議　(C)立法院逾期未議決覆議案，原決議失效　(D)覆議時，如經全體立法委員二分之一以上決議維持原案，行政院院長應即接受或辭職　【108高考-法學知識與英文】	(C)

下列何項案件依憲法增修條文規定不得移請立法院覆議？　(A)法律案 (B)預算案　(C)條約案　(D)宣戰案 【100四等行政警察-中華民國憲法概要】	(D)
依憲法增修條文第3條之規定，就行政院對於立法院之決議案移請立法院覆議，總統得行使何種權力？　(A)核可權　(B)諮詢權　(C)複決權 (D)無須經總統同意　　　　　　　　　　　【100關稅四等-法學知識】	(A)
依憲法增修條文規定，行政院移請立法院覆議之覆議案，如經立法委員決議維持原案，行政院院長應如何處理？　(A)辭職　(B)接受該決議 (C)再提覆議　(D)呈請總統開院際協調會 【100四等司法特考-法學知識與英文】	(B)
依據憲法增修條文規定，立法院對於行政院移請覆議案之處理，下列敘述何者正確？　(A)立法院如非休會期間，應於覆議案送達10日內作成決議　(B)立法院如為休會期間，應於10日內自行集會，以處理覆議案 (C)如為休會期間，立法院經自行集會，並應於開議10日內對覆議案作成決議　(D)立法院對於行政院移請之覆議案，逾期未議決者，原決議失效 【100三等警查特考-法學知識與英文】	(D)
依憲法增修條文第3條之規定，立法院在覆議行政院移請覆議案時，如經全體立法委員至少多少比例決議維持原案，行政院院長應即接受該決議？　(A)二分之一　(B)五分之三　(C)三分之二　(D)四分之三 【101四等一般警察-法學知識】	(A)
依憲法增修條文第3條之規定，下列何者非屬行政院得移請立法院覆議的決議案？　(A)戒嚴案　(B)法律案　(C)條約案　(D)預算案 【100四等司法特考-法學知識與英文】	(A)

依憲法本文之規定，行政院對下列何者負責？　(A)考試院　(B)立法院 (C)司法院　(D)監察院　　　【100四等行政警察-中華民國憲法概要】	(B)

相關考題 （增3II③） 不信任案與辭職

立法院對行政院院長提出不信任案，應於下列何種時程決定之？ (A)不信任案提出36小時後，應於48小時內以記名投票表決之 (B)不信任案提出72小時後，應於24小時內以記名投票表決之 (C)不信任案提出72小時後，應於48小時內以記名投票表決之 (D)不信任案提出72時後，應於36小時內以記名投票表決之 【103高考-法學知識與英文】	(C)
依憲法增修條文之規定，立法院對行政院院長提出不信任案，應如何作成決定？ (A)立法院於不信任案提出36小時後，至遲應於24小時內以記名投票表決之 (B)立法院於不信任案提出36小時後，至遲應於24小時內以不記名投票表決 (C)立法院於不信任案提出72小時後，應於48小時內以記名投票表決 (D)立法院於不信任案提出72小時後，應於48小時內以不記名投票表決 【105三等警察-法學知識與英文】	(C)
依憲法增修條文規定，立法院對於行政院院長提出不信任案通過之議決人數為何？ (A)全體立法委員二分之一以上贊成 (B)全體立法委員三分之二以上贊成 (C)全體立法委員三分之一以上出席，出席委員二分之一以上贊成 (D)全體立法委員二分之一以上出席，出席委員三分之二以上贊成 【101高考-法學知識與英文】	(A)
依憲法增修條文之規定與司法院解釋，行政院院長何時應提出辭職？ (A)立法院未通過行政院提出之預算案時 (B)總統對於行政院所提出之覆議案不予核可時 (C)立法院對於行政院院長所提出之不信任案通過時 (D)行政院向立法院提出之覆議案，經全體立法委員二分之一以上決議維持原案時 【99地方特考三等-法學知識與英文】	(C)
立法院對行政院院長所提出之不信任案未獲通過時，下列敘述何者正確？ (A)行政院院長應即辭職 (B)1年內不得對同一行政院院長再提不信任案 (C)行政院院長得呈請總統解散立法院 (D)總統得宣告解散立法院 【100地方特考三等-法學知識與英文】	(B)

● 組織

相關條文：行政院之組織，以法律定之。（憲§61）

　　行政院採行「首長制」，而非採行「合議制」，係指行政機關行使職權，由機關之首長單獨負其決定或處分之責任。行政院的主要成員規範在憲法第54條規定：「行政院設院長、副院長各1人，各部會首長若干人，及不管部會之<u>政務委員</u>若干人。」

● 政府再造，組織四法修正

　　民國（下同）99年1月12日立法院三讀通過修正「<u>行政院組織法</u>」、「中央行政機關組織基準法」，並增訂「中央政府機關總員額法」、「行政院功能業務與組織調整暫行條例」，讓喊了數十年的組織再造，終於有了初步也是首次的成果，實在值得鼓勵。

　　改革，總是會遇到各種反彈，但是如果一直不改革，組織的成長將畸形化。這次連新聞局、青輔會都已不再存在，既有業務合併至其他單位，顯見應有向組織改造的方向前進，雖然遲至99年才修法，但總比不來還好，未來還是應該要持續視政經社會環境，而隨時予以修正變動。

　　依據行政院組織法，行政院下的組織將有<u>14部</u>、<u>8會</u>、<u>3獨立機關</u>、<u>中央銀行</u>及<u>故宮博物院</u>，以及主計總處、<u>人事行政總處</u>，已於101年1月1日施行。另外，依據總員額法，人數上限將限制在<u>17萬3千人</u>，有助公務人力運用效率及提升素質，降低未來員額成長對政府財政健全的衝擊。

相關考題　　　　（54）　行政院所屬單位

下列機關中何者不受行政院之指揮監督？　(A)人事行政局　(B)審計部 (C)原住民族委員會　(D)新聞局【100四等行政警察-中華民國憲法概要】	(B)

行政院組織法

14 部

內政部	外交部	國防部
財政部	教育部	法務部
經濟及能源部	交通及建設部	勞動部
農業部	衛生福利部	環境資源部
文化部	科技部	

8 會

國家發展委員會	大陸委員會	金融監督管理委員會
海洋委員會	僑務委員會	國軍退除役官兵輔導委員會
原住民族委員會	客家委員會	

3 獨立機關

中央選舉委員會	公平交易委員會	國家通訊傳播委員會

2 其他單位

中央銀行	故宮博物院

2 總處

主計總處	人事行政總處

（參照行政院組織法）

相關考題　　（54）行政院所屬單位

下列何者非行政院下設之獨立機關？　(A)金融監督管理委員會　(B)中央選舉委員會　(C)公平交易委員會　(D)國家通訊傳播委員會【105三等警察-法學知識與英文】	(A)
有關行政院院長與各部會首長間關係之敘述，下列何者正確？　(A)各部會首長獨立行使職權，不受行政院院長之指揮監督　(B)行政院院長辭職時，各部會首長亦應一併辭職　(C)各部會首長為行政院院長之幕僚，無法獨立對外作成決策　(D)總統發布各部會首長之任免命令，無須行政院院長之副署【100三等司法特考-法學知識與英文】	(B)
實施「審檢分隸原則」之後，檢察官隸屬於：　(A)司法院　(B)行政院　(C)監察院　(D)考試院【100四等行政警察-中華民國憲法概要】	(B)

4 立法院

● 一院制

　　立法院受人民所託，代為行使人民的權利。我國採取一院制，與英國（上議院及下議院）與美國（參議院及眾議院）等國家採取兩院制有所不同。

　　採取兩院制的國家，必須兩院的議決一致時，法案才會發生效力，讓民意也會產生制衡的效果。但是兩院制也有時間與金錢浪費之弊病，民意是否能夠加以切割，還是只是徒增政治權力操作的複雜性。我國先前除了立法院，還有許多民意機關的選出，諸如國民大會、監察院，但是目前這兩個機關的民意基礎都已遭剷除，國民大會更已經消失於政治體制之中，所以我國目前採取一院制。

● 立法委員之人數與任期

　　立法院立法委員自第七屆起減半為113人，任期4年，連選得連任，於每屆任滿前3個月內，依下列規定選出之，不受憲法第64、65條之限制：

一、自由地區直轄市、縣市73人。每縣市至少1人。

二、自由地區平地原住民及山地原住民各3人。

三、全國不分區及僑居國外國民共34人。（憲增§4Ⅰ）

　　原第四屆立法委員是225人，但是因為立委功能不彰，讓民眾質疑養那麼多冗員，實在是浪費國家的資源，所以在民意的壓力下，大砍一半，變成113人。

　　有關婦女保障名額，由於立法委員席次減半及區域立委選舉改採單一選區制，原婦女保障名額之規定在此種情形下難以落實執行，爰加以修正，明定各政黨全國不分區與僑居國外國民立委當選名單中，婦女名額不得低於二分之一。

立法院同意任命

職 銜	規範依據	備 註
司法院院長、副院長	增修條文§5Ⅰ	不適用憲法第79條規定
考試院院長、副院長考試委員若干人	增修條文§6Ⅱ	不適用憲法第84條規定
監察委員29人，其中1人為院長、1人為副院長	增修條文§7Ⅱ	憲法第91條至第93條停止適用
檢察總長	法院組織法§66Ⅶ	由總統提名，經立法院同意任命之，任期4年，不得連任

● 政黨比例之分配

　　依各直轄市、縣市選出之立法委員，其名額依據各直轄市、縣市人口比例分配，並按應選名額劃分同額選舉區選出之。全國不分區及僑居國外國民之立法委員，則依政黨名單投票選舉之，由獲得百分之五以上政黨選舉票之政黨依得票比率選出之，各政黨當選名單中，婦女不得低於二分之一。（憲增§4Ⅱ）

　　所以小黨實力不夠，如果無法脫穎而出，或因為選民擔心小黨無法突破5%的門檻而導致選票浪費之結果，不願意投票給本來具有實力的小黨，連不分區或僑選立委都分不到半個名額。所以如新黨、親民黨、台聯等小政黨，在臺灣生存的空間可以說是非常困難。至於「各政黨當選名單中，婦女不得低於二分之一」，是指不分區及僑居國外國民，依政黨得票比例分配之立法委員中，婦女的保障名額。

● 單一選區兩票制

立法委員選舉制度採「單一選區兩票制」，一票選人、一票選政黨，不分區席次由政黨依比例分配。例如選民是支持國民黨，但是其社區鄰居有一位民進黨的候選人，與其關係良好，因此為了社區的健全發展，能有立委協助支援各項事務，立委選該位鄰居，也就是民進黨的候選人，但是另外一票則是選國民黨。

在第七次修憲過程中，曾有如下說明：

「立法委員選舉改採單一選區兩票制，即單一選區制與比例代表制混合之兩票制。直轄市、縣市選出之區域立法委員部分，係『依各直轄市、縣市人口比例分配，並按應選名額劃分同額選舉區選出之』，採行單一選區制選舉，每一選區選出立委一人。

全國不分區及僑居國外國民立法委員部分，係『依政黨名單投票選舉，由獲得百分之五以上政黨選舉票之政黨依得票比率選出之』，採比例代表制選舉，且設有百分之五之席次的分配門檻，能夠獲得政黨選舉票百分之五以上的政黨，始得分配全國不分區及僑居國外國民立委之席次。

在改採單一選區制與比例代表制混合方式之選舉下，選民投票時可投二票，一票投給區域立委選舉的個別候選人，選出直轄市、縣市區域立委；一票投給政黨，選出全國不分區及僑居國外國民立委。

在我國此種兩票制下，某一政黨在立委選舉中所獲得之席次，其第一張單一選區的區域選舉結果與第二張投給政黨選舉票的選舉結果是分開計算的，分別計算兩類立法委員當選人名額後，再合計其總席次。」

（下列條文，因增修條文第4條第1項規定而不再適用）

【憲法第64條】

Ⅰ、立法院立法委員依左列規定選出之：
一、各省、各直轄市選出者，其人口在3百萬以下者5人，其人口超過3百萬者，每滿1百萬人增選1人。
二、蒙古各盟旗選出者。
三、西藏選出者。
四、各民族在邊疆地區選出者。
五、僑居國外之國民選出者。
六、職業團體選出者。
Ⅱ、立法委員之選舉及前項第2款至第6款立法委員名額之分配，以法律定之。婦女在第1項各款之名額，以法律定之。

【憲法第65條】

立法委員之任期為3年，連選得連任，其選舉於每屆任滿前3個月內完成之。

相關考題

依憲法增修條文第10條第13項之規定，國家對於僑居國外國民之政治參與，應予保障，下列何種選舉有僑居國外國民之代表名額？　(A)立法委員選舉　(B)直轄市議員選舉　(C)縣市議員選舉　(D)鄉鎮市民代表選舉　【99第二次司法特考-法學知識與英文】	(A)
依憲法增修條文第4條之規定，下列關於立法委員選舉制度之敘述，何者錯誤？　(A)合格選民可以投兩票　(B)直轄市、縣市之選舉區，每區只能選出一名立法委員　(C)得到超過百分之五以上政黨選舉票之政黨，才能分配全國不分區立法委員席次　(D)各政黨提出之不分區立法委員候選名單，婦女不得低於二分之一　【108普考-法學知識與英文】	(D)
憲法關於選舉之規定，下列敘述何者正確？　(A)全國不分區立法委員名額及選舉，其辦法另以法律定之　(B)各種選舉，應規定婦女當選名額　(C)國家對於僑居國外國民之政治參與，應予保障，故各種選舉，亦應規定其當選名額　(D)為保障原住民族之政治參與，立法委員選舉之各政黨不分區立法委員當選名單中，其比例不得低於三分之一　【107普考-法學知識與英文】	(B)

依憲法本文及增修條文規定，下列何項人事任命案，不需經立法院同意？　(A)司法院院長　(B)行政院院長　(C)考試院院長　(D)監察院審計長　　【98四等基警-憲法概要】	(B)
下列何者之任命，不須立法院同意？　(A)司法院院長、副院長　(B)司法院大法官　(C)監察院院長、副院長、監察委員　(D)行政院主計長　　【98高考三級-法學知識與英文】	(D)
具有對考試院院長、副院長暨考試委員行使同意權之機關為：　(A)行政院　(B)立法院　(C)監察院　(D)司法院　　【98國安局五等-法學大意】	(B)
依現行憲法增修條文規定，不須經立法院同意其任命者，為：　(A)監察院院長、副院長　(B)考試院院長、副院長　(C)司法院院長、副院長　(D)行政院院長、副院長　　【97鐵公路佐級公路監理-法學大意】	(D)
在憲法增修條文中，下列何者在立法委員的選舉中，有當選名額保障的規定？　(A)農人　(B)勞工　(C)婦女　(D)商人　　【98高考三級-法學知識與英文】	(C)
關於立法委員選舉，下列何者正確？　(A)立法委員全國不分區候選人須年滿30歲　(B)投票日得從事助選活動　(C)有婦女保障名額之規定　(D)雙重國籍者仍可出任立法委員，不受影響　　【98三等地方特考-法學知識與英文】	(C)
下列關於民意代表定期改選之敘述，何者錯誤？　(A)為反映民意，貫徹民主憲政之途徑　(B)容許有因正當理由不能改選之例外情形　(C)依司法院大法官釋字第31號解釋，國家發生重大變故得作為不依法辦理改選之正當理由　(D)立法委員任期為憲法重要事項，不得以修憲方式延長之　　【98三等司法特考-法學知識與英文】	(D)
下列那一項選舉中，採用由政黨依政黨選舉票得票比率選出之方法？　(A)直轄市議會議員　(B)立法委員　(C)縣市議會議員　(D)鄉鎮市民代表　　【98四等司法特考-法學知識與英文】	(B)
依憲法增修條文規定，立法委員自第七屆起，各政黨當選名單中，婦女不得低於幾分之幾？　(A)五分之一　(B)四分之一　(C)三分之一　(D)二分之一　　【98四等地方特考-法學知識與英文】	(D)

相關考題	（增4ⅠⅠ）政黨比例代表制、單一選區兩票制	
依憲法增修條文之規定，有關立法委員選舉的敘述，下列何者錯誤？ (A)立法委員任期4年，連選得連任　(B)立法委員應於每屆任滿前3個月內選出　(C)立法委員均係採「政黨比」代表制」選出　(D)全國不分區及僑居國外的立法委員當選名單中，婦女不得低於二分之一　　　　　　【100四等司法特考-法學知識與英文】		(C)
依憲法增修條文之規定，現行立法委員之選舉採下列何種制度？ (A)單一選舉一票制　(B)單一選區兩票制　(C)複數選區一票制　(D)複數選區兩票制　　　　　　　　　　【101高考-法學知識與英文】		(B)
依憲法增修條文規定，下列何項應選立法委員，係依政黨名單投票選舉產生？ (A)縣市　(B)山地原住民　(C)僑居國外國民　(D)平地原住民　　　　　　　　　　【101員級鐵路人員-法學知識與英文】		(C)
依我國憲法增修條文第4條的規定，依投票選出代表全國不分區與僑居國外國民之立法委員，政黨之選票至少應達多少比率以上，方得依得票比率分配立法委員當選席次？ (A)百分之二　(B)百分之三　(C)百分之四　(D)百分之五　　　　　　　　【101四等行政警察-中華民國憲法概要】		(D)
依憲法增修條文第4條規定，不分區及僑居國外國民立法委員名額，由各政黨提出名單以政黨選票選舉之，各政黨當選名單中，婦女比例有何特別規定？ (A)無特別規定　(B)不得低於四分之三　(C)不得低於三分之二　(D)不得低於二分之一　　　　　　【101四等一般警察-法學知識】		(D)
依憲法本文及增修條文的規定，下列有關對婦女保護之敘述，何者尚未規定？ (A)婦女從事勞動，國家應予以特別之保護　(B)立法委員當選席次中，婦女應占有一定比例之保障　(C)國家應維護婦女之人格尊嚴　(D)行政院部會首長中，婦女應占有一定比例之保障　　　　　　　【101四等行政警察-中華民國憲法概要】		(D)
下列那一種公職人員之選舉並無婦女當選名額之保障？ (A)區域立法委員　(B)全國不分區及僑居國外國民立法委員　(C)直轄市、縣（市）議員　(D)鄉（鎮、市）民代表　　　　　【100高考-法學知識與英文】		(A)

相關考題	立法院長選舉	
依憲法第66條規定，立法院院長係由下列何種方式產生？ (A)人民直接選舉　(B)總統任命　(C)立法院之多數黨指定　(D)立法委員互選　　　　　　　　　　　　　【105四等警察-法學知識】		(D)

● 立法委員之職權

　　立法院有議決法律案、預算案、戒嚴案、<u>大赦案</u>、宣戰案、媾和案、條約案及國家其他重要事項之權。(憲§63)總統依法行使大赦、特赦、減刑及復權之權。(憲§40)但是上述憲法第63條規定,只有大赦案需要經由立法院議決,其餘特赦、減刑及復權之權並不在立法院議決的範圍內。立法院對於行政院所提預算案,不得為增加支出之提議。(憲§70)

　　立法院最重要的權限應該就是<u>制定法律</u>,其程序為提案、審查、討論、議決、公布與施行。立法院(立法院議事規則§8)、行政院(憲§58)、司法院(釋175)、監察院(釋3)及考試院(憲§87)得提出法院案;接著就交由各委員會審查,經過一讀、二讀及三讀的討論議決程序後,就交由<u>總統公布法律</u>。

【實務案例:個資法的錯誤】

　　如果法令經過二讀後,才發現有爭議,例如個人資料保護法二讀後,才發現媒體公布個人資料也要當事人同意,而無排除條款,於是由立法院提出「復議」程序,重新修正後再予三讀。三讀通過後,若行政院依舊覺得窒礙難行,則經總統核可,移請立法院「覆議」。

● 立法院會期

　　立法院會期,每年兩次,自行集會,第一次自2月至5月底,第二次自9月至12月底,必要時得延長之。(憲§68)

● 不得增加支出之提議

　　立法院對於行政院所提預算案,不得為增加支出之提議。

(憲§70)

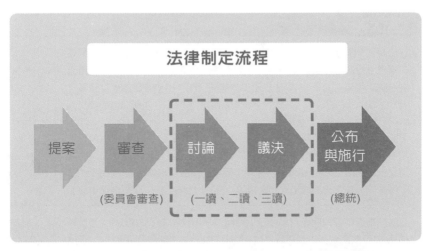

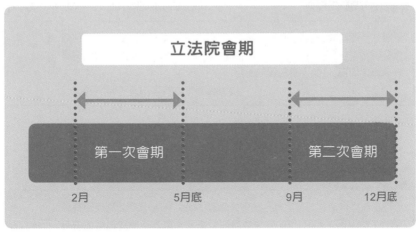

● 立法委員之報酬與待遇

立法委員之報酬或待遇，應以法律定之。除年度通案調整者外，單獨增加報酬或待遇之規定，應自次屆起實施。（憲增§8）

相關考題 （70）不得為增加支出之提議

立法院的預算審查權係就行政院所提出的預算案為對象,然而下列何者為審查權行使之特別限制? (A)不得刪除浮濫支出之預算 (B)不得審查立法院之預算 (C)不得為增加支出之提議 (D)不得審查總統府之預算 【99地方特考三等-法學知識與英文】	(C)
有關立法院對於行政院所提預算案的敘述,下列何者為正確? (A)立法院可以刪減,但不得為增加支出之提議 (B)立法院可以刪減,亦得為增加支出之提議 (C)立法院不得刪減,但得為增加支出之提議 (D)立法院不得刪減,亦不得為增加支出之提議 【99普考-法學知識與英文】	(A)
立法院審查中央政府總預算所為下列何項決議違憲? (A)刪減國防預算 (B)刪除行政院院長購車預算 (C)軍購預算改為社會福利預算 (D)刪減司法院專案研究費 【99四等海巡-法學知識與英文】	(C)
依憲法及司法院大法官解釋,立法院對行政院所提出之預算案,下列何者正確? (A)不得為增加支出之提議 (B)不得刪減公債發行 (C)得移動預算之項目 (D)不得刪減國防預算 【98四等地方特考-法學知識與英文】	(A)

相關考題 （增8）立法委員待遇報酬

有關立法委員待遇報酬之敘述,下列何者錯誤? (A)立法委員支領待遇屬於法律保留之範圍 (B)立法委員除歲費及公費外不得支領其他報酬 (C)立法委員除年度通案調整外,單獨增加報酬或待遇之規定,應自次屆起實施 (D)報酬及必要費用必須在合理限度內核定,始得據以編列預算支付之 【100三等調查特考-法學知識與英文】	(B)

相關考題　　　　　　　　　預算案

關於立法院預算案之審議，下列敘述何者正確？　　(A)依司法院釋字第264號解釋之意旨，立法院對於行政院所提預算案，不得為增加支出之提議，旨在防止政府預算膨脹，致增人民之負擔　　(B)依司法院釋字第391號解釋之意旨，基於民主憲政之原理，預算案必須由立法機關審議通過而具有法律之形式，稱之為個別性法律，以有別於通常意義之法律　　(C)依司法院釋字第391號解釋之意旨，立法院得對預算案為合理之刪減，得比照審議法律案之方式逐條逐句增刪修改，而對各機關所編列預算之數額，在款項目節間移動增減，並追加或削減原預算之項目　　(D)依司法院釋字第520號解釋之意旨，主管機關依職權停止法定預算中部分支出項目之執行一律構成違憲與違法 【105三等警察-法學知識與英文】	（A）
依憲法第70條及司法院釋字第391號解釋，有關立法院所為預算審議，下列何者正確？　　(A)為振興經濟必要時，可以就行政院所提預算案為增加支出之提議　　(B)就行政院所提預算案，不得為增加支出之提議　　(C)就行政院所提預算案，不得為增加支出之提議，但預算科目調整則不禁止　　(D)立法院本身之預算，應與監察院合組特別委員會審議，以示超然 【105四等警察-法學知識】	（B）

立法院如何議決條約案：ECFA

行政團隊在外簽訂條約之後，送請立法院是否應該要逐條審議呢？也就是立法院可否變更條約的內容？

釋字第329號解釋，解釋文內容「憲法所稱之條約係指中華民國與其他國家或國際組織所締結之國際書面協定，包括用條約或公約之名稱，或用協定等名稱而其內容直接涉及國家重要事項或人民之權利義務且具有法律上效力者而言。其中名稱為條約或公約或用協定等名稱而附有批准條款者，當然應送立法院審議，其餘國際書面協定，除經法律授權或事先經立法院同意簽訂，或其內容與國內法律相同者外，亦應送立法院審議。」

看起來標準似乎清楚明確，但是兩岸簽署相關協定，大法官的解釋就給了個軟釘子，在解釋理由書中表示「臺灣地區與大陸地區間訂定之協議，因非本解釋所稱之國際書面協定，應否送請立法院審議，不在本件解釋之範圍」，算是直接拒絕解釋，也導致與大陸簽署的「海峽兩岸經濟合作架構協議」（Economic Cooperation Framework Agreement，簡稱ECFA），在國內引發相當大的爭議。立法院積極介入，固然展現主權在民的精神，可是國際事務的複雜化與專業化，若是國會動輒介入，又會導致國際經貿協議的嚴重干擾，侵害了行政的權限，這也是應該要審慎思考。(可參照本書第318-327頁「立法院與行政院人事決定權」)

因此，基本上有兩個階層的問題，第一階段是ECFA是不是條約？第二階段是如果是條約，所謂應送立法院審議，又該如何審議？

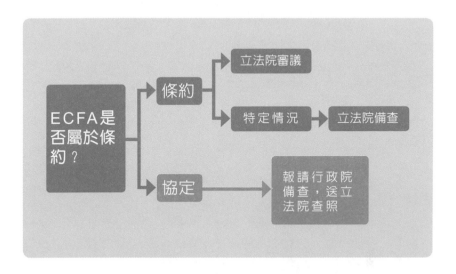

　　第一階段的爭議：ECFA的性質。依照兩岸人民關係條例與「條約及協定處理準則」，似乎並不認為是條約等級。但是從其本質上來看，確實是兩個「經濟實體」間所簽訂，內容直接涉及國家重要事項，也涉及人民之權利義務，且實質上也具有法律上的效力；再參酌兩岸關係之特殊政治現實，確實難以用條約、公約等名稱為之，但實質上還是等同於條約、公約，故部分人士見解認為應該要比照條約。

　　第二階段的爭議，依據立法院職權行使法第7條規定：「立法院依憲法第63條規定所議決之議案，除法律案、預算案應經三讀會議決外，其餘均經二讀會議決之。」所以若是將ECFA認為等同於條約，如果依照一般法案的三讀會逐條處理，不僅有違國際慣例，也不符國內法律程序。（釋字第329號解釋文與（一部）不同意見書，請參照附錄C，第462-476頁）

【從「條約締結法」草案談ECFA】

一、條約與協定概念之釐清

2005年12月所提出之「條約締結法」草案,即是以釋字第329號為基礎,立法解決條約及協定的判斷,以及如何生效等相關問題。

依據「條約締結法」草案,所謂「條約」,指國際書面協議具有條約或公約名稱或定有批准條款者;或未具有條約或公約名稱,而其內容有下列情形之一者:

1.涉及人民之權利義務。

2.涉及國防、外交、財政或經濟上利益等國家重要事項。

3.與國內法律內容不一致或涉及國內法律之變更。

國際實踐上,在雙邊之情形,條約(Treaty)是最正式及常用之名稱;在多邊之情形下,條約亦是較正式之名稱。另外在正式與多邊之情形下,亦常使用「公約」(Convention)之名稱,如1961年之維也納「外交關係公約」(Vienna Convention on Diplomatic Relations)。

條約或協定載有雙方須經其本國法定程序(或特定機關)批准之條款者,謂之批准條款。依1969年維也納條約法公約(Vienna Convention on the Law of Treaties)第2條規定,「批准」係「一國據以在國際上確定其同意承受條約拘束之國際行為」,俾供締約當事國對其所派代表對外締結條約作最後確認。其在我國經立法院審議通過後,始得咨請總統批准。

所謂「協定」,是指條約以外之國際書面協議。不論其名稱為Agreement(協定)、Arrangement(辦法或補充規定)、Accord(協議)、Protocol(議定書)、Memorandum of Understanding(瞭解備忘錄)、Statute(規約或規章)、Modus Vivendi(臨時協定)、Exchange of Notes, Exchange of Letters(換文)、Final Act(蕆事議定書)、General Act(一般議定書)、Agreed Minute(議事錄)等,只要其內容對締約雙方均有拘束力均屬之。

二、ECFA屬條約性質

ECFA,全名為「海峽兩岸經濟合作架構協議」,英文全稱為Economic Cooperation Framework Agreement,應稱之為協定。雖然形

式上並非條約或公約的名稱，但是實質上卻至少符合上開第一、二款的情況，所以應該還是屬於條約或公約。

依據該草案規定，條約案經簽署後，主辦機關應於30日內報請行政院核轉立法院審議。所以，ECFA應該經過立法院審議。但是，未具有條約或公約名稱，且未定有批准條款之條約案，而有下列情形之一者，主辦機關應於簽署後報請行政院備查，並送立法院查照：

1.經法律授權簽訂。

2.事先經立法院同意簽訂。

3.內容與國內法律相同。

三、立法院審議結果

立法院審議條約案(立法院職權行使法採二讀程序)，除該約文明定禁止修正或保留外，得經院會決議提出修正意見或保留條款。條約案以附修正意見或保留條款方式通過後，主辦機關必要時得與簽約對方重新談判。立法院得將保留條款廢止。保留條款之廢止經主辦機關通知簽約對方後生效。條約案未獲立法院審議通過者，主辦機關應即通知簽約對方。

四、如果ECFA屬於協定

依據「條約締結法」草案，協定經簽署後，主辦機關應於30日內報請行政院備查，並於協定生效後發布及送請立法院查照。

相關考題

有關中華民國憲法上所稱之條約，下列敘述何者正確？ (A)締結權專屬於行政院院長 (B)立法院有議決條約案之權 (C)條約不包括名稱為公約之國際書面協定 (D)條約不包括中華民國與國際組織所締結之國際書面協定 　　　　　　　　　　　　　　【99調查局-法學知識與英文】	(B)
依司法院釋字第329號解釋，下列有關條約之敘述，何者正確？ (A)我國與其他國家所締結之任何國際書面協定，均應送立法院審議 (B)我國與國際組織所締結之任何國際書面協定，均應送立法院審議 (C)未附有批准條款之國際書面協定，即不須送立法院審議 (D)國際書面協定之內容如與國內法律相同，則不須送立法院審議 【109高考-法學知識與英文】	(D)

依司法院釋字第419號解釋，立法院下列何項行為逾越憲法所定職權，無憲法上之拘束力？　(A)議決中央政府總預算案　(B)決議咨請總統提名行政院院長　(C)議決行政組織法修正案　(D)決議請行政院院長到院備詢　　　　　　　　　　　　　　　　　【99四等關務-法學知識】	(B)
關於立法院之職權，以下那一事項不在憲法第63條前段所列舉之內？(A)戒嚴　(B)大赦　(C)特赦　(D)媾和　　　【99三等身障特考-法學知識】	(C)
依憲法增修條文規定，下列所述，何者不屬於立法院之職權？　(A)提出領土變更案　(B)補選副總統　(C)總統任命行政院院長之同意權　(D)提出總統、副總統罷免案　　　　　　　　　【98四等基警-憲法概要】	(C)
有關立法院在政府組織中作用之敘述，下列何者錯誤？　(A)立法院是國民的代表機關，行使立法權　(B)立法院擁有條約締結權　(C)立法院行使監察院院長人事同意權　(D)立法院有補選副總統的權限　　　　　　　　　　　　　　　　　【98三等地方特考-法學知識與英文】	(B)
下列有關立法院之敘述，何者錯誤？　(A)代表人民行使立法權　(B)得設各種委員會　(C)開會時，關係院院長及各部會首長得列席陳述意見(D)對行政院所提預算案，得在一定限度內為增加支出之提議　　　　　　　　　　　　　　　　　【98四等基警-憲法概要】	(D)
依司法院大法官之解釋，預算案經立法院通過及公布手續者，為法定預算，其形式上與下列何者相當？　(A)法律　(B)條約　(C)行政計畫(D)行政指導　　　　　　　　　【99第二次司法特考-法學知識與英文】	(A)

相關考題

依據憲法規定，下列何者為立法院決定國家財政事務的權限？ (A)預算審查權 (B)擬定施政的支出計畫 (C)審計長之提名權 (D)中央銀行總裁之同意權　　　　　　　　　【98調查局-法學知識與英文】	(A)
依我國現行法，下列何者無法律提案權？ (A)行政院 (B)考試院 (C)立法委員 (D)總統　　　　　　　　　【99初等一般行政-法學大意】	(D)
立法委員任期屆滿時，尚未議決之法律案應如何處理？ (A)由下屆立法委員繼續審議 (B)下屆立法委員不繼續審議 (C)由當屆立法委員全數決議是否由下屆立法委員繼續審議 (D)由下屆立法委員以多數決定是否繼續審議　　　【99初等一般行政-法學大意】	(B)
下列何者並非立法院院長之職務？ (A)參加總統召集之院際調解 (B)擔任立法院院會主席 (C)綜理立法院院務 (D)決定召開臨時會　　　　　　　　　【99第二次司法特考-法學知識與英文】	(D)
依憲法及憲法增修條文規定，下列何者不是立法院的權限？ (A)同意行政院院長之人選 (B)同意監察委員之人選 (C)提出正、副總統彈劾案 (D)議決條約案　　　　　　　　　【107普考-法學知識與英文】	(A)
下列人員之任命，何者不須經立法院同意？ (A)行政院院長 (B)司法院大法官 (C)考試委員 (D)監察委員　　　【107普考-法學知識與英文】	(A)
依憲法規定，立法院由立法委員組成，代表何者行使立法權？ (A)國家 (B)機關 (C)選民 (D)人民　　　　　　【107高考-法學知識與英文】	(D)
下列何者為憲法明文規定之事項？ (A)憲法的制定程序 (B)立法院制定法律之三讀程序 (C)立法委員有法律提案權 (D)考試院得向立法院提出法律案　　　　　　　　　【107高考-法學知識與英文】	(D)
有關我國中央層級立法之敘述，下列何者錯誤？ (A)立法院為我國最高之立法機關 (B)依據憲法規定人民得依法行使創制、複決權，創制、複決中央法律 (C)由於我國採取中央集權制，至今尚未承認地方自治議會立法權 (D)依據憲法規定，中央之立法除經立法院三讀通過外，尚須經總統公布始得生效　　　【109普考-法學知識與英文】	(C)

有關立法院職權之行使，下列敘述何者錯誤？　(A)考試院有向立法院提出法律案之權限　(B)法律案必須經過立法院三讀通過總統公布始得正式成為法律　(C)第三讀會，除發現議案內容有互相牴觸，或與憲法其他法律牴觸者外，僅得為文字之修正　(D)所有議案皆須經過三讀會議決始得通過　　　　　【105司特四等-法學知識與英文】	(D)
依憲法本文及增修條文之規定，下列何者非屬立法院的職權？　(A)預算議決權　(B)人事同意權　(C)行政監督權　(D)違憲審查權　　　　　【100關稅四等-法學知識】	(D)
下列何者並無向立法院提出法律案之權？　(A)考試院　(B)立法院黨團　(C)總統　(D)行政院　　　　　【100關稅三等-法學知識】	(C)
立法委員提出之憲法修正案，除依憲法第174條第2款之規定處理外，審議之程序準用下列何者之規定？　(A)預算案　(B)法律案　(C)條約案　(D)大赦案　　　　　【100關稅三等-法學知識】	(B)
下列何者不是立法院之職權？　(A)審理總統、副總統之彈劾案　(B)對行政院院長提出不信任案　(C)質詢權　(D)文件調閱權　　　　　【100三等行政警察-法學知識與英文】	(A)

【解析】
憲法增修條文第2條第10項規定：
「立法院提出總統、副總統彈劾案，聲請司法院大法官審理，經憲法法庭判決成立時，被彈劾人應即解職。」

下列何者並非行政院對立法院負責的方式？　(A)因施政方針變更涉及法定預算之停止執行，行政院院長或部會首長應向立法院提出報告並備質詢　(B)行政院對於立法院決議之條約案移請立法院覆議　(C)立法院對行政院院長提出不信任案　(D)立法院於每年集會時，得聽取行政院院長國情報告　　　　　【101普考-法學知識與英文】	(D)

相關考題　　　　　（72）總統公布法律案

依憲法第72條之規定，總統應於收到立法院通過的法律案後幾日內公布之？　(A)10日　(B)15日　(C)20日　(D)30 日　　　　　　　　　　　　　　　　　【101四等行政警察-中華民國憲法概要】	（A）

● 聽取總統國情報告

相關條文：立法院於每年集會時，得聽取總統國情報告。
（憲增§4Ⅲ）

立法院職權行使法第15-1至15-5條亦有相關規定。立法院得經全體立法委員<u>四分之一</u>以上提議，院會決議後，由程序委員會排定議程，就國家安全大政方針，聽取總統國情報告。總統就其職權相關之國家大政方針，得咨請立法院同意後，至立法院進行國情報告。（職行§15-2）立法委員於總統國情報告完畢後，得就報告不明瞭處，提出問題；其發言時間、人數、順序、政黨比例等事項，由<u>黨團協商</u>決定。立法委員發言，經總統同意時，得綜合再做補充報告。（職行§15-4）立法委員對國情報告所提問題之發言紀錄，於彙整後送請總統參考。（職行§15-5）

不過，這種聽取國情報告的權力並沒有特別的意義，亦無實際制衡的效果，就很像聽場演講一樣，頂多聽不清楚，可以請總統「補充報告」，但是總統是否要再補充，還是有<u>選擇權</u>的，所以總統要是不同意，是可以不必綜合再做補充報告。這些發言紀錄，也沒有強制要求總統要達成之目的，只能彙整後送請總統「<u>參考</u>」。所以，即便將憲法增修條文與前開立法院職權行使法第15-1至15-5條刪除，對於憲政運作基本上沒什麼影響，反而可以省些大家開會到場的油錢、水電費等費用。

● 官員列席陳述意見

憲法第71條規定：「立法院開會時，關係院院長及各部會首長得列席陳述意見。」

相關考題	
立法院與總統的關係，下列何者正確？ (A)立法院得聽取總統國情報告 (B)總統應接受立法委員質詢 (C)總統向立法院提出施政方針 (D)立法院可以要求總統撤換行政院院長 【98四等基警-憲法概要】	(A)

聽取總統國情報告示意圖

要讓媒體拍到

要好好教訓
總統。

我先！我先！

終於搶了第一

立法委員

總統

相關考題　　　（增4Ⅲ）　聽取國情報告

關於立法院與總統國情報告的關係，下列何者正確？　(A)憲法及增修條文均未規定，依憲政慣例決定之　(B)立法院於每年集會時，得聽取總統國情報告　(C)總統有義務於立法院每次會期時進行國情報告　(D)總統是否要去立法院進行國情報告，應由司法院大法官解釋之　　　　　　　　　　　　　　　【101四等行政警察-法學緒論】	（B）
立法院於每年集會時，得聽取總統之何種報告？　(A)施政報告　(B)預算報告　(C)國情報告　(D)法律報告　　　【99四等關務-法學知識】	（C）

● 邀請到會備詢

相關規定：憲法第67條：「Ⅰ 立法院得設各種委員會。Ⅱ 各種委員會得邀請政府人員及社會上有關係人員到會備詢。」

【實務見解：受邀者有無到會義務？】

地方自治行政機關公務員對立法院各委員會到會備詢之邀請，有無到會義務？

地方自治為憲法所保障之制度。基於住民自治之理念與垂直分權之功能，地方自治團體設有地方行政機關及立法機關，其首長與民意代表均由自治區域內之人民依法選舉產生，分別綜理地方自治團體之地方事務，或行使地方立法機關之職權，地方行政機關與地方立法機關間依法並有權責制衡之關係。中央政府或其他上級政府對地方自治團體辦理自治事項、委辦事項，依法僅得按事項之性質，為適法或適當與否之監督。地方自治團體在憲法及法律保障之範圍內，享有自主與獨立之地位，國家機關自應予以尊重。立法院所設各種委員會，依憲法第67條第2項規定，雖得邀請地方自治團體行政機關有關人員到會備詢，但基於**地方自治團體具有自主、獨立之地位，以及中央與地方各設有立法機關之層級體制**，地方自治團體行政機關公務員，除法律明定應到**會備詢者外，得衡酌到會說明之必要性，決定是否到會**。於此情形，地方自治團體行政機關之公務員未到會備詢時，立法院不得因此據以為刪減或擱置中央機關對地方自治團體補助款預算之理由，以確保地方自治之有效運作，及符合憲法所定**中央與地方權限劃分之均權原則**。（釋498）

誰來監督臺北市長？

來立法院說明一下，到底大巨蛋出問題是你的責任，還是郝市長當年的責任？

市長是我監督的，立法委員管好行政院及所屬機關，不要來搶鋒頭！

立法委員

市議會

臺北市長

相關考題　　　　（67）　邀請到會備詢

立法院委員會邀請政府官員到會備詢，下列何者可拒絕之？　(A)參謀總長　(B)法務部部長　(C)警政署署長　(D)行政院公平交易委員會委員【99三等關務-法學知識】	（D）
關於考試院之職權，下列敘述何者錯誤？　(A)考試院職權之行使，採合議制　(B)考試院所掌事項如與行政院之職權有關，得就該事項會同行政院向立法院提出法律案　(C)立法院各種委員會依憲法第67條第2項規定，邀請考試委員到會備詢時，考試委員有應邀說明之義務　(D)考試院關於所掌事項，得向立法院提出法律案　【99調查局-法學知識與英文】	（C）

相關考題

依司法院釋字第461號解釋,除具有正當理由外,下列何人有義務到立法院委員會備詢? (A)縣(市)長 (B)參謀總長 (C)司法院院長 (D)考試院院長 【104司法三等-法學知識與英文】	(B)

【解析】

釋字第461號解釋:「參謀總長為國防部部長之幕僚長,負責國防之重要事項,包括預算之擬編及執行,與立法院之權限密切相關,自屬憲法第67條第2項所指政府人員,除非因執行關係國家安全之軍事業務而有正當理由外,不得拒絕應邀到會備詢,惟詢問內容涉及重要國防機密事項者,免予答覆。至司法、考試、監察三院院長,本於五院間相互尊重之立場,並依循憲政慣例,得不受邀請備詢。」

依憲法本文及增修條文之規定,有關立法院會議之敘述,下列何者錯誤? (A)常會會期每年兩次,自行集會 (B)第一次會期自2月至5月底,第二次自9月至12月底,必要時得延長之 (C)得聽取總統國情報告 (D)關係院院長有列席陳述意見之義務 【105四等警察-法學知識】	(D)
關於立法院各種委員會在邀請地方自治團體行政機關有關人員到會備詢時之敘述,下列何者正確? (A)不論法律是否規定,地方自治團體行政機關公務員拒不到會備詢時,立法院得刪減中央機關對地方自治團體補助款預算 (B)不論法律是否規定,地方自治團體行政機關公務員拒不到會備詢時,立法院得擱置中央機關對地方自治團體補助款預算 (C)除法律明定應到會備詢者外,地方自治團體行政機關公務員一律不得到會說明及備詢 (D)除法律明定應到會備詢者外,地方自治團體行政機關公務員得衡酌到會說明之必要性,決定是否到會 【100三等司法特考-法學知識與英文】	(D)
下列何人不得依憲法第67條第2項至立法院各委員會備詢? (A)中央銀行總裁 (B)交通部部長 (C)司法院秘書長 (D)考試院院長 【100地方特考四等-法學知識與英文】	(D)

相關考題　　　　　　　　　立法院調查權

| 基於權力分立與制衡原則，關於立法權行使的界限，下列何者錯誤？(A)立法權只能就不特定之人或抽象之事件作假設性的規範，原則上不得就特定人或具體事件予以處理或專為特定具體事件立法　(B)依據司法院釋字第613號解釋之意旨，行使立法權之立法院，其對行政院有關國家通訊傳播委員會委員之人事決定權固非不能施以一定限制，以為制衡，惟其仍有界限，不能將人事決定權予以實質剝奪，或逕行取而代之，否則將侵害行政權　(C)依據司法院釋字第585號解釋之意旨，立法院調查權乃立法院行使其憲法職權所必要之主要性權力，基於權力分立與制衡原則，立法院調查權所得調查之對象或事項，應毫無限制　(D)依據司法院釋字第645號解釋之意旨，公民投票法有關公民投票審議委員會委員任命之相關規定，實質上完全剝奪行政院依憲法應享有之人事任命決定權，顯已逾越憲法上權力相互制衡之界限　　　【106高考-法學知識與英文】 | （C） |

● 立法院遭解散

一、解散之效力

　　立法院得對行政院長提出，不信任案通過後，行政院院長應於10日內提出辭職，並得同時呈請總統解散立法院。（**不信任案，請參照本書276頁**）

　　立法院經總統解散後，在新選出之立法委員就職前，視同休會。（憲增§4 IV）雖然在休會的這一段期間中，民眾可能會認為耳根子暫時清淨許多，但是國家又要投入高額的成本辦理立法委員選舉，所以能避免此種政治上的爭鬥，就應該儘量避免。

二、解散後之緊急命令

　　在解散後改選的這一段期間內，還是有可能發生天災或重大事變，例如水災、地震、海嘯，或彼岸與我發生軍事衝突，或臺獨人士違法占領總統府等情況，而總統有必要發布緊急命令。這時候立法院已經被總統宣布解散，該如何處理呢？

　　憲法增修條文針對此一議題，以發布緊急命令的時間點為分水嶺，如果發布的時間在新任立法委員選舉投票日以前，則立法院應於3日內自行集會，並於開議7日內追認之。（憲增§4 VI本文）如果是在新任立法委員選舉投票日後發布者，應由新任立法委員於就職後追認之。如立法院不同意時，該緊急命令立即失效。（憲增§4 VI）

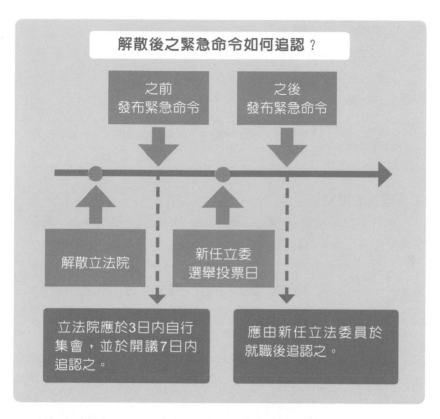

相關考題	解散立法院	
有關總統宣告解散立法院，下列敘述何者錯誤？ (A)限於立法院通過對行政院院長之不信任案後30日內為之 (B)應經諮詢立法院院長 (C)總統於戒嚴期間，不得解散立法院 (D)總統於緊急命令生效期間，不得解散立法院 【103高考-法學知識與英文】		(A)
關於不信任案之敘述，下列何者正確？ (A)不信任案之提出須以書面敘明憲法上理由 (B)立法委員應以不記名投票方式表決之 (C)不信任案通過後，總統經諮詢立法院院長後得宣告解散立法院 (D)立法院處理不信任案，程序上應經院會討論後逕行決議 【105司特四等-法學知識與英文】		(C)

● 立法委員之保障

一、人身自由保障

　　立法委員除現行犯外，在會期中，非經立法院許可，不得逮捕或拘禁。憲法第74條之規定，停止適用。(憲增§4 Ⅷ)

憲法第74條	立法委員，除現行犯外，非經立法院許可，不得逮捕或拘禁。

二、言論免責權

　　憲法第73條規定：「立法委員在院內所為之言論及表決，對院外不負責任。」釋字第435號解釋對此有清楚的界定，其內容如下：

　　「憲法第73條規定立法委員在院內所為之言論及表決，對院外不負責任，旨在保障立法委員受人民付託之職務地位，並避免國家最高立法機關之功能遭致其他國家機關之干擾而受影響。為確保立法委員行使職權無所瞻顧，此項言論免責權之保障範圍，應作最大程度之界定，舉凡在院會或委員會之發言、質詢、提案、表決以及與此直接相關之附隨行為，如院內黨團協商、公聽會之發言等均屬應予保障之事項。越此範圍與行使職權無關之行為，諸如蓄意之肢體動作等，顯然不符意見表達之適當情節致侵害他人法益者，自不在憲法上開條文保障之列。至於具體個案中，立法委員之行為是否已逾越保障之範圍，於維持議事運作之限度內，固應尊重議會自律之原則，惟司法機關為維護社會秩序及被害人權益，於必要時亦非不得依法行使偵審之權限。」

立法委員和現行犯

① 偷竊！

② 我是立委，來逮捕我啊！

③ 現行犯是不需要經過立法院許可的

④ 嗚嗚嗚…

● 調查權

　　立法院為有效行使憲法所賦予之立法職權，本其固有之權能自得享有一定之調查權，主動獲取行使職權所需之相關資訊，俾能充分思辯，審慎決定，以善盡民意機關之職責，發揮權力分立與制衡之機能。

　　立法院調查權乃立法院行使其憲法職權所必要之輔助性權力，基於權力分立與制衡原則，立法院調查權所得調查之對象或事項，並非毫無限制。除所欲調查之事項必須與其行使憲法所賦予之職權有重大關聯者外，凡國家機關獨立行使職權受憲法之保障者，即非立法院所得調查之事物範圍。又如行政首長依其行政權固有之權能，對於可能影響或干預行政部門有效運作之資訊，均有決定不予公開之權力，乃屬行政權本質所具有之行政特權。（釋585）

【實務見解：319槍擊事件真相調查特別委員會條例】

　　立法院行使調查權如涉及行政特權，即應予以適當之尊重。如於具體案件，是否涉及國家機關獨立行使職權或行政特權之範疇等事項，**雙方宜循合理之途徑協商解決**，或以法律明定相關要件與程序，由司法機關審理解決之。

　　真調會之委員，因為是委託非立委人士進行調查，調查權發動及行使調查權之組織、個案調查事項之範圍、各項調查方法所應遵守之程序與司法救濟程序等，應以特別法為適當之規範。於特殊例外情形，真調會的組成，須制定特別法妥為詳細規定。各該法律規定之組織及議事程序，必須符合民主原則。其個案調查事項之範圍，不能違反權力分立與制衡原則，亦不得侵害其他憲法機關之權力核心範圍，或對其他憲法機關權力之行使造成實質妨礙。（釋585）

立法委員之言論免責權不及於下列何者？　(A)立法院院會　(B)立法院委員會　(C)立法院院內公聽會　(D)立法院院內記者會　　　　　　【103普考-法學知識與英文】	(D)
下列何者非立法委員言論免責權得免除責任之範圍？　(A)民事責任　(B)刑事責任　(C)懲戒責任　(D)政治責任【99初等一般行政-法學大意】	(D)
依司法院釋字第401號解釋，有關立法委員言論免責權範圍之敘述，下列何者正確？　(A)所免除之「法律責任」，不僅不受刑事追訴，也免除民事責任　(B)所免除之「法律責任」，僅排除刑事責任之訴追　(C)免除一切法律責任，因此也不受任何形式之懲戒處分　(D)免除一切法律責任，故不得以免責之言論作為罷免之事由　　【99高考三級-法學知識與英文】	(A)

依憲法增修條文規定，關於立法委員之不受逮捕特權，下列敘述何者為正確？　(A)立法委員無論是否為現行犯，均不得逮捕或拘禁　(B)非經立法院院長之同意，立法委員不得逮捕或拘禁　(C)立法院休會期間，立法委員不享有不逮捕特權　(D)立法委員助理亦享有不逮捕特權　　　　　　　　　　【98四等基警-憲法概要】	(C)
倘若在警匪槍戰中，無法突困脫圍的匪徒，表明是現任立法委員，且身分被證實，此時檢警應如何處置？　(A)立即放行　(B)立即逮捕　(C)經立法院許可後逮捕之　(D)聲請法院許可拘提之　　　　　　　　【99地方特考四等-法學知識與英文】	(B)
依憲法增修條文第4條規定，有關立法委員之不受逮捕特權，以下敘述何者錯誤？　(A)限於立法院會期中始有之　(B)經立法院許可，才可逮捕、拘禁　(C)現行犯不包括在內　(D)現行犯只要表明身分，即可拒絕逮捕　　　　　　　　【100關稅四等-法學知識】	(D)
依憲法增修條文第4條規定，在下列何期間中，非現行犯的立法委員享有免於被逮捕、拘禁的特權？　(A)立法委員任期內　(B)立法院會期中　(C)立法院休會期間　(D)緊急命令生效期間　　　　　【101四等一般警察-法學知識】	(B)

相關考題　　　　　調查權

依司法院大法官釋字第585號解釋，有關立法院之調查權，下列敘述何者錯誤？　(A)立法院為了行使憲法所定之職權，可以行使調查權以獲得必要資訊　(B)立法院可以要求人民及政府官員作證及發表意見　(C)立法院對違反協助調查義務者，不能施予罰鍰之強制處分　(D)立法院行使調查權必須以法律為適當規範　【98三等司法特考-法學知識與英文】	(C)
依司法院釋字第325號解釋之見解，下列何者並非立法院調閱文件時應受限制的事項？　(A)審計長對決算案的審核報告　(B)考試機關對於應考人成績之評定　(C)監察委員為糾彈或糾正與否之判斷　(D)司法機關審理案件所表示之法律見解　【99四等關務-法學知識】	(A)

【解析】

但國家機關獨立行使職權受憲法之保障者，如司法機關審理案件所表示之法律見解、考試機關對於應考人成績之評定、監察委員為糾彈或糾正與否之判斷，以及訴訟案件在裁判確定前就偵查、審判所為之處置及其卷證等，監察院對之行使調查權，本受有限制，基於同一理由，立法院之調閱文件，亦同受限制。(釋325)

依司法院釋字第585號解釋，立法院行使調查權，以下何者錯誤？ (A)立法院欲調查之事項必須與其行使憲法所賦予職權有重大關聯者 (B)國家機關獨立行使職權受憲法之保障者，即不屬立法院所得調查範圍　(C)涉及行政權本質之行政特權，例如不公開特定行政資訊，立法院行使調查權應予尊重　(D)立法院之調查不應加以限制 【99地方特考四等-法學知識與英文】	(D)
依據司法院釋字第585號解釋，對立法院調查權之見解，下列何者正確？ (A)立法院行使調查權如涉及行政首長的行政特權事項，立法院仍得逕行調查，不受干涉　(B)立法院必要時得經委員會決議，要求與調查事項相關之人民或政府人員，陳述證言或表示意見　(C)就特定事項之調查有委任非立法委員之人士協助調查之必要時，得經院會決議行之　(D)如就各項調查方法所規定之程序，有涉及限制人民權利者，必須符合憲法上比例原則、法律明確性原則及正當法律程序之要求 【100三等行政警察-法學知識與英文】	(D)

● 避免自肥條款

增修條文中最短的條文，應該就是第8條，其內容為「立法委員之報酬或待遇，應以法律定之。除年度通案調整者外，單獨增加報酬或待遇之規定，應自次屆起實施。」

這一條規定是為了避免立法委員自肥，例如立委本來月新20萬元，選上了之後，為了讓自己的口袋麥可麥可，居然聯合其他立法委員，修正立法委員薪水支給條例，從20萬元大幅調高到30萬元，即便有這種調整報酬或待遇的規定，也不能適用到修法的這一屆立法委員，而應該從下一屆的立法委員開始實施。

● 不得兼任閣員

依據憲法第75條規定：「立法委員不得兼任官吏。」

所以如果立法委員要入閣，就必須要放棄立法委員的身分。從這一條規定，似乎代表著我國憲政體制與純粹的內閣制仍有所差異，因為純粹的內閣制中，內閣成員也具有議員的身分，如英國即為明顯的例子。釋字第207號解釋：「民意代表可否兼任他職，須視憲法或與憲法不相牴觸之法規有無禁止規定，或該項職務之性質與民意代表之職權是否相容而定。私立學校校（院）長責重事繁，私立學校法第51條第3項規定：『校（院）長應專任，除擔任本校（院）教課外，不得兼任他職』，旨在健全校務以謀教育事業之發展；省及院轄市議會議員、議長自不得兼任之。」

相關考題	(75) 兼　任	
下列何者係立法委員不得兼任之職務？　(A)會計師　(B)大學之兼任教授 (C)中華電信公司董事　(D)我國駐外大使　　　【105司特四等-法學知識與英文】		(D)
立法委員得兼任下列何項職務？　(A)公營事業監察人　(B)國立編譯館編纂　(C)縣議員　(D)民營銀行董事　　【101四等一般警察-法學知識】		(D)

避免自肥條款

好不容易當上立委，
選舉所費不貲，要好
好地撈回來，先從調
整薪水開始吧！

立法委員

抱歉，憲法規定立委調薪的
規定，要從下一屆才能開始
實施，所以肥不到你。

憲法

相關考題

依憲法增修條文第8條規定，有關立法委員報酬或待遇的敘述，下列何者正確？ (A)應以命令定之 (B)於個案特殊考量，得隨時調整實施 (C)除年度通案調整者外，單獨增加報酬或待遇之規定，應自次屆起實施 (D)只要是增加立法委員的報酬或待遇，一律均須自次屆起實施　　　　　　　　　　　　　　　　　　【99四等海巡-法學知識與英文】	(C)
依憲法及憲法增修條文規定，下列何者不具有內閣制特色？ (A)行政院向立法院負責 (B)立法委員不得兼任閣員 (C)行政院院長之法令公布副署權 (D)行政院院長為全國最高行政機關首長　　　　　　　　　　　　　　　　　　　　　　　　　　　　　　【99三等關務-法學知識】	(B)
依司法院大法官解釋，民意代表能否兼職之問題，應以何者為判斷依據？ (A)憲法既然規定最高立法機關之立法委員不得兼任官吏，則所有民意代表一律不得兼任他職 (B)凡內閣制以外的國家，民意代表一律不得兼任他職 (C)當憲法未明文許可時，即不得兼職 (D)當憲法或合憲之法律未有禁止規定時，則視該項職務之性質與民意代表之職權是否相容而定　　　　　　　　　　　　　　　　　　　　　　　　【98四等基警-憲法概要】	(D)
立法委員不可兼任下列何項職務？ (A)長榮海運總經理 (B)台新銀行董事長 (C)執政黨秘書長 (D)中華郵政股份有限公司董事長　　　　　　　　　　　　　　　　　　　　　　　　　　【108高考-法學知識與英文】	(D)

● 立法院與行政院人事決定權

通傳會組織法第4條、第16條規定是否違憲？（本書第318-327頁，均係摘錄釋字第613號解釋對此問題之見解）

釋字第613號解釋認為：「關於委員任滿提名及出缺提名之規定，實質上幾近完全剝奪行政院之人事決定權，逾越立法機關對行政院人事決定權制衡之界限，違反責任政治暨權力分立原則。」其中理由書之重點，說明如下：

一、行政一體

行政旨在執行法律，處理公共事務，形成社會生活，追求全民福祉，進而實現國家目的，雖因任務繁雜、多元，而須分設不同部門，始依不同專業配置不同任務，分別執行，惟設官分職目的絕不在各自為政，而是著眼於分工合作，蓋行政必須有整體之考量，無論如何分工，最終仍須歸屬最高行政首長統籌指揮監督，方能促進合作，提升效能，並使具有一體性之國家有效運作，此即所謂行政一體原則。

憲法第53條明定行政院為國家最高行政機關，其目的在於維護行政一體，使所有國家之行政事務，除憲法別有規定外，均納入以行政院為金字塔頂端之層級式行政體制掌理，經由層級節制，最終並均歸由位階最高之行政院之指揮監督。

二、責任政治

民主政治以責任政治為重要內涵，現代法治國家組織政府，推行政務，應直接或間接對人民負責。根據憲法增修條文第3條第2項規定，行政院應對立法院負責，此乃我國憲法基於責任政治原理所為之制度性設計。是憲法第53條所揭示之行政一體，其意旨亦在使所有行政院掌理之行政事務，因接受行政院院長之指揮監督，而得經由行政院對立法院負責之途徑，落實對人民負責之憲法要求。

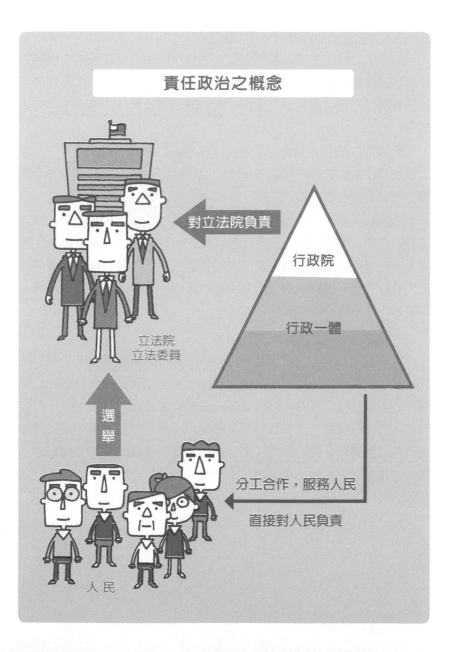

三、獨立機關破壞行政一體與責任政治

　　立法院如經由立法設置獨立機關,將原行政院所掌理特定領域之行政事務從層級式行政體制獨立而出,劃歸獨立機關行使,使其得依據法律獨立行使職權,自主運作,對行政一體及責任政治即不免有所減損。

　　承認獨立機關之存在,其主要目的僅在法律規定範圍內,排除上級機關在層級式行政體制下所為對具體個案決定之指揮與監督,使獨立機關有更多不受政治干擾,依專業自主決定之空間。於我國以行政院作為國家最高行政機關之憲法架構下,賦予獨立機關獨立性與自主性之同時,仍應保留行政院院長對獨立機關重要人事一定之決定權限,俾行政院院長得藉由對獨立機關重要人員行使獨立機關職權之付託,就包括獨立機關在內之所有所屬行政機關之整體施政表現負責,以落實行政一體及責任政治。

四、行政院長最低限度人事監督權

　　行政院院長更迭時,獨立機關委員若因享有任期保障,而毋庸與行政院院長同進退,雖行政院院長因此無從重新任命獨立機關之委員,亦與責任政治無違,且根據公務員懲戒法第4條第2項規定,行政院院長於獨立機關委員有違法、失職情事,而情節重大,仍得依職權先行停止其職務,因行政院院長仍得行使此一最低限度人事監督權,是尚能維繫向立法院負責之關係。然獨立機關之存在對行政一體及責任政治既然有所減損,其設置應屬例外。

相關考題

依司法院釋字第613號解釋,下列有關「立法院對行政院所屬行政機關之人事決定權加以限制」之敘述,何者正確? (A)基於權力分立原則,立法院不得加以任何限制 (B)基於國民主權原則,立法院之任何限制皆屬合憲 (C)基於責任政治原則,立法院之限制不得實質上剝奪行政院之決定權 (D)基於行政一體原則,立法院必須將行政機關置於行政院之下,至於人事決定權,立法院之任何限制皆屬合憲 (C)

【98四等司法特考-法學知識與英文】

五、設立獨立機關之要件

設置獨立機關之目的確係在追求憲法上公共利益，所職司任務之特殊性，確有正當理由足以證明設置之必要性，重要事項以聽證程序決定，任務執行績效亦能透明、公開，以方便公眾監督，加上立法院原就有權經由立法與預算審議監督獨立機關之運作，綜合各項因素整體以觀，如仍得判斷一定程度之民主正當性基礎尚能維持不墜，足以彌補行政一體及責任政治之缺損者，始不致於違憲。

六、通傳會為獨立機關，並未違反通訊傳播自由之意旨

憲法第11條所保障之言論自由，其內容包括通訊傳播自由，亦即經營或使用廣播、電視與其他通訊傳播網路等設施，以取得資訊及發表言論之自由。通訊傳播媒體在自由民主憲政國家，具有監督所有行使公權力之國家機關，以及監督以贏取執政權、影響國家政策為目的之政黨之公共功能。鑑於媒體此項功能，憲法所保障之通訊傳播自由之意義，即非僅止於消極防止國家公權力之侵害，尚進一步積極課予立法者立法義務，經由各種組織、程序與實體規範之設計，以防止資訊壟斷，確保社會多元意見得經由通訊傳播媒體之平台表達與散布，形成公共討論之自由領域。

立法者如將通傳會設計為獨立機關，使其從層級式行政指揮監督體系獨立而出，擁有更多依專業自主決定之空間，因有助於摒除上級機關與政黨可能之政治或不當干預，以確保社會多元意見之表達、散布與公共監督目的之達成，自尚可認定與憲法保障通訊傳播自由之意旨相符。

七、立法院對於行政人事決定權之限制仍應有其界限

按作為國家最高行政機關之行政院固因基於行政一體，必須為包括通傳會在內之所有行政院所屬機關之整體施政表現負責，並因通傳會施政之良窳，與通傳會委員之人選有密切關係，而擁有對通傳會委員之具體人事決定權，然為避免行政院恣意行使其中之人事任免權，致損及通傳會之獨立性，行使立法權之立法院對行政院有關通傳會委員之人事決定權仍非不能施以一定限制，以為制衡。

蓋作為憲法基本原則之一之權力分立原則，其意義不僅在於權力之區分，將所有國家事務分配由組織、制度與功能等各方面均較適當之國家機關擔當履行，以使國家決定更能有效達到正確之境地，要亦在於權力之制衡，即權力之相互牽制與抑制，以避免權力因無限制之濫用，而致侵害人民自由權利。惟權力之相互制衡仍有其界限，除不能牴觸憲法明文規定外，亦不能侵犯各該憲法機關之權力核心領域，或對其他憲法機關權力之行使造成實質妨礙（釋字第585號解釋參照）或導致責任政治遭受破壞（釋字第391號解釋參照），例如剝奪其他憲法機關為履行憲法賦予之任務所必要之基礎人事與預算；或剝奪憲法所賦予其他國家機關之核心任務；或逕行取而代之，而使機關彼此間權力關係失衡等情形。

八、立法權對於行政人事決定權制衡之方式

　　立法權對行政權所擁有關於獨立機關之人事決定權之制衡，一般表現在對用人資格之限制，以確保獨立機關之專業性，暨表現在任期保障與法定去職原因等條件之設定上，以維護獨立機關之獨立性，俾其構成員得免於外部干擾，獨立行使職權。

　　然鑑於通傳會所監督之通訊傳播媒體有形成公共意見，以監督政府及政黨之功能，通訊傳播自由對通傳會之超越政治考量與干擾因而有更強烈之要求，是立法權如欲進一步降低行政院對通傳會組成之政治影響，以提升人民對通傳會公正執法之信賴，而規定通傳會委員同黨籍人數之上限，或增加通傳會委員交錯任期之規定，乃至由立法院或多元人民團體參與行政院對通傳會委員之人事決定等，只要該制衡設計確有助於降低、摒除政治力之影響，以提升通傳會之獨立性，進而建立人民對通傳會能超然於政黨利益之考量與影響，公正執法之信賴，自亦為憲法所保障之通訊傳播自由所許。

　　至於立法院或其他多元人民團體如何參與行政院對通傳會委員之人事決定，立法者雖有一定之自由形成空間，惟仍以不侵犯行政權之核心領域，或對行政院權力之行使造成實質妨礙為限。

九、爭議法規嚴重剝奪行政院之人事決定權，只剩下橡皮圖章的功能

惟依通傳會組織法第4條第2、3項規定，通傳會委員竟由各政黨（團）依其在立法院所占席次比例共推薦15名，行政院院長推薦3名，交由各政黨（團）依其在立法院所占席次比例推薦11名學者、專家組成之審查會以五分之三與二分之一兩輪多數決審查，審查完成後，行政院院長應於7日內依審查會通過同意之名單提名，並送立法院同意後即任命之。由於行政院院長僅能推薦18位通傳會委員候選人中之3位，審查階段對人事則完全無置喙餘地，並且受各政黨（團）依政黨比例推薦組成之審查會審查通過之名單所拘束，有義務予以提名，送請立法院同意，對經立法院同意之人選並有義務任命為通傳會委員，足見行政院所擁有者事實上僅剩名義上之提名與任命權，以及在整體選任程序中實質意義極其有限之六分之一通傳會委員候選人之推薦權，其人事決定權實質上可謂業已幾近完全遭到剝奪。又行政掌法律之執行，執行則賴人事，無人即無行政，是行政權依法就具體之人事，不分一般事務官或政治任命之政務人員，擁有決定權，要屬當然，且是民主法治國家行政權發揮功能所不可或缺之前提要件。據此，上開規定將國家最高行政機關之行政院就通傳會委員之具體人事決定權實質上幾近完全剝奪，除為憲法上責任政治原則所不許，並因導致行政、立法兩權關係明顯失衡，而牴觸權力分立原則。（註：通傳會組織法於民國100年12月更新修正。）

十、爭議法規力邀政黨介入，與減少政黨干預之方向有所違背

　　至於各政黨（團）依其在立法院所占席次比例推薦通傳會委員候選人，與依其在立法院所占席次比例推薦學者、專家組成審查會審查通傳會委員候選人之規定，是否違憲，端視該參與之規定是否將行政院之人事決定權予以實質剝奪而定。茲上開規定只將剝奪自行政院之人事決定權，實質上移轉由立法院各政黨（團）與由各政黨（團）依政黨比例推薦組成之審查會共同行使，明顯已逾越參與之界限，而與限制行政人事決定權之制衡功能有所扞格。況上開規定之目的既係本於通訊傳播自由之意旨，降低政治力對通傳會職權行使之影響，進而建立人民對通傳會得以公正執法之信賴，則其所採手段是否與上開目的相符，即不無疑義。按立法者如何降低政治力對通傳會之影響，進而建立人民對通傳會得以公正執法之信賴，固有立法自由形成空間，惟其建制理應朝愈少政黨干預，愈有利於建立人民對其公正性之信賴之方向設計。然上開規定卻反其道而行，邀來政黨之積極介入，賦予其依席次比例推薦及導致實質提名通傳會委員之特殊地位，影響人民對通傳會超越政治之公正性信賴。是上開規定違背通傳會設計為獨立機關之建制目的，亦與憲法所保障通訊傳播自由之意旨不符。

十一、憲法第56條不及於獨立機關

系爭通傳會組織法第4條第3項規定通傳會委員由行政院院長任命，以及同條第5項規定通傳會正、副主任委員由通傳會委員互選，並由行政院院長任命，涉及違反憲法第56條之疑義部分。按通傳會根據其組織編制，其層級固相當於部會等二級機關，惟通傳會既屬獨立機關性質，依法獨立行使職權，其委員之任期亦有法律規定，毋須與行政院院長同進退，為強調專業性，委員並有資格限制，凡此均與層級指揮監督體系下之行政院所屬一般部會難以相提並論，故即使規定通傳會委員由行政院院長任命，正、副主任委員則由委員互選，再由行政院院長任命，雖與憲法第56條有關行政院各部會首長由行政院院長提請總統任命之規定有間，尚難逕執憲法第56條規定指摘之，蓋第56條之規範範圍並不及於獨立機關。且只要行政院對於通傳會委員之人事決定權未遭實質剝奪，即使正、副主任委員係由委員互選，亦不致有違反權力分立與責任政治之虞。又通傳會為獨立機關，性質既有別於一般部會，則憲法第56條關於行政院副院長、各部會首長及不管部會之政務委員，由行政院院長提請總統任命之規定，自不因允許立法院或其他多元人民團體參與通傳會委員之選任而受影響，自不待言。（釋613）

相關考題

依司法院釋字第613號解釋，下列敘述何者正確？ (A)行政院對於獨立行政機關之委員不再具有人事決定權 (B)法律不得規定獨立行政機關委員之任命須經立法院同意 (C)立法機關不得完全剝奪行政院對於獨立行政機關委員之人事決定權 (D)法律得規定，由各政黨依立法院各黨團席次比例提名獨立行政機關之委員 【99三等關務-法學知識】	(C)

● 同意權

	本文	增修條文
行政院	§55 I 行政院院長由總統提名，經立法院同意任命之。	§3 I 行政院院長由總統任命之。
立法院	§66 立法院設院長、副院長各一人，由立法委員互選之。	
司法院 院長、副院長、 大法官	§79 I 由總統提名，經監察院同意任命之。 §79 II 由總統提名，經監察院同意任命之。	§5 I 由總統提名，經立法院同意任命之。 §5 I 由總統提名，經立法院同意任命之。
考試院 院長、副院長、 考試委員	§84 由總統提名，經監察院同意任命之。	§6 II 由總統提名，經立法院同意任命之。
監察院 院長、副院長、 監察委員 審計長	§91 由監察委員互選之。 §92 由各省市議會、蒙古西藏地方議會及華僑團體選舉之。 §104 由總統提名，經立法院同意任命之。	§7 II 由總統提名，經立法院同意任命之。 §7 II 由總統提名，經立法院同意任命之。

相關考題 （66）立法院長之產生

立法院院長以下列何種方式產生？ (A)人民直接選舉之 (B)由立法院提名並經由公民複決 (C)總統提名經由立法院行使同意權 (D)由立法委員互選之 　【100關稅三等-法學知識】	（D）

相關考題　　　　　　　　　同意權

下列何者之人事任命**毋**需經立法院同意？　(A)行政院院長、副院長　(B)司法院院長、副院長　(C)考試院院長、副院長　(D)監察院院長、副院長　　　　　　　　　　　【101四等行政警察-法學緒論】	(A)
依憲法增修條文之規定，下列何者非由總統提名經立法院同意任命之？　(A)行政院院長　(B)司法院大法官　(C)考試院院長　(D)監察委員　　　　　　　　　　　　　　　　【100關稅四等-法學知識】	(A)
依憲法增修條文之規定，下列何項人員之任命須經立法院同意？　(A)行政院院長　(B)司法院院長　(C)內政部部長　(D)最高法院院長　　　　　　　　　　　　　【101員級鐵路人員-法學知識與英文】	(B)
審計長由總統提名，經下列何機關同意任命之？　(A)監察院　(B)考試院　(C)立法院　(D)行政院　　　【101四等行政警察-中華民國憲法概要】	(C)
依據憲法增修條文之規定，下列何者並非立法院之職權？　(A)行使考試委員及考選部部長、銓敘部部長之同意權　(B)提出總統、副總統彈劾案　(C)聽取總統國情報告　(D)提出領土變更案【108普考-法學知識與英文】	(A)

● 準則性規定

　　國家機關之職權、設立程序及總員額，得以法律為準則性之規定。(憲增§3 Ⅲ)

相關考題　　　　　　　　　準則性規定

依憲法增修條文規定，對下列何種事項得以法律為準則性規定？　(A)擬定課徵稅捐事項　(B)侵害基本權利事項　(C)國家或人民遭遇緊急危難之處置事項　(D)國家機關之職權、設立程序及總員額　　　　　　　　　　　　　　　【104司法四等-法學知識與英文】	(D)

5 司法院

● 司法院之地位與職掌

司法院為國家最高司法機關，掌理民事、刑事、行政訴訟之審判及公務員之懲戒。（憲§77）司法院解釋憲法，並有統一解釋法律及命令之權。（憲§78）雖然憲法規定司法院為國家最高司法機關，但是基於司法獨立原則，司法院只是一個行政機關，必須尊重各級法院之判決見解，與行政院法務部所屬之檢察司著重檢察一體有所不同。

● 大法官之任命與地位

原憲法第79條規定：「司法院設院長、副院長各1人，由總統提名，經監察院同意任命之。司法院設大法官若干人，掌理本憲法第78條規定事項，由總統提名，經監察院同意任命之。」

但是監察院業已欠缺民意基礎，所以憲法增修條文規定修正為：司法院設大法官15人，並以其中1人為院長、1人為副院長，由總統提名，經立法院同意任命之，自中華民國92年起實施，不適用憲法第79條之規定。司法院大法官除法官轉任者外，不適用憲法第81條及有關法官終身職待遇之規定。（憲增§5Ⅰ）

司法院大法官任期8年，不分屆次，個別計算，並不得連任。但並為院長、副院長之大法官，不受任期之保障。（憲增§5Ⅱ）由於不得連任，所以也不必擔心要再次與立法委員打交道，爭取立法委員的民意支持。不過任期只有8年，與美國大法官終身的任期，顯有相當大的落差。中華民國92年總統提名之大法官，其中8位大法官，含院長、副院長，任期4年，其餘大法官任期為8年，不適用前項任期之規定。（憲增§5Ⅲ）

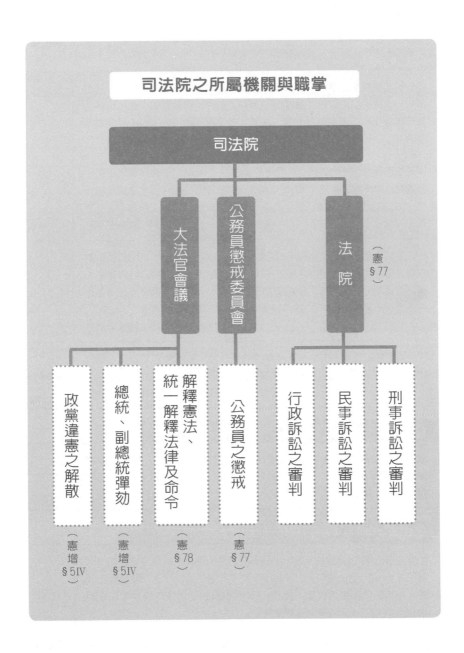

司法院之所屬機關與職掌

司法院

大法官會議

公務員懲戒委員會

法　院
（憲§77）

政黨違憲之解散
（憲增§5IV）

總統、副總統彈劾
（憲增§5IV）

解釋憲法、統一解釋法律及命令
（憲§78）

公務員之懲戒
（憲§77）

行政訴訟之審判

民事訴訟之審判

刑事訴訟之審判

關於司法院掌理之事項，下列敘述何者錯誤？　(A)掌理民事訴訟、刑事訴訟、行政訴訟之審判　(B)掌理公務員之懲戒；解釋憲法、統一解釋法令　(C)審理正、副總統罷免案　(D)制定法院審理規則、司法行政監督　【105司特四等-法學知識與英文】	(C)
下列關於我國司法權的敘述，何者是錯誤的？　(A)司法院僅掌理民事、刑事及行政訴訟之審判　(B)司法院大法官由總統提名，經立法院同意任命　(C)法官須超出黨派以外，依據法律獨立審判　(D)司法院為國家最高司法機關　【98四等基警-憲法概要】	(A)
依司法院解釋，關於公務員懲戒之敘述，下列何者錯誤？　(A)公務員懲戒得視其性質於合理範圍內以法律規定由其長官為之　(B)公務員受記大過之懲處處分，得向司法機關請求救濟　(C)公務員懲戒案件之審議，應本正當法律程序之原則　(D)公務員懲戒機關之成員屬於憲法上之法官　【100地方特考三等-法學知識與英文】	(B)
下列何者係隸屬司法院？　(A)政黨審議委員會　(B)公民投票審議委員會　(C)公務員懲戒委員會　(D)公務人員保障暨培訓委員會　【101四等行政警察-中華民國憲法概要】	(C)

依憲法增修條文之規定，我國司法院院長如何產生？　(A)全民直選　(B)立法委員代為選舉　(C)總統提名，經立法院同意任命　(D)最高法院院長提名，總統任命　【100關稅四等-法學知識】	(C)

依憲法增修條文第5條之規定，下列有關司法院院長、副院長之敘述，何者正確？　(A)司法院院長出缺時，由副院長繼任　(B)司法院副院長出缺時，由司法院秘書長代理　(C)司法院副院長隨司法院院長變動而變動　(D)司法院院長、副院長無任期保障　【101四等行政警察-中華民國憲法概要】	(D)

相關考題

依司法院釋字第725號解釋之意旨，下列何者錯誤？ (A)依司法院釋字第185號解釋，司法院解釋憲法，並有統一解釋法律及命令之權，為憲法第78條所明定，故所為之解釋，自有拘束全國各機關及人民之效力，各機關處理有關事項，應依解釋意旨為之，違背解釋之判例，當然失其效力 (B)司法院就人民聲請解釋憲法，宣告確定終局裁判所適用之法令於一定期限後失效者，聲請人就聲請釋憲之原因案件，即得據以請求再審或其他救濟 (C)司法院就人民聲請解釋憲法，宣告確定終局裁判所適用之法令於一定期限後失效者，檢察總長得據以提起非常上訴 (D)司法院宣告違憲之法令定期失效者，係為避免因違憲法令立即失效，造成法規真空狀態或法秩序驟然發生重大之衝擊，並為促使主管機關審慎周延立法，以符合解釋意旨，僅在一定程度、一定時間內，宣告法令違憲

(D)

【106高考-法學知識與英文】

【解析】

本院宣告違憲之法令定期失效者，係基於對相關機關調整規範權限之尊重，並考量解釋客體之性質、影響層面及修改法令所須時程等因素，避免因違憲法令立即失效，造成法規真空狀態或法秩序驟然發生重大之衝擊，並為促使主管機關審慎周延立法，以符合本院解釋意旨，然並不影響本院宣告法令違憲之本質。本院釋字第177號及第185號解釋，就本院宣告法令違憲且立即失效者，已使聲請人得以請求再審或檢察總長提起非常上訴等法定程序，對其原因案件循求個案救濟，以保障聲請人之權益，並肯定其對維護憲法之貢獻。為貫徹該等解釋之意旨，本院就人民聲請解釋憲法，宣告確定終局裁判所適用之法令定期失效者，聲請人就原因案件應得據以請求再審或其他救濟（例如少年事件處理法第64-1第1項第1款所規定聲請少年法院重新審理），檢察總長亦得據以提起非常上訴；法院不得以法令定期失效而於該期限內仍屬有效為理由駁回。為使原因案件獲得實質救濟，如本院解釋諭知原因案件具體之救濟方法者，依其諭知；如未諭知，則俟新法令公布、發布生效後依新法令裁判。（釋725）

● 大法官之職掌

　　司法院大法官，除依憲法第78條之規定，具有解釋憲法，並有統一解釋法律及命令之權外，並組成憲法法庭審理總統、副總統之彈劾及政黨違憲之解散事項。（憲增§5 Ⅳ）

　　政黨之目的或其行為，危害中華民國之存在或自由民主之憲政秩序者為違憲。（憲增§5Ⅴ）

● 解釋憲法之類型

　　依據司法院大法官審理案件法第5條第1項規定，聲請解釋憲法之類型如下：

一、中央或地方機關，於其行使職權，適用憲法發生疑義，或因行使職權與其他機關之職權，發生適用憲法之爭議，或適用法律與命令發生有牴觸憲法之疑義者。

二、人民、法人或政黨於其憲法上所保障之權利，遭受不法侵害，經依法定程序提起訴訟，對於確定終局裁判所適用之法律或命令發生有牴觸憲法之疑義者。

三、依立法委員現有總額三分之一以上之聲請，就其行使職權，適用憲法發生疑義，或適用法律發生有牴觸憲法之疑義者。

　　其中第3款，對於國會議員聲請釋憲之規定，雖有「行使職權」、「適用法律」等條件之限制，看似較德、奧法制限制較多，然實務之發展，立法委員得聲請釋憲之事項，不僅法律是否牴觸憲法之疑義而已，而且可涉及法規命令及編列之預算案是否牴觸憲法之疑義，甚至包括立法委員行使職權是否涵蓋之權力事項，顯較德、奧法制寬廣甚多。（釋603—廖義男協同意見書）

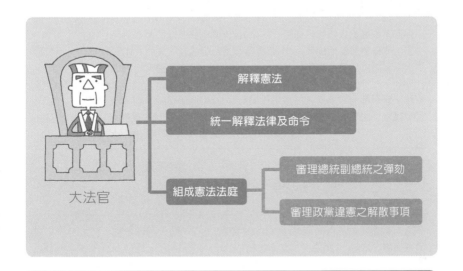

【實務見解：可否組成臺灣共產黨？】

　　人民團體法第2條規定：「人民團體之組織與活動，不得主張共產主義，或主張分裂國土。」這一條規定經釋字第644號解釋宣告違憲，認為有侵害憲法保障言論自由之虞。另外，該號解釋並認為前開憲法增修條文第5條第5項規定，並不是對於政黨之事前審查，仍然必須俟政黨成立後發生其目的或行為危害中華民國之存在或自由民主之憲政秩序者，經**憲法法庭**作成解散之判決後，始得禁止之，所以也是屬於事後的禁止。

相關考題

立法委員行使職權適用憲法發生疑義者，至少經多少立法委員連署，得聲請大法官解釋？ (A)立法委員法定總額二分之一以上 (B)立法委員現有總額二分之一以上 (C)立法委員法定總額三分之一以上 (D)立法委員現有總額三分之一以上 【99三等關務-法學知識】	(D)

下列何者不屬於大法官之權限？　(A)宣告判例違憲立即停止適用　(B)宣告法律違憲並定期失效　(C)宣告行政處分違法立即失效　(D)宣告解釋函令違憲立即停止適用　　　　　【100關稅三等-法學知識】	(C)
憲法法庭得審理之事項，以下何者屬之？　(A)選舉總統、副總統　(B)罷免總統、副總統　(C)彈劾總統、副總統　(D)糾舉總統、副總統　　　　　　　【100四等行政警察-中華民國憲法概要】	(C)
下列何者不屬於司法院大法官解釋之範圍？　(A)憲法疑義　(B)國會自律事項　(C)法律違反憲法　(D)命令違反憲法　　　　　　　　　　　【98國安局五等-法學大意】	(B)
下列何者非屬大法官的職權？　(A)解釋憲法　(B)統一解釋法令　(C)政黨違憲之審查　(D)公民投票案之審核　　　　　【101四等行政警察-中華民國憲法概要】	(D)
依憲法本文及增修條文之規定，下列有關司法院大法官之敘述，何者正確？　(A)大法官係最高法院法官之尊稱　(B)大法官負責審理一般法官之彈劾案　(C)在職大法官總數依規定必須為奇數，以利二分之一可決　(D)大法官不得連任　　　　　　　【101普考-法學知識與英文】	(D)
下列何者非憲法法庭審理之事項？　(A)政黨違憲之解散事件　(B)總統之彈劾案　(C)副總統之彈劾案　(D)大法官之彈劾案　　　　　【101員級鐵路人員-法學知識與英文】	(D)
下列對於現行體制下司法院院長之敘述，何者錯誤？　(A)綜理院務及監督所屬機關　(B)司法院人事審議委員會委員　(C)不能參與大法官解釋，以免影響司法獨立　(D)應總統之召，出席院際會議，會商院與院間之爭執　　　　　【101三等一般警察-法學知識與英文】	(C)
下列何者有固定任期？　(A)最高法院法官　(B)最高行政法院法官　(C)公務員懲戒委員會委員　(D)大法官　　　【101四等一般警察-法學知識】	(D)
法律如牴觸憲法，現行憲法規定由下列那一個機關宣告該法律為違憲？　(A)立法院　(B)司法院　(C)法務部　(D)總統　　　　　　　　　　【101三等一般警察-法學知識與英文】	(B)

相關考題　　　　　(增5Ⅳ) 大法官及其權限	
下列那個機關有審理彈劾總統案之職權？ (A)監察院 (B)考試院 (C)司法院 (D)行政院 　　　　　　　　【103普考-法學知識與英文】	(C)
依憲法增修條文之規定，司法院大法官如何產生？ (A)全國法官票選產生 (B)司法院院長選任 (C)司法院院長提名，經立法院同意任命 (D)總統提名，經立法院同意任命 　　　　　　　　【101四等行政警察-中華民國憲法概要】	(D)
依據司法院釋字第601號解釋，有關大法官之敘述，下列何者錯誤？ (A)司法院大法官由總統提名，經立法院同意後任命，故亦為憲法第80條規定之法官 (B)為貫徹憲法第80條之規定，大法官與一般法官受相同的保障 (C)司法院院長由大法官擔任，故有關司法人員專業加給之保障，與大法官同 (D)大法官無論其就任前職務為何，均受憲法有關法官非依法律，不得減俸規定之保障 　　　　　　　　【100三等行政警察-法學知識與英文】	(B)
依憲法之規定，下列何種事項不屬於司法院大法官審理權限範圍？ (A)總統、副總統彈劾案 (B)政黨違憲解散案 (C)統一解釋法令案 (D)立法委員懲戒案 　　　　　　　　【100三等調查特考-法學知識與英文】	(D)
下列何者非司法院大法官之職權？ (A)公務員違法失職之懲戒 (B)統一解釋法令 (C)解釋憲法 (D)組成憲法法庭審理政黨違憲案件 　　　　　　　　【98四等基警-憲法概要】	(A)
依現行憲法增修條文第5條第2項規定，司法院大法官任期屆滿後： (A) 連選得連任 (B)僅得連任一次 (C)不得連任 (D)無連任之規定 　　　　　　　　【97鐵公路佐級公路監理-法學大意】	(C)
依憲法增修條文規定，自民國92年起，下列關於司法院大法官任期的說明，何者正確？ (A)得連任一次 (B)得連任二次 (C)連任並無限制 (D)不得連任 　　　　　　　　【98四等地方特考-法學知識與英文】	(D)
有關司法院大法官之敘述，下列何者錯誤？ (A)司法院大法官由總統提名，經立法院同意任命之 (B)司法院大法官任期8年，得連任一次 (C)司法院大法官共 15 人 (D)並為院長之大法官，不受任期保障 　　　　　　　　【102初等一般行政-公民與英文】	(B)

大法官之解釋具有拘束全國人民與全國各機關之效力，此種拘束效力出自於下列何者？　(A)憲法增修條文規定　(B)司法院大法官審理案件法規定　(C)大法官之解釋　(D)司法院組織法規定 【105三等警察-法學知識與英文】	(C)

【解析】
釋字第185號解釋：「憲法第78條規定，司法院解釋憲法，並有統一解釋法律及命令之權，旨在使司法院負闡明憲法及法令正確意義之責，其所為之解釋，自有拘束全國各機關及人民之效力，各機關處理有關事項時，應依解釋意旨為之，違背解釋之判例，當然失其效力。」

依憲法第173條規定，憲法之解釋，由下列何者為之？　(A)司法院　(B)最高法院　(C)最高行政法院　(D)立法院　【104高考-法學知識與英文】	(A)
依據憲法增修條文規定，司法院大法官之選任方法為何？　(A)由總統提名，經立法院同意任命之　(B)由總統提名，經行政院同意任命之　(C)由總統提名，經監察院同意任命之　(D)由總統直接任命之 【105司特四等-法學知識與英文】	(A)
依憲法規定，法律與憲法有無牴觸發生疑義時，由何機關解釋？　(A)司法院　(B)最高法院民事庭　(C)最高法院刑事庭　(D)最高行政法院 【105四等警察-法學知識】	(A)

憲法法庭認解散政黨聲請有理由者，應以何種方式宣示政黨違憲應予解散？　(A)以處分書宣示　(B)以裁定宣示　(C)以判決宣示　(D)以解散命令宣示　【100關稅三等-法學知識】	(C)
依我國憲法增修條文之規定，有關政黨違憲解散事項，係由下列何者審理？　(A)由臺灣高等法院專屬管轄　(B)由司法院大法官組成之憲法法庭審理　(C)由行政院政黨審議委員會審理　(D)由司法院大法官組成之政黨審議庭審理　【102初等一般行政-公民與英文】	(B)

相關考題　　　　　　　政黨違憲解散

當一個政黨成立的目的或其行為，危害到中華民國之存在時，下列那一個機關可以經審理後，將其解散？　(A)立法院　(B)行政院　(C)最高法院　(D)憲法法庭　　　　　　　　　　【98四等基警-憲法概要】	(D)
政黨何時得被解散？　(A)違反集會遊行法經制止三次仍不聽從時　(B)違反刑法經法院判決有罪確定　(C)經內政部審議委員會決議解散　(D)經憲法法庭審理確定政黨違憲　　　　　【99四等海巡-法學知識與英文】	(D)
有關政黨被宣告解散後之敘述，下列何者錯誤？　(A)被宣告解散之政黨，應即停止一切活動　(B)被宣告解散之政黨不得成立目的相同之代替組織　(C)該黨所有民意代表自判決生效時起喪失其資格　(D)政黨解散後，其財產之清算，準用民法法人有關之規定　　　　　　　　　　【99三等第一次司法人員-法學知識與英文】	(C)

【解析】

司法院大法官審理案件法第30條第1項規定：「被宣告解散之政黨，應即停止一切活動，並不得成立目的相同之代替組織，其依政黨比例方式產生之民意代表自判決生效時起喪失其資格。」

若有政黨主張將中華民國改變為「專制極權國家」，並積極從事相關活動，請問在憲法上有何方式予以處理？　(A)由內政部逕以行政處分撤銷該政黨之設立登記　(B)內政部應轉知監察院，由監察院對該政黨提出糾舉案　(C)不能為任何處理，只能依靠人民選舉時之抉擇　(D)由內政部之「政黨審議委員會」檢具該政黨相關違憲之事證，聲請司法院憲法法庭解散之　　　　　　　　　　【99高考三級-法學知識與英文】	(D)
下列那個機關有權審理政黨違憲之解散事項？　(A)內政部　(B)司法院憲法法庭　(C)最高法院　(D)最高行政法院　【99普考-法學知識與英文】	(B)

相關考題　　　　　　　大法官及其權限

下列何者不是我國司法院大法官的權限？　(A)宣告政黨違憲與解散政黨　(B)抽象法規審查權　(C)解釋憲法　(D)行政處分有無違背法律　　　　　　　　　　【98普考-法學知識與英文】	(D)

● 大法官的原則？

沒有原則就是大法官的原則？

憲法是一個多種價值觀角力的場所，憲法法庭則是一個有多元價值代表的團體。每一個大法官本身難免不只代表一種價值觀，每一個案件所呈現的價值選擇也幾乎都是多樣的，當每一個案件所呈現的多種價值與每個大法官所代表的多種價值觀，因數學上的概率原理，而產生複雜的排列組合關係時，縱使每一個大法官堅持原則，始終如一，共同作成的決定，也可能看起來前後不一貫，案案不同，尤其如果持單一意識型態觀察大法官的解釋，難保不會產生「沒有原則就是大法官的原則」的印象。

這種情形在各級普通法院其實也存在，只是有些憲法訴訟的當事人大有來頭，掌握某種程度的發言權，如果有意藉機造勢，大法官就會經常被抹黑，加上大法官不語，社會輿論容易積非成是。社會輿論積非成是，並非僅只大法官個人專業信譽受損，而是直接波及司法權的威信，並進一步斲傷憲政秩序的根基。社會各界檢驗大法官解釋時，如能透澈憲法的多元價值與憲法法庭的多元價值組合，或許更能瞭解如何協助促進本國憲政秩序的健全與穩定，則國家大幸！（釋603—許玉秀協同意見書）

● 合憲性解釋

司法院大法官進行法律違憲審查時，認為法律合憲及違憲的解釋都有可能時，應盡可能選擇作合憲解釋。

● 修正前或已廢止法令的違憲審查必要性？

對於修正前或已廢止的法令，大法官應否進行違憲審查的判斷，應繫乎系爭的違憲狀態是否繼續存在，以及對當事人的法律利益是否有回復或救濟的可能性。大法官會議曾多次針對審理時因法令之訂定、修正，致原有之歧異已不復存在者，應認無解釋之利益，不予受理。

更清楚的是在釋字第572號解釋理由書：「釋字第371號解釋所稱，各級法院得以其裁判上所應適用之法律是否違憲為先決問題，裁定停止訴訟程序，聲請解釋憲法，其中所謂『先決問題』，係指審理原因案件之法院確信系爭法律違憲，顯然於該案件之裁判結果有影響者而言。如系爭法律已修正或廢止，而於原因案件應適用新法；或原因案件之事實不明，無從認定應否適用系爭法律者，皆難謂系爭法律是否違憲，為原因案件裁判上之先決問題」。因此應先作「爭議是否已解決之審查」為必要，否則將成為 <u>法制史上的違憲審查</u> ，甚至寓有為「落伍老法合憲背書」之虞。（釋659—陳新民協同意見書）

相關考題

下列敘述，何者係指合憲解釋？　(A)法官審理案件，應先審查所擬適用之法律是否合乎憲法意旨　(B)立法委員所制定的法律，不可以違反憲法的客觀意旨　(C)司法院大法官進行法律違憲審查時，認為法律合憲及違憲的解釋都有可能時，應盡可能選擇作合憲解釋　(D)上級行政機關對下級機關作成行政函釋時，應注意避免違反憲法意旨 【99四等基警行政警察-法學緒論】	(C)

關於司法院大法官之職權，下列敘述何者錯誤？ (A)解釋憲法 (B)提出憲法修正案 (C)審理政黨違憲解散事項 (D)國家機關間憲法權限爭議之解決　　　　　　　　　　　　　　　【109普考-法學知識與英文】	(B)
下列有關司法權之敘述，何者錯誤？ (A)法官為終身職，非受刑事或懲戒處分，或禁治產之宣告，不得免職 (B)法官須超出黨派以外，依據法律獨立審判，不受任何干涉 (C)司法院解釋憲法，並有統一解釋法律及命令之權 (D)司法院掌理公務員之懲戒及公職人員之財產申報事項　　　　　　　　　　　　　　　【107普考-法學知識與英文】	(D)
憲法第七章所定之「司法」，其掌理之事項不包括下列何者？ (A)民事訴訟 (B)刑事偵查及訴訟 (C)行政訴訟 (D)公務員懲戒　　　　　　　　　　　　　　　【108高考-法學知識與英文】	(B)
依司法院大法官解釋，下列何者並非憲法第80條所稱之法官？ (A)司法院大法官 (B)行政法院法官 (C)懲戒法院法官 (D)檢察官　　　　　　　　　　　　　　　【109高考-法學知識與英文】	(D)
下列何者不是司法院之權限？ (A)公務員懲戒 (B)犯罪偵查 (C)統一解釋法律命令 (D)解釋憲法　　　　　　　　　　　　　　　【109高考-法學知識與英文】	(B)

相關考題 　　　　　違憲審查	
司法院大法官解釋認為，下列何者係屬違憲審查範圍？　(A)重大政治問題　(B)屬議會自律事項　(C)領土範圍　(D)法律有無違反比例原則 【100四等行政警察-法學緒論】	（D）
依司法院大法官釋字第553號解釋，我國司法院大法官所掌之違憲審查案件，原則上不包括下列那種案件之審查？　(A)行政處分違憲　(B)政黨違憲　(C)法律違憲　(D)自治法規違憲 【100三等司法特考-法學知識與英文】	（A）
關於法律違憲審查制度，我國是採取何種設計方式？　(A)司法院大法官獨占法律之違憲宣告權　(B)各級法院法官均得為法律違憲之宣告　(C)司法院大法官以及最高法院法官均得為法律之違憲宣告　(D)法律牴觸憲法者應不予適用，任何機關均得為無效之宣告 【100三等司法特考-法學知識與英文】	（A）
當法律與憲法有無牴觸發生疑義時，應如何解決？　(A)由立法院重新修法　(B)由總統召集五院院長會商解決　(C)由司法院解釋之　(D)交由人民舉行公民投票決定　　【101四等行政警察-中華民國憲法概要】	（C）
關於憲法解釋，下列何項敘述為正確？　(A)法官審判案件時，確信法律牴觸憲法者，得停止訴訟並聲請大法官解釋　(B)法官之裁判違憲，人民不得請求釋憲　(C)大法官解釋憲法，但不得宣布法律牴觸憲法為無效　(D)大法官解釋憲法，只拘束聲請者，不拘束其他政府機關 【99四等海巡-法學知識與英文】	（A）

依司法院大法官釋字第371號解釋，法官於審判時，對於應適用的法律，依其合理之確信，認為有牴觸憲法之疑義者，應作下列何種處理？　(A)以憲法為本，排除適用有牴觸憲法之疑義的法律　(B)雖有疑義，仍應適用該法律，因為該法律已經總統公布生效　(C)停止訴訟，聲請司法院大法官解釋　(D)暫停訴訟，俟該管法院院長裁定後，依裁定結果辦理 【100四等司法特考-法學知識與英文】	(C)
法院適用法律而有違憲的疑慮時，可停止訴訟程序並採取下列何種作法？　(A)將該法律送交立法院審查　(B)將該法律送交上級法院審查　(C)將該法律送交職司憲法審查之機關　(D)法院得就該法律之內容進行實質審查 【101四等行政警察-法學緒論】	(C)
法官於審理案例時，對於應適用之法律，確信有違憲疑義者應：　(A)仍然受該法律之拘束　(B)逕行宣告該法律無效　(C)許其停止審判聲請釋憲　(D)呈報法院行政主管處理 【101四等行政警察-中華民國憲法概要】	(C)
A男與B男向戶政機關申請結婚登記而遭到否准，兩人遂提起行政爭訟，請問承審法官若認為民法的婚姻登記僅限異性戀婚姻已屬違憲，依司法院釋字第371號解釋之意旨，其應如何處理？　(A)應宣告違憲　(B)應拒絕適用　(C)應以裁定停止訴訟程序，聲請司法院解釋　(D)應以裁定停止訴訟程序，聲請最高法院解釋 【98四等司法特考-法學知識與英文】	(C)

【解析】

法官於審理案件時，對於應適用之法律，依其合理之確信，認為有牴觸憲法之疑義者，各級法院得以之為先決問題，裁定停止訴訟程序，並提出客觀上形成確信法律為違憲之具體理由，聲請本院大法官解釋。此所謂「法官於審理案件時」，係指法官於審理刑事案件、行政訴訟事件、民事事件及非訟事件等而言，因之，所稱「裁定停止訴訟程序」自亦包括各該事件或案件之訴訟或非訟程序之裁定停止在內。裁定停止訴訟或非訟程序，乃法官聲請釋憲必須遵循之程序。惟訴訟或非訟程序裁定停止後，如有急迫之情形，法官即應探究相關法律之立法目的、權衡當事人之權益及公共利益、斟酌個案相關情狀等情事，為必要之保全、保護或其他適當之處分。本院釋字第371號及第572號解釋，應予補充。（釋590）

相關考題

依司法院釋字第725號解釋之見解,大法官解釋宣告法令違憲而定期失效者,於所宣告失效期限尚未屆至前,對於聲請人據以聲請之確定終局裁判案件,聲請人如請求再審救濟,法院應如何處理? (A)予以駁回,以免影響法律效力之安定性 (B)予以駁回,因該法令尚屬有效 (C)應受理並為實體判決 (D)應受理,但以該法律尚未失效為由,實體無理由駁回 【107高考-法學知識與英文】	(C)
依司法院大法官解釋意旨,關於法官聲請釋憲之要件,下列何者錯誤? (A)限於最高法院或最高行政法院繫屬中之案件 (B)聲請解釋之標的,須為法官審理案件時應適用之法律 (C)聲請解釋之法官,須提出客觀上形成確信法律為違憲之具體理由 (D)聲請解釋之法官,得以之為先決問題裁定停止訴訟程序 【108高考-法學知識與英文】	(A)

● 法官之獨立審判

　　法官須超出黨派以外，依據法律獨立審判，不受任何干涉。(憲§80)可是實際上法官還是人，還是會有自己的喜好，要說不受任何的干涉，恐怕只是一種理想。譬如陳水扁涉及貪污弊案，如果法官不將陳某羈押，可能從外界的角度來看，就會認為這位法官一定是偏綠；如果把陳某羈押，又可能被冠上藍軍打手的標誌，至於法官到底有沒有超出黨派以外，因為牽涉到內心的活動，難以從外觀判斷，恐怕只有法官自己知道了。

● 終身職保障

　　法官為終身職，非受刑事或懲戒處分或禁治產之宣告，不得免職。非依法律，不得停職、轉任或減俸。(憲§81)這是法官身分權的保障，讓法官得以獨立審判，不畏權勢。但是法官的選任制度是考試，只要考上幾乎就是終身職，其他幾乎沒有一種良好的過濾機制。可是會考試的人，不一定就是好的法官，所以現在有「法官法」的推動，希望透過一定法律制度的規範，能夠好好過濾與管理法官。

● 預算之特別保障

　　司法院所提出之年度司法概算，行政院不得刪減，但得加註意見，編入中央政府總預算案，送立法院審議。(憲增§5Ⅵ)

相關考題 獨立審判

下列何者敘述與司法獨立無關？　(A)法官須超出黨派以外，依據法律獨立審判　(B)法官不受任何形式的干涉，僅受法律拘束　(C)最高司法機關基於司法自主性，得就審理事項發布規則　(D)司法機關公布案件件數統計資料　【104司法四等-法學知識與英文】	(D)
憲法上規定，非依法律，不得對法官之作為中，下列何者錯誤？　(A)調職　(B)轉任　(C)減俸　(D)停職　【103四等地特-法學知識與英文】	(A)
下列何者不屬於司法獨立之內容？　(A)法官終身職保障　(B)法官須超出黨派　(C)法官離職後執行律師業務之限制　(D)遵守法定法官原則　【105三等警察-法學知識與英文】	(C)
憲法第80條規定「法官須超出黨派以外，依據法律獨立審判，不受任何干涉」，此處之法官不包括：　(A)大法官　(B)行政法院法官　(C)檢察總長　(D)公務員懲戒委員會委員　【98四等基警-憲法概要】	(C)
依司法院釋字第530號解釋，下列有關法官依法律獨立審判之敘述，何者正確？　(A)為免妨礙法官獨立審判，最高司法機關不得發布任何有關審理事項之規則　(B)為免妨礙法官獨立審判，最高司法機關無司法行政監督權　(C)最高司法機關所發布涉及審判上之法律見解的命令，法官必須遵守　(D)檢察官須受檢察總長或其所屬檢察長之指揮監督，與法官獨立審判尚屬有別　【98四等司法特考-法學知識與英文】	(D)

【解析】

檢察官有所謂「檢察一體」之原則。

相關考題 預算之特別保障

司法院之年度預算應如何編列？　(A)司法院所提出之年度司法概算，行政院刪減後，編入中央政府總預算案，送立法院審議　(B)行政院所提出之年度司法概算，編入中央政府總預算案，送立法院審議　(C)司法院所提出之年度司法概算，行政院得加註意見，編入中央政府總預算案，送立法院審議　(D)司法院所提出之年度司法概算，行政院得刪減或加註意見，編入中央政府總預算案，送立法院審議　【99高考三級-法學知識與英文】	(C)

依據司法院大法官解釋，下列何者非屬狹義之法院？　(A)臺灣臺北地方法院簡易庭法官　(B)臺北高等行政法院法官　(C)最高法院檢察署檢察官　(D)公務員懲戒委員會委員　　　　　　　　　　【100關稅三等-法學知識】	(C)
有關司法獨立之敘述，下列何者錯誤？　(A)憲法第80條有關司法權獨立之規定，係屬制度保障　(B)法官有終身職保障規定，旨在藉以維護審判獨立　(C)司法院所為司法行政監督措施，若未影響法官身分權益，亦不影響審判獨立，即非法之所禁　(D)依法院組織法所設之庭長係屬憲法所保障之法官，司法院以行政命令使法官免兼庭長，係屬違憲行為　　　　　　　　　　　　　　　　　　　　　【100關稅四等-法學知識】	(D)

關於憲法第81條法官身分保障之敘述，下列何者錯誤？　(A)法官身分保障，其目的在於保障法官之審判獨立　(B)憲法第81條所指之法官，包含檢察官　(C)公務員懲戒委員會委員受憲法第81條之保障　(D)法官非有懲戒事由，不得以法律予以減俸　　　　　【100關稅三等-法學知識】	(B)
下列何者不屬於受憲法第81條獨立行使職權保障之法官？　(A)最高行政法院法官　(B)地方法院簡易庭法官　(C)公務人員保障暨培訓委員會委員　(D)公務員懲戒委員會委員　　【101四等行政警察-中華民國憲法概要】	(C)
下列何者無固定任期？　(A)大法官　(B)監察委員　(C)最高法院院長　(D)審計長　　　　　　　　　　　　【99地方特考四等-法學知識與英文】	(C)

依憲法增修條文規定，關於司法院所提出之年度司法概算的敘述，下列何者錯誤？　(A)行政院得加註意見　(B)編入中央政府總預算案　(C)由立法院審議　(D)立法院不得刪減　　【100四等司法特考-法學知識與英文】	(D)
為促進司法權之獨立，憲法增修條文對司法預算有何規定？　(A)司法院所提年度司法概算，不須編入中央政府總預算案，直接由司法院送請立法院審議　(B)司法院所提年度司法概算，須編入中央政府總預算案，但由司法院送請立法院審議　(C)司法院所提年度司法概算，須編入中央政府總預算案，行政院雖得予刪減，但須加註意見說明理由後，方得送請立法院審議　(D)司法院所提年度司法概算，須編入中央政府總預算案，行政院不得刪減，但可加註意見後，送請立法院審議　　　　　　　　　　　　　【100三等調查特考-法學知識與英文】	(D)

● 暫時處分

　　如因系爭憲法疑義或爭議狀態之持續、爭議法令之適用或原因案件裁判之執行，可能對人民基本權利、憲法基本原則或其他重大公益造成不可回復或難以回復之重大損害，而對損害之防止事實上具急迫必要性，且別無其他手段可資防免時，即得權衡作成暫時處分之利益與不作成暫時處分之不利益，並於利益顯然大於不利益時，依聲請人之聲請，於本案解釋前作成暫時處分以定暫時狀態。（釋599）

相關考題	暫時處分	
依司法院釋字第599號解釋，有關大法官作成暫時處分要件之敘述，下列何者錯誤？　　(A)爭議法令之適用可能對人民基本權利造成不可回復或難以回復之重大損害　　(B)對人民基本權利損害之防止事實上具急迫必要性　(C)別無其他手段可資防免　　(D)暫時處分於本案解釋後仍得作成 【104司法三等-法學知識與英文】	（D）

6 考試院

● 考試院之概述

　　雖然有眾多質疑認為考試權不應該獨立成為五權之一，但或許是千年來為國舉才主要是依賴考試制度，獨立的考試權業已成為我國政治制度的重要特色。憲法增修條文第6條規定，考試院為國家最高考試機關，掌理考試、公務人員之銓敘、保障、撫卹、退休事項及公務人員任免、考績、級俸、陞遷、褒獎之法制事項。（憲法第85條不再適用）

　　依我國憲法五權分立之精神，與行政、立法、司法、監察等四院立於平等地位而獨立行使職權。除考試之外，更為公部門人事法制最高主管機關，肩負著健全文官法制，激勵公務人員士氣，強化公務員素質與能力，提升國家競爭力，強化行政中立與落實倫理價值的主要責任，如引人爭議的強制3%丙等制度，就是由關中任內所提出的考績法修正草案（依據憲法第87條：「考試院關於所掌事項，得向立法院提出法律案。」）。

　　考試院除院本部外，為執行其所職掌之業務，轄下還包括四個所屬機關，分別是考選部、銓敘部、公務人員保障暨培訓委員會（以下簡稱保訓會）及公務人員退休撫卹基金監理委員會（以下簡稱基金監理會）。

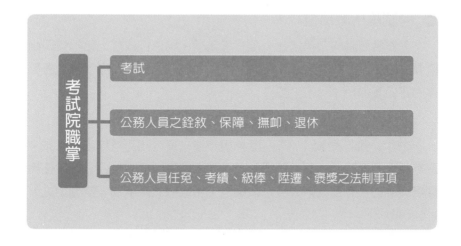

● 考試制度的再省思

「德智體群美，五育並重。」相信這段話都能耳熟能詳，但是真正能落實者大概只有國小，公務人員之選任恐怕只剩下一個「智」字。尤其是司法官考試，近年來司法官的風紀備受矚目，只要會考試者就有機會當上司法官，甚至於完全沒有社會經驗的學生也是一樣，只能期盼短短的司法官訓練，能夠讓這些初出社會不畏虎的莘莘學子，能從訓練中獲得對於人生的體認。

但是，這真的有可能嗎？當上了司法官，更是幾乎沒有淘汰機制，司法象牙塔中有多少亂流在其中轉動，人民依賴的正義到底有多麼的不堪，恐怕打開來一看，只剩下「腐爛」二字了。

● 考試院所屬單位

考試院所屬的二部二會，各有其執掌，另依行政院人事行政局組織條例規定，該局有關考銓業務，應受考試院監督。有關二部二會職掌內容如下：

一、考選部

主管公務人員考試、專門職業與技術人員考試等各種國家考試，及監督受委託機關、團體辦理各項考試。依憲法規定：公務人員任用資格與專門職業及技術人員執業資格，應經考試院依法考選銓定之。（憲§86）

二、銓敘部

掌理公務人員任免、考績、級俸、陞遷、保險、退休、撫卹、退撫基金之管理及各政府機關人事機構之管理等事項。

三、公務人員保障暨培訓委員會

簡稱保訓會，負責有關公務人員權利保障與訓練進修政策、法制事項，並執行各項保障業務暨規劃辦理公務人員考試筆試錄取人員訓練、升任官等及行政中立等項訓練。

四、公務人員退休撫卹基金監理委員會

負責公務人員退休撫卹基金的審議、監督及考核事項。公務人員的退休撫卹金過去是全數由政府編列預算支應，因受到公務人員待遇改善、國民平均壽命延長，以及退撫人數不斷增加等因素影響，退撫經費迅速膨脹，政府預算籌編日益困難，為謀因應，經修正公務人員退休法及撫卹法部分條文，自民國84年7月開始，改為由政府與公務人員共同撥繳費用，設立基金支應，並於84年5月1日成立基金監理會及基金管理會，積極推動此一退撫制度。

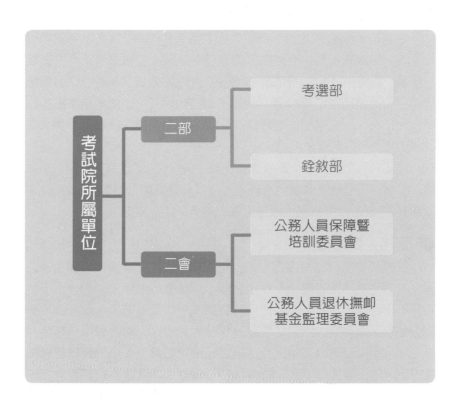

相關考題

對於公務員服務之績效所為的考核,屬下列何者? (A)考試 (B)考績 (C)陞遷 (D)保障 【99四等身障特考一般行政-法學知識】	(B)
依憲法增修條文規定,下列那個機關掌理公務人員任免、考績、級俸、陞遷、褒獎之法制事項? (A)司法院 (B)考試院 (C)法務部 (D)行政院人事行政局 【98四等地方特考-法學知識與英文】	(B)

● 考試院之組成與任命

原憲法第84條規定：「考試院設院長、副院長各1人，考試委員若干人，由總統提名，經監察院同意任命之。」但後來修正為考試院設院長、副院長各1人，考試委員若干人，由總統提名，經立法院同意任命之，不適用憲法第84條之規定。（憲增§6Ⅱ）也就是原本由監察院同意任命，因監察院在增修條文規定中，已經喪失民意的基礎，因此改由立法院同意任命。

考試院另置秘書長、副秘書長各1人。考試院的政策及有關重大事項，都需經過考試院會議討論決定。考試院之組織，以法律定之。（憲§89）目前則是以考試院組織法，來規範考試院之組織。

● 公務人員之選拔

原憲法本文第85條規定：「公務人員之選拔，應實行公開競爭之考試制度，並應按省區分別規定名額，分區舉行考試。非經考試及格者，不得任用。」然而，因為目前實質統治區域僅有臺、澎、金、馬四個地區，充其量也不過就是臺灣省及福建省，而福建省也只有金、馬二地，所以沒有再按省區分別規定名額之必要，以及分區舉行考試之規定，因此憲法增修條文第6條第3項規定：「憲法第85條有關按省區分別規定名額，分區舉行考試之規定，停止適用。」然而憲法第85條僅停止適用部分條文之內容，其餘如「公務人員之選拔，應實行公開競爭之考試制度」，以及「非經考試及格者，不得任用」等內容，仍有適用之餘地。

● 超出黨派、獨立行使職權

考試委員須超出黨派以外，依據法律獨立行使職權。（憲§88）

● 不受連任之限制

司法院大法官任期8年，不得連任（憲增§5Ⅱ），但考試委員沒有任期之規定，也沒有連任的限制，監察委員、立法委員亦同。

相關考題　　　　考試院所屬機關與職權	
下列何者隸屬於考試院？　(A)公務員懲戒委員會　(B)公務人員保障暨培訓委員會　(C)法官學院　(D)公務人力發展中心 【104高考-法學知識與英文】	(B)
依憲法、憲法增修條文及考試院組織法規定，有關考試委員之敘述，下列何者錯誤？　(A)考試委員由總統提名，經立法院同意任命之　(B)考試委員任期6年　(C)考試委員須超出黨派，依據法律獨立行使職權　(D)憲法增修條文明文規定設考試委員15人【105三等警察-法學知識與英文】	(D)
下列何者不屬於考試院之職權？　(A)公務員之銓敘　(B)公務員之考績　(C)公務員之懲戒　(D)公務員之撫卹　　　【99普考-法學知識與英文】	(C)
下列何者不屬於考試院掌理之事項？　(A)公務員之懲戒　(B)公務人員考試　(C)公務人員之銓敘、保障、撫卹、退休　(D)專門職業及技術人員執業資格考試　　　　　　　【100地方特考三等-法學知識與英文】	(A)
下列機關中，何者不是考試院所屬機關？　(A)公務人員保障暨培訓委員會　(B)銓敘部　(C)考選部　(D)人事行政局 【100四等司法特考-法學知識與英文】	(D)
下列何者非考試院所掌理之事項？　(A)公務人員之銓敘　(B)國立大學教授之聘用　(C)公務人員之保障　(D)司法官任免之法制事項 【100關稅四等-法學知識】	(B)
對於符合擔任公務人員之資格者，給予分發職務，屬下列何者？　(A)考試　(B)任用　(C)銓敘　(D)陞遷 【100四等行政警察-中華民國憲法概要】	(B)
下列何者非隸屬司法院？　(A)各級法院　(B)各級行政法院　(C)公務人員保障暨培訓委員會　(D)公務員懲戒委員會　【107高考-法學知識與英文】	(C)
考試院掌理有關公務人員之事項，不包含下列何者？　(A)保障　(B)銓敘　(C)撫卹　(D)彈劾　　　　　　　【107普考-法學知識與英文】	(D)

關於考試委員的敘述，下列何者錯誤？　(A)依據法律獨立行使職權　(B)須超出黨派之外　(C)由總統提名　(D)為事務官 　　　　　　　　　　【100四等行政警察-中華民國憲法概要】	(D)
下列何者不受連任之限制？　(A)大法官　(B)考試委員　(C)總統　(D)直轄市市長　　　　　　　　　　【99三等關務-法學知識】	(B)
依憲法增修條文規定，考試院委員人數為：　(A)9人　(B)15人　(C)19人　(D)未規定　　　　　　　　　　【98普考-法學知識與英文】	(D)
下列何者受憲法獨立行使職權之保障？　(A)考選部部長　(B)銓敘部部長　(C)考試委員　(D)保訓會委員　【99四等身障特考一般行政-法學知識】	(C)

有關監察院院長、副院長及監察委員之提名及任命程序，下列敘述何者正確？　(A)總統享有主動提名權　(B)總統享有消極不提名權　(C)立法院享有消極不行使之同意權　(D)立法院不得就提名之人選予以審查 　　　　　　　　　　【105司特四等-法學知識與英文】	(A)
考試院副院長如何產生？　(A)由考試院院長任命之　(B)由考試委員互選之　(C)由總統提名，經監察院同意任命之　(D)由總統提名，經立法院同意任命之　　　　　　　　　　【101四等一般警察-法學知識】	(D)
考試院設考試委員若干人，由總統提名，經下列何者同意任命之？ (A)行政院　(B)立法院　(C)司法院　(D)監察院 　　　　　　　　　　【101四等行政警察-中華民國憲法概要】	(B)
依憲法增修條文之規定，考試委員如何產生？　(A)考試院院長任命之　(B)考試院副院長任命之　(C)總統提名，經立法院同意任命之　(D)總統提名，經監察院同意任命之　　　　　　【100關稅四等-法學知識】	(C)

相關考題　　　　　　　　（增6Ⅰ）考試範圍

下述何種考試不屬於憲法增修條文第6條所稱之考試之範圍？　（A)律師高考　(B)大學指考　(C)警察人員升官等考試　(D)外交領事人員特考　【101員級鐵路人員-法學知識與英文】	（B）

相關考題　　　　　　　　　　其他

依憲法規定，下列關於考試院之敘述，何者錯誤？　(A)考試院為國家最高考試機關　(B)考試委員須超出黨派以外，依據法律獨立行使職權　(C)考試委員在院內所為之言論及表決，對院外不負責任　(D)考試院關於所掌事項，得向立法院提出法律案　　【104普考-法學知識與英文】	（C）

7 監察院

● 監察制度之歷史

　　我國的監察制度起源於秦、漢時代，當時由御史府（台）掌管監察工作，漢武帝時增置丞相司直及司隸校尉，同司糾察之任，並設十三部刺史分察地方。東漢光武帝因襲前制，惟以司隸校尉及十二部刺史分察地方。魏、晉以後，略有變革。隋、唐以來，分置「台」「諫」兩職，御史台主監察文武官史，諫官主諫正國家帝王，並仿漢代刺史之制，分全國為十五道派使巡察地方（如同現在監察委員也有轄區制度）。

　　宋初仍因襲唐朝的制度，惟中葉以來，台臣與諫官之職掌逐漸不分，導致元代以後「台」「諫」開始合而為一。一直到了明、清兩代，以「都察院」掌理政風，對地方監察益趨嚴密，從十三道監察御史增為十五道，清朝末年，更按省分而大幅增加為二十道，明奏密劾，揚善除奸，充分發揮整飭綱紀之功效。

【御史的笑話】

　　一個流傳多年已不可考的笑話，侍郎、尚書、御史三個官員走在路上，看見一隻狗從三人面前跑過，御史藉機會問侍郎：「是狼是狗？（侍郎是狗）」

　　侍郎很無奈又很氣憤地回稱：「是狗。」

　　尚書和御史大笑，並問道：「你怎麼知道是狗？」

　　侍郎答稱：「看尾巴，下垂是狼，上豎（尚書）是狗。」

　　這次換尚書臉色大變，侍郎接著又說：「此外，還可以從吃東西的習性來觀察，狼是肉食，狗是遇肉吃肉、遇屎吃屎（御史吃屎）。」

朝 代	名 稱
秦、漢	御史府（台） 漢武帝：增置丞相司直及司隸校尉，設十三部刺史 東漢光武帝：因襲前制，惟以司隸校尉及十二部刺史分察地方
隋、唐	分置「台」「諫」兩職，御史台主監察文武官史，諫官主諫正國家帝王 分全國為十五道派使巡察地方
宋	初期，因循唐朝制度 中期，台臣與諫官之職掌逐漸不分，導致元代以後「台」「諫」開始合而為一
明、清	以「都察院」掌理政風，對地方監察益趨嚴密，從十三道監察御史增為十五道 清末：按省分而大幅增加為二十道

● 民國時代之監察制度發展

　　國父孫中山先生領導中國革命，倡行「五權憲法」，擷取歐美三權分立制度，與中國御史諫官制度及考試制度之優點，於行政、立法、司法三權之外，另增監察、考試兩權。民國成立，北京政府仍照歐美三權分立原則，以彈劾權屬諸國會。民國（下同）17年北伐完成，全國統一，國民政府始實行五權分治。同年2月設審計院，20年2月成立監察院，並將審計院撤銷，依法改部，隸屬監察院，此為國民政府最高監察機關，行使彈劾及審計權，26年對日抗戰後又行使糾舉及建議二權。

　　中華民國憲法於36年12月25日施行，依憲法規定，由各省市議會、蒙古西藏地方議會及華僑團體選舉出第一屆監察委員，並於37年6月5日正式成立行憲後之監察院。行憲之初，監察院在各地區原分設有各區監察委員行署，大陸撤退後，均已暫行裁撤。

　　81年5月第二屆國民大會集會，通過憲法增修條文，規定監察院設監察委員29人，並以其中1人為院長，1人為副院長，任期6年，由總統提名，經國民大會同意任命之，監察委員之產生，不再由地方議會選舉產生。第二屆監察委員依此一規定，由總統提名，經國民大會同意任命後，自82年2月1日開始行使職權。

　　第三屆仍照第二屆方式辦理。89年4月，第三屆國民大會第五次會議，再次修正憲法增修條文，將監察院監察委員、院長、副院長任命之同意權，移立法院立法委員行使，即監察院監察委員、院長、副院長，將由總統提名，經立法院同意任命之。

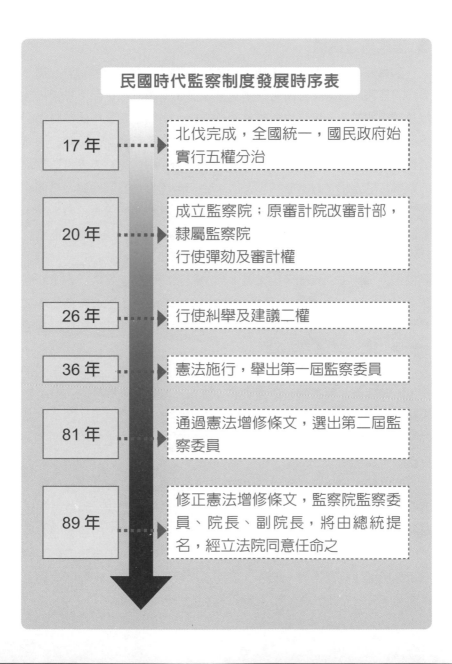

民國時代監察制度發展時序表

17 年	北伐完成，全國統一，國民政府始實行五權分治
20 年	成立監察院；原審計院改審計部，隸屬監察院 行使彈劾及審計權
26 年	行使糾舉及建議二權
36 年	憲法施行，舉出第一屆監察委員
81 年	通過憲法增修條文，選出第二屆監察委員
89 年	修正憲法增修條文，監察院監察委員、院長、副院長，將由總統提名，經立法院同意任命之

● 監察院之職權

　　監察院為國家最高監察機關，得行使彈劾、糾舉及審計權。(憲增§7Ⅰ)監察院經各該委員會之審查及決議，得提出糾正案，移送行政院及其有關部會，促其注意改善。(憲§97Ⅰ)監察院為行使監察權，得向行政院及其各部會調閱其所發布之命令及各有關文件。(憲§95)監察法第26條規定，監察院為行使監察職權，得由監察委員持監察證或派員持調查證，赴各機關、部隊、公私團體調查檔案冊籍及其他有關文件，各該機關、部隊或團體主管人員及其他關係人員不得拒絕。依監察法第3條規定，監察委員得分區巡迴監察；第4條規定，監察院及監察委員得收受人民書狀。依監試法第1條規定，政府舉行考試時，除檢覈外，均由考試院考選機關，分請監察院或監察委員行署派員監試。(註：立法院會於民國110年4月13日三讀通過廢止監試法之提案，同年4月23日廢止。)又依公職人員財產申報法規定，監察院並依法受理公職人員財產之申報。

　　依上所述，監察院具有行使彈劾、糾舉及審計權，並得提出糾正案，以及收受人民書狀、巡迴監察、調查、監試、受理公職人員財產申報等職權。以上各項職權之行使，始於調查，終於提出糾正案或彈劾、糾舉。監察委員行使調查權，除自動調查外，其主要來源即是人民書狀。

　　監察院收受人民書狀後，由監察院業務處第二組簽註意見，送呈值日委員核批。其經核批調查者，由監察院依籤定席次，輪派監察委員調查並提出調查報告。調查報告屬於糾正案性質者，由各有關委員會處理；屬於彈劾案或糾舉案性質者，應交付審查，由全體監察委員按序輪流擔任審查委員；經審查成立者，移付司法院公務員懲戒委員會審理，或送交被糾舉人員之主管長官或上級長官處理。

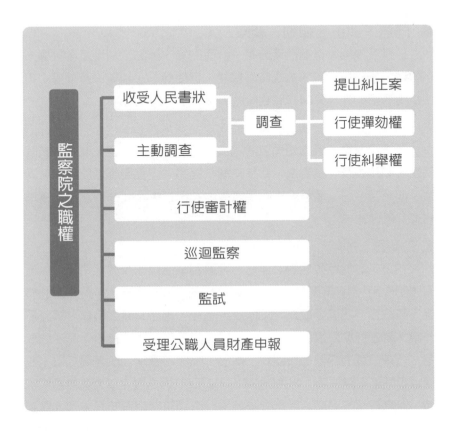

● 調查權之相關規定與實務見解

　　憲法第95條：「監察院為行使監察權，得向行政院及其各部會調閱其所發布之命令及各種有關文件。」

　　憲法第96條：「監察院得按行政院及其各部會之工作，分設若干委員會，調查一切設施，注意其是否違法或失職。」

　　調查權仍應專由監察院行使，立法院僅具有調閱文件權。（釋325）

● 同意、糾正、彈劾、糾舉

　　監察院為國家最高監察機關，行使同意、彈劾、糾舉及審計權。（憲§90）監察院為國家最高監察機關，行使彈劾、糾舉及審計權，不適用憲法第90條及第94條有關同意權之規定。（憲增§7 I）

一、同意權

　　所謂同意權，過去如司法院院長、副院長、大法官，以及考試院院長、副院長及考試委員，都是由總統提名，還需要經過監察院之同意，但時至今日，隨著監察院民意基礎業已喪失，此一同意權亦遭增修條文所剝奪。

二、糾正

　　糾正，對於行政機關之作為，表達希望能儘速改進之看法，並沒有強制作用，有如口頭告誡之效果。監察法第24條規定，監察院於調查行政院及其所屬各機關之工作及設施後，經各有關委員會之審查及決議，得由監察院提出糾正案，移送行政院或有關部會，促其注意改善。行政院或有關部會接到糾正案後，應即為適當之改善與處置，並應以書面答復監察院；如逾2個月仍未將改善與處置之事實答復監察院時，監察院得經有關之委員會決議，以書面質問或通知其主管人員到院質問之。

【實務案例：竹竿性侵事件】

　　民國85年，一名4歲女童遭遊民以竹竿插下體，肚破腸流，因為腸子只剩下8公分，無法吸收養分，2009年18歲死亡。該案件判決反覆，因當初事證蒐集並不齊全，法院多次判決無罪，卻也多次判決8年刑期，最後還是因為證據不足而無罪定讞。本案因逾公務員懲戒法10年追訴時效規定，導致監察院無法議處當時有關違法人員，只能提出糾正案。

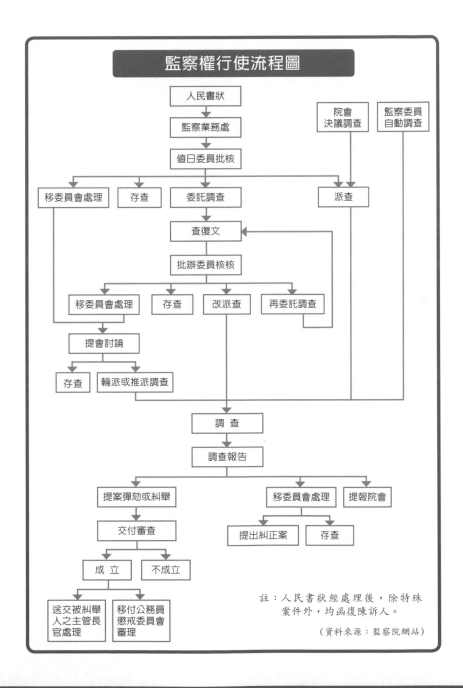

監察權行使流程圖

註：人民書狀經處理後，除特殊案件外，均函復陳訴人。

（資料來源：監察院網站）

三、彈劾

　　彈劾，是指對於公務人員違法失職之行為，經監察委員調查後，依法提出彈劾案於法定之懲戒機關，科以制裁之作為。

　　監察院對於中央及地方公務人員，認為有失職或違法情事，得提出糾舉案或彈劾案，如涉及刑事，應移送法院辦理。（憲§97Ⅱ）

　　監察院對於中央及地方公務人員，認為有違法失職情事，得提出彈劾案，依憲法增修條文及監察法規定，監察院對於中央、地方公務人員及司法院、考試院人員之彈劾案，須經監察委員2人以上之提議，<u>9人以上之審查及決定</u>，始得提出，不受憲法第98條之限制。（憲增§7Ⅲ）

> **【憲法第98條】**
> 監察院對於中央及地方公務人員之彈劾案，須經監察委員1人以上之提議，9人以上之審查及決定，始得提出。

　　彈劾案件之審查委員，由全體監察委員按序輪流擔任，每案通知13人參加，其與該案有關係者應行迴避。審查結果如不成立，而提案委員有異議時，得提請再審查，另付其他監察委員9人以上再審查，為最後之決定。提出彈劾案時，如認為被彈劾人員違法失職之行為情節重大，有急速救濟之必要者，得通知該主管長官為急速救濟之處理；其違失行為涉及刑事或軍法者，並應逕送各該管司法或軍法機關依法處理。監察院院長對於彈劾案不得指使或干涉。監察院人員對於彈劾案在未經移付懲戒機關前，不得對外宣洩，惟經審查委員決定公布之案件，則於移付懲戒時，由監察院公布之。懲戒機關於收到被彈劾人員答辯時，應即通知監察院，轉知原提案委員，原提案委員如有意見，應於10日內提出，轉送懲戒機關，懲戒機關逾3個月尚未結辦者，監察院得質問之。

【總統副總統之彈劾權】

立法院對於總統、副總統之彈劾案，須經全體立法委員二分之一以上之提議，全體立法委員三分之二以上之決議，聲請司法院大法官審理，不適用憲法第90條、第100條及增修條文第7條第1項有關規定。（憲增§4 VII）所以，總統、副總統之彈劾權屬於立法院，監察院雖有彈劾權，但並不包括對於總統、副總統之彈劾權。

【憲法第90條】

監察院為國家最高監察機關，行使同意、彈劾、糾舉及審計權。

【憲法第100條】

監察院對於總統、副總統之彈劾案，須有全體監察委員四分之一以上之提議，全體監察委員過半數之審查及決議，向國民大會提出之。

【憲法增修條文第7條第1項】

監察院為國家最高監察機關，行使彈劾、糾舉及審計權，不適用憲法第90條及第94條有關同意權之規定。

【司法院或考試院人員之彈劾權】

監察院對於司法院或考試院人員失職或違法之彈劾，適用本憲法第95條、第97條及第98條之規定。（憲§99）

相關考題	（增7 I III）彈劾	
依憲法之規定與司法院釋字第33號及第262號解釋，下列何者非監察院彈劾之對象 (A)中央與地方民意代表 (B)軍人 (C)司法院人員 (D)考試院人員 【105四等警察-法學知識】		(A)
監察委員所提出之彈劾案，須經幾人以上之審查及決定？ (A)9人 (B)7人 (C)5人 (D)3人 【101普考-法學知識與英文】		(A)
依現行憲法之規定，下列何者非監察院得彈劾之對象？ (A)總統 (B)監察委員 (C)司法院院長 (D)考試院院長 【100三等調查特考-法學知識與英文】		(A)
依現行憲政體制，監察院彈劾權行使之對象，不包括下列何者？ (A)總統、副總統 (B)民選之行政首長 (C)司法院人員 (D)考試院人員 【100四等行政警察-中華民國憲法概要】		(A)

四、糾舉

　　糾舉，公務人員有違法失職之行為，可對其行為舉發於主管機關或其上級機關。

　　監察院對於中央及地方公務人員，認為有失職或違法情事，得提出糾舉案或彈劾案，如涉及刑事，應移送法院辦理。（憲§97Ⅱ）

　　監察委員對於公務人員認為有違法或失職之行為，應先予停職或其他急速處分時，得以書面糾舉，經其他監察委員3人以上之審查及決定，由監察院送交被糾舉人員之主管長官或其上級長官，其違法行為涉及刑事或軍法者，應逕送各該管司法或軍法機關依法辦理。

　　監察委員於公派執行職務之該管監察區內，對薦任以下公務人員提議糾舉案於監察院，必要時得通知主管長官或其上級長官予以注意。被糾舉人員之主管長官或其上級長官接到糾舉書後，除關於刑事或軍法部分，另候各該管機關依法辦理外，至遲應於1個月內，依公務員懲戒法之規定予以處理，並得先予停職或為其他急速處分，其認為不應處分者，應即向監察院聲復理由。

　　被糾舉人員之主管長官或其上級長官，對於糾舉案如不依規定處理，或處理後監察委員2人以上認為不當時，得改提彈劾案，如被糾舉人員因改被彈劾而受懲戒時，其主管長官或其上級長官應負失職責任。

相關考題	監察院之職權	
下列何者並非監察委員之職權？　(A)彈劾法官　(B)糾舉衛生福利部所屬公務員　(C)彈劾立法委員　(D)糾正國家發展委員會之施政措施　　　　　　　　　　　　　　　　　　【104司法四等-法學知識與英文】		(C)
下列何者為監察院之職權？　(A)彈劾正副總統　(B)彈劾監察院人員　(C)糾舉立法委員　(D)糾正考試委員　　　　　　　　　　　　【104普考-法學知識與英文】		(B)

相關考題	監察院之職權	
下列何者屬於憲法規定監察院行使糾正權之對象？　(A)總統　(B)考試院　(C)司法院及各級法院　(D)行政院及其有關部會　【99第二次司法特考-法學知識與英文】		(D)
監察院為行使監察權，得向行政院各部會調閱其所發布之命令及各種有關文件，此項權力稱為：　(A)糾舉權　(B)彈劾權　(C)審計權　(D)調查權　【98四等基警-憲法概要】		(D)
監察院認為中央及地方公務人員有違法或失職情事時，得提出：　(A)糾正案　(B)訴願案　(C)懲戒或懲處案　(D)糾舉或彈劾案　【98四等基警-憲法概要】		(D)
依憲法規定，下列何者不屬於監察院之職權？　(A)對行政機關之糾正　(B)對公務人員違法、失職之糾舉、彈劾　(C)對公務人員為懲戒　(D)對行政院所提決算進行審核　【98高考三級-法學知識與英文】		(C)
憲法規定監察院行使糾正權之對象為何？　(A)總統　(B)立法院　(C)司法院及各級法院　(D)行政院及其有關部會【98國安局五等-法學大意】		(D)
依司法院釋字第325號解釋所述，下列何者得行使調查權？　(A)總統　(B)考試院　(C)監察院　(D)行政院【98四等地方特考-法學知識與英文】		(C)
我國現行制度，監察委員可單獨行使：　(A)同意權　(B)彈劾權　(C)調查權　(D)糾舉權　【97鐵公路佐級公路監理-法學大意】		(C)
以下何者不屬於監察院的職權？　(A)調查權　(B)糾正權　(C)審計權　(D)主計權　【99三等關務-法學知識】		(D)
依憲法本文規定，下列何種權限不屬於監察院所有？　(A)彈劾權　(B)糾舉權　(C)懲戒權　(D)審計權　【99四等身障特考一般行政-法學知識】		(C)
下列有關監察院之敘述，何者錯誤？　(A)監察委員任期6年　(B)監察院設監察委員29人　(C)監察委員由總統提名　(D)監察院不得對司法人員提出彈劾案　【102初等一般行政-公民與英文】		(D)

下列有關監察院之敘述，何者正確？ (A)修憲後，監察院仍相當於民主國家之國會 (B)監察院不得對軍人提出彈劾案 (C)監察院院長由監察委員互選之 (D)監察委員獨立行使職權 【107普考-法學知識與英文】	(D)
依憲法、增修條文與司法院大法官解釋，下列關於調查權之敘述，何者錯誤？ (A)立法院有文件調閱權 (B)監察院有調查權 (C)立法院經院長同意，即可要求與調查事項相關之人員陳述意見 (D)立法院行使調查權之程序應以法律定之 【107普考-法學知識與英文】	(C)
依監察法第26條規定，監察院為行使監察職權，得由監察委員持下列何種證件，赴各機關部隊公私團體調查檔案冊籍及其他有關文件？ (A)調查證 (B)指揮證 (C)委員證 (D)監察證 【107高考-法學知識與英文】	(D)
根據憲法增修條文之規定，下列何者之任期為憲法所明文保障？ (A)行政院院長 (B)監察院院長 (C)考試院院長 (D)司法院院長 【108普考-法學知識與英文】	(B)
關於司法院院長之職權，下列敘述何者錯誤？ (A)綜理院務 (B)主持大法官會議，而當決議可否同數時，取決於主席 (C)監督所屬機關 (D)為集思廣益，研商重要事項，得召開司法院會議 【108普考-法學知識與英文】	(B)
下列那一種案件類型，非屬我國憲法中司法權之行使範圍？ (A)訴願之決定 (B)行政訴訟之審判 (C)公務員之懲戒 (D)解釋憲法 【108普考-法學知識與英文】	(A)
依憲法增修條文規定，監察院不再行使下列何種職權？ (A)糾舉權 (B)糾正權 (C)同意權 (D)審計權 【109高考-法學知識與英文】	(C)

相關考題　（95）文件調閱權

有關監察院對監察院人員彈劾之敘述，下列何者正確？　(A)監察院無權對於監察院人員進行彈劾　(B)監察院僅得對監察院人員之失職進行彈劾　(C)監察院僅得對監察院人員之違法進行彈劾　(D)監察院對監察院人員彈劾時，得行使文件調閱權【100關稅四等-法學知識】	(D)

相關考題　（90、增71）監察委員與其掌理事項

對於行政院及其各部會之工作，如有違法或失職，則監察院得提出何種措施？　(A)彈劾案　(B)糾舉案　(C)糾正案　(D)懲戒案【100四等司法特考-法學知識與英文】	(C)
在我國負責監督政府所屬全國各機關預算之執行機關為下列何者？(A)行政院金融監督管理委員會　(B)財政部　(C)經濟部　(D)審計部【99地方特考三等-法學知識與英文】	(D)
依憲法增修條文之規定，監察院不再享有下列何種權力？　(A)彈劾權(B)糾舉權　(C)審計權　(D)同意權　【101四等一般警察-法學知識】	(D)
依憲法本文所列舉之監察院職權，何者已於增修條文中被刪除？　(A)同意權　(B)彈劾權　(C)糾舉權　(D)審計權【100地方特考三等-法學知識與英文】	(A)
下列何種權限非屬監察院所有？　(A)彈劾權　(B)糾正權　(C)糾舉權(D)同意權　【100地方特考四等-法學知識與英文】	(D)
關於監察委員之職權，憲法增修條文做了何種改變？　(A)彈劾權取消(B)糾舉權取消　(C)審計權取消　(D)人事同意權取消【100四等行政警察-中華民國憲法概要】	(D)

相關考題　（97）糾正權

監察院通過糾正案後，應將該案移送何機關促其注意改善？　(A)行政院及其有關部會　(B)立法院　(C)公務員懲戒委員會　(D)法院【99地方特考四等-法學知識與英文】	(A)

● 審計權與審計長

監察院設審計長，由總統提名，經立法院同意任命之。（憲§104）

憲法第105條規定：「審計長應於行政院提出決算後3個月內，依法完成其審核，並提出審核報告於立法院。」

我國憲法第90條及增修條文第7條第1項規定，審計權為監察權之一權。又審計職權，依審計法之規定，由審計機關行使之。中央政府及其所屬機關之財務審計，由審計部辦理。地方政府及其所屬機關之財務審計，由審計部於各省（市）設審計處，於各縣（市）酌設審計室辦理之。

依審計法規定，審計人員依法獨立行使其審計職權，不受干涉。審計機關應經常或臨時派員赴各機關，就地辦理審計事務，其未就地辦理者，得通知其送審並派員抽查。審計機關對於各機關一切收支及財物得隨時稽察之。審計人員為行使職權，向各機關查閱簿籍、憑證，或其他文件，或檢查現金、財物時，各該主管人員不得隱匿或拒絕，遇有疑問或需要有關資料，並應為詳實之答復或提供之。

審計人員發覺各機關人員，有財務上違失之行為，應報告該管審計機關，通知各該機關長官處分之，並得由審計機關報請監察院依法處理；其涉及刑事者，應移送司法機關辦理，並報告於監察院。審計機關考核各機關之績效，如認為有未盡職責或效能過低者，除通知其上級機關長官外，並應報告監察院。

相關考題	審計長	
有關審計長之敘述，下列何者正確？　(A)任期10年　(B)與執政黨之更迭同進退　(C)由總統提名，監察院同意後任命　(D)由總統提名，立法院同意後任命　　　　　　　　　　　　　【100高考-法學知識與英文】		(D)
依現行憲法之規定，審計長設於：　(A)監察院　(B)立法院　(C)司法院　(D)行政院　　　　　　　　　　　　【101三等一般警察-法學知識與英文】		(A)

各級審計機關，掌理各級政府及其所屬機關之財務審計。依審計法規定，審計權共為7項：

一、監督預算之執行。

二、核定收支命令。

三、審核財務收支，審定決算。

四、稽察財物及財政上之不法或不忠職務之行為。

五、考核財務效能。

六、核定財務責任。

七、其他依法律應行辦理之審計事項。

【實務見解：審計長與政務官不同】

釋字第357號解釋針對「審計部組織法就審計長任期之規定違憲？」

該號解釋認為：「依中華民國憲法第104條設置於監察院之審計長，其職務之性質與應隨執政黨更迭或政策變更而進退之政務官不同。審計部組織法第3條關於審計長任期為6年之規定，旨在確保其職位之安定，俾能在一定任期中，超然獨立行使職權，與憲法並無牴觸。」

● 審核行政院提出之決算

審計長應於行政院提出決算後3個月內，依法完成其審核，並提出審核報告於立法院。（憲§105）

● 監察委員之名額與任期

　　憲法本文原規定監察委員之選舉方式、名額分配、院長副院長之選出及任期，但是實際上的統治範圍只有臺灣省與福建省，蒙古、西藏這些地區早已非實質統治區域，因此規定已經不符合實際之需求。（憲法§91-93）

　　因此，增修條文第7條第2項規定，原憲法第91至93條停止適用，監察委員29人，並以其中1人為院長、1人為副院長，任期6年，由總統提名，經立法院同意任命之。

　　不過，前總統陳水扁主政時期曾有一段時間沒有提名監察委員，使得監察院變成蚊子館，但是好像也感受不到有什麼差異性，到底監察院存在之價值是什麼，或許是我們應該深思之處。

● 不具備言論免責權及不受逮捕權

　　監察委員在院內所為之言論及表決，對院外不負責任。（憲§101）且監察委員，除現行犯外，非經監察院許可，是不得逮捕或拘禁的。（憲§102）但時至今日，隨著監察院民意基礎業已喪失，不再具備言論免責權及不受逮捕權，其規定於憲法增修條文第7條第6項規定：「憲法第101條及第102條之規定，停止適用。」

● 兼職之限制

　　監察委員不得兼任其他公職或執行業務。（憲§103）

● 組織以法律定之

　　監察院之組織，以法律定之。（憲§106）

● 超越黨派

　　監察委員須超出黨派以外，依據法律獨立行使職權。（憲增§7Ⅴ）

相關考題	審核行政院提出之決算	
決算由那一個機關提出於監察院？　(A)行政院　(B)財政部　(C)審計長 (D)行政院主計處　　　　　　　　　　【99三等身障特考-法學知識】		(A)

相關考題　（增7II）監察委員之產生

根據憲法增修條文之規定，監察委員如何產生？　(A)總統提名，經立法院同意而任命　(B)經各縣市議會選舉之　(C)人民直選　(D)總統提名，行政院院長副署而任命　【101員級鐵路人員-法學知識與英文】	(A)
現行監察委員如何產生？　(A)由各市議會選舉之　(B)由國民直選之　(C)由立法委員以無記名投票方式選舉之　(D)由總統提名，經立法院同意任命之　【101四等行政警察-中華民國憲法概要】	(D)
下列何者之任命，係由總統提名，經立法院同意後任命？　(A)最高法院院長　(B)銓敘部部長　(C)審計部審計長　(D)考選部部長　【98三等司法特考-法學知識與英文】	(C)
下列何人之任期，係明文規定在憲法本文或增修條文中？　(A)監察委員　(B)考試委員　(C)審計部審計長　(D)考試院院長　【99三等身障特考-法學知識】	(A)
依據中華民國憲法增修條文，現行監察委員的任期幾年？　(A)3年　(B)4年　(C)5年　(D)6年　【99初等一般行政-法學大意】	(D)

相關考題　（增7V）超越黨派

下列何者依憲法本文或增修條文之規定，須超出黨派以外，依據法律獨立行使職權？　(A)總統　(B)行政院院長　(C)監察委員　(D)立法委員　【100四等行政警察-中華民國憲法概要】	(C)

相關考題　言論免責與人身保障

有關現行監察院及監察委員之敘述，下列何者正確？　(A)監察委員在院內所為之言論及表決，對院外不負責任　(B)監察院為國家最高監察機關，行使彈劾、糾舉及審計權　(C)監察委員，除現行犯外，非經監察院許可，不得逮捕或拘禁　(D)監察院設監察委員，由各省市議會、蒙古西藏地方議會及華僑團體選舉之　【99高考三級-法學知識與英文】	(B)

6

[中央與地方]

1 中央與地方的權限分配

● 中央立法及執行的事項

　　中央立法並執行的事項，相對來說，當然是要具備**重要性**、**原則性**之事項，若是交由省、縣立法或執行，恐怕很可能會欠缺通盤性之考量，而且可能會因為省、縣政府與地方關係密切，而有許多人情包袱之考量。

　　例如兩岸航空之規劃，到底要給哪一個縣市較多的航班，每個縣市政府都有不同的考量與要求，因此還是要回歸到中央來立法與執行。又如電政，如果是交由新竹市政府立法與執行，可能會囿於新竹科學園區中廠商的壓力，導致電價一降再降，反而不利於整體國家的電政規劃。

● 中央立法執行，或交由省縣執行

　　但是，有些中央立法之事項，為因應實際執行層面之便利或其他理由，可以交由省縣執行之，但是原則性的立法工作，還是不能下放給省縣，例如地方官吏之銓敘、任用、糾察及保障即屬之。又如縣市警察局長的派任，也常常是政黨角力的重點，尤其是當不同政黨的時候，更是吵的一團混亂，我國憲法第108條規定，有關「警察制度」由中央立法並執行之，或交由省縣執行之。換言之，可以中央一手掌握，也可以下放給地方。

　　但是，憲法文字固然如此規定，還是有可能存在著模糊空間，有些透過立法來解決，例如教育基本法第9條即規範中央與地方的教育權限內容，關於中央與地方權限分配遇有爭議時，由立法院解決之。

【憲法第107條：中央立法及執行事項】

下列事項，由中央立法並執行之：

①	外交。
②	國防與國防軍事。
③	國籍法及刑事、民事、商事之法律。
④	司法制度。
⑤	航空、國道、國有鐵路、航政、郵政及電政。
⑥	中央財政與國稅。
⑦	國稅與省稅、縣稅之劃分。
⑧	國營經濟事業。
⑨	幣制及國家銀行。
⑩	度量衡。
⑪	國際貿易政策。
⑫	涉外之財政經濟事項。
⑬	其他依本憲法所定關於中央之事項。

相關考題　　　　（107）中央立法執行

下列何事項僅能由中央立法並執行，而不可交由省縣執行之？　(A)司法制度　(B)教育制度　(C)警察制度　(D)全國戶口調查及統計 【98高考三級-法學知識與英文】	(A)
依據憲法第107條規定，下列何者是專屬於中央立法並執行之事項？ (A)公共衛生　(B)警察制度　(C)教育制度　(D)司法制度 【99鐵路高員三級人事行政-法學知識與英文】	(D)
下列那一種國家權力在我國憲法上有關中央與地方之權限分配中，係專屬中央者？　(A)立法權　(B)行政權　(C)司法權　(D)租稅權 【99第二次司法特考-法學知識與英文】	(C)

【實務案例：健保誰負擔？】

釋字第550號解釋，有關健保法責地方政府補助保費之規定違憲？

國家推行全民健康保險之義務，係兼指中央與地方而言。又依憲法規定各地方自治團體有辦理衛生、慈善公益事項等照顧其行政區域內居民生活之義務，亦得經由全民健康保險之實施，而獲得部分實現。全民健康保險法係中央立法並執行之事項。有關執行全民健康保險制度之行政經費，固應由中央負擔，本案爭執之**同法第27條責由地方自治團體補助之保險費**，非指實施全民健康保險法之執行費用，而**係指保險對象獲取保障之對價**，除由雇主負擔及中央補助部分保險費外，地方政府予以補助，符合憲法首開規定意旨。

地方自治團體受憲法制度保障，其施政所需之經費負擔乃涉及**財政自主權**之事項，固有法律保留原則之適用，但於不侵害其自主權核心領域之限度內，基於國家整體施政之需要，對地方負有協力義務之全民健康保險事項，中央依據法律使地方分擔保險費之補助，尚非憲法所不許。關於中央與地方辦理事項之財政責任分配，憲法並無明文。財政收支劃分法第37條第1項第1款雖規定，各級政府支出之劃分，由中央立法並執行者，歸中央負擔，固非專指執行事項之行政經費而言，惟法律於符合上開條件下，尚非不得為特別之規定，就此而言，全民健康保險法第27條即屬此種特別規定。至全民健康保險法該條所定之補助各類被保險人保險費之比例屬於立法裁量事項，除顯有不當者外，不生牴觸憲法之問題。

相關考題

依司法院釋字第550號解釋，關於國家推行全民健保之義務，下列敘述何者正確？ (A)專屬中央 (B)專屬地方 (C)兼指中央與地方 (D)兼指行政院與立法院 【98四等司法特考-法學知識與英文】	（C）

【憲法第108條：中央立法執行或交由省縣執行事項】

Ⅰ下列事項，由中央立法並執行之，或交由省縣執行之：

①	省縣自治通則。
②	行政區劃。
③	森林、工礦及商業。
④	教育制度。
⑤	銀行及交易所制度。
⑥	航業及海洋漁業。
⑦	公用事業。
⑧	合作事業。
⑨	二省以上之水陸交通運輸。
⑩	二省以上之水利、河道及農牧事業。
⑪	中央及地方官吏之銓敘、任用、糾察及保障。
⑫	土地法。
⑬	勞動法及其他社會立法。
⑭	公用徵收。
⑮	全國戶口調查及統計。
⑯	移民及墾殖。
⑰	警察制度。
⑱	公共衛生。
⑲	振濟、撫卹及失業救濟。
⑳	有關文化之古籍、古物及古蹟之保存。

Ⅱ前項各款，省於不牴觸國家法律內，得制定單行法規。

相關考題

依憲法本文之規定，下列何者非專屬中央立法並執行之事項？ (A)郵政及電政 (B)度量衡 (C)國稅與省稅、縣稅之劃分 (D)中央及地方官吏之銓敘 【99三等身障特考-法學知識】	(D)

【憲法第109條：省立法執行或交由縣執行事項】

Ⅰ下列事項，由省立法並執行之，或交由縣執行之：

①	省教育、衛生、實業及交通。
②	省財產之經營及處分。
③	省市政。
④	省公營事業。
⑤	省合作事業。
⑥	省農林、水利、漁牧及工程。
⑦	省財政及省稅。
⑧	省債。
⑨	省銀行。
⑩	省警政之實施。
⑪	省慈善及公益事項。
⑫	其他依國家法律賦予之事項。

Ⅱ前項各款，有涉及二省以上者，除法律別有規定外，得由有關各省共同辦理。

Ⅲ各省辦理第一項各款事務，其經費不足時，經立法院議決，由國庫補助之。

【憲法第110條：縣立法執行事項】

I 下列事項，由縣立法並執行之：

①	縣教育、衛生、實業及交通。
②	縣財產之經營及處分。
③	縣公營事業。
④	縣合作事業。
⑤	縣農林、水利、漁牧及工程。
⑥	縣財政及縣稅。
⑦	縣債。
⑧	縣銀行。
⑨	縣警衛之實施。
⑩	縣慈善及公益事業。
⑪	其他依國家法律及省自治法賦予之事項。

II 前項各款，有涉及二縣以上者，除法律別有規定外，得由有關各縣共同辦理。

● 爭議的解決

關於中央與地方權限，如果相當明確，分配遇有爭議時，其事務有全國一致之性質者屬於中央，有全省一致之性質者屬於省，有一縣之性質者屬於縣。但是如果並不明確，在政黨政治的基礎下，當然很容易就會產生衝突與爭議，這時候就由「立法院」出面解決。

【憲法第111條】

除第107條、第108條、第109條及第110條列舉事項外，如有未列舉事項發生時，其事務有全國一致之性質者屬於中央，有全省一致之性質者屬於省，有一縣之性質者屬於縣。遇有爭議時，由立法院解決之。

然而，為何是立法院，而非司法院或考試院？

主要的原因還是在於立法院是具有民意基礎的民意機關，對於中央與地方職權的分配，比較沒有統一解釋或法律命令之必要性，所以並不需要透過司法院大法官會議的介入，直接由有民意基礎的立法院出面解決即可。

但並非皆由立法院介入處理，依據地方制度法第77條規定：「Ⅰ中央與直轄市、縣（市）間，權限遇有爭議時，由立法院院會議決之；縣與鄉（鎮、市）間，自治事項遇有爭議時，由內政部會同中央各該主管機關解決之。Ⅱ直轄市間、直轄市與縣（市）間，事權發生爭議時，由行政院解決之；縣（市）間，事權發生爭議時，由中央各該主管機關解決之；鄉（鎮、市）間，事權發生爭議時，由縣政府解決之。」

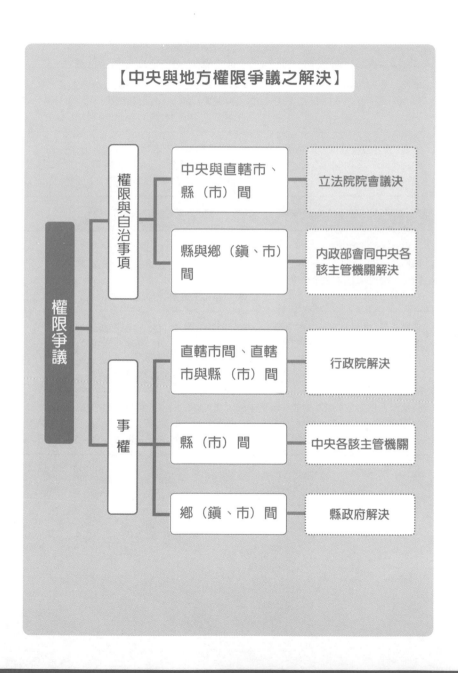

【中央與地方權限爭議之解決】

權限爭議
- 權限與自治事項
  - 中央與直轄市、縣（市）間 → 立法院院會議決
  - 縣與鄉（鎮、市）間 → 內政部會同中央各該主管機關解決
- 事權
  - 直轄市間、直轄市與縣（市）間 → 行政院解決
  - 縣（市）間 → 中央各該主管機關
  - 鄉（鎮、市）間 → 縣政府解決

相關考題 （107）中央立法執行

依憲法第107條規定，下列何者非專屬中央立法並執行之？ (A)公用事業 (B)國稅與省稅、縣稅之劃分 (C)國營經濟事業 (D)幣制及國家銀行 【105四等警察-法學知識】	(A)
依憲法第107條規定，下列何者非屬中央立法並執行之事項？ (A)外交 (B)銀行及交易所制度 (C)國防與國防軍事 (D)國籍法及刑事、民事、商事之法律　　　　　　　　　　　【101四等行政警察-中華民國憲法概要】	(B)

相關考題 （108） 中央立法，中央或省縣執行

依憲法第108條規定，有關「教育制度」事項，係： (A)由中央立法並執行之 (B)由中央立法並執行之，或交由省縣執行之 (C)由省立法並執行之 (D)由省立法並執行之，或交由縣執行之 　　　　　　　　　　　　　【100四等司法特考-法學知識與英文】	(B)
依憲法第108條規定，有關「警察制度」事項，係： (A)由中央立法並執行之 (B)由中央立法並執行之，或交由省縣執行之 (C)由省立法並執行之 (D)由省立法並執行之，或交由縣執行之 　　　　　　　　　　　　　　【101四等一般警察-法學知識】	(B)
依據憲法規定，下列何者並非專屬中央立法並執行，且不得交由地方執行之事項？ (A)電政 (B)司法制度 (C)教育制度 (D)商事法律 　　　　　　　　　　　　　　【109高考-法學知識與英文】	(C)

相關考題 （111） 權限爭議

依憲法第111條規定，有關中央與地方剩餘權之爭議，由何機關解決之？ (A)行政院 (B)立法院 (C)司法院 (D)監察院 【104普考-法學知識與英文】	(B)
依據憲法第111條規定，中央與地方權限分配遇有爭議時，由下列何機關解決？ (A)總統府 (B)行政院 (C)立法院 (D)監察院 【101高考-法學知識與英文】	(C)
中央與地方權限的劃分，對於剩餘權之歸屬發生爭議時，憲法本文規定係由下列何者解決之？ (A)總統 (B)國民大會 (C)立法院 (D)司法院 【100關稅三等-法學知識】	(C)
我國憲法所列舉中央與地方事權外，依據憲法第111條，剩餘權的劃分原則為何？ (A)未列舉事項歸中央 (B)未列舉事項歸省 (C)事務有全國一致之性質者屬於中央，有省一致之性質者屬於省 (D)未列舉事項歸省與縣 【100四等行政警察-中華民國憲法概要】	(C)
依憲法第111條規定，中央與地方就憲法未列舉事項之權限發生爭議時，由下列何者解決？ (A)總統 (B)行政院 (C)立法院 (D)司法院 【101四等行政警察-中華民國憲法概要】	(C)
臺北市與臺北縣發生事權爭議時，由下列何機關解決？ (A)總統 (B)法院 (C)行政院 (D)內政部 【98三等司法特考-法學知識與英文】	(C)
關於中央與地方之權限爭議，憲法規定由何一機關解決之？ (A)總統 (B)司法院大法官 (C)立法院 (D)行政院 【99普考-法學知識與英文】	(C)
依我國憲法第111條規定，若中央與地方權限分配，遇有爭議時，由下列何者解決之？ (A)總統 (B)行政院 (C)立法院 (D)司法院 【98調查局-法學知識與英文】	(C)
憲法第111條之規定，關於中央與地方權限分配遇有爭議時，由下列何者解決？ (A)行政院 (B)立法院 (C)司法院 (D)公民投票 【99初等人事行政-法學大意】	(B)

2 地方制度

● 省

　　省，實質上已經算不存在了，依據憲法增修條文第9條第1、2款之規定，均由行政院院長提請總統任命，不需要透過選舉制度，也不需要經過立法院的同意，所以省主席、委員、省諮議會議員只要形式上的存在意義，業已欠缺實質上的功能。所以憲法第108條第1項第1款、第109條、第112條至第115條都已算是實質上的停止適用。

　　省設省政府，置委員9人，其中1人為主席，均由行政院院長提請總統任命之。（憲增§9Ⅰ①）省設省諮議會，置省諮議會議員若干人，由行政院院長提請總統任命之。（憲增§9Ⅰ②）省承行政院之命，監督縣自治事項。（憲增§9Ⅰ⑦）目前有關省政府與省諮議會規定在地方制度法第8至13條規定。

● 縣

　　縣設縣議會，縣議會議員由縣民選舉之。屬於縣之立法權，由縣議會行之。（憲§124）縣設縣政府，置縣長1人，由縣民選舉之。（憲§126）

● 其他自治區

　　蒙古各盟旗地方自治制度，以法律定之。（憲§119）西藏自治制度，應予以保障。（憲§120）如果我國對於蒙古及西藏地區還有實質的統治權，此種規定還有意義，現在連中國大陸對於蒙古也沒有統治權，早就獨立了；而西藏雖然動盪不斷，但也早與我國無實質上的關聯性，頂多很政治性地請達賴來臺訪問一下，這些憲法上規定的實質意義趨近於零。

相關考題

憲法上規定，屬於縣之立法權，由下列那一個機關行之？ (A)縣議會 (B)縣民大會 (C)縣政府 (D)縣政府所在地之法院 【99四等身障特考一般行政-法學知識】	(A)
依憲法增修條文，關於省的規定何者不正確？ (A)省設省諮議會，置省諮議員若干人，由行政院院長任命 (B)關於臺灣省政府之組織調整，得以法律為特別規定 (C)省政府委員由行政院院長提請總統任命 (D)省承行政院之命，監督縣自治事項 【98四等基警-憲法概要】	(A)
依據憲法增修條文第9條第1項第2款規定，省設諮議會，置省諮議會議員若干人，而其產生方式為何？ (A)由縣議員選舉之 (B)由人民直接選舉之 (C)由臺灣省省主席提請總統任命之 (D)由行政院院長提請總統任命之 【99三等身障特考-法學知識】	(D)
憲法增修條文中規定，臺灣省政府之功能、業務與組織之調整，得以下列何者為特別之規定？ (A)法律 (B)命令 (C)省自治條例 (D)緊急命令 【98四等基警-憲法概要】	(A)
依憲法增修條文規定及司法院大法官解釋，關於「省」之設計，下列何者錯誤？ (A)省已喪失地方自治團體地位 (B)省承行政院之命，監督縣自治事項 (C)省設省主席及省政府委員 (D)省仍然保留省議會，由省民直接選出省議員 【98高考三級-法學知識與英文】	(D)
相較於憲法本文之規定，憲法增修條文針對我國地方制度所為之重大變革為： (A)廢除省之組織 (B)廢除省自治 (C)增列鄉（鎮、市）之組織 (D)增列鄉（鎮、市）之自治 【99高考三級-法學知識與英文】	(B)

下列我國憲法本文第10章及第11章之條文中，何者已因憲法增修條文第9條第1項之規定而不適用？　(A)第110條有關縣立法並執行事項之條文　(B)第113條有關省自治法內容之條文　(C)第116條有關省法規與國家法律牴觸者無效之條文　(D)第111條有關中央與地方權限爭議解決之條文　　　　　　　　　　　　　　　　　　　　　【100高考-法學知識與英文】	(B)
依憲法增修條文所規定之省、縣地方制度，下列敘述何者正確？　(A)省自治之監督機關為立法院　(B)省為自治單位，具有自治法人地位　(C)縣之立法權由縣議會行使之　(D)省諮議會議員由行政院院長直接任命　　　　　　　　　　　　　　　　　　　　　　　　【100關稅四等-法學知識】	(C)
依憲法增修條文第9條規定，省、縣地方制度有了重大改變，下列何者不是改變後的地方制度？　(A)省、縣地方制度，以法律定之　(B)省設省政府　(C)省設省議會　(D)省承行政院之命，監督縣自治事項　　　　　　　　　　　　　　　　　　　　　　【101三等一般警察-法學知識與英文】	(C)
依據憲法增修條文第9條規定，省議會之組織如何規定？　(A)省設省議會，為省之立法機關，省議員由省民選舉之　(B)省設省參議會，置參議員若干人，由行政院院長任命之　(C)省設省諮議會，置省諮議會議員若干人，由行政院院長提請總統任命　(D)省設省諮議會，置省議會議員若干人，由縣（市）議會選舉產生之　　　【100普考-法學知識與英文】	(C)
省諮議會議員如何產生？　(A)省民直選　(B)總統提名，經立法院同意而任命　(C)行政院院長提名，經總統同意而任命　(D)由縣市議會選出　　　　　　　　　　　　　　　　　　　【100四等行政警察-中華民國憲法概要】	(C)
依憲法增修條文規定，省諮議會議員，其產生方式為何？　(A)由行政院院長提請總統任命之　(B)行政院院長任命　(C)內政部部長任命　(D)省主席任命　　　　　　　　　　　　　　　　　　　　　　　　　　【100關稅三等-法學知識】	(A)
依憲法增修條文第9條規定，省主席係透過下列何種方式產生？　(A)省民直選　(B)省政府委員互選　(C)行政院院長提請總統任命　(D)內政部部長提請行政院院長任命　　　　　　　　　　　　　　　　　　　　【100關稅四等-法學知識】	(C)

相關考題 （增9）省縣地方制度

有關省政府之敘述，下列何者錯誤？ (A)省政府接受行政院指揮監督，執行省政府行政事務 (B)省政府置委員9人，組成省政府委員會議，連同主席及各委員均為無給職 (C)省政府之預算，由行政院納入中央政府總預算 (D)省政府為行政院派出機關 【104高考-法學知識與英文】	（B）
依憲法增修條文第9條第1項之規定，臺灣省省諮議會議員之產生方式，為下列何者？ (A)總統任命 (B)行政院院長提請總統任命 (C)總統提名，經立法院同意任命 (D)總統提名，經監察院同意任命 【105三等警察-法學知識與英文】	（B）
依憲法增修條文之規定，關於省政府委員以及省諮議會議員之提名及任命，下列敘述何者正確？ (A)省政府委員以及省諮議會議員均由行政院院長提請總統任命 (B)行政院院長直接任命 (C)省政府委員由內政部部長提名，行政院院長任命 (D)省政府主席由省政府委員互選，省諮議會議員由行政院院長提請總統任命 【105四等警察-法學知識】	（A）

● 地方自治

　　省基本上已經是空殼，已經不算是地方團體性質之公法人，所以也沒什麼地方自治的問題。

　　至於直轄市之自治，以法律定之。（憲§118）而縣實行縣自治。（憲§121）直轄市、縣（市）、鄉（鎮、市）為地方自治團體，依地方制度法辦理自治事項，並執行上級政府委辦事項。（地方制度法§14）

　　縣民關於縣自治事項，依法律行使創制、複決之權，對於縣長及其他縣自治人員，依法律行使選舉、罷免之權。（憲§123）其具體落實在地方制度法，諸如第16條第1款「對於地方公職人員有依法選舉、罷免之權」及第2款「對於地方自治事項，有依法行使創制、複決之權」。

　　縣單行規章，與國家法律或省法規牴觸者無效。（憲§125）落實於地方制度法則規定在第30條第1項：「自治條例與憲法、法律或基於法律授權之法規或上級自治團體自治條例牴觸者，無效。」同條第2項：「自治規則與憲法、法律、基於法律授權之法規、上級自治團體自治條例或該自治團體自治條例牴觸者，無效。」

　　縣長辦理縣自治，並執行中央及省委辦事項。（憲§127）落實於地方制度法則規定在第14條：「直轄市、縣（市）、鄉（鎮、市）為地方自治團體，依本法辦理自治事項，並執行上級政府委辦事項。」

相關考題	（118）直轄市自治	
憲法上規定，直轄市之自治，以下列那一項方式定之？　(A)內政部發布之命令　(B)行政院發布之命令　(C)法律　(D)自治條例　　【99-地方特考四等-法學知識與英文】	(C)

相關考題	（124）議員選舉	
下列人民選舉權所行使的對象中，何者不是由我國現行憲法規定，而是由法律所規定？　(A)副總統　(B)立法委員　(C)縣（市）議員　(D)鄉（鎮、市）長　　【100三等調查特考-法學知識與英文】	(D)

地方制度法：地方制度劃分之層級

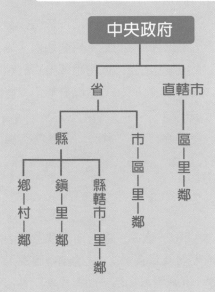

地方制度法第3條

Ⅰ 地方劃分為省、直轄市。

Ⅱ 省劃分為縣、市（以下稱縣（市））；縣劃分為鄉、鎮、縣轄市（以下稱鄉（鎮、市））。

Ⅲ 直轄市及市均劃分為區。

Ⅳ 鄉以內之編組為村；鎮、縣轄市及區以內之編組為里。村、里（以下稱村(里)）以內之編組為鄰。

【實務見解：省是否還是公法人？】

相關字號：釋字第467號解釋

　　蓋因憲法增修條文於86年修正第9條規定後，雖還保有省的層級，但是實際上不再有憲法規定之自治事項，也不具備有自主組織權，所以已經不算是地方自治團體性質的公法人。

相關考題

下列法規中，那一個法規居於最高位階？　(A)鄉（鎮、市）自治規則 (B)縣（市）自治規則　(C)鄉（鎮、市）自治條例　(D)縣（市）自治條例【98調查局-法學知識與英文】	(D)

● 自治法規

一、自治法規之制定程序

　　直轄市、縣（市）、鄉（鎮、市）得就其自治事項或依法律及上級法規之授權，制定自治法規。自治法規經地方立法機關通過，並由各該行政機關公布者，稱自治條例；自治法規由地方行政機關訂定，並發布或下達者，稱自治規則。（地方制度法§25）上開分類，有些類似中央法規標準法中，有關法律及法規命令（行政規則）之分類。

　　自治條例應分別冠以各該地方自治團體之名稱，在直轄市稱直轄市法規，在縣（市）稱縣（市）規章，在鄉（鎮、市）稱鄉（鎮、市）規約。（地方制度法§26Ⅰ）

二、牴觸之效力

　　（一）自治條例與憲法、法律或基於法律授權之法規或上級自治團體自治條例牴觸者，無效。（地方制度法§30Ⅰ）分別由行政院、中央各該主管機關、縣政府予以函告。（地方制度法§30Ⅳ前段）

　　（二）自治規則與憲法、法律、基於法律授權之法規、上級自治團體自治條例，或該自治團體自治條例所牴觸者，為無效。（地方制度法§30Ⅱ）分別由行政院、中央各該主管機關、縣政府予以函告。（地方制度法§30Ⅳ前段）

　　（三）委辦規則與憲法、法律、中央法令牴觸者，無效。（地方制度法§30Ⅲ）由委辦機關予以函告無效。（地方制度法§30Ⅳ後段）

三、是否牴觸發生疑義

　　自治法規與憲法、法律、基於法律授權之法規、上級自治團體自治條例或該自治團體自治條例有無牴觸發生疑義時，得聲請司法院解釋之。（地方制度法§30Ⅴ）

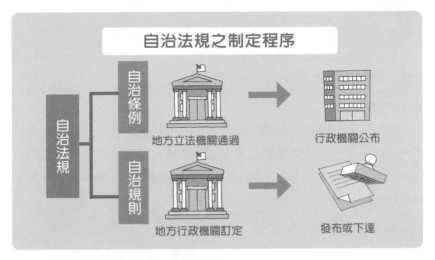

自治法規之制定程序

四、應以自治條例訂定之事項

下列事項以自治條例定之：（地方制度法§28）

1. 法律或自治條例規定應經地方立法機關議決者。

2. 創設、剝奪或限制地方自治團體居民之權利義務者。

3. 關於地方自治團體及所營事業機構之組織者。

4. 其他重要事項，經地方立法機關議決應以自治條例定之者。

五、委辦規則

直轄市政府、縣（市）政府、鄉（鎮、市）公所為辦理上級機關委辦事項，得依其法定職權或基於法律、中央法規之授權，訂定委辦規則。（地方制度法§29Ⅰ）

相關考題

依地方制度法之規定，自治法規經地方立法機關通過，並由各該行政機關公布者，稱為： (A)自治規則 (B)自治條例 (C)自治辦法 (D)自治章程 【99初等一般行政-法學大意】	(B)
縣自治規則與縣自治條例有無牴觸發生疑義時，得向何者聲請解釋之？ (A)司法院 (B)行政院 (C)內政部 (D)縣議會 【99初等人事行政-法學大意】	(A)

委辦規則應函報委辦機關核定後發布之；其名稱準用自治規則之規定。（地方制度法§29Ⅱ）

六、自律規則

地方立法機關得訂定自律規則。自律規則除了法律或自治條例另有規定外，由各該立法機關發布，並報各該上級政府備查。自律規則與憲法、法律、中央法規或上級自治法規有牴觸者，無效。（地方制度法§31）

七、核定與備查

自治條例經各該地方立法機關議決後，如規定有罰則時，應分別報經行政院、中央各該主管機關核定後發布；其餘除法律或縣規章另有規定外，直轄市法規發布後，應報中央各該主管機關轉行政院備查；縣（市）規章發布後，應報中央各該主管機關備查；鄉（鎮、市）規約發布後，應報縣政府備查。（地方制度法§26 Ⅳ）

相關考題

下列關於自治法規之敘述，何者錯誤？　(A)自治法規與憲法、法律、基於法律授權之法規、上級自治團體自治條例或該自治團體自治條例有無牴觸發生疑義時，得聲請立法院解釋之　(B)地方立法機關得訂定自律規則　(C)自律規則除法律或自治條例另有規定外，由各該立法機關發布，並報各該上級政府備查　(D)自律規則與憲法、法律、中央法規或上級自治法規牴觸者，無效　【105三等警察-法學知識與英文】	(A)
依司法院大法官解釋，下列有關地方自治監督之敘述，何者錯誤？(A)上級監督機關對地方自治團體之自治事項得為適法性監督　(B)為確保地方自治團體之自治功能，地方自治事項具體個案爭議之解決，應循行政爭訟程序處理　(C)凡涉及中央所定法律之事項，地方自治團體與中央間關係之爭議，應由中央監督機關決定之　(D)自治團體自治條例有無牴觸法律發生疑義時，得聲請司法院解釋之　【100三等海巡-法學知識與英文】	(C)

相關考題

依地方制度法之規定，創設、剝奪或限制地方自治團體居民之權利義務者，應以何種規範定之？　(A)自治條例　(B)自律規則　(C)自治規則　(D)委辦規則　　　　　　　　　　　　　　【99初等人事行政-法學大意】	(A)
地方制度法第28條規定應以自治條例規定之事項，下列何者不屬之？(A)法律或自治條例規定須經地方立法機關議決者　(B)其他重要事項，經地方行政機關議決應以自治條例定之者　(C)創設或剝奪地方自治團體居民之權利義務者　(D)關於地方自治團體及所營事業機構之組織者　　　　　　　　　　　　　　　　　　　　【99四等關務-法學知識】	(B)
臺北市政府擬對違規設置攤位之行為人，裁處罰鍰，應以下列何項法規範定之？　(A)行政規則　(B)自治規則　(C)自治條例　(D)自律規則　　　　　　　　　　　　　　【99三等身障特考一般行政-行政法】	(C)

【解析】

依據地方制度法第28條規定，剝奪或限制地方自治團體居民之權利義務者，應以自治條例定之。

直轄市所訂定之何種法規，須經行政院核定後始得發布？　(A)市議會所訂定之自律規則　(B)規定有罰則之自治條例　(C)市政府依法定職權所訂定之自治規則　(D)市政府依法律授權所訂定之自治規則　　　　　　　　　　　　　　　　　　【99四等基警行政警察-法學緒論】	(B)
有關直轄市「自治事項」與「委辦事項」之區分，下列敘述何者錯誤？(A)自治事項為直轄市依法得自為立法並執行之事項；委辦事項則為直轄市執行中央交付辦理之事項　(B)針對自治事項，直轄市議會及政府均有制（訂）定法規之可能；但針對委辦事項，原則上則僅有直轄市議會有訂定法規之可能　(C)針對自治事項，中央對於直轄市僅得為適法性之監督；針對委辦事項，則並得及於適當性監督　(D)直轄市辦理自治事項而作成行政處分時，受理訴願機關僅得進行適法性審查；於委辦事項之情形，則得亦就適當性審查　　　　　　【99第二次司法特考-法學知識與英文】	(B)

依現行制度，地方自治法規牴觸憲法者無效，關於有無牴觸發生疑義時，應如何處理？　(A)由中央主管機關審查並撤銷之　(B)提起行政訴訟並由法院進行審查　(C)聲請司法院就爭議事項作出解釋　(D)由立法院決議解決之　　　　　　　　　　　　　　【109普考-法學知識與英文】	(C)
依司法院釋字第553號解釋，有關中央與地方權限爭議及地方自治之監督，下列敘述何者錯誤？　(A)涉及中央與地方權限劃分之爭議，是大法官得以解釋之事項　(B)地方自治團體處理自治事項，中央僅能為適法性監督　(C)地方自治團體辦理委辦事項，中央得為適法性與合目的性監督　(D)地方自治事項如涉及不確定法律概念，上級監督機關即不得撤銷或變更地方自治團體所為合法性之判斷　【109高考-法學知識與英文】	(D)
依地方制度法之規定，地方自治團體為處理跨區域自治事務得採行之合法方式，不包括下列何者？　(A)訂定協議　(B)締結行政契約　(C)成立區域合作組織　(D)共同上級機關協調　【107高考-法學知識與英文】	(D)
依據地方制度法規定，下列何者非屬應以自治條例規定之事項？　(A)法律或自治條例規定經地方立法機關議決者　(B)創設、剝奪或限制地方自治團體居民之權利義務者　(C)關於地方自治團體及所經營事業機構之組織者　(D)關於地方自治團體其內部行政事務之分工者　　　　　　　　　　　　　　【108高考-法學知識與英文】	(D)
下列何者不屬於地方制度法所稱之地方自治團體？　(A)臺灣省　(B)高雄市　(C)花蓮縣　(D)嘉義市　　　　【108高考-法學知識與英文】	(A)
下列何者為地方制度法所稱之自治團體？　(A)鄉、鎮、市　(B)農田水利會　(C)行政法人　(D)大學法人　【109普考-法學知識與英文】	(A)
下列何者並非構成我國現行地方制度之法規範依據？　(A)憲法本文　(B)憲法增修條文　(C)省縣自治通則　(D)地方制度法　　　　　　　　　　　　　　【108普考-法學知識與英文】	(C)

7

[基本國策]

1 基本國策的架構

● 憲法本文的基本國策

　　基本國策是指國家施政所應該遵循的基本原則，參酌德國威瑪憲法，我國也將基本國策入憲。憲法本文之基本國策，規範於第137至169條，分為國防、外交、國民經濟、社會安全、教育文化、邊疆地區。

● 增修條文的基本國策

　　隨著時代的演變，基本國策也隨之變化。

　　近來，最受到矚目的環保議題，在憲法增修條文第10條第2項也有規範，經濟及科學技術發展，應與環境及生態保護兼籌並顧，經濟及科學技術發展，難免會有環境及生態保護遭到破壞的疑慮，例如蘇花高速公路，固然能夠提供花東地區便捷的交通服務，但是相對而言，也會造成自然生態及景觀難以復原的嚴重破壞。

　　兩性平權方面，依據憲法增修條文第10條第6款之規定：「國家應維護婦女之人格尊嚴，保障婦女之人身安全，消除性別歧視，促進兩性地位之實質平等。」例如民法的姓氏要由父母共同決定，無法決定者，則由戶政事務所代為抽籤。

　　全民健康保險也是重要的基本國策，依據憲法增修條文第10條第5款規定：「國家應推行全民健康保險，並促進現代和傳統醫藥之研究發展。」目前為了費用公平，也推行到「二代健保」，但是許多藥價黑洞、虛報健保費等弊病，還是受到民眾所詬病。

【實務案例：全民健保的漲價】

　　由儉入奢易，由奢入儉難。這句話看似簡單，卻有著極深的喻意。同樣地，政府要減稅很簡單，但是要人民從口袋中掏錢出來，卻是相當困難。全民健保的制度是臺灣的一項榮耀，但是這個制度卻也造成健保財務上的黑洞，如藥價問題、醫護人員鑽漏洞、病人拼命看病，所繳交的健保費當然不夠給付整個支出，推動全民健保的憲法基本國策，在實際環境中也受到了一定的阻礙。

憲增§10：基本國策

§10	Ⅰ	國家應獎勵科學技術發展及投資，促進產業升級，推動農漁業現代化，重視水資源之開發利用，加強國際經濟合作。
	Ⅱ	經濟及科學技術發展，應與環境及生態保護兼籌並顧。
	Ⅲ	國家對於人民興辦之中小型經濟事業，應扶助並保護其生存與發展。
	Ⅳ	國家對於公營金融機構之管理，應本企業化經營之原則；其管理、人事、預算、決算及審計，得以法律為特別之規定。
	Ⅴ	國家應推行全民健康保險，並促進現代和傳統醫藥之研究發展。
	Ⅵ	國家應維護婦女之人格尊嚴，保障婦女之人身安全，消除性別歧視，促進兩性地位之實質平等。
	Ⅶ	國家對於身心障礙者之保險與就醫、無障礙環境之建構、教育訓練與就業輔導及生活維護與救助，應予保障，並扶助其自立與發展。
	Ⅷ	國家應重視社會救助、福利服務、國民就業、社會保險及醫療保健等社會福利工作，對於社會救助和國民就業等救濟性支出應優先編列。
	Ⅸ	國家應尊重軍人對社會之貢獻，並對其退役後之就學、就業、就醫、就養予以保障。
	Ⅹ	教育、科學、文化之經費，尤其國民教育之經費應優先編列，不受憲法第164條規定之限制。
	ⅩⅠ	國家肯定多元文化，並積極維護發展原住民族語言及文化。
	ⅩⅡ	國家應依民族意願，保障原住民族之地位及政治參與，並對其教育文化、交通水利、衛生醫療、經濟土地及社會福利事業予以保障扶助並促其發展，其辦法另以法律定之。對於澎湖、金門及馬祖地區人民亦同。
	ⅩⅢ	國家對於僑居國外國民之政治參與，應予保障。

相關考題　　　（憲增10Ⅵ）兩性地位

根據憲法增修條文第10條第6項，明定國家應促進其下列何者之實質平等？　(A)人民受教育機會　(B)兩性地位　(C)資方與勞方　(D)公營事業與私營事業　【100地方特考四等-法學知識與英文】	(B)
依憲法增修條文第10條第6項之規定，國家應促進兩性地位之實質平等，下列何者主要目的在於實踐此一目標？　(A)子女稱姓由父母約定之　(B)補助低收入戶健保費用　(C)實施替代役　(D)提高扶養親屬扣除額　【99三等身障特考-法學知識】	(A)

【解析】
(A)父母於子女出生登記前，應以書面約定子女從父姓或母姓。未約定或約定不成者，於戶政事務所抽籤決定之。(民§1059Ⅰ)
(B)補助低收入戶健保費用，則是增修條文第10條第8項之規定，主要是社會救助性質，並非追求兩性平等

下列何者並非憲法及增修條文對於婦女之特別保護？　(A)保障婦女之參政權　(B)對婦女從事勞動者之特別保護　(C)消除性別歧視，促進兩性地位之平等　(D)保障婦女之生育自主權　【109普考-法學知識與英文】	(D)
關於憲法及憲法增修條文明定應給予特別保障與扶助之對象，不包括下列何者？　(A)藝術工作者　(B)學行俱優無力升學之學生　(C)軍人　(D)政黨　【109高考-法學知識與英文】	(D)

相關考題　　　兼籌並顧之發展

憲法增修條文中明確揭示，經濟及科學技術發展，應與環境及生態保護之間處於何種關係？　(A)經濟及科學技術發展優先　(B)環境及生態保護優先　(C)兩者兼籌並顧　(D)遇有爭議時交由人民公決　【98四等司法特考-法學知識與英文】	(C)
依憲法增修條文第10條之規定，下列之敘述何者錯誤？　(A)國家應保障僑民之政治參與　(B)經濟發展與環境保護相衝突時以環境保護為優先　(C)國民就業之救濟性支出應優先編列　(D)教育、科學、文化之經費應優先編列　【98三等地方特考-法學知識與英文】	(B)

相關考題 （憲增10）基本國策內容

依憲法增修條文第10條之規定，下列何者並非我國之基本國策？ (A)重視水資源之開發利用　(B)禁止開發山坡地　(C)加強國際經濟合作　(D)推動農漁業現代化　　【99地方特考四等-法學知識與英文】	(B)
國家應推行全民健康保險之規定見於：　(A)憲法本文　(B)憲法增修條文 (C)憲法前言　(D)立法院之特別決議 　　【99四等身障特考一般行政-法學知識】	(B)
下列關於基本國策的敘述，何者正確？　(A)基本國策皆為具體的社會權，可以作為人民對國家給付請求權的基礎　(B)基本國策所揭示的各種國家目標，都是憲法所承認的制度性保障　(C)基本國策中的憲法委託條款，若立法者不積極履行，會構成立法怠惰　(D)基本國策中的國家目標條款，都是單純政策目標的宣示，對立法者不具有拘束力 　　【109普考-法學知識與英文】	(C)
下列關於憲法中基本國策條款效力之敘述，何者正確？　(A)基本國策條款是國家的施政方針，都沒有強制性質　(B)國家對於基本國策之實施，應盡力為之，即使因客觀上資源不足而未達成目標，仍然違憲　(C)基本國策規定中有若干條文屬憲法委託，立法者對於如何實現，沒有任何裁量權　(D)大法官得引用基本國策規定，宣告法令違憲 　　【108普考-法學知識與英文】	(D)

相關考題 （憲增10Ⅶ）身心障礙者

依憲法增修條文第10條之規定，國家對於身心障礙者之保障、輔導與照顧，其終極目標為何？　(A)使其能自立與發展　(B)使其能自行使用公共設施　(C)使其行使參政權　(D)使其能受高等教育 　　【100地方特考四等-法學知識與英文】	(A)

相關考題 （憲增10Ⅷ）社會福利工作

依憲法增修條文規定，國家應重視社會救助、福利服務、國民就業、社會保險及醫療保健等社會福利工作，何類支出應優先編列？　(A)福利服務等福利性支出　(B)社會保險等保險支出　(C)社會救助等救濟性支出 (D)醫療保健等醫療支出　　【100地方特考三等-法學知識與英文】	(C)

相關考題　　　（憲增10Ⅳ）公營金融機構

依憲法增修條文第10條之規定，公營金融機構之管理、人事、預算、決算及審計，得作何種之規定？　(A)以法律為特別之規定　(B)以自治條例為特別之規定　(C)以命令為特別之規定　(D)以命令為一般之規定 【101員級鐵路人員-法學知識與英文】	(A)

相關考題　　　（憲增10Ⅴ）全民健康保險

依憲法增修條文第10條之規定，國家應推行何種保險，並促進現代和傳統醫藥之研究發展？　(A)全民健康保險　(B)人壽保險　(C)儲蓄保險　(D)第三人強制責任險　【100四等行政警察-中華民國憲法概要】	(A)
依憲法增修條文第10條第5項之規定，國家應推行全民健康保險，大法官認為此處之「國家」所指為何？　(A)專指中央而言　(B)專指地方而言　(C)兼指中央及地方而言　(D)尚待大法官解釋 【99地方特考三等-法學知識與英文】	(C)
憲法增修條文規定，「國家」應推行全民健康保險。依司法院釋字第550號解釋之見解，此規定所稱之「國家」係指下列何者？　(A)中央　(B)地方　(C)兼指中央與地方　(D)各級地方自治團體 【101四等行政警察-中華民國憲法概要】	(C)
依司法院大法官釋字第472號解釋，對於無力繳納全民健康保險費者，國家應如何處理，以符合憲法保障無力生活人民之旨趣？　(A)逕行拒絕保險給付，同時催繳保費，確定其確實無力繳納後，給予適當之救助　(B)逕行拒絕保險給付，同時催繳保費，加徵滯納金　(C)給予適當之救助，不得逕行拒絕給付　(D)終止保險關係，不再續保，另為其申請其他相關社會救助　【100四等司法特考-法學知識與英文】	(C)
依司法院釋字第472號解釋，國家對於無力繳納全民健康保險費之人民，應採取何項措施？　(A)在補繳保費之前，得拒絕保險給付　(B)在補繳保費之前，暫時拒絕保險給付　(C)得視具體情形，免除繳納保險費義務　(D)主管機關應給予適當之救助【100四等行政警察-中華民國憲法概要】	(D)

相關考題　　　（憲增10Ⅸ）軍　人

依憲法增修條文第10條之規定，國家應尊重下列何者對社會之貢獻，故應對其後續就學、就業、就醫、就養予以保障？　(A)軍人　(B)警察　(C)醫生　(D)公務員　【101四等行政警察-中華民國憲法概要】	(A)

2 國防

● 國防目的與軍隊國家化

中華民國之國防,以保衛國家安全,維護世界和平為目的。國防之組織,以法律定之。(憲§137)我國的國防主要以<u>防衛性</u>為目的,美國也不願意銷售主動性攻擊武器,所以,目前早已無當年立憲時能維護世界和平的能力,但或許有一年等國力強盛之際,還是可能貢獻國際一分子的能力。

全國陸海空軍,須超出個人、地域及黨派關係以外,效忠國家,愛護人民。(憲§138)雖然我國民主化已經很深,可是當年陳水扁上台時,為鞏固政權,仍以掌握軍權為主要重點,也因此第一任行政院長選任唐飛,顯然也有其間接控制軍權的味道,與當初李登輝上任,找郝柏村擔任行政院長,是如出一轍的伎倆。

至於「愛護人民」這四個字,常見於軍營外部貼著「軍愛民、民敬軍」的標誌,如九二一地震、八八水災,軍方派員救災,也是符合憲法意旨的具體表現。

任何黨派及個人<u>不得以武裝力量為政爭之工具</u>。(憲§139)泰國紅衫軍、中南美洲的游擊隊,透過武裝力量作為政黨間或人民與政府間對抗的方式,我國因為民主化程度較佳,軍隊是效忠國家,並非效忠個人,因此並不會有此種武裝政爭的情況發生。

● 軍人保障

國家應尊重軍人對社會之貢獻,並對其退役後之就學、就業、就醫、就養予以保障。(憲增§10 IX)

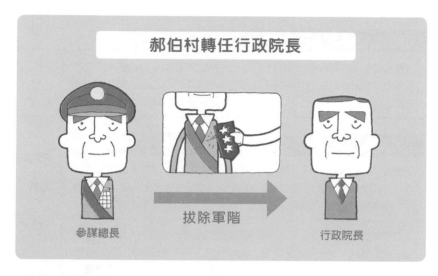

文武分治

　　憲法第140條規定：「現役軍人，不得兼任文官。」係指正在服役之現役軍人不得同時兼任文官職務，以防止軍人干政，而維民主憲政之正常運作。現役軍人因故停役者，轉服預備役，列入後備管理，為後備軍人，如具有文官法定資格之現役軍人，因文職機關之需要，在未屆退役年齡前辦理外職停役，轉任與其專長相當之文官，既與現役軍人兼任文官之情形有別，尚難謂與憲法牴觸。（釋250）

　　李登輝第一次人民直選當選總統後，為鞏固其權力，遂任用當時擔任參謀總長，也是實際掌握軍權的郝柏村擔任行政院長，但民進黨認為軍人干政而發動遊行。

相關考題	現役軍人不得兼任文官	
依憲法第140條之規定，現役軍人不得兼任文官，故現役軍人不得擔任下列何種職務？　(A)總統府戰略顧問　(B)國防部參謀本部次長　(C)國家安全局局長　(D)國家安全會議秘書長　　　　【103高考-法學知識與英文】		(D)

相關考題　　　　（137Ⅱ）　國防組織之訂定

依憲法規定，國防之組織應如何定之？　(A)以法律定之　(B)由總統基於統帥權發布命令定之　(C)由國防部發布命令定之　(D)由參謀總長發布命令定之　　　　【101四等行政警察-中華民國憲法概要】	(A)

相關考題　　　　（138）　軍隊國家化

依憲法第138條規定：「全國陸海空軍，須超出個人、地域及黨派關係以外，效忠國家，愛護人民。」旨在確保：　(A)軍令一元化　(B)文武分治化　(C)軍事獨立化　(D)軍隊國家化　　　　【100關稅四等-法學知識】	(D)
依憲法第138條之規定及司法院釋字第250號解釋，有關現役軍人不得兼任文官之敘述，下列何者正確？　(A)現役軍人不得兼任文官，目的在防止軍人因外務太多，無法專心保家衛國　(B)後備軍人仍有接受動員徵召成為軍人之義務，故不得兼任文官　(C)未屆齡退役前之軍人外職停役，轉任文官，與憲法本意未盡相符，應屬違憲　(D)為維護民主憲政之正常運作，現役軍人不得兼任文官　【99四等身障特考一般行政-法學知識】	(D)
依憲法本文之規定，有關我國國防之敘述，下列何者錯誤？　(A)國防之目的在保衛國家安全、維護世界和平　(B)三軍應超出黨派關係之外，效忠國家　(C)國防部部長應由現役軍人擔任　(D)三軍應愛護人民　　　　【99四等身障特考一般行政-法學知識】	(C)
依憲法第139條規定，任何黨派及個人不得以下列何種力量作為政爭之工具？　(A)宗教　(B)武裝　(C)社團　(D)政黨　　　　【99四等身障特考一般行政-法學知識】	(B)
依憲法本文之規定，任何黨派及個人不得以下列何者為政爭之工具？　(A)政策　(B)黨派會議　(C)武裝力量　(D)社團　【98四等基警-憲法概要】	(C)
我國憲法第137條規定，中華民國之國防，以保衛國家安全，維護世界和平為目的。國防之組織，以法律定之。因此立法院乃據之訂定下列何者？　(A)國家安全法　(B)國家總動員法　(C)國防法　(D)國防安全法　　　　【107高考-法學知識與英文】	(C)

3 外交

● 獨立自主、平等互惠的外交

中華民國之外交，應本獨立自主之精神，平等互惠之原則，敦睦邦交，尊重條約及聯合國憲章，以保護僑民權益，促進國際合作，提倡國際正義，確保世界和平。（憲§141）

我國的外交當然是本持著獨立自主的精神，但條文中所載「平等互惠之原則」恐怕實質上很難達成，畢竟我國的外交環境特殊，許多國家未必對我們友善，大多數的國家也不承認我們，別人對我們付出得相當少，但是為了在國際社會生存，我們卻要回饋比較多。

例如我們沒有參加聯合國等多種國際組織，但是對於這些國際組織之決議卻必須要自我遵守，例如京都議定書中對於環保議題的決定。因此實際上，確實有做到「敦睦邦交」、「尊重條約及聯合國憲章」。

● 僑民權益之保障

然而，做到上開事項之後，未必能做到保護僑民權益之目的，許多僑民在國外甚至還必須依賴中國大陸的外交實力，才能夠保障自身權益。至於「促進國際合作」、「提倡國際正義」、「確保世界和平」，只能當作一個目標，以目前的實力，除了經濟實力還能一提之外，其他恐怕只能求取自保。

【實務案件：索馬利亞海盜】

我國漁船曾經發生過遭索馬利亞海盜挾持事件，由於缺乏外交管道，也無法獲得其他國家的協助，只能靠贖金談判與上帝才有機會祈求遭挾持的漁民平安返臺，這也是臺灣的一大困境。

外交之現實

(A)爭取加入聯合國。

(B)只有一些超級小國才表態支持。

(C)美國同意賣F16給臺灣，怎麼好像比其他國家貴一倍。

(D)美國說：同意賣給你就不錯了，多出來的就當作保護費吧！

● 僑居國外國民之政治參與

國家對於僑居國外國民之政治參與，應予保障。（憲增10 XIII）

相關考題	僑居國外國民之政治參與	
依憲法增修條文之規定，對何者之政治參與應予保障？ (A)僑居國外國民 (B)身心障礙者 (C)大陸地區人民 (D)在臺之外國人士 【104司法三等-法學知識與英文】	(A)

4 國民經濟

● 民生主義為基本原則

國民經濟應以民生主義為基本原則，實施平均地權，節制資本，以謀國計民生之均足。（憲§142）

我國憲法採取民族、民權及民生主義。在國民經濟即是以「民生主義」為原則，其具體內容是以實施平均地權，節制資本，以謀國計民生之均足。所以早期還有所謂的「三七五減租」、「耕者有其田」的政策，讓早年廣大的農民得以獲得較為富足的生活。

但是，發展至今，從農業社會發展到工業社會，許多農地廢耕，在全世界缺糧的情況下，臺灣忽視農業而偏重高科技業，顯然與世界趨勢相違背。

另外，企業獲利升高，但勞工薪水卻沒有增加，造成貧富差距逐漸拉大，與憲法第142條所彰顯的價值似乎漸行漸遠了。

● 彼岸的社會主義

中華人民共和國憲法第6條第1項規定：「國有經濟，即社會主義全民所有制經濟，是國民經濟中的主導力量。國家保障國有經濟的鞏固和發展。」所以採取的是社會主義，與我國有明顯的差異。

其特色在於全民所有制，原則上並不支持私有化的制度，但是這樣子的趨勢卻也讓人民缺乏了努力的動機，固然維持了齊頭平等，可是卻也壓抑了因利益而努力的人性正常發展。

從現在中國大陸發展有中國特色的社會主義，顯然純粹的全民所有制之社會主義是難以落實。

貧富差距逐漸擴大

　　政府為因應金融海嘯，推出了畢業生22K的企業實習政策，反對者質疑初次薪資大幅降低，政府此項政策難辭其咎，加上金融海嘯無薪假的後續影響，貧富差距逐漸擴大已是一個值得關注的趨勢。

中國大陸的人民公社

　　人民公社是對岸近代歷史的一項社會主義產物，強調共同生產、共同分享，但是個人的享受與個人的努力無關，則也成為這項制度失敗的主因，現在資本主義的引入，也是不可避免的趨勢。

相關考題　　　　　基本概念	
憲法本文及憲法增修條文所採有關國民經濟之基本國策，下列敘述何者錯誤？　(A)應以民生主義為基本原則　(B)公用事業及其他有獨占性之企業，以公營為原則　(C)環境及生態保護，應優先於經濟及科學技術發展　(D)公營金融機構應以企業化經營為原則　【98普考-法學知識與英文】	(C)

相關考題　　　（142）國民經濟實施方法	
依下列何者是憲法第142條規定國民經濟之實施方法？　(A)減少支出　(B)節制消費　(C)資本自由產權開放　(D)平均地權節制資本　【100關稅四等-法學知識】	(D)

● 土地屬於國民全體

中華民國領土內之土地屬於國民全體。人民依法取得之土地所有權，應受法律之保障與限制。私有土地應照價納稅，政府並得照價收買。（憲§143Ⅰ）此與大陸的國有制不太一樣，依據中華人民共和國憲法第1條規定：「城市的土地屬於國家所有。」所以我國人民可以取得所有權，與大陸只有地上權並不相同，但是若國家為了區域的發展，也是可以照價收買再加以開發利用。

● 礦產及天然力屬於國家所有

土地所有權及於地上及地下，但是礦產及天然力則屬於國家所有，即使人民取得所有權，還是屬於國家所有。此為憲法第143條第2項所明文規定：「附著於土地之礦，及經濟上可供公眾利用之天然力，屬於國家所有，不因人民取得土地所有權而受影響。」

土地價值非因施以勞力資本而增加者，應由國家徵收土地增值稅，歸人民共享之。（憲§143Ⅲ）此即所謂的「漲價歸公原則」。落實在現行土地法之規定中，土地如果增值，則要繳納土地增值稅。例如土地法第176條第1項規定：「土地增值稅照土地增值之實數額計算，於土地所有權移轉時，或雖無移轉而屆滿10年時，徵收之。」

國家對於土地之分配與整理，應以扶植自耕農及自行使用土地人為原則，並規定其適當經營之面積。（憲§143Ⅳ）

相關考題	(143Ⅲ) 土地價值增加	
憲法明文規定應徵收之稅目為何？　(A)所得稅　(B)貨物稅　(C)營業稅 (D)土地增值稅　　　　　　　　　【101員級鐵路人員-法學知識與英文】		(D)
依憲法第143條第3項規定，土地價值非因施以勞力資本而增加者，應由國家徵收土地增值稅；此種規定係何原則之表現？　(A)量能課稅　(B)耕者有其田　(C)漲價歸公　(D)使用者付費　　【98四等基警-憲法概要】		(C)

【實務案例：重慶釘子戶事件】

　　即便是大陸，也曾經發生著名的重慶釘子戶事件，也就是所有的房子都被徵收，但就是有一戶堅持不被徵收，當所有的土地都挖地基，挖出很深的窟窿，那一戶人家突出來的場景，讓世人感受到中國大陸社會轉變下的摩擦。

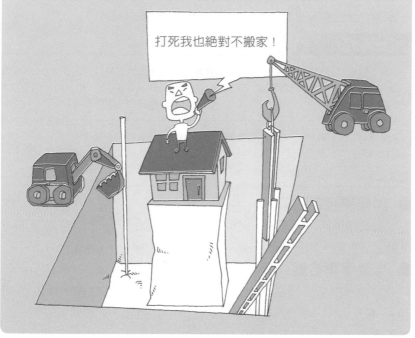

打死我也絕對不搬家！

相關考題　　(143IV) 土地之分配與整理

憲法規定，國家對於土地之分配與整理，應以何為原則？　(A)發展高科技科學園區　(B)促進人民就業　(C)扶植自耕農以及自行使用土地人(D)國民生產事業以及對外貿易　【99地方特考四等-法學知識與英文】	(C)

● 發展國家資本與節制資本

公用事業及其他有獨佔性之企業,以公營為原則,其經法律許可者,得由國民經營之。(憲§144)例如中國石油、台灣電力等屬之。

國家對於私人財富及私營事業,認為有妨害國計民生之平衡發展者,應以法律限制之。(憲§145Ⅰ)例如有聯合壟斷、不當結合等情況發生,現行法是以公平交易法加以規範。

合作事業應受國家之獎勵與扶助。(憲§145Ⅱ)國民生產事業及對外貿易,應受國家之獎勵、指導及保護。(憲§145Ⅲ)

相關考題

公平交易法禁止企業任意結合造成市場壟斷之情形,符合憲法規定之何種精神? (A)保障私有財產 (B)尊重行為自由 (C)發展公營事業 (D)有效節制資本 【106普考-法學知識與英文】	(D)
依憲法第145條第1項之規定,國家對於私人財富及私營事業,認為有妨害國計民生之平衡發展者,應以何種規範限制之? (A)行政規則 (B)法規命令 (C)法律 (D)自治條例 【108普考-法學知識與英文】	(C)

● 農業建設之政策

國家應運用科學技術,以興修水利,增進地力,改善農業環境,規劃土地利用,開發農業資源,促成農業之工業化。(憲§146)

● 經濟平衡發展

中央為謀省與省間之經濟平衡發展,對於貧瘠之省,應酌予補助。(憲§147Ⅰ)省為謀縣與縣間之經濟平衡發展,對於貧瘠之縣,應酌予補助。(憲§147Ⅱ)

● 貨物自由流通

中華民國領域內,一切貨物應許自由流通。(憲§148)

相關考題　　　　　(148) 貨物自由流通

中華民國領域內,一切貨物應許其自由流通,係我國憲法基本國策章那一節之規定? (A)邊疆地區 (B)教育文化 (C)社會安全 (D)國民經濟 【100四等行政警察-中華民國憲法概要】	(D)

● 金融機構管理

金融機構，應依法受國家之管理。（憲§149）

國家應普設平民金融機構，以救濟失業。（憲§150）

【實務案例：窮人銀行】

穆罕默德‧尤努斯（Muhammad Yunus）成立貧民銀行，借錢給貧民，原本許多人都不看好，認為貧民根本沒有信用，但最後證實貧民比有錢人還有信用，即使在金融海嘯期間，逾放比卻是最低的，尤努斯更因此獲得諾貝爾和平獎。

國家對於公營金融機構之管理，應本企業化經營之原則；其管理、人事、預算、決算及審計，得以法律為特別之規定。（憲增§10Ⅳ）

● 其他經濟發展原則

國家應獎勵科學技術發展及投資，促進產業升級，推動農漁業現代化，重視水資源之開發利用，加強國際經濟合作。（憲增§10Ⅰ）

經濟及科學技術發展，應與環境及生態保護兼籌並顧。（憲增§10Ⅱ）

國家對於人民興辦之中小型經濟事業，應扶助並保護其生存與發展。（憲增§10Ⅲ）

相關考題	（150）平民金融機構	
依憲法第150條之規定，國家應普設何種機構，以救濟失業？　(A)社會福利機構　(B)國營事業機構　(C)平民金融機構　(D)職業訓練機構　【101四等一般警察-法學知識】		(C)
憲法第150條規定國家應普設平民金融機構，其目的為何？　(A)防止通貨膨脹　(B)促進產業升級　(C)實現住者有其屋的理想　(D)救濟失業　【101普考-法學知識與英文】		(D)

5 社會安全

● 壯有所用之實踐

人民具有工作能力者，國家應予以適當之工作機會。（憲§152）此為貫徹禮運大同篇中「壯有所用」，也是憲法第15條人民之生存權、工作權及財產權，應予保障規定之延伸。所以金融海嘯的時候，失業率大幅攀高，許多剛畢業的學子都找不到工作，政府遂推出22K實習方案，只要企業給予畢業學子實習的機會，政府就補助2萬2千元，但也因此招致許多的批評，認為降低起薪的標準。

國家應重視社會救助、福利服務、國民就業、社會保險及醫療保健等社會福利工作，對於社會救助和國民就業等救濟性支出應優先編列。（憲增§10 Ⅷ）

例如低收入戶、特殊疾病、無力照顧自己的老人等，國家均提供各種不同的社會救助，輔助民間機構對於各種不同類型的弱勢人民所提供的協助，形成綿密的社會福利網。

● 勞工與農民之保障

國家為改良勞工及農民之生活，增進其生產技能，應制定保護勞工及農民之法律，實施保護勞工及農民之政策。（憲§153Ⅰ）婦女兒童從事勞動者，應按其年齡及身體狀態，予以特別之保護。（憲§153Ⅱ）較為弱勢的勞工族群，應該給予特別的保護，例如最低薪資保護，農民貸款條件放寬、婦女工作不會遭到歧視，以及童工的限制與保障。

在勞資爭議方面，勞資雙方應本協調合作原則，發展生產事業。勞資糾紛之調解與仲裁，以法律定之。（憲§154）現行法令有所謂的「勞資爭議處理法」，規範勞資爭議發生時的解決方式。

社會安全措施

雖然我只領22K，但是一畢業我就有工作。

(A)22K

感謝政府讓我能夠再次學習工作技能，有更好的機會重新進入職場。

(B)職訓中心

好險有最低工資保障，臺灣是對外勞最好的一個國家。

(C)最低工資保障

好險有老農津貼，讓我年紀一大把了，也不必擔心無法下田工作而沒收入的日子。

(D)老農津貼

【實務案例：行政院長與失業率】

行政院長吳敦義為了降低失業率，宣示要在2010年底將失業率降低到5%以下，否則就下台。各種創意的想法都出籠，其中一大影響就是畢業生，所以還推出「四加一專案」，委託各大學開辦「學士後第二專長學士學位班」，讓大學生再多修習1年，就可以多拿一個學位，很明顯就是為了避免失業率上升的政策。

● 社會保險制度

國家為謀社會福利，應實施社會保險制度。人民若為老弱殘廢、無力生活，或是受非常災害者，國家都應該予以適當的扶助與救濟。（憲§155）國家為增進民族健康，應普遍推行衛生保健事業及公醫制度。（憲§157）國家應推行全民健康保險，並促進現代和傳統醫藥之研究發展。（憲增§10Ⅴ）

【電影賞析：迫在眉梢】

電影「迫在眉梢」（John Q），由丹佐華盛頓主演，飾演一位貧窮黑人家庭的父親，為了醫治兒子的心臟病，必須進行換心手術，但是因為保險只能處理一般急症，不包括換心手術，必須自費7萬5千元美金，而且須預繳三分之一的費用，才能登錄到全國等待移植的電腦名單，這一部電影顯示出美國健保制度的不健全。無法籌措該筆金額，為了避免兒子遭醫院趕出，愛子心切的父親，只好採取極端的手法，封鎖急診室，綁架急診室內的醫護人員、病人，並且要求醫院把他兒子列入移植名單內。

相對於美國的健保制度，我國的健保制度可謂窮人的天堂，透過全民保費的分擔，讓比較困苦的民眾，以及比較嚴重的病情，都可以在最低成本的情況下獲得救助。美國歐巴馬總統上台後，也在推動健保改革，向我們這健保的先進國家學習。

相關考題 (155) 勞工、農民、婦女、兒童

依憲法第155條之規定，國家應實施社會保險制度。下列何者不屬於社會保險？ (A)全民健保 (B)公保 (C)農保 (D)投資保險 【101四等行政警察-中華民國憲法概要】	(D)

● 弱勢保障政策

國家為奠定民族生存發展之基礎，應保護母性，並實施婦女、兒童福利政策。（憲§156）

國家對於身心障礙者之保險與就醫、無障礙環境之建構、教育訓練與就業輔導及生活維護與救助，應予保障，並扶助其自立與發展。（憲增§10Ⅶ）

相關考題	適當工作機會	
依憲法規定，人民具有工作能力者，國家應予以適當之工作機會。下列何種措施與此規定之精神有關？　(A)實施就業輔導制度　(B)實施失業保險制度　(C)訂定最低工資制度　(D)訂定基本工時制度　　　　　　　　　　　　　　　　【104司法四等-法學知識與英文】		(A)
依憲法第152條之規定，人民具有何種條件，國家應予適當之工作機會？(A)儲蓄意願　(B)工作能力　(C)意思健全　(D)訴訟能力　　　　　　　　　　　　　　　【99四等身障特考一般行政-法學知識】		(B)
依憲法增修條文之規定，國家有推行全民健保之義務，此處所謂國家，依司法院釋字第550號之見解，係指下列何者？　(A)中央政府　(B)區域政府　(C)地方政府　(D)中央與地方政府　【98四等基警-憲法概要】		(D)

【解析】

國家為謀社會福利，應實施社會保險制度；國家為增進民族健康，應普遍推行衛生保健事業及公醫制度，憲法第155條、第157條分別定有明文。國家應推行全民健康保險，重視社會救助、福利服務、社會保險及醫療保健等社會福利工作，復為憲法增修條文第10條第5項、第8項所明定。國家推行全民健康保險之義務，係兼指中央與地方而言。又依憲法規定各地方自治團體有辦理衛生、慈善公益事項等照顧其行政區域內居民生活之義務，亦得經由全民健康保險之實施，而獲得部分實現。

下列何項立法為依憲法第154條規定，所制定之社會安全立法？　(A)勞資爭議處理法　(B)社會秩序維護法　(C)槍砲彈藥刀械管制條例　(D)檢肅流氓條例　　　　　　　　　　　　　　　　【98四等基警-憲法概要】		(A)

相關考題 (153 I) 勞工、農民、婦女、兒童

依憲法第153條之規定，有關國家與勞資雙方關係之敘述，下列何者正確？　(A)基於契約自由原則，國家不應介入勞資雙方所定之勞動條件　(B)基於計畫經濟原則，國家應訂出固定勞動條件，勞資雙方不得以合意改變　(C)為改良勞工生活，增進其生產技能，國家應制定保護勞工之法律　(D)基於濟弱扶傾原則，國家應要求資方一律提繳盈餘之一定比例給國家，以照顧勞工　　　　　　　【100普考-法學知識與英文】	(C)
有關勞工及農民之保護，係規定在我國憲法基本國策章的那一節？　(A)國民經濟　(B)社會安全　(C)教育文化　(D)邊疆地區　　　　　　　　　　　　　　　【100四等行政警察-中華民國憲法概要】	(B)

相關考題 (154) 勞資協調合作原則

下列何者並非憲法基本國策中明文規定，有關勞工及勞資關係之重要原則？　(A)為保護本國勞工，應限制輸入外籍勞工　(B)婦女兒童從事勞動者，應給予特別之保護　(C)勞資關係以協調合作為原則　(D)勞資糾紛之仲裁應以法律定之　　　　　　　　【100高考-法學知識與英文】	(A)

相關考題 社會保險

下列何者非屬憲法增修條文所稱之社會保險？　(A)勞工保險　(B)全民健康保險　(C)農民保險　(D)存款保險　【104司法四等-法學知識與英文】	(D)
我國實施全民健保制度。依司法院大法官之見解，下列敘述何者正確？　(A)全民健保為社會福利，應由國家給予人民保障，法律強制全民參加全民健保，與憲法意旨不符　(B)全民健保費具有分擔金性質，依投保薪資而非將來受領給付之多寡計算保費，符合量能負擔之公平性　(C)全民健保為社會保險，無論國民有無資力均應繳納保費，未繳納保費者拒絕給付，符合憲法意旨　(D)全民健保整合公、勞、農之醫療給付，已依法參加各保險之被保險人亦須加入全民健保，違反信賴保護原則　　　　　　【105司特四等-法學知識與英文】	(B)

相關考題

依憲法增修條文之相關規定，下列何者之支出不屬於國家預算應優先編列之項目？　(A)對於失業者提供就業服務　(B)對於勞工提供全民健保補助　(C)對於低收入者提供生活扶助　(D)對於國民教育經費之提供 【106高考-法學知識與英文】	（B）
政府為幫助失業者而採取下列措施，何者非屬憲法之要求？　(A)政府廣設職業訓練中心，增加失業者之職業專長　(B)政府設置創業補助基金，以鼓勵失業者積極創業　(C)政府給予失業者失業救助，保障其基本生活需求　(D)失業者請求政府給予特定工作時，政府不得拒絕　【106普考-法學知識與英文】	（D）

6

教育文化

● 教育文化之發展

　　教育文化，應發展國民之民族精神、自治精神、國民道德、健全體格、科學及生活智能。（憲§158）國民受教育之機會，一律平等。（憲§159）國民有受國民教育之權利與義務，此為憲法第21條所明文規定。6歲至12歲之學齡兒童，一律受基本教育，免納學費。其貧苦者，由政府供給書籍。（憲§160Ⅰ）已逾學齡未受基本教育之國民，一律受補習教育，免納學費，其書籍亦由政府供給。（憲§160Ⅱ）臺灣早期社會文盲多，為了貼補家計而放棄學業、投入職場，老年經濟環境穩定，才參加國小補習教育，取得國小文憑。

　　各級政府應廣設獎學金名額，以扶助學行俱優但無力升學之學生。（憲§161）全國公私立之教育文化機關，依法律受國家之監督。（憲§162）國家應保障教育、科學、藝術工作者之生活，並依國民經濟之進展，隨時提高其待遇。（憲§165）

● 教育經費優先編列原則

　　教育、科學、文化之經費，在中央不得少於其預算總額百分之十五，在省不得少於其預算總額百分之二十五，在市縣不得少於其預算總額百分之三十五，其依法設置之教育文化基金及產業，應予以保障。（憲§164）但是增修條文第10條第10項規定「教育、科學、文化之經費，尤其國民教育之經費應優先編列，不受憲法第164條規定之限制。」所以，現行教育經費只具有優先編列的順位，不再有最低預算總額之規定。

● 教育均衡發展

　　國家應注重各地區教育之均衡發展，並推行社會教育，以提高一般國民之文化水準，邊遠及貧瘠地區之教育文化經費，由國庫補助之。其重要之教育文化事業，得由中央辦理或補助之。（憲§163）

● 獎勵與補助的機制

　　國家應獎勵科學之發明與創造，並保護有關歷史、文化、藝術之古蹟、古物。（憲§166）國家對於左列事業或個人，予以獎勵或補助：一、國內私人經營之教育事業成績優良者。二、僑居國外國民之教育事業成績優良者。三、於學術或技術有發明者。四、從事教育久於其職而成績優良者。（憲§167）

【實務案例：一人國小】

　　因同學相繼轉校，本學期成為一人小學生的排灣族男童邱姓學童，沒有同伴顯得悶悶不樂，五育中的群育也不知道該怎麼教育。

　　未來唯一可能招進來的學生，就是邱姓學童的妹妹，校方絞盡腦汁為他驅走孤寂，不但允許年僅5歲的妹妹可以到學校陪他，甚至考慮養貓、狗等寵物，讓他能多一些玩伴。

依憲法第160條之規定，有關6歲至12歲之學齡兒童所應受基本教育之敘述，下列何者正確？　(A)單親者免納學費，並由政府供給書籍　(B)屬邊疆民族及原住民族者免納學費，並由政府供給書籍　(C)屬軍人子女者免納學費，並由政府供給書籍　(D)貧苦者免納學費，並由政府供給書籍　(D)

【100關稅四等-法學知識】

下列何者與現行憲法增修條文第10條規定之意旨不符？　(A)國家應重視醫療保健、福利服務等社會福利工作　(B)社會救助和國民就業等救濟性支出應優先編列　(C)教育科學文化經費中，國民教育之經費應優先編列　(D)中央政府教育科學文化之經費不得少於預算總額百分之十五　(D)

【104普考-法學知識與英文】

教育、科學、文化之經費，依憲法增修條文之規定，中央、省、縣各占預算總額多少百分比？　(A)5%、10%、15%　(B)10%、15%、20%　(C)15%、25%、35%　(D)不受百分比之限制　(D)

【100普考-法學知識與英文】

依憲法增修條文之規定，教育、科學、文化之經費：　(A)在中央不得少於其預算總額之百分之十五　(B)在市、縣不得少於其預算總額之百分之三十五　(C)應優先編列　(D)沒有特別規定　(C)

【100四等行政警察-中華民國憲法概要】

下列何者非屬憲法增修條文所明定基本國策之發展方向？　(A)經濟及科學技術發展，應與環境及生態保護兼籌並顧　(B)國家應推行全民健康保險，並促進現代和傳統醫藥之研究發展　(C)教育、科學、文化之經費，不得少於中央預算總額百分之十五　(D)國家肯定多元文化，並積極維護發展原住民族語言及文化　(C)

【100關稅四等-法學知識】

相關考題　　　　　　　　（167）國家獎勵補助

對於下列何種工作者，憲法未明文規定國家應予以獎勵或補助？　(A)國內私人經營之教育事業成績優良者　(B)僑居國外國民之教育事業成績優良者　(C)從事教育久於其職而成績優良者　(D)文化事業採企業化經營創新卓有成效者　　　　　　　　【105三等警察-法學知識與英文】	（D）
依憲法第167條之規定，下列何者不在國家獎助補助之列？　(A)於學術或技術有發明者　(B)從事教育久於其職成績優良者　(C)國內私人經營之教育事業成績優良者　(D)外國僑民在我國之教育事業績效卓著者　　　　　　　　　　　　　　【100四等行政警察-中華民國憲法概要】	（D）

相關考題　　　　　　　　　　　其他

下列敘述，何者與憲法及憲法增修條文有關僑居國外國民之規定較無相關？　(A)政府輔助海外華文教師或僑校經營者回臺進修，給予僑校教師獎勵　(B)總統副總統選舉罷免法規定，持有中華民國護照、現居國外之國民，得申請返國行使選舉權　(C)教育部依私立學校法授權訂定「私立高級中等以下外國僑民學校及附設幼兒園設置及管理辦法」　(D)若我國政府與越南簽訂投資保障協定，使在越投資之臺商因暴動所受之損害能夠獲得越方賠償或補償　　　　　　　【105四等警察-法學知識】	（C）

【解析】

(D)憲法第151條：「國家對於僑居國外之國民，應扶助並保護其經濟事業之發展。」

7 邊疆地區

● 基本規定：邊疆民族之保護

國家對於邊疆地區各民族之地位，應予以合法之保障，並於其地方自治事業，特別予以扶植。（憲§168）國家對於邊疆地區各民族之教育、文化、交通、水利、衛生及其他經濟、社會事業，應積極舉辦，並扶助其發展，對於土地使用，應依其氣候、土壤性質，及人民生活習慣之所宜，予以保障及發展。（憲§169）

● 原住民與外島區域之保障

我國目前實際統治的區域，較為偏遠者大概就屬於中央山脈、金門、馬祖等地區，已經不再是憲法本文立憲之初的新疆、西藏等偏遠的邊疆地區，所以邊疆民族之保護規範業已空洞化。

所以憲法增修條文第10條第11、12項則著眼於原住民和外島地區人民的保障，「國家肯定多元文化，並積極維護發展原住民族語言及文化。」（憲§10XI）及「國家應依民族意願，保障原住民族之地位及政治參與，並對其教育文化、交通水利、衛生醫療、經濟土地及社會福利事業予以保障扶助並促其發展，其辦法另以法律定之。對於澎湖、金門及馬祖地區人民亦同。」（憲§10XII）

原住民部分相關之法令，譬如原住民工作權保障法、原住民族基本法、原住民族教育法等；離島部分，則如離島建設條例，公投拒絕設置賭場，就是依據該條例之規定。

● 僑居國外國民之保障

一、經濟事業之保護：國家對於僑居國外之國民，應扶助並保護

其經濟事業之發展。(憲§151)

　　二、政治事業之保護：國家對於僑居國外國民之政治參與，應予保障。(憲增§10ⅩⅢ)另外，立法委員比例代表名額之保障，依據憲法增修條文第4條第1項第3款規定，全國不分區及僑居國外國民共34人。

相關考題

下列各民族之間的關係，何者在憲法本文及增修條文中並無規定？ (A)國家語言的統一　(B)維護各民族的語言　(C)尊重各民族的意願 (D)肯定各民族的多元文化　【98四等地方特考-法學知識與英文】	(A)
依憲法第163條之規定，邊遠地區之教育文化經費如何籌措？　(A)由縣補助之　(B)由省補助之　(C)由國庫補助之　(D)由地方自籌經費 【98三等地方特考-法學知識與英文】	(C)
依憲法增修條文第10條之規定，有關國家應保障原住民族之政治參與之敘述，下列何者正確？　(A)國家依法要求各私營企業須僱用一定比例之原住民，即為直接保障原住民族之政治參與之表現　(B)為突顯國家保障原住民族之政治參與，國家不得保障其他特定群體之政治參與　(C)原住民族政治參與之保障，應於其整體教育水準達一定程度以上方得開始 (D)國家應依民族意願，保障原住民族之政治參與 【99普考-法學知識與英文】	(D)

相關考題　其他

為落實憲法增修條文對於澎湖、金門及馬祖地區人民之保障，下列措施何者不屬之？　(A)交通費用之補貼　(B)升大學名額之保障　(C)受國民義務教育之學生，其書籍費及雜費，由教育部編列預算補助之　(D)單獨為其舉辦地方公務人員特種考試　【105四等警察-法學知識】	(D)
下列何種措施與原住民族之保障無關？　(A)司法院推動設置原住民族專業法庭　(B)原住民地區之鄉鎮市(區)長僅能由原住民擔任　(C)原住民升學名額採外加方式 (D)原住民族之政治參與亦有婦女保障名額之適用　【105四等警察-法學知識】	(D)

相關考題 （168、169、憲增XI、XII）邊疆地區與原住民保障

憲法本文及其增修條文中關於「邊疆民族地位」與「原住民族」之規範設計，下列說明何者錯誤？　(A)國家肯定多元文化，並積極維護發展原住民族語言及文化　(B)國家對於邊疆地區各民族之教育文化事業應積極舉辦，但不包括經濟社會事業　(C)國家應依民族意願，保障原住民族之地位及政治參與　(D)國家對於邊疆地區各民族之土地，應予以合法之保障，並於其地方自治事業，特別予以扶植【100普考-法學知識與英文】	(B)

相關考題 （憲增10 XI、XII）原住民

依憲法增修條文第10條第12項之規定，對於下列何者之政治參與給予特別之保障？　(A)外籍配偶　(B)澎湖、金門、馬祖地區人民　(C)軍人　(D)身心障礙者　　　　　　　　　　【101四等一般警察-法學知識】	(B)

相關考題 （憲增10 XII）澎湖、金門、馬祖地區人民

依憲法增修條文第10條之規定，有關原住民族保障、發展之敘述，下列何者錯誤？　(A)國家應保障原住民族之地位及政治參與　(B)國家應保障原住民族教育文化　(C)國家應對原住民族衛生醫療、經濟土地及社會福利事業予以保障扶助並促其發展　(D)國家為保障原住民族語言文化，依法設立之原住民族政府須以所轄原住民族語言為唯一官方語言　　　　　　　　　　　　　　　　【101員級鐵路人員-法學知識與英文】	(D)
下列何者之政治參與不屬於憲法增修條文第10條內明列應予特別保障之人民？　(A)原住民族　(B)澎湖、金門及馬祖地區人民　(C)居住於我國之外國人民　(D)僑居國外國民【101四等行政警察-中華民國憲法概要】	(C)

8 兩岸關係

● 兩岸關係之法令基礎

自由地區與大陸地區間人民權利義務關係及其他事務之處理，得以法律為特別之規定。（憲增§11）目前規範兩岸的法令為「臺灣地區與大陸地區人民關係條例」（簡稱兩岸人民關係條例），其第1條即明文規範其立法目的「國家統一前，為確保臺灣地區安全與民眾福祉，規範臺灣地區與大陸地區人民之往來，並處理衍生之法律事件……」。

● 陸委會與海基會

行政院大陸委員會（簡稱陸委會）統籌處理有關大陸事務，為兩岸人民關係條例之主管機關，大陸方面則為「國務院臺灣事務辦公室」（簡稱國臺辦）。但因為兩岸目前不適宜由官方直接接觸，所以必須透過民間機構與大陸進行往來。在臺灣的民間機構「財團法人海峽交流基金會」（簡稱海基會），彼岸則為「海峽兩岸關係協會」（簡稱海協會）。

● 兩岸密使

據聞兩岸溝通管道，除了海基會與海協會之外，還有所謂的兩岸密使。這種傳聞是有可能的，因為兩岸的關係特殊，還無法進行正常的發展，甚至於光明正大的交流都會惹出許多爭議，尤其是民進黨時代，更需要透過密使的溝通，可以在非正式、隱密性的管道中達成共識。不過，隨著兩岸交流逐漸密切與公開化，密使的需求性將逐步降低。

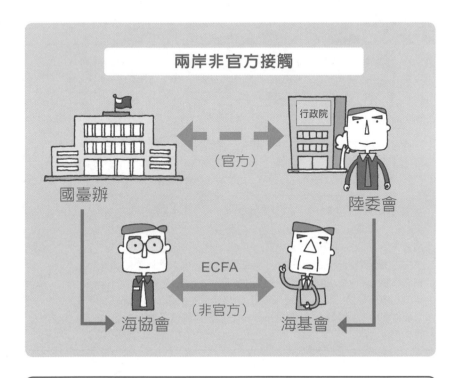

兩岸非官方接觸

行政院

國臺辦 ← (官方) → 陸委會

海協會 ← ECFA (非官方) → 海基會

【實務案例：兩岸簽署ECFA】

　　我國有意與對岸簽署「經濟合作架構協議」（Economic Cooperation Framework Agreement，ECFA），解決關稅、經貿之議題，為兩岸經貿正常化訂定基本規則，透過關稅的降低，許多早收清單項目的產品，得以零關稅將產品運送至大陸這一個廣大的市場。

　　若兩岸要共同成立一些類似歐盟、東南亞國協之機構，則內部組織及人事規章所涉及之法規，實質上亦似乎屬於國際行政法之範疇。但是，兩岸往來發展在此架構之下，彼此間關係到底屬於國際法還是國內法，仍有許多爭議。

依憲法增修條文規定，自由地區與大陸地區人民之權利義務與其他事務之處理該如何規範？　(A)由行政院院會決定　(B)由兩岸共同約定 (C)以法律為特別規定　(D)由總統決定 【101四等行政警察-中華民國憲法】	(C)
依據憲法增修條文之規定，自由地區與大陸地區間人民權利義務關係及其他事務之處理，得以何種規範加以特別之規定？　(A)法律　(B)命令 (C)行政規則　(D)自治條例　　【100三等行政警察-法學知識與英文】	(A)
法律限制大陸地區人民經許可進入臺灣地區者，非在臺灣地區設有戶籍滿10年，不得擔任公務人員之規定，依司法院大法官解釋，何者錯誤？ (A)此規定目的為確保臺灣地區安全、民眾福祉暨維護自由民主之憲政秩序，應屬合理正當　(B)此種有關兩岸關係事務之規定，係屬政治問題，立法機關就此所為之決定，釋憲機關不得審查　(C)以設有戶籍滿10年，作為其擔任公務人員之要件，仍屬必要及合理之範圍　(D)此種限制係考量原設籍大陸地區人民對自由民主憲政體制認識與臺灣地區人民之差異，仍屬合理　　　　　　　　　　　　【100高考-法學知識與英文】	(B)

8

[修憲機制]

1 制憲權與修憲權

● 制憲權

憲法前言：「中華民國國民大會受全體國民之付託，依據孫中山先生創立中華民國之遺教，為鞏固國權，保障民權，奠定社會安寧，增進人民福利，制定本憲法，頒行全國，永矢咸遵。」

由前言規定的第一句話可知，制憲權之權力來源是全體國民，並且透過人民所選出的代表——國民大會代表，進行制憲之工作。此種制憲權屬於原生性的權力，因此並不需要任何法律之授權，因為其本身即是創造最原始法制之來源。所以，憲法制定權應能隨時發動，不受既存憲法的拘束。

● 修憲權

修憲權是從屬於憲法制定權的一部分，其規範在憲法中，作為變更憲法內容之程序機制。各國國情不同，修憲的程序即有不同之差異，但基本上均是以國民主權為基礎，透過代議制度，以及民主多數決之基本原則，制定一套適用的修憲機制。

修改憲法可以分成全部修改或局部修改，全部修改的情況，通常是國家社會遭遇重大變化，甚至於是重新制憲的概念，例如一百年後，我國人民多數希望獨立，於是將中華民國憲法改為臺灣憲法。

另外，局部修改的方式，主要是新增、刪除與變更三種方式。我國憲法增修條文形式上屬於新增條文，但是又有變更憲法本文之實質效果，可謂非常特別之修憲方式。究其原因，憲法本文有一種與中國大陸不可分的歷史政治情結，任意修正憲法本文，恐牽動複雜之兩岸關係。因此，改以增修條文進行修憲，實屬不得已之修憲方式。

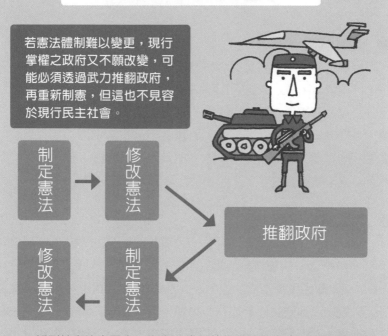

制憲權與修憲權之循環

若憲法體制難以變更，現行掌權之政府又不願改變，可能必須透過武力推翻政府，再重新制憲，但這也不見容於現行民主社會。

制定憲法 → 修改憲法 → 推翻政府 → 制定憲法 → 修改憲法

採剛性憲法之國家，修憲通常不能像是柔性憲法，以國會的普通多數決議為之，而必須要透過特殊程序才能夠進行修憲，例如我國就是採取剛性憲法的國家，修憲的程序可以用「艱困」二字來形容，如果立法院不是掌握在多數黨手中，而且所占的席次又是占多數決，除非是較不具政治性爭議的議題，例如基本國策，否則修憲恐怕很難通過。

相關考題

下列關於制憲、修憲之敘述，何者不合民主憲政原理？ (A)憲法制定權應能隨時發動，不受既存憲法的拘束 (B)一定是建立新國家的時候才能制憲 (C)修憲的結果應該經由國民主權做最後決定 (D)修憲權是從屬於憲法制定權的一部分 【98四等地方特考-法學知識與英文】	（B）

2 修憲界限

● 學說爭議

修憲的界限，主要是探討修憲的結果，是否可以修正原憲法制定時之核心價值。例如憲法第1條民主共和體制之規定，是否可以透過修憲，改為共產體制？有論者採取「有界限說」，認為若連核心的價值要加以變動，則屬於「制憲」，而非「修憲」；採取「無界限說」之論點，則認為「制憲」與「修憲」並無區別之必要。憲法修正的實質界限，雖未見諸憲法明文規定，但仍屬實質之憲法原理。

● 我國實務見解

我國實務採取「有界限說」，也就是受到憲法本質重要性理論所限制。換言之，如憲法第1條之民主共和國原則、第2條之國民主權原則、第2章人民基本權利之保障，因為具有本質重要性，也屬於憲法基本原則，即便是修憲機關亦須遵守之，否則將導致破壞憲法整體規範秩序。參酌釋字第499號解釋理由書認為：「國民大會為憲法所設置之機關，其具有之職權既為憲法所賦予，亦應受憲法之規範。國民大會代表就職時宣誓效忠憲法，此項效忠係指對憲法忠誠，憲法忠誠在依憲法第174條規定行使修憲權限之際，亦應兼顧。憲法之修改如純為國家組織結構之調整，固屬『有權修憲之機關衡情度勢，斟酌損益』之範疇，而應予尊重，但涉及基於前述基本原則所形成之自由民主憲政秩序之違反者，已悖離國民之付託，影響憲法本身存立之基礎，應受憲法所設置其他權力部門之制約，凡此亦屬憲法自我防衛之機制。從而牴觸憲法基本原則而形成規範衝突之條文，自亦不具實質正當性」。

本書觀點

畢竟修憲當時之人民意志,是不需要受到制憲者思想的鉗制,實無必要透過學理的論述,抑制人民修憲之權能。因此,或許百年之後,共產制度的發展遠遠超越民主體制的進程,成為一種更令人民接受的體制,則自然無庸強加限制於人民修憲之界限。

相關考題 修憲之界限

下述關於修改憲法的說明,何者錯誤? (A)採剛性憲法之國家,修憲通常不能以國會的普通多數決議為之 (B)修憲機關能否無限制修改憲法内容的討論,學理上稱為「修憲界限論」 (C)依我國司法院大法官解釋意旨,我國採取修憲無界限的立場 (D)修憲應由修憲機關循正當修憲程序為之 【98四等基警-憲法概要】	(C)
依憲法本文、增修條文以及司法院大法官之解釋,有關憲法之修改,下列敘述何者錯誤? (A)僅得依憲法規定的修憲程序修憲 (B)只要依修憲程序,憲法中的任何内容都可修改 (C)憲法增修條文亦具憲法效力 (D)修憲應依照公開透明之原則 【98四等基警-憲法概要】	(B)
【解析】 (A)(D)釋字第499號解釋:「憲法為國家根本大法,其修改關係憲政秩序之安定及全國國民之福祉至鉅,應由修憲機關循正當修憲程序為之。又修改憲法乃最直接體現國民主權之行為,應公開透明為之,以滿足理性溝通之條件,方能賦予憲政國家之正當性基礎。」	
下列何者雖未見諸憲法明文規定,但仍屬實質之憲法原理? (A)宗教自由之保障 (B)憲法施行之準備程序之制定 (C)憲法修正的實質界限 (D)提審制度 【98高考三級-法學知識與英文】	(C)
憲法本文及其增修條文中關於修改憲法之規定,均未包括下列何種事項? (A)提案機關 (B)修憲程序 (C)修憲之界限 (D)如須複決者,複決機關為何 【100普考-法學知識與英文】	(C)

3 我國現行修憲程序

● 憲法本文之修憲程序（不再適用）

憲法本文有關憲法的修改規定在第174條之規定，有兩種方式，最後的修改憲法權力都是屬於國民大會，立法院只有提出憲法修正案的權力，其規定如下：

一、國民大會修改

由國民大會代表總額五分之一之提議，三分之二之出席，及出席代表四分之三之決議，得修改之。

二、立法院提出憲法修正案

由立法院立法委員四分之一之提議，四分之三之出席，及出席委員四分之三之決議，擬定憲法修正案，提請國民大會複決。此項憲法修正案，應於國民大會開會前半年公告之。

● 憲法增修條文之修憲程序

一、立法院提出憲法修正案

憲法之修改，須經立法院立法委員四分之一之提議，四分之三之出席，及出席委員四分之三之決議，提出憲法修正案。（憲增§12）

二、公告並經投票複決

於公告半年後，經中華民國自由地區選舉人投票複決，有效同意票過選舉人總額之半數，即通過之。（憲增§12）中華民國自由地區選舉人於立法院提出憲法修正案，經公告半年，應於3個月內投票複決。（憲增§1）

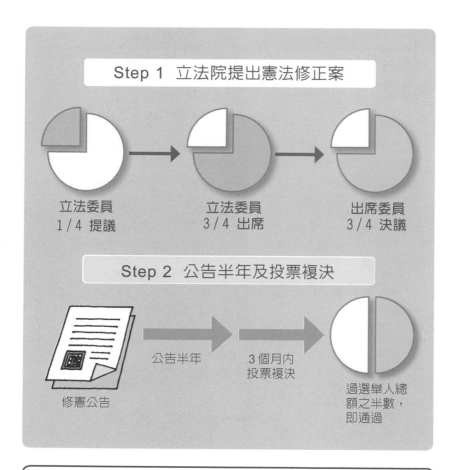

Step 1　立法院提出憲法修正案

立法委員
1/4 提議

立法委員
3/4 出席

出席委員
3/4 決議

Step 2　公告半年及投票複決

公告半年

3個月內
投票複決

修憲公告

過選舉人總
額之半數，
即通過

【憲法增修條文修憲程序之差異】

　　由於現行國民大會已經遭增修條文廢除，所以修憲權力從國民大會移轉到立法院，但是立法院仍然只有憲法修正案的提出權，最後仍然必須由中華民國自由地區選舉人投票複決。

依據憲法增修條文規定，下列何種程序屬現行修憲程序？ (A)國民大會決議 (B)國民大會複決立法院之憲法修正案 (C)司法院大法官審議國民大會修憲決議 (D)公民投票複決立法院修憲決議 【98四等基警-憲法概要】	(D)
立法院立法委員提出之憲法修正案，須經下列那一種程序？ (A)憲法法庭複決 (B)立法院全體立法委員通過 (C)我國自由地區選舉人投票複決 (D)提交總統複決 【98普考-法學知識與英文】	(C)
依憲法增修條文之規定，下列何者有權修改憲法？ (A)行政院與立法院 (B)總統與全體國民 (C)全體公民與立法院 (D)總統與立法院 【98國安局五等-法學大意】	(C)
下列有關憲法修改程序之敘述，何者錯誤？ (A)由立法院擬定憲法修正案 (B)由國民大會複決 (C)經公告半年 (D)經中華民國自由地區選舉人投票複決 【99三等關務-法學知識】	(B)
依憲法增修條文第12條之規定，憲法之修正案，係由何機關提出？ (A)立法院 (B)司法院 (C)行政院 (D)總統 【99四等身障特考一般行政-法學知識】	(A)
依憲法增修條文第12條規定，修憲案經合法提出並公告後，若我國自由地區選舉人總數為一千四百萬，參與複決投票者為一千兩百萬，應有多少同意票，修憲案方為通過？ (A)七百萬票 (B)七百萬零一票 (C)六百萬 (D)六百萬零一票 【99普考-法學知識與英文】	(B)
立法院所提出之憲法修正案，若未獲公民投票複決通過，有無不得再行提出同一內容憲法修正案之限制？ (A)1年內不得再行提出同一內容之憲法修正案 (B)3年內年得再行提出同一內容之憲法修正案 (C)從此不得再行提出同一內容之憲法修正案 (D)無任何限制 【99調查局-法學知識與英文】	(D)
依憲法增修條文規定，下列何者提出憲法修正案之後，由中華民國自由地區選舉人依規定投票複決？ (A)總統 (B)立法院 (C)行政院 (D)公民投票審議委員會 【108普考-法學知識與英文】	(B)

相關考題 （憲增12）修憲程序

依憲法增修條文第12條之規定，立法院提出有關憲法修正案，至少須公告多久後交由自由地區選舉人複決？ (A)2個月 (B)3個月 (C)4個月 (D)半年 【105四等警察-法學知識】	(D)
依憲法增修條文之規定，憲法之修正須經出席立法委員多少比例之決議？ (A)二分之一 (B)三分之二 (C)四分之三 (D)五分之三 【101普-法學知識與英文】	(C)
依憲法增修條文第12條之規定，有關修憲案複決公告之規定，下列敘述何者正確？ (A)修憲案提出後，毋須公告，應即進行複決 (B)修憲案提出後，須公告3個月後，方可進行複決 (C)修憲案提出後，須公告5個月後，方可進行複決 (D)修憲案提出後，須公告6個月後，方可進行複決 【101普考-法學知識與英文】	(D)
依憲法增修條文第12條之規定，有關修憲之規定，下列敘述何者正確？ (A)修憲案如由人民連署提出，應由立法院複決之 (B)修憲案如由人民連署提出，無須複決 (C)修憲案之複決為法定任意程序，由人民決定是否採行 (D)修憲案提出後須經定期公告後方得複決 【101四等一般警察-法學知識】	(D)
依憲法增修條文之規定，修憲程序由下列何者發動？ (A)人民 (B)總統 (C)政黨 (D)立法院 【101四等行政警察-中華民國憲法概要】	(D)
依憲法增修條文之規定，有關修憲的程序，下列敘述何者正確？ (A)應由人民提出憲法修正案，經立法院複決 (B)應由立法院提出憲法修正案，經人民複決 (C)應由國民大會提出憲法修正案，經立法院複決 (D)應由總統提出憲法修正案，經國民大會複決 【100關稅四等-法學知識】	(B)
憲法增修條文係依據何種程序制定？ (A)制憲程序 (B)修憲程序 (C)公民複決 (D)總統發布緊急命令 【100四等司法-法學知識與英文】	(B)
關於我國現行修憲程序之敘述，下列何者正確？ (A)由行政院提出憲法修正案，送請立法院決議通過 (B)由人民提出憲法修正案，送請立法院複決通過 (C)由總統提出憲法修正案，經人民投票複決通過 (D)由立法院提出憲法修正案，經人民投票複決通過 【108高考-法學知識與英文】	(D)

修改憲法時，立法院提出憲法修正案的程序為何？　（A)須經立法院立法委員四分之一之提議，三分之二之出席，及出席委員二分之一之決議　(B)須經立法院立法委員四分之一之提議，四分之三之出席，及出席委員四分之三之決議　(C)須經立法院立法委員三分之一之提議，四分之三之出席，及出席委員四分之三之決議　(D)須經立法院立法委員四分之一之提議，四分之三之出席，及出席委員二分之一之決議 【103高考-法學知識與英文】	(B)
依憲法增修條文第12條之規定，憲法修正案提出，並於公告半年後，應經何種程序？　(A)總統複決　(B)中華民國自由地區選舉人投票複決　(C)立法院複決　(D)司法院複決 【101四等行政警察-中華民國憲法概要】	(B)
依憲法增修條文之規定，下列何者有權複決憲法修正案？　(A)司法院大法官　(B)立法院　(C)總統　(D)中華民國自由地區選舉人 【100四等行政警察-中華民國憲法概要】	(D)

● 憲法與法律之關係

　　本憲法所稱之法律，謂經立法院通過，總統公布之法律。

（憲§170）

依憲法第170條之規定，本憲法所稱之法律，謂經立法院通過，總統公布之法律，下列何者非憲法該條所稱法律之名稱？　(A)法　(B)通則　(C)條例　(D)自治條例　　　　　【101四等行政警察-中華民國憲法概要】	(D)
下列何者並非立法院通過，總統公布之法律？　(A)憲法　(B)民法　(C)懲治走私條例　(D)農田水利會組織通則 【102初等一般行政-公民與英文】	(A)

［ 附 錄 ］

【附錄A】：中華民國憲法本文

　　中華民國國民大會受全體國民之付託，依據孫中山先生創立中華民國之遺教，為鞏固國權，保障民權，奠定社會安寧，增進人民福利，制定本憲法，頒行全國，永矢咸遵。

第 一 章　　總綱	
第 1 條	中華民國基於三民主義，為民有、民治、民享之民主共和國。
第 2 條	中華民國之主權屬於國民全體。
第 3 條	具中華民國國籍者為中華民國國民。
第 4 條	中華民國領土，依其固有之疆域，非經國民大會之決議，不得變更之。
第 5 條	中華民國各民族一律平等。
第 6 條	中華民國國旗定為紅地，左上角青天白日。
第 二 章　　人民之權利義務	
第 7 條	中華民國人民，無分男女、宗教、種族、階級、黨派，在法律上一律平等。
第 8 條	Ⅰ人民身體之自由應予保障。除現行犯之逮捕由法律另定外，非經司法或警察機關依法定程序，不得逮捕拘禁。非由法院依法定程序，不得審問處罰。非依法定程序之逮捕、拘禁、審問、處罰，得拒絕之。 Ⅱ人民因犯罪嫌疑被逮捕拘禁時，其逮捕拘禁機關應將逮捕拘禁原因，以書面告知本人及其本人指定之親友，並至遲於24小時內移送該管法院審問。本人或他人亦得聲請該管法院，於24小時內向逮捕之機關提審。 Ⅲ法院對於前項聲請，不得拒絕，並不得先令逮捕拘禁之機關查覆。逮捕拘禁之機關，對於法院之提審，不得拒絕或遲延。 Ⅳ人民遭受任何機關非法逮捕拘禁時，其本人或他人得向法院聲請追究，法院不得拒絕，並應於24小時內向逮捕拘禁之機關追究，依法處理。
第 9 條	人民除現役軍人外，不受軍事審判。
第 10 條	人民有居住及遷徙之自由。
第 11 條	人民有言論、講學、著作及出版之自由。
第 12 條	人民有秘密通訊之自由。
第 13 條	人民有信仰宗教之自由。
第 14 條	人民有集會及結社之自由。
第 15 條	人民之生存權、工作權及財產權，應予保障。
第 16 條	人民有請願、訴願及訴訟之權。
第 17 條	人民有選舉、罷免、創制及複決之權。

第 18 條	人民有應考試服公職之權。
第 19 條	人民有依法律納稅之義務。
第 20 條	人民有依法律服兵役之義務。
第 21 條	人民有受國民教育之權利與義務。
第 22 條	凡人民之其他自由及權利，不妨害社會秩序公共利益者，均受憲法之保障。
第 23 條	以上各條列舉之自由權利，除為防止妨礙他人自由、避免緊急危難、維持社會秩序，或增進公共利益所必要者外，不得以法律限制之。
第 24 條	凡公務員違法侵害人民之自由或權利者，除依法律受懲戒外，應負刑事及民事責任。被害人民就其所受損害，並得依法律向國家請求賠償。

第三章　國民大會

第 25 條	國民大會依本憲法之規定，代表全國國民行使政權。
第 26 條	國民大會以左列代表組織之： 一、每縣市及其同等區域各選出代表1人，但其人口逾50萬人者，每增加50萬人，增選代表1人。縣市同等區域以法律定之。 二、蒙古選出代表，每盟4人，每特別旗1人。 三、西藏選出代表，其名額以法律定之。 四、各民族在邊疆地區選出代表，其名額以法律定之。 五、僑居國外之國民選出代表，其名額以法律定之。 六、職業團體選出代表，其名額以法律定之。 七、婦女團體選出代表，其名額以法律定之。
第 27 條	Ⅰ國民大會之職權如左： 一、選舉總統、副總統。 二、罷免總統、副總統。 三、修改憲法。 四、複決立法院所提之憲法修正案。 Ⅱ關於創制複決兩權，除前項第3、第4兩款規定外，俟全國有半數之縣、市曾經行使創制、複決兩項政權時，由國民大會制定辦法並行使之。
第 28 條	Ⅰ國民大會代表每6年改選一次。 Ⅱ每屆國民大會代表之任期，至次屆國民大會開會之日為止。 Ⅲ現任官吏不得於其任所所在地之選舉區當選為國民大會代表。
第 29 條	國民大會於每屆總統任滿前90日集會，由總統召集之。
第 30 條	Ⅰ國民大會遇有左列情形之一時，召集臨時會： 一、依本憲法第49條之規定，應補選總統、副總統時。 二、依監察院之決議，對於總統、副總統提出彈劾案時。 三、依立法院之決議，提出憲法修正案時。 四、國民大會代表五分之二以上請求召集時。

第 30 條	Ⅱ國民大會臨時會,如依前項第1款或第2款應召集時,由立法院院長通告集會。依第3款或第4款應召集時,由總統召集之。
第 31 條	國民大會之開會地點在中央政府所在地。
第 32 條	國民大會代表在會議時所為之言論及表決,對會外不負責任。
第 33 條	國民大會代表,除現行犯外,在會期中,非經國民大會許可,不得逮捕或拘禁。
第 34 條	國民大會之組織,國民大會代表選舉、罷免,及國民大會行使職權之程序,以法律定之。

第四章 總統

第 35 條	總統為國家元首,對外代表中華民國。
第 36 條	總統統率全國陸海空軍。
第 37 條	總統依法公布法律,發布命令,須經行政院院長之副署,或行政院院長及有關部會首長之副署。
第 38 條	總統依本憲法之規定,行使締結條約及宣戰、媾和之權。
第 39 條	總統依法宣布戒嚴,但須經立法院之通過或追認。立法院認為必要時,得決議移請總統解嚴。
第 40 條	總統依法行使大赦、特赦、減刑及復權之權。
第 41 條	總統依法任免文武官員。
第 42 條	總統依法授與榮典。
第 43 條	國家遇有天然災害、癘疫,或國家財政經濟上有重大變故,須為急速處分時,總統於立法院休會期間,得經行政院會議之決議,依緊急命令法,發布緊急命令,為必要之處置,但須於發布命令後1個月內提交立法院追認。如立法院不同意時,該緊急命令立即失效。
第 44 條	總統對於院與院間之爭執,除本憲法有規定者外,得召集有關各院院長會商解決之。
第 45 條	中華民國國民年滿40歲者,得被選為總統、副總統。
第 46 條	總統、副總統之選舉,以法律定之。
第 47 條	總統、副總統之任期為6年,連選得連任一次。
第 48 條	總統應於就職時宣誓,誓詞如左: 「余謹以至誠,向全國人民宣誓,余必遵守憲法,盡忠職務,增進人民福利,保衛國家,無負國民付託。如違誓言,願受國家嚴屬之制裁。謹誓」
第 49 條	總統缺位時,由副總統繼任,至總統任期屆滿為止。總統、副總統均缺位時,由行政院院長代行其職權,並依本憲法第30條之規定,召集國民大會臨時會,補選總統、副總統,其任期以補足原任總統未滿之任期為止。總統因故不能視事時,由副總統代行其職權。總統、副總統均不能視事時,由行政院院長代行其職權。

第 50 條	總統於任滿之日解職，如屆期次任總統尚未選出，或選出後總統、副總統均未就職時，由行政院院長代行總統職權。
第 51 條	行政院院長代行總統職權時，其期限不得逾3個月。
第 52 條	總統除犯內亂或外患罪外，非經罷免或解職，不受刑事上之訴究。

第五章　行政

第 53 條	行政院爲國家最高行政機關。
第 54 條	行政院設院長、副院長各1人，各部會首長若干人，及不管部會之政務委員若干人。
第 55 條	Ⅰ 行政院院長，由總統提名，經立法院同意任命之。 Ⅱ 立法院休會期間，行政院院長辭職或出缺時，由行政院副院長代理其職務，但總統須於40日內咨請立法院召集會議，提出行政院院長人選，徵求同意。行政院院長職務，在總統所提行政院院長人選未經立法院同意前，由行政院副院長暫行代理。
第 56 條	行政院副院長、各部會首長及不管部會之政務委員，由行政院院長提請總統任命之。
第 57 條	行政院依左列規定，對立法院負責： 一、行政院有向立法院提出施政方針及施政報告之責。立法委員在開會時，有向行政院院長及行政院各部會首長質詢之權。 二、立法院對於行政院之重要政策不贊同時，得以決議移請行政院變更之。行政院對於立法院之決議，得經總統之核可，移請立法院覆議。覆議時，如經出席立法委員三分之二維持原決議，行政院院長應即接受該決議或辭職。 三、行政院對於立法院決議之法律案、預算案、條約案，如認爲有窒礙難行時，得經總統之核可，於該決議案送達行政院10日內，移請立法院覆議。覆議時，如經出席立法委員三分之二維持原案，行政院院長應即接受該決議或辭職。
第 58 條	Ⅰ 行政院設行政院會議，由行政院院長、副院長、各部會首長及不管部會之政務委員組織之，以院長爲主席。 Ⅱ 行政院院長、各部會首長，須將應行提出於立法院之法律案、預算案、戒嚴案、大赦案、宣戰案、媾和案、條約案及其他重要事項，或涉及各部會共同關係之事項，提出於行政院會議議決之。
第 59 條	行政院於會計年度開始3個月前，應將下年度預算案提出於立法院。
第 60 條	行政院於會計年度結束後4個月內，應提出決算於監察院。
第 61 條	行政院之組織，以法律定之。

第六章　立法

第 62 條	立法院爲國家最高立法機關，由人民選舉之立法委員組織之，代表人民行使立法權。

449

第 63 條	立法院有議決法律案、預算案、戒嚴案、大赦案、宣戰案、媾和案、條約案及國家其他重要事項之權。
第 64 條	Ⅰ立法院立法委員，依左列規定選出之： 一、各省、各直轄市選出者，其人口在3百萬以下者5人，其人口超過3百萬者，每滿1百萬人增選1人。 二、蒙古各盟旗選出者。 三、西藏選出者。 四、各民族在邊疆地區選出者。 五、僑居國外之國民選出者。 六、職業團體選出者。 Ⅱ立法委員之選舉及前項第2款至第6款立法委員名額之分配，以法律定之。婦女在第1項各款之名額，以法律定之。
第 65 條	立法委員之任期為3年，連選得連任，其選舉於每屆任滿前3個月內完成之。
第 66 條	立法院設院長、副院長各1人，由立法委員互選之。
第 67 條	Ⅰ立法院得設各種委員會。 Ⅱ各種委員會得邀請政府人員及社會上有關係人員到會備詢。
第 68 條	立法院會期，每年兩次，自行集會，第一次自2月至5月底，第二次自9月至12月底，必要時得延長之。
第 69 條	立法院遇有左列情事之一時，得開臨時會： 一、總統之咨請。 二、立法委員四分之一以上之請求。
第 70 條	立法院對於行政院所提預算案，不得為增加支出之提議。
第 71 條	立法院開會時，關係院院長及各部會首長得列席陳述意見。
第 72 條	立法院法律案通過後，移送總統及行政院，總統應於收到後10日內公布之，但總統得依照本憲法第57條之規定辦理 。
第 73 條	立法院委員在院內所為之言論及表決，對院外不負責任。
第 74 條	立法委員，除現行犯外，非經立法院許可，不得逮捕或拘禁。
第 75 條	立法委員不得兼任官吏。
第 76 條	立法院之組織，以法律定之。
第 七 章 　 司法	
第 77 條	司法院為國家最高司法機關，掌理民事、刑事、行政訴訟之審判及公務員之懲戒。
第 78 條	司法院解釋憲法，並有統一解釋法律及命令之權。
第 79 條	Ⅰ司法院設院長、副院長各1人，由總統提名，經監察院同意任命之。 Ⅱ司法院設大法官若干人，掌理本憲法第78條規定事項，由總統提名，經監察院同意任命之。

第 80 條	法官須超出黨派以外，依據法律獨立審判，不受任何干涉。
第 81 條	法官爲終身職，非受刑事或懲戒處分或禁治產之宣告，不得免職。非依法律，不得停職、轉任或減俸。
第 82 條	司法院及各級法院之組織，以法律定之。
第八章　考試	
第 83 條	考試院爲國家最高考試機關，掌理考試、任用、銓敘、考績、級俸、陞遷、保障、褒獎、撫卹、退休、養老等事項。
第 84 條	考試院設院長、副院長各1人，考試委員若干人，由總統提名，經監察院同意任命之。
第 85 條	公務人員之選拔，應實行公開競爭之考試制度，並應按省區分別規定名額，分區舉行考試。非經考試及格者，不得任用 。
第 86 條	左列資格，應經考試院依法考選銓定之： 一、公務人員任用資格。 二、專門職業及技術人員執業資格。
第 87 條	考試院關於所掌事項，得向立法院提出法律案。
第 88 條	考試委員須超出黨派以外，依據法律獨立行使職權。
第 89 條	考試院之組織，以法律定之。
第九章　監察	
第 90 條	監察院爲國家最高監察機關，行使同意、彈劾、糾舉及審計權。
第 91 條	監察院設監察委員，由各省市議會、蒙古西藏地方議會及華僑團體選舉之。其名額分配，依左列之規定： 一、每省5人。 二、每直轄市2人。 三、蒙古各盟旗共8人。 四、西藏8人。 五、僑居國外之國民8人。
第 92 條	監察院設院長、副院長各1人，由監察委員互選之。
第 93 條	監察委員之任期爲6年，連選得連任。
第 94 條	監察院依本憲法行使同意權時，由出席委員過半數之議決行之。
第 95 條	監察院爲行使監察權，得向行政院及其各部會調閱其所發布之命令及各種有關文件。
第 96 條	監察院得按行政院及其各部會之工作，分設若干委員會，調查一切設施，注意其是否違法或失職。
第 97 條	Ⅰ監察院經各該委員會之審查及決議，得提出糾正案，移送行政院及其有關部會，促其注意改善。 Ⅱ監察院對於中央及地方公務人員，認爲有失職或違法情事，得提出糾舉案或彈劾案，如涉及刑事，應移送法院辦理。

451

第 98 條	監察院對於中央及地方公務人員之彈劾案，須經監察委員1人以上之提議，9人以上之審查及決定，始得提出。
第 99 條	監察院對於司法院或考試院人員失職或違法之彈劾，適用本憲法第95條、第97條及第98條之規定。
第 100 條	監察院對於總統、副總統之彈劾案，須有全體監察委員四分之一以上之提議，全體監察委員過半數之審查及決議，向國民大會提出之。
第 101 條	監察委員在院內所爲之言論及表決，對院外不負責任。
第 102 條	監察委員，除現行犯外，非經監察院許可，不得逮捕或拘禁。
第 103 條	監察委員不得兼任其他公職或執行業務。
第 104 條	監察院設審計長，由總統提名，經立法院同意任命之。
第 105 條	審計長應於行政院提出決算後3個月內，依法完成其審核，並提出審核報告於立法院。
第 106 條	監察院之組織，以法律定之。

第 十 章　中央與地方之權限

第 107 條	左列事項，由中央立法並執行之： 一、外交。 二、國防與國防軍事。 三、國籍法及刑事、民事、商事之法律。 四、司法制度。 五、航空、國道、國有鐵路、航政、郵政及電政。 六、中央財政與國稅。 七、國稅與省稅、縣稅之劃分。 八、國營經濟事業。 九、幣制及國家銀行。 十、度量衡。 十一、國際貿易政策。 十二、涉外之財政經濟事項。 十三、其他依本憲法所定關於中央之事項。
第 108 條	I 左列事項，由中央立法並執行之，或交由省縣執行之： 一、省縣自治通則。 二、行政區劃 。 三、森林、工礦及商業。 四、教育制度。 五、銀行及交易所制度。 六、航業及海洋漁業。 七、公用事業。 八、合作事業。 九、二省以上之水陸交通運輸。

第 108 條	十、二省以上之水利、河道及農牧事業。 十一、中央及地方官吏之銓敘、任用、糾察及保障。 十二、土地法。 十三、勞動法及其他社會立法。 十四、公用徵收。 十五、全國戶口調查及統計。 十六、移民及墾殖。 十七、警察制度。 十八、公共衛生。 十九、振濟、撫卹及失業救濟。 二十、有關文化之古籍、古物及古蹟之保存。 II 前項各款，省於不牴觸國家法律內，得制定單行法規。
第 109 條	I 左列事項，由省立法並執行之，或交由縣執行之： 一、省教育、衛生、實業及交通。 二、省財產之經營及處分。 三、省市政。 四、省公營事業。 五、省合作事業。 六、省農林、水利、漁牧及工程。 七、省財政及省稅。 八、省債。 九、省銀行。 十、省警政之實施。 十一、省慈善及公益事項。 十二、其他依國家法律賦予之事項。 II 前項各款，有涉及二省以上者，除法律別有規定外，得由有關各省共同辦理。 III 各省辦理第1項各款事務，其經費不足時，經立法院議決，由國庫補助之。
第 110 條	I 左列事項，由縣立法並執行之： 一、縣教育、衛生、實業及交通。 二、縣財產之經營及處分。 三、縣公營事業。 四、縣合作事業。 五、縣農林、水利、漁牧及工程。 六、縣財政及縣稅。 七、縣債。 八、縣銀行。 九、縣警衛之實施。

第 110 條	十、縣慈善及公益事業。 十一、其他依國家法律及省自治法賦予之事項。 Ⅱ前項各款，有涉及二縣以上者，除法律別有規定外，得由有關各縣共同辦理。
第 111 條	除第107條、第108條、第109條及第110條列舉事項外，如有未列舉事項發生時，其事務有全國一致之性質者屬於中央，有全省一致之性質者屬於省，有一縣之性質者屬於縣。遇有爭議時，由立法院解決之。

第十一章　地方制度（第一節省）

第 112 條	Ⅰ省得召集省民代表大會，依據省縣自治通則，制定省自治法，但不得與憲法牴觸。 Ⅱ省民代表大會之組織及選舉，以法律定之。
第 113 條	Ⅰ省自治法應包含左列各款： 一、省設省議會，省議會議員由省民選舉之。 二、省設省政府，置省長1人。省長由省民選舉之。 三、省與縣之關係。 Ⅱ屬於省之立法權，由省議會行之。
第 114 條	省自治法制定後，須即送司法院。司法院如認為有違憲之處，應將違憲條文宣布無效。
第 115 條	省自治法施行中，如因其中某條發生重大障礙，經司法院召集有關方面陳述意見後，由行政院院長、立法院院長、司法院院長、考試院院長與監察院院長組織委員會，以司法院院長為主席，提出方案解決之。
第 116 條	省法規與國家法律牴觸者無效。
第 117 條	省法規與國家法律有無牴觸發生疑義時，由司法院解釋之。
第 118 條	直轄市之自治，以法律定之。
第 119 條	蒙古各盟旗地方自治制度，以法律定之。
第 120 條	西藏自治制度，應予以保障。

（第二節縣）

第 121 條	縣實行縣自治。
第 122 條	縣得召集縣民代表大會，依據省縣自治通則，制定縣自治法，但不得與憲法及省自治法牴觸。
第 123 條	縣民關於縣自治事項，依法律行使創制、複決之權，對於縣長及其他縣自治人員，依法律行使選舉、罷免之權。
第 124 條	Ⅰ縣設縣議會，縣議會議員由縣民選舉之。 Ⅱ屬於縣之立法權，由縣議會行之。
第 125 條	縣單行規章，與國家法律或省法規牴觸者無效。
第 126 條	縣設縣政府，置縣長1人。縣長由縣民選舉之。

| 第 127 條 | 縣長辦理縣自治，並執行中央及省委辦事項。 |
| 第 128 條 | 市準用縣之規定。 |

第十二章　選舉、罷免、創制、複決	
第 129 條	本憲法所規定之各種選舉，除本憲法別有規定外，以普通、平等、直接及無記名投票之方法行之。
第 130 條	中華民國國民年滿20歲者，有依法選舉之權，除本憲法及法律別有規定者外，年滿23歲者，有依法被選舉之權。
第 131 條	本憲法所規定各種選舉之候選人，一律公開競選。
第 132 條	選舉應嚴禁威脅利誘。選舉訴訟，由法院審判之。
第 133 條	被選舉人得由原選舉區依法罷免之。
第 134 條	各種選舉，應規定婦女當選名額，其辦法以法律定之。
第 135 條	內地生活習慣特殊之國民代表名額及選舉，其辦法以法律定之。
第 136 條	創制、複決兩權之行使，以法律定之。

第十三章　基本國策（第一節 國防）	
第 137 條	Ⅰ中華民國之國防，以保衛國家安全，維護世界和平為目的。 Ⅱ國防之組織，以法律定之。
第 138 條	全國陸海空軍，須超出個人、地域及黨派關係以外，效忠國家，愛護人民。
第 139 條	任何黨派及個人不得以武裝力量為政爭之工具。
第 140 條	現役軍人不得兼任文官。

| （第二節 外交） ||
| 第 141 條 | 中華民國之外交，應本獨立自主之精神，平等互惠之原則，敦睦邦交，尊重條約及聯合國憲章，以保護僑民權益，促進國際合作，提倡國際正義，確保世界和平。 |

（第三節 國民經濟）	
第 142 條	國民經濟應以民生主義為基本原則，實施平均地權，節制資本，以謀國計民生之均足。
第 143 條	Ⅰ中華民國領土內之土地屬於國民全體。人民依法取得之土地所有權，應受法律之保障與限制。私有土地應照價納稅，政府並得照價收買。 Ⅱ附著於土地之礦，及經濟上可供公眾利用之天然力，屬於國家所有，不因人民取得土地所有權而受影響。 Ⅲ土地價值非因施以勞力資本而增加者，應由國家徵收土地增值稅，歸人民共享之。 Ⅳ國家對於土地之分配與整理，應以扶植自耕農及自行使用土地人為原則，並規定其適當經營之面積。

第 144 條	公用事業及其他有獨佔性之企業，以公營爲原則，其經法律許可者，得由國民經營之。
第 145 條	Ⅰ國家對於私人財富及私營事業，認爲有妨害國計民生之平衡發展者，應以法律限制之。 Ⅱ合作事業應受國家之獎勵與扶助。 Ⅲ國民生產事業及對外貿易，應受國家之獎勵、指導及保護。
第 146 條	國家應運用科學技術，以興修水利，增進地力，改善農業環境，規劃土地利用，開發農業資源，促成農業之工業化。
第 147 條	Ⅰ中央爲謀省與省間之經濟平衡發展，對於貧瘠之省，應酌予補助。 Ⅱ省爲謀縣與縣間之經濟平衡發展，對於貧瘠之縣，應酌予補助。
第 148 條	中華民國領域內，一切貨物應許自由流通。
第 149 條	金融機構，應依法受國家之管理。
第 150 條	國家應普設平民金融機構，以救濟失業。
第 151 條	國家對於僑居國外之國民，應扶助並保護其經濟事業之發展。

（第 四 節 社會安全）

第 152 條	人民具有工作能力者，國家應予以適當之工作機會。
第 153 條	Ⅰ國家爲改良勞工及農民之生活，增進其生產技能，應制定保護勞工及農民之法律，實施保護勞工及農民之政策。 Ⅱ婦女兒童從事勞動者，應按其年齡及身體狀態，予以特別之保護。
第 154 條	勞資雙方應本協調合作原則，發展生產事業。勞資糾紛之調解與仲裁，以法律定之。
第 155 條	國家爲謀社會福利，應實施社會保險制度。人民之老弱殘廢，無力生活，及受非常災害者，國家應予以適當之扶助與救濟。
第 156 條	國家爲奠定民族生存發展之基礎，應保護母性，並實施婦女、兒童福利政策。
第 157 條	國家爲增進民族健康，應普遍推行衛生保健事業及公醫制度。

（第 五 節 教育文化）

第 158 條	教育文化，應發展國民之民族精神、自治精神、國民道德、健全體格、科學及生活智能。
第 159 條	國民受教育之機會，一律平等。
第 160 條	Ⅰ6歲至12歲之學齡兒童，一律受基本教育，免納學費。其貧苦者，由政府供給書籍。 Ⅱ已逾學齡未受基本教育之國民，一律受補習教育，免納學費，其書籍亦由政府供給。
第 161 條	各級政府應廣設獎學金名額，以扶助學行俱優無力升學之學生。

第 162 條	全國公私立之教育文化機關，依法律受國家之監督。
第 163 條	國家應注重各地區教育之均衡發展，並推行社會教育，以提高一般國民之文化水準，邊遠及貧瘠地區之教育文化經費，由國庫補助之。其重要之教育文化事業，得由中央辦理或補助之。
第 164 條	教育、科學、文化之經費，在中央不得少於其預算總額百分之十五，在省不得少於其預算總額百分之二十五，在市縣不得少於其預算總額百分之三十五，其依法設置之教育文化基金及產業，應予以保障。
第 165 條	國家應保障教育、科學、藝術工作者之生活，並依國民經濟之進展，隨時提高其待遇。
第 166 條	國家應獎勵科學之發明與創造，並保護有關歷史、文化、藝術之古蹟、古物。
第 167 條	國家對於左列事業或個人，予以獎勵或補助： 一、國內私人經營之教育事業成績優良者。 二、僑居國外國民之教育事業成績優良者。 三、於學術或技術有發明者。 四、從事教育久於其職而成績優良者。

（第 六 節 邊疆地區）

第 168 條	國家對於邊疆地區各民族之地位，應予以合法之保障，並於其地方自治事業，特別予以扶植。
第 169 條	國家對於邊疆地區各民族之教育、文化、交通、水利、衛生及其他經濟、社會事業，應積極舉辦，並扶助其發展，對於土地使用，應依其氣候、土壤性質，及人民生活習慣之所宜，予以保障及發展。

第十四章　憲法之施行及修改

第 170 條	本憲法所稱之法律，謂經立法院通過，總統公布之法律。
第 171 條	Ⅰ 法律與憲法牴觸者無效。 Ⅱ 法律與憲法有無牴觸發生疑義時，由司法院解釋之。
第 172 條	命令與憲法或法律牴觸者無效。
第 173 條	憲法之解釋，由司法院為之。
第 174 條	憲法之修改，應依左列程序之一為之： 一、由國民大會代表總額五分之一之提議，三分之二之出席，及出席代表四分之三之決議，得修改之。 二、由立法院立法委員四分之一之提議，四分之三之出席，及出席委員四分之三之決議，擬定憲法修正案，提請國民大會複決。此項憲法修正案，應於國民大會開會前半年公告之。
第 175 條	Ⅰ 本憲法規定事項，有另定實施程序之必要者，以法律定之。 Ⅱ 本憲法施行之準備程序，由制定憲法之國民大會議定之。

【附錄B】：中華民國憲法增修條文

爲因應國家統一前之需要，依照憲法第27條第1項第3款及第174條第1款之規定，增修本憲法條文如左：

第 1 條	Ⅰ中華民國自由地區選舉人於立法院提出憲法修正案、領土變更案，經公告半年，應於3個月內投票複決，不適用憲法第4條、第174條之規定。 Ⅱ憲法第25條至第34條及第135條之規定，停止適用。
第 2 條	Ⅰ總統、副總統由中華民國自由地區全體人民直接選舉之，自中華民國85年第九任總統、副總統選舉實施。總統、副總統候選人應聯名登記，在選票上同列一組圈選，以得票最多之一組爲當選。在國外之中華民國自由地區人民返國行使選舉權，以法律定之。 Ⅱ總統發布行政院院長與依憲法經立法院同意任命人員之任免命令及解散立法院之命令，無須行政院院長之副署，不適用憲法第37條之規定。 Ⅲ總統爲避免國家或人民遭遇緊急危難或應付財政經濟上重大變故，得經行政院會議之決議發布緊急命令，爲必要之處置，不受憲法第43條之限制。但須於發布命令後10日內提交立法院追認，如立法院不同意時，該緊急命令立即失效。 Ⅳ總統爲決定國家安全有關大政方針，得設國家安全會議及所屬國家安全局，其組織以法律定之。 Ⅴ總統於立法院通過對行政院院長之不信任案後10日內，經諮詢立法院院長後，得宣告解散立法院。但總統於戒嚴或緊急命令生效期間，不得解散立法院。立法院解散後，應於60日內舉行立法委員選舉，並於選舉結果確認後10日內自行集會，其任期重新起算。 Ⅵ總統、副總統之任期爲4年，連選得連任一次，不適用憲法第47條之規定。 Ⅶ副總統缺位時，總統應於3個月內提名候選人，由立法院補選，繼任至原任期屆滿爲止。 Ⅷ總統、副總統均缺位時，由行政院院長代行其職權，並依本條第1項規定補選總統、副總統，繼任至原任期屆滿爲止，不適用憲法第49條之有關規定。 Ⅸ總統、副總統之罷免案，須經全體立法委員四分之一之提議，全體立法委員三分之二之同意後提出，並經中華民國自由地區選舉人總額過半數之投票，有效票過半數同意罷免時，即爲通過。 Ⅹ立法院提出總統、副總統彈劾案，聲請司法院大法官審理，經憲法法庭判決成立時，被彈劾人應即解職。
第 3 條	Ⅰ行政院院長由總統任命之。行政院院長辭職或出缺時，在總統未任命行政院院長前，由行政院副院長暫行代理。憲法第55條之規定，停止適用。

第 3 條	II行政院依左列規定，對立法院負責，憲法第57條之規定，停止適用： 一、行政院有向立法院提出施政方針及施政報告之責。立法委員在開會時，有向行政院院長及行政院各部會首長質詢之權。 二、行政院對於立法院決議之法律案、預算案、條約案，如認爲有窒礙難行時，得經總統之核可，於該決議案送達行政院10日內，移請立法院覆議。立法院對於行政院移請覆議案，應於送達15日內作成決議。如爲休會期間，立法院應於7日內自行集會，並於開議15日內作成決議。覆議案逾期未議決者，原決議失效。覆議時，如經全體立法委員二分之一以上決議維持原案，行政院院長應即接受該決議。 三、立法院得經全體立法委員三分之一以上連署，對行政院院長提出不信任案。不信任案提出72小時後，應於48小時內以記名投票表決之。如經全體立法委員二分之一以上贊成，行政院院長應於10日內提出辭職，並得同時呈請總統解散立法院；不信任案如未獲通過，1年內不得對同一行政院院長再提不信任案。 III國家機關之職權、設立程序及總員額，得以法律爲準則性之規定。 IV各機關之組織、編制及員額，應依前項法律，基於政策或業務需要決定之。
第 4 條	I立法院立法委員自第七屆起113人，任期4年，連選得連任，於每屆任滿前3個月內，依左列規定選出之，不受憲法第64條及第65條之限制： 一、自由地區直轄市、縣市73人。每縣市至少1人。 二、自由地區平地原住民及山地原住民各3人。 三、全國不分區及僑居國外國民共34人。 II前項第1款依各直轄市、縣市人口比例分配，並按應選名額劃分同額選舉區選出之。第3款依政黨名單投票選舉之，由獲得百分之五以上政黨選舉票之政黨依得票比率選出之，各政黨當選名單中，婦女不得低於二分之一。 III立法院於每年集會時，得聽取總統國情報告。 IV立法院經總統解散後，在新選出之立法委員就職前，視同休會。 V中華民國領土，依其固有疆域，非經全體立法委員四分之一之提議，全體立法委員四分之三之出席，及出席委員四分之三之決議，提出領土變更案，並於公告半年後，經中華民國自由地區選舉人投票複決，有效同意票過選舉人總額之半數，不得變更之。 VI總統於立法院解散後發布緊急命令，立法院應於3日內自行集會，並於開議7日內追認之。但於新任立法委員選舉投票日後發布者，應由新任立法委員於就職後追認之。如立法院不同意時，該緊急命令立即失效。 VII立法院對於總統、副總統之彈劾案，須經全體立法委員二分之一以上之提議，全體立法委員三分之二以上之決議，聲請司法院大法官審理，不適用憲法第90條、第100條及增修條文第7條第1項有關規定。 VIII立法委員除現行犯外，在會期中，非經立法院許可，不得逮捕或拘禁。憲法第74條之規定，停止適用。

第 5 條	I 司法院設大法官15人，並以其中1人爲院長、1人爲副院長，由總統提名，經立法院同意任命之，自中華民國92年起實施，不適用憲法第79條之規定。司法院大法官除法官轉任者外，不適用憲法第81條及有關法官終身職待遇之規定。 II 司法院大法官任期8年，不分屆次，個別計算，並不得連任。但並爲院長、副院長之大法官，不受任期之保障。 III 中華民國92年總統提名之大法官，其中8位大法官，含院長、副院長，任期4年，其餘大法官任期爲8年，不適用前項任期之規定。 IV 司法院大法官，除依憲法第78條之規定外，並組成憲法法庭審理總統、副總統之彈劾及政黨違憲之解散事項。 V 政黨之目的或其行爲，危害中華民國之存在或自由民主之憲政秩序者爲違憲。 VI 司法院所提出之年度司法概算，行政院不得刪減，但得加註意見，編入中央政府總預算案，送立法院審議。
第 6 條	I 考試院爲國家最高考試機關，掌理左列事項，不適用憲法第83條之規定： 一、考試。 二、公務人員之銓敘、保障、撫卹、退休。 三、公務人員任免、考績、級俸、陞遷、襃獎之法制事項。 II 考試院設院長、副院長各1人，考試委員若干人，由總統提名，經立法院同意任命之，不適用憲法第84條之規定。 III 憲法第85條有關按省區分別規定名額，分區舉行考試之規定，停止適用。
第 7 條	I 監察院爲國家最高監察機關，行使彈劾、糾舉及審計權，不適用憲法第90條及第94條有關同意權之規定。《總統副總統彈劾案，因增修條文第4條第7項規定，不適用本條(項)規定》 II 監察院設監察委員29人，並以其中1人爲院長、1人爲副院長，任期6年，由總統提名，經立法院同意任命之。憲法第91條至第93條之規定停止適用。 III 監察院對於中央、地方公務人員及司法院、考試院人員之彈劾案，須經監察委員2人以上之提議，9人以上之審查及決定，始得提出，不受憲法第98條之限制。 IV 監察院對於監察院人員失職或違法之彈劾，適用憲法第95條、第97條第2項及前項之規定。 V 監察委員須超出黨派以外，依據法律獨立行使職權。 VI 憲法第101條及第102條之規定，停止適用。
第 8 條	立法委員之報酬或待遇，應以法律定之。除年度通案調整者外，單獨增加報酬或待遇之規定，應自次屆起實施。
第 9 條	I 省、縣地方制度，應包括左列各款，以法律定之，不受憲法第108條第1項第1款、第109條、第112條至第115條及第122條之限制：

第 9 條	一、省設省政府，置委員9人，其中1人爲主席，均由行政院院長提請總統任命之。 二、省設省諮議會，置省諮議會議員若干人，由行政院院長提請總統任命之。 三、縣設縣議會，縣議會議員由縣民選舉之。 四、屬於縣之立法權，由縣議會行之。 五、縣設縣政府，置縣長1人，由縣民選舉之。 六、中央與省、縣之關係。 七、省承行政院之命，監督縣自治事項。 Ⅱ 台灣省政府之功能、業務與組織之調整，得以法律爲特別之規定。
第 10 條	Ⅰ 國家應獎勵科學技術發展及投資，促進產業升級，推動農漁業現代化，重視水資源之開發利用，加強國際經濟合作。 Ⅱ 經濟及科學技術發展，應與環境及生態保護兼籌並顧。 Ⅲ 國家對於人民興辦之中小型經濟事業，應扶助並保護其生存與發展。 Ⅳ 國家對於公營金融機構之管理，應本企業化經營之原則；其管理、人事、預算、決算及審計，得以法律爲特別之規定。 Ⅴ 國家應推行全民健康保險，並促進現代和傳統醫藥之研究發展。 Ⅵ 國家應維護婦女之人格尊嚴，保障婦女之人身安全，消除性別歧視，促進兩性地位之實質平等。 Ⅶ 國家對於身心障礙者之保險與就醫、無障礙環境之建構、教育訓練與就業輔導及生活維護與救助，應予保障，並扶助其自立與發展。 Ⅷ 國家應重視社會救助、福利服務、國民就業、社會保險及醫療保健等社會福利工作，對於社會救助和國民就業等救濟性支出應優先編列。 Ⅸ 國家應尊重軍人對社會之貢獻，並對其退役後之就學、就業、就醫、就養予以保障。 Ⅹ 教育、科學、文化之經費，尤其國民教育之經費應優先編列，不受憲法第164條規定之限制。 Ⅺ 國家肯定多元文化，並積極維護發展原住民族語言及文化。 Ⅻ 國家應依民族意願，保障原住民族之地位及政治參與，並對其教育文化、交通水利、衛生醫療、經濟土地及社會福利事業予以保障扶助並促其發展，其辦法另以法律定之。對於澎湖、金門及馬祖地區人民亦同。 ⅩⅢ 國家對於僑居國外國民之政治參與，應予保障。
第 11 條	自由地區與大陸地區間人民權利義務關係及其他事務之處理，得以法律爲特別之規定。
第 12 條	憲法之修改，須經立法院立法委員四分之一之提議，四分之三之出席，及出席委員四分之三之決議，提出憲法修正案，並於公告半年後，經中華民國自由地區選舉人投票複決，有效同意票過選舉人總額之半數，即通過之，不適用憲法第174條之規定。

【附錄C】：釋字第329號解釋（參考本書第295頁）

解釋文

憲法所稱之條約係指中華民國與其他國家或國際組織所締約之國際書面協定，包括用條約或公約之名稱，或用協定等名稱而其內容直接涉及國家重要事項或人民之權利義務且具有法律上效力者而言。其中名稱為條約或公約或用協定等名稱而附有批准條款者，當然應送立法院審議，其餘國際書面協定，除經法律授權或事先經立法院同意簽訂，或其內容與國內法律相同者外，亦應送立法院審議。

解釋理由

總統依憲法之規定，行使締結條約之權；行政院院長、各部會首長，須將應行提出於立法院之條約案提出於行政院會議議決之；立法院有議決條約案之權，憲法第38條、第58條第2項、第63條分別定有明文。依上述規定所締結之條約，其位階同於法律。故憲法所稱之條約，係指我國（包括主管機關授權之機構或團體）與其他國家（包括其授權之機關或團體）或國際組織所締結之國際書面協定，名稱用條約或公約者，或用協定等其他名稱而其內容直接涉及國防、外交、財政、經濟等之國家重要事項或直接涉及人民之權利義務且具有法律上效力者而言。其中名稱為條約或公約或用協定等名稱而附有批准條款者，當然應送立法院審議，其餘國際書面協定，除經法律授權或事先經立法院同意簽訂，或其內容與國內法律相同（例如協定內容係重複法律之規定，或已將協定內容訂定於法律）者外，亦應送立法院審議。其無須送立法院審議之國際書面協定，以及其他由主管機關或其授權之機構或團體簽訂而不屬於條約案之協定，應視其性質，由主管機關依訂定法規之程序，或一般行政程序處理。外交部所訂之「條約及協定處理準則」，應依本解釋意旨修正之，乃屬當然。至條約案內容涉及領土變更者，並應依憲法第4條之規定，由國民大會議決之。而臺灣地區與大陸地區間訂定之協議，因非本解釋所稱之國際書面協定，應否送請立法院審議，不在本件解釋之範圍，併此說明。

一部不同意見書：大法官　張特生

一、本件係立法委員陳建平等84人聲請解釋憲法，其聲請書「主旨」所載聲請解釋之事項有四：

　　㈠憲法第38條、第58條第2項、第63條及第141條有關「條約」一詞之內容及範圍如何？

　　㈡條約以外之國際書面協定，何者應送立法院審議，何者僅須送立法院備查？

　　㈢前項協定送審查或備查之分類標準如何？其有權認定之機關應為立法院或行政院？

　　㈣外交部訂定發布之「條約及協定處理準則」第7條及9條是否違憲違法，而應屬無效。

二、就前述第1項問題而言，固可認係立法院行使條約案審議權時，適用憲法所生疑義，聲請解釋，符合司法院大法官審理案件法第5條第1項第3款之規定，自當予以受理，並依據憲法有關規定之意旨及國際法之學理，為適當之解釋。然就多數意見所作成之解釋全文以觀，有下列各項尚值商榷：

　　㈠條約指國家與其他國家或國際組織間依合意締結之國際書面協定而具有國際法上拘束力者而言。條約有時用協定、協約等名稱，但只要雙方當事人具有國際法主體之地位，依國際間合意所作成之書面協定而有國際法上之拘束力者，無論用何種名稱均屬實質上之條約。依我憲法第63條規定立法院有議決條約案之權，具有前述實質上條約要件之書面協定皆應送立法院審議。本件多數意見之解釋文（以下簡稱解釋文）謂用協定等名稱者，以其內容直接涉及國家重要事項或人民之權利義務，且具有法律上效力者始為條約，而應送立法院審議，不當於實質上為條約之書面協定，附加「直接涉及國家重要事項或人民之權利義務」等條件，此與憲法意旨及國際法原理是否相符？反成疑問。且關於條約是否「直接涉及國家重要事項」，如何認定，尤易引起爭議。

　　㈡在權力分立之民主政治中，法律由代表民意之國會制定，條約（包括名為協定，實為條約者）既具有法律之效力，且多

463

攸關國家利益與人民之權利義務，自有使國會參與決定之必要。本件解釋文泛稱條約「具有法律上效力」，固可解爲具有國際法及國內法上之效力，但條約之主要效力，當爲具有國際法上之拘束力。其批准之效果，就批准國而言，係就條約予以確定同意，嗣後在國際法上，應予遵守，不得隨意變更或拒絕適用，如有違反，將發生違反條約之責任問題。國際法與國內法之效力係屬二事，在國際法上僅有條約在國內法上能否自動履行之問題，並無國內法有規定者，是否發生條約效力之問題。本件解釋文謂具有條約實質之協定，「其內容與國內法律相同者」，不必送立法院審議，忽略國家在國際條約上之權利義務，以及立法院就涉及國家利益與人民權義之條約同意權，亦有欠妥。又經法律授權或事先經立法院同意，固可逕與其他國家或國際組織締約，但所締結之條約或協定未必與授權或同意之內容完全相同，縱令完全相同，依據上述理由，亦難謂無送立法院審議之必要。

(三)依「條約法公約」第2條規定，條約係國際法主體間所締結而受國際法規範之書面協定，不論其所具形式或名稱如何均屬之。條約有以條約本身之主體，即國家或國際組織爲當事人者，亦有以簽訂條約者本身，即國家元首或其代表爲當事人者。條約雖可授權由特定機構締結，但應以具有國際法主體地位者爲限，國家與公司或其他相類之團體，或公司與其他相類團體相互間之協定，不論採何種形式，有無經政府授權，均難認爲係國際法主體所締結，自不能認係具有憲法或國際法意義之條約。本件解釋理由書末段將「其他由主管機關或其授權之機構或團體簽訂而不屬於條約案之協定」列爲無須送立法院審議之範圍，卻於前段就經授權之任何我國及外國團體所締結之協定均視爲有條約之效力，應送審議，未免前後矛盾，此種協定如須經行政院及立法院議決，並經總統公布，與憲法意旨及國際法原理是否相符，亦成疑問。

三、就前述立法委員聲請解釋之其餘三項問題而言，本院不宜解釋亦不必解釋，茲分述其理如次。

(一)不宜解釋之理由：

1. 我國與他國或國際組織所締結之國際書面協定——無論其所用名稱爲條約、公約、協定或其他相類之名詞，如其內容具有條約之實質者，皆應認爲憲法所稱之條約，依憲法第63條規定，固應送立法院審議。惟上述條約以外之書面協定，何者應送立法院審議，何者僅須送立法院備查？其分類標準如何？憲法未設明文，原非釋憲機關之權責範圍，且涉及外交實務及國際政治問題。尤以我國目前處境特殊，更使此一問題之政治性益爲明顯。據悉行政院爲研修「條約及協定處理準則」，曾邀請熟悉外交實務之專家學者多人，組成專案小組，研討數月，修正草案，數易其稿，其修正理由說明有謂：「鑒於我國現今與無邦交國家締結之國際書面協議，對方因政治顧慮，往往不願以政治層次較高之『條約形式締結，而出之於『協定』形式」。據外交部發行之中華民國80年外交年鑑記載，與我無正式外交關係之國家常因對我國名、簽約代表之職銜或機構名稱有所顧慮，以致影響談判之進行。又據新聞報導，我國最近5年內，與他國間簽訂有5個條約、256個協定。而上述256個協定中，與有邦交國簽訂者有88個，與無邦交國簽訂者有168個。足見以我國目前之非常處境，外交條約之處理，已難以常態方式進行。有若干國家在國際上不承認我國國際人格地位，我國與此等國家所簽訂之協定，如須送立法院審議，常發生意想不到之困難。爲推展務實外交，爭取我國在國際上之生存空間，不得不從權處理。立法院關於條約審議權之行使亦當顧慮及此。由此更可見本件確屬涉及高度政治性之問題。

2. 依我國現行法之規定，大法官雖可就抽象之憲法疑義爲解釋，然對顯然牽涉高度政治性之問題，仍宜自我節制，若介入過多，不惟易致越權之譏，且治絲愈棼，可能招怨致尤，有損司法之立場與尊嚴。

㈡無解釋必要之理由：

1. 依憲法第57條第1項第2款前段規定「立法院對於行政院之重要政策不贊同時，得以決議移請行政院變更之」。依本件聲請書「說明」貳之二記載，過去立法院曾有三次，因不贊同

行政院對條約或協定之處理，作成決議，明白表示何種條約或協定必須送立法院審議，要求行政院改進，依同上條款下段之規定，行政院對於立法院之決議，即應遵照執行。否則應報經總統核可，移請立法院覆議，「覆議時，如經出席立法委員三分之二維持原決議，行政院院長應即接受該決議或辭職」。由此可見行政院與立法院之間，就何種條約或協定應送立法院審議，何者僅須送立法院備查，可依憲法所定程序協調解決。如行政院就應送審議之條約，未送審議，立法院可依上述規定，以決議方式迫使其照辦，初無由司法機關以釋憲方式解決之必要。如兩院之間就具體個案之特定條約未送立法院審議是否合憲發生爭執，聲請本院解釋，本院固應受理解釋，其未指明具體個案就涉及高度政治性之抽象問題，聲請解釋，則非本院所宜喙。

2. 關於協定之分類標準如何？其認定權究屬行政院或立法院之問題，當依前述憲法所定程序解決，換言之，即先由行政認定，如立法院不贊同時，可以決議促其變更。

3. 關於「條約及協定處理準則」第7條及第9條是否違憲之問題，行政院既在積極研修該準則，將來研修完成，依中央法規標準法第7條規定，應於發布後即送立法院，立法院如不贊同，可以決議促其修正，亦無先由本院解釋之必要。

4. 現行「條約及協定處理準則」共計16條，前述修正草案增爲18條，其內容相當複雜，殊難由本院以簡短之解釋文及理由書予以涵蓋。而憲法解釋之效力與憲法同，一經公布，變更不易。「準則」則屬行政命令之性質，如發布後，發見有窒礙難行之處，可隨時修正。權衡得失，亦不宜以解釋代替準則，或爲該準則之修正預設底線或預訂指導原則。

5. 本件解釋雖就應送立法院審議之條約及協定，設有若干除外規定，但是否周延，亦難斷言，如有掛漏，則不特行政院及外交部將受不應有之束縛，國家拓展國際活動空間之努力，亦將受其影響。

6. 本件立法委員聲請解釋，係因辜汪會談，我方與中共海協會所簽訂之協議應否送立法院審議而起，本件解釋僅於理由書

內表示該項協議並非國際書面協定，「不在本件解釋之範圍」，對於實際問題之處理，毫無裨益。據近月新聞報導，立法院已有立委提議研訂「涉外關係締約法」及規範兩岸協議之特別法，以解決國際條約及兩岸協議之審議問題，由此可見立法院亦有自行解決問題之途，殊無由本院越俎代庖之必要。

四、綜上所述，本院大法官依本件聲請意旨，就憲法上「條約」一詞之含義，加以釐清，固屬責無旁貸，惟解釋內容，尚須再加斟酌。至於聲請意旨所提其他三問題，則因涉及外交實務及國家特殊處境等政治性問題，本院不宜予以解釋，亦無解釋之必要。

五、基於上述體認，本件解釋文宜修正如下：

解釋文

憲法所稱之條約，係指中華民國與其他國家或國際組織所締結之國際書面協定，具有國際法上拘束力者而言。凡符合上述意旨之國際書面協定，不論所用名稱為何，均應送立法院審議。至條約以外之國際書面協定，何者應送立法院審議，何者僅須送立法院備查，應由行政與立法兩院斟酌當前國家特殊處境，協商決定，或依憲法第57條2、3兩款所定程序解決，外交部發布之「條約及協定處理準則」第7條、第9條規定是否妥適之問題，其解決方法亦同。

解釋理由書，亦宜依前開解釋文意旨予以修正如下：

解釋理由書

總統依憲法之規定，行使締結條約之權；行政院院長、各部長首長，須將應行提出於立法院之條約案提出於行政院會議議決之；立法院有議決條約案之權，憲法第38條、第58條第2項、第63條分別定有明文。憲法所稱之條約，係指我國與其他國家或國際組織所締結之國際書面協定，具有國際法上之效力者而言。凡符合上述意旨之國際書面協定，不論其所具形式或名稱如何均屬之。此種條約自應送立法院審議。條約以外之國際書面協定，何者應送立法院審議，何者僅須送立法院備查，因我國當前情況特殊，應由行政、立

法兩院斟酌國家特殊處境，協商決定，或依憲法第57條第2款、第3款規定之程序，謀求解決。外交部發布之「條約及協定處理準則」第7條、第9條規定是否妥適之問題，其解決方法亦同。不宜由釋憲機關以抽象之解釋，設定指導原則。

至條約案內容涉及領土變更者，並應依憲法第4條之規定，由國民大會議決之。而臺灣地區與大陸地區間訂定之協議，因非本解釋所稱之國際書面協定，應否送請立法院審議，不在本件解釋之範圍，併此說明。

不同意見書：大法官　楊與齡

一、本件應就司法院大法官審理案件法第5條第1項第3款之程序為程序上之解釋。

司法機關受理聲請案件，應先審查聲請程序是否合法，對於聲請程序不備法定要件之案件，應不予受理。司法院大法官受理案件時，亦同。

司法院大法官審理案件法第5條第1項第3款關於「依立法委員現行總額三分之一以上之聲請，就其行使職權，適用憲法發生疑義或適用法律發生牴觸憲法之疑義者」，得聲請解釋憲法之規定，乃依德、奧等國憲法保護少數黨議員釋憲聲請權之法制，並增設「行使職權」之限制（註一）。因此，立法委員聲解釋憲法，以立法委員因行使職權所發生及由少數黨委員提出為要件。就前者而言，立法院係採合議制，立法委員須集體集會行使職權，立法委員因行使憲法所定職權，適用憲法所生疑義或適用法律所生牴觸憲法疑義，欲聲請司法院解釋，須將其疑義提出於會議討論，俾其他委員有知悉及表示意見之機會，方符集體行使職權之原則，而得認為係因「行使職權」所發生之憲法上疑義。就後者而言。政黨黨員應遵守政黨約束，始能維持政黨政治之健全。司法院大法官依本款規定立法本旨，僅有解決政黨間上述疑義（爭議）之權責，而無解決政黨內部爭議之責任。僅少數黨立法委員得依上述規定聲請解釋憲法，

且須其提案未經立法院院會通過時，始得依上開規定聯署提請司法院解釋，以謀救濟。

本件聲請解釋案既未提經立法院院會討論，亦非由聲請釋憲案未獲通過之少數立法委員提出，又非合併於相牽連之合法受理案件辦理，自應僅就司法院大法官審理案件法第5條第1項第3款規定之程序作成解釋。多數意見，忽視上開規定之本旨，對於部分立法委員不合程序之聲請為實體上之解釋，無異不計程序是否合法，均為少數立法委員提供法律意見，並剝奪多數立法委員事前知悉及討論之權利。未便苟同，爰提出不同意見如上。

二、對外交部所訂之「條約及協定處理準則」不應在解釋理由中表示意見。立法委員得依司法院大法官審理案件法第5條第1項第3款聲請解釋者，並不包括適用行政命令牴觸憲法所生之疑義在內，部分立法委員自不得以行政命令有牴觸憲法疑義為聲請解釋之對象。又釋憲機關裁判之拘束力，不以主文所示內容為限，其於裁判理由中所表示之意見，亦有拘束力。司法院大法官就解釋文相關事項，於解釋理由書中表示意見者，顯示該事項具有重要性，其意見自有拘束力，此為中外學者及實務上所遵循（註二）。本件多數大法官所通過之解釋理由書中，認「外交部所訂之條約及協定處理準則，表示意見，無異變相予以解釋。且聲請人僅對該法則第7條及第9條聲請解釋，上開解釋理由書竟認外交部應將該法則其他條文一併修正，而又未指明何一條文與解釋文所示意旨有何不合，自欠妥洽，故本件在程序上即令可作實體解釋，上述部分，亦應刪除。

（註一）

德國基本法第93條第1項第2款、奧地利聯邦憲法第140條第1項對於少數黨議員聲請釋憲，並無「行使職權」之明文限制。又本款規定係保護少數黨議員之釋憲聲請權，以解決政黨政治爭議為立法本旨。請閱立法院法制、司法兩委員會審查「司法院大法官會議法修正草案」案陳委員水扁等提請增設本款規定原提案第9頁以下，另見立法院公報第82卷2期380至382及396頁陳水扁委員發言。

（註二）

參考施啟揚博士著「西德聯邦憲法法院論」，115頁（商務印

書館60年10月版）：德國卡爾·蓋克（Wilhelm Karl Geck)博士著「西德聯邦憲法法院及其管轄權」，載71年11月司法院秘書處印行之「德意志聯邦共和國法院組織法」，252頁。我國實務上最顯著之先例爲釋字第261號解釋，該解釋於解釋理由書中認中央政府應「在自由地區適時辦理含有全國不分區名額之次屆中央民意代表選舉，以確保憲政體制之運作」，其中「含有全國不分區名額」部分爲解釋文所無，但爲全國不分區中央民意代表最早之法源。

不同意見書：大法官 李志鵬

國際條約爲國際法之重要法源之一。世界文明國家無不重視國際條約，多數均在憲法、法律或判例中，確認國際條約在國內法上具有優先的地位。我國憲法第141條規定：中華民國尊重國際條約及聯合國憲章。即表示國際條約在我國國內法上，具有優先地位。各級法院及行政機關適用法律時，均有尊重國際條約之義務。即其一例。

聯合國各會員國於1969年5月23日通過簽訂「條約法公約」，作爲國家之間訂立條約之規範。根據該公約規定，締結國際條約之主要程序如下：（一）派遣代表並授與全權證書，（二）有關代表協商條約內容，（三）簽署條約，（四）立法機關批准條約，（五）條約生效，（六）履行條約義務等等。

我國憲法第35條規定：總統爲國家元首，對外代表中華民國。第39條又規定：總統依本憲法規定，行使締結條約之權。所謂「依本憲法之規定」係指憲法第57條第3款、第58條第2項及第63條等規定而言。依上開規定，我國締結國際條約之權，專屬於總統，除總統或其授權之人外，任何人無權代表中華民國締結國際條約，自屬當然。國家締結條約，須先指派全權代表談判，以決定條約之內容，達成協議後則簽署之。簽署後即成爲條約案，應送立法機關批准。在我國依憲法第58條第2項規定，行政院院長、各部會首

長，須將應行提出於立法院之條約案，提出於行政院院會議決之。蓋行政院爲國家最高行政機關，凡應提出於立法院之條約案，自應在提出之前，先經行政院院會審查是否適當，以免窒礙難行。條約案經行政院院會議決，如認爲適當，應提出於立法院，請依憲法第63條規定議決。所謂「議決」，即「條約法公約」所稱之「批准」（Ratification）之意。條約經立法機關批准，換文完畢，隨即生效。

立法院議決之條約案，如有異於行政院院會議決者，行政院如認爲窒礙難行時，得經總統之核可，於該議決案送達行政院10日內，移請立法院覆議。覆議時，如經出席立法委員三分之二維持原案，依憲法第57條第3款規定，行政院長應即接受該決議或辭職。

從以上說明，可知無論依「條約法公約」或是我國憲法之規定，締結國際條約，有一定之程序。在條約內容未確定前，立法機關同意締結條約並放棄條約之議決（批准）之權，有違「條約法公約」及憲法之規定。多數大法官意見著成本件解釋文，竟允許立法院得在事先同意總統締結國際書面協定。凡經事先同意所簽之國際書面協定，無須於簽署後，由行政院送立法院議決，此項解釋顯已牴觸憲法第39條、第58條2項及第63條等規定。本席礙難同意，此其一。

次查我國憲法除第39條規定總統有依本憲法締結條約之權外，並未規定任何人或機關有權締結國際條約。因此代表中華民國締結國際條約者，除總統本人外，僅有總統授權之全權代表。凡未經總統或其全權代表所簽署之條約，均係無權代理，應不生效力。故多數大法官意見在理由欄中稱：憲法所稱之條約，包括我國主管機關授權之機構或團體，與其他國家或國際組織所締結之國際書面協定等節，顯然牴觸憲法第39條。蓋所謂「主管機關」，不僅意義含混不明，且依憲法規定並無締結條約之權，何來權利授權其他機構或團體締結國際書面協定？無理至明，本席礙難同意，此其二。

末查外交部所定之「條約及協定處理準則」，依中央法規標準法第3條規定，應爲行政命令。核其內容僅係規定外交部處理條約案之程序，對於憲法授予總統締結條約之權、行政院院會議決條約案之權、行政院請求覆議條約案之權及立法院議決條約案之權，

均無任何拘束力。又據司法院大法官審理件法第5條第1項第3款規定，立法委員得請求解釋之客體，以憲法及法律爲限，不包括「行政命令」在內。大法官多數意見，在理由欄稱：「外交部所訂之『條約及協定處理準則』，應依本解釋意旨修正之」云云，顯已牴觸上開司法院大法官審理案件法，本席不能同意，此其三。

綜上所述，本件解釋，部分違憲，本席不能同意，爰依法提出不同意見書，請隨解釋文一併公布爲幸。

不同意見書：大法官 李鐘聲

本件聲請解釋案件，揆諸一般憲政國家所採司法審查制之通例，我國大法官釋憲之先例，及憲法明文規定以衡量之，在程序上應不予受理解釋；刻經實體解釋，司法因此介入立法、行政二院之憲政爭議，捲入政治漩渦後困堪虞。分述如下：

一、本件不應受理解釋

1. 一般憲政國家所採司法審查制（Judicial Review)之通例，對於政治問題（Political Question）不予受理解釋，乃溯自美國創始以來，歷經近二百年之演進，衍爲德、日諸憲政國家所共同奉行之政治問題原則。此一原則係奠基於分權理論，政府之行政、立法、司法三部門，均爲憲法機關，均應自主與互相尊重。司法機關並不因有法令違憲審查權而高出於行政與立法機關之上，如非法令違反憲法明文規定，即不得認爲違憲，而應作合憲性之推定——合憲解釋原則。司法機關對於其他憲法機關從事之自由政治運作與決定，寖漸累積成爲自我約束之司法自制（Judicial Self-Restraint)範圍與原則，稱之爲非司法性的政治問題（NonJusticiable Political Question），諸如：領土、條約、外交、戰爭等事項，都不插手介入，拒絕受理解釋。

關於外交條約事項方面，茲舉美、日、德三國之司法案例，可以概見一般。

㈠我國與美國所簽訂之「中美共同防禦條約」，十分重要，而爲美國總統於1979年片面宣布取消，未經美國參議院同意，不合美國聯邦憲法，舉世震驚，參議員高華德（B.Goldwater）等訴之於美國聯邦法院，法院卒以政治問題爲由不予受理。

㈡日本從戰敗國脫離占領狀態，所簽「和平條約」與「日美安全保障條約」，日本法院（裁判所）一貫認爲條約屬於政治問題。其判決：「和平條約之締結及解釋具有極高度之政治性，關係於國家統治之基本，故對之審查法律上有效、無效，依承認三權分立之旨趣本身而言，應認爲不屬於司法裁判所之權限。」（昭和45年9月18日東高判）。又：「日美安全保障條約之內容，實質上是否違憲，加以判斷，乃不屬於裁判所司法審查權之範圍。」（昭和47年12月5日名古屋高刑二判。）

㈢西德與東德簽訂「兩德基本關係條約」，德國聯邦憲法法院於1973年7月31日判決，宣示：「聯邦憲法法院自行設定之司法自制原則，並不表示減少或削弱其權限，而是放棄推動政治，也就是在憲法規定並限制的範圍內，不插手政治的自由運作，其目的在於爲憲法保障之其他憲法機關從事自由政治運作的範圍，保留空間。」（德國聯邦憲法法院裁判選輯（二），130頁）

由上可知，諸國司法奉行外交條約方面的政治問題原則。尤其美、日兩國更不論條在程序處理上或實體上是否違憲，一概不予受理。

2.我國大法官釋憲之先例，對於政治問題不予解釋，已著有釋字第328號解釋，其文如下：「中華民國領土，憲法第4條不採列舉方式，而爲『依其固有之疆域』之概括規定，並設領土變更之程序，以爲限制，有其政治上及歷史上之理由。其所稱固有疆域範圍之界定，爲重大之政治問題，不應由行使

司法權之釋憲機關予以解釋。」於解釋理由書中，並説明：「國家領土之範圍如何界定？純屬政治問題」，「依權力分立之憲政原則，不受司法審查」。表示我國憲政之分權原則，司法不審查政治問題，自與一般憲政國家相同。

3.本件聲請，根據「釋憲聲請書」所述：「條約」與「協定」應送「審議」或「備查」，「係長期存在於立法院與行政院間之憲政爭議」，「立法院四十多年來曾針對協定之監督權限作過三次決議」，「行政院從未眞正遵守過」，並指外交部所訂「條約及協定處理準則」第7條及第9條第1項應屬無效。

惟我國憲政體制，憲法第38條及第58條第2項規定總統及行政院之條約權責，第63條規定立法院之條約權責。依第53條規定，行政院爲國家最高行政機關，第62條規定，立法院爲國家最高立法機關。兩院發生條約及協定之憲政權限爭議，則依憲法第57條、第40條關於兩院間質詢、決議、覆議及總統核可、處理等規定，以解決之。今捨憲法明文規定解決憲政權限爭議之正當程序於不由，而聲請司法審查權作違憲解釋，陳述其主觀上之法規適用意見。按與司法院大法官審理案件法第5條第1項第3款：立法委員「就其行使職權，適用憲法發生疑義，或適用法律發生有牴觸憲法之疑義者」聲請解釋之規定，文義精神，自不相合。綜合已述如前之我國釋憲先例及一般釋憲國家通例，即不應受理解釋。

二、本件解釋後果堪虞

1.一般憲政國家體制常例，行政部門之總統或內閣主管外交條約事務，送由立法部門審議。又各機關於執行職務適用法令時，多可解釋法令，惟採司法審查制國家，則賦與司法部門專爲之，但不得於審查法令是否違憲而乘機干預政治問題，爲司法審查制之重要原則。

今就本件解釋文義而論

㈠解釋稱條約指條約、公約、協定等名稱之國際書面協定，我們知道，國際間簽訂書面協定稱：條約（TREATY）、公

約（CONVENTION）、協定（AGREEMENT）外，而稱之為：協商（UNDERSTANDING）、協議（MUTUAL CONSENT）、議定書（PROTOCOL）、換文（EXCHANGE OF LETTERS OR NOTES）、備忘錄（MEMORANDUM）、宣言（DECLARATION）、綱領（GUIDELINES）、計畫（PROGRAM）、合約（CONTRACT）、辦法（ARRANGEMENT）等等，曷勝枚舉。所以解釋「協定等」外之空間很大，又非明確。

㈡解釋雖稱「協定等」「其內容直接涉及國家重要事項或人民之權利義務，且具有法律上效力者」，列入條約範圍之內。又稱：「其餘國際書面協定除經法律授權或事先經立法院同意簽訂，或其內容與國內法律相同者外，亦應送立法院審議」。由於協定等之應否送立法院審議，視其內容等究竟如何？恍如水流洄泬之眩人心目，行將仁智各見，易滋爭議。

㈢解釋前稱：協定等事先經立法院同意簽訂云云，則立法院事先同意簽訂協定等豈非立法部門主導行政部門外交條約事務？外交關係之如何建立，乃國家獨立自主生存之國際政治課題，於世界風雲變幻中，折衝於樽俎之間，撲朔迷離，錯綜複雜，故外交事務由行政部門任之。解釋稱立法院事先同意簽訂協定等，不免授之以柄，背道而馳，其後果堪虞。

2.我國憲法，依據 孫中山先生之遺教而制定。基於五權分治彼此相維之憲政體制，建置五院，本憲法原始賦與之職權，各於所掌範圍內，為國家最高機關，獨立行使職權，相互平等，初無軒輊。此經前輩大法官迭加闡明，著為解釋先例（釋字第3號、第76號、第275號等）。本屆大法官於本年11月26日作成釋字第328號解釋，闡明依權力分立憲政原理，政治問題不應由行使司法權之釋憲機關予以解釋。前後相應，表示我國憲政體制之一貫精神。

乃本件解釋，於本年12月16日審查會多數表決通過，對外交條約事務之政治問題加以解釋。其時間甫及1月，而解釋先後相反，

出爾反爾。如何昭大信於天下？最重要的問題是：此解釋爲行政部門對外協定「事先經立法院同意簽訂」，白紙黑字。因之外交條約事務之政治問題由立法院主導，而非行政部門。豈非立法院凌駕於行政部門之上？此例一開，攸關憲政爭議之政治問題，紛至沓來，五權有上下大小，扭曲五院，破壞我國五院獨立行使職權，互相平等之憲法制度，而國危矣！即就司法審查制而言，係行使司法權，而非立法權。本件解釋未曾對外交部所訂「條約及協定處理準則」宣告違憲，則僅是院部之間如何修正問題而已。本件爲立法、行政兩院解決爭議，而逕作法律性解釋，自高於兩院主管政治問題之上，儼然自居於太上立法機關（Super Legislature）。美國聯邦最高法院在釋憲歷程中，曾被論者譏評爲太上立法機關，而後自斂，亦堪爲鑑。

三、結語

對於本件解釋，筆者以爲有違一般憲政國家實施釋憲制不受理政治問題之釋憲通例，又背我們不久前之釋憲先例，且與我國憲法規定及精神均有未合，關係司法審查制至爲重大，爰瀝陳所見，筆之於書，文責自負，請正於國人，並昭來者。

【附錄D】：公民與政治權利國際公約及經濟社會文化權利國際公約施行法

公布日期：民國98年04月22日

第 1 條	為實施聯合國1966年公民與政治權利國際公約（International Covenant on Civil and Political Rights）及經濟社會文化權利國際公約（International Covenant on Economic Social and Cultural Rights）（以下合稱兩公約），健全我國人權保障體系，特制定本法。
第 2 條	兩公約所揭示保障人權之規定，具有國內法律之效力。
第 3 條	適用兩公約規定，應參照其立法意旨及兩公約人權事務委員會之解釋。
第 4 條	各級政府機關行使其職權，應符合兩公約有關人權保障之規定，避免侵害人權，保護人民不受他人侵害，並應積極促進各項人權之實現。
第 5 條	各級政府機關應確實依現行法令規定之業務職掌，負責籌劃、推動及執行兩公約規定事項；其涉及不同機關業務職掌者，相互間應協調連繫辦理。 政府應與各國政府、國際間非政府組織及人權機構共同合作，以保護及促進兩公約所保障各項人權之實現。
第 6 條	政府應依兩公約規定，建立人權報告制度。
第 7 條	各級政府機關執行兩公約保障各項人權規定所需之經費，應依財政狀況，優先編列，逐步實施。
第 8 條	各級政府機關應依兩公約規定之內容，檢討所主管之法令及行政措施，有不符兩公約規定者，應於本法施行後2年內，完成法令之制（訂）定、修正或廢止及行政措施之改進。
第 9 條	本法施行日期，由行政院定之。

【附錄E】：公民與政治權利國際公約 (International Covenant on Civil and Political Rights)

有關生命權之規定，在第6條，其中英文內容如下：

Article 6

1. Every human being has the inherent right to life. This right shall be protected by law. No one shall be arbitrarily deprived of his life.

2. In countries which have not abolished the death penalty, sentence of death may be imposed only for the most serious crimes in accordance with the law in force at the time of the commission of the crime and not contrary to the provisions of the present Covenant and to the Convention on the Prevention and Punishment of the Crime of Genocide. This penalty can only be carried out pursuant to a final judgement rendered by a competent court.

3. When deprivation of life constitutes the crime of genocide, it is understood that nothing in this article shall authorize any State Party to the present Covenant to derogate in any way from any obligation assumed under the provisions of the Convention on the Prevention and Punishment of the Crime of Genocide.

4. Anyone sentenced to death shall have the right to seek pardon or commutation of the sentence. Amnesty, pardon or commutation of the sentence of death may be granted in all cases.

5. Sentence of death shall not be imposed for crimes committed by persons below eighteen years of age and shall not be carried out on pregnant women.

6. Nothing in this article shall be invoked to delay or to prevent the abolition of capital punishment by any State Party to the present Covenant.

〈中文翻譯〉

第6條（生命權）

一、人人皆有天賦之生存權。此種權利應受法律保障，任何人之生命不得無理剝奪。

二、凡未廢除死刑之國家，非犯情節重大之罪，且依照犯罪時有效並與本公約規定及防止及懲治殘害人群罪公約不牴觸之法律，不得科處死刑。死刑非依管轄法院終局判決，不得執行。

三、生命之剝奪構成殘害人群罪時，本公約締約國公認本條不得認為授權任何締約國以任何方式減免其依防止及懲治殘害人群罪公約規定所負之任何義務。

四、受死刑宣告者，有請求特赦或減刑之權。一切判處死刑之案件均得邀大赦、特赦或減刑。

五、未滿18歲之人犯罪，不得判處死刑；懷胎婦女被判死刑，不得執行其刑。

六、本公約締約國不得援引本條，而延緩或阻止死刑之廢除。

● 都市更新

　　都市更新為都市計畫之一環，都市更新條例具有使人民得享有安全、和平與尊嚴之適足居住環境之意義（經濟社會文化權利國際公約第11條第1項規定參照）

相關考題	其他	
司法院釋字第709號解釋係以下列何種國際公約，作為其解釋都市更新條例，以闡明人民享有安全、和平與尊嚴之適足居住環境？　(A)消除一切形式種族歧視國際公約　(B)經濟社會文化權利國際公約　(C)公民與政治權利國際公約　(D)禁止酷刑和其他殘忍不人道或有辱人格待遇或處罰公約　　　　　　　　　　　　　　　【104司法四等-法學知識與英文】		(B)

［ 索 引 ］

【索引A】：關鍵字

【索引B】：大法官會議解釋

字號	解釋爭點	篇章節碼
373	工會法禁止教育事業技工等組工會之規定違憲	4-14
378	就律師懲戒覆審決議得爭訟？	4-18
380	大學法細則就共同必修科目之研訂等規定違憲？	4-9、4-10
382	限制學生對學校所為之處分提起爭訟之判例違憲？	4-18
384	檢肅流氓條例強制到案、秘密證人等規定違憲？	2-4、4-4
388	現職總統競選連任仍有刑事豁免權？	5-2
391	立委審議預算得否移動或增減預算項目？	5-4
392	刑訴法檢察官羈押權、提審法提審要件等規定違憲？	4-4
393	行政法院就因證物偽變造提再審所為要件限制之判例違憲？	4-18
396	公懲法無上訴制度違憲？懲戒之程序及機關應如何？	4-18
400	行政院就有公用地役關係既成道路不予徵收之函違憲？	4-3、4-17
404	衛生署認中醫師以西藥治病，非其業務範圍之函釋違憲？	4-16
407	新聞局就猥褻出版品認定所為之函釋違憲？	4-7
411	經濟部等所訂「各科技師執業範圍」對土木工程技師設限違憲？	4-16
412	後備軍人轉任公職考試比敘條例細則之適用範圍規定違憲？	4-16
414	藥事法等法規就藥物廣告應先經核准等規定違憲？	4-7
418	道交條例處罰之裁定不得再抗告規定違憲？	4-18
419	副總統兼任行政院院長違憲？	5-2、5-4
425	內政部就徵收補償費因待解釋未依限發放，徵收有效之規定違憲？	4-17
430	就基於特別權力關係所生事項不得爭訟之判例違憲？	4-18

字號	解釋爭點	篇章節碼
432	會計師法有關會計師行為標準、注意義務及懲戒範圍等規定違憲	2-4
435	立委言論免責權範圍？	5-4
436	軍審法相關規定是否違憲？	4-5、4-18
442	選罷法就選舉訴訟二審終結不得再審之規定違憲？	4-18
443	以役男出境處理辦法限制役男出境違憲？	4-6、4-21、4-22
445	集會遊行法相關規定違憲？	4-1、4-13
450	大學法及其細則就軍訓室設置之規定違憲？	4-10
452	民法關於夫妻住所以單方意思決定之規定違憲？	4-3
454	國人入境停留居留及戶籍登記要點之否准、撤銷、離境等規定違憲？	4-6
459	限制役男對體位判定提起訴願之司法院解釋違憲？	4-18
461	參謀總長應受立委質詢？得拒絕至各委員會備詢？	5-4
462	限制公務員就懲戒提訴願之判例違憲？大學教師升等評審程序應如何？	4-18
466	公保給付之爭議之審判法院？	4-18
467	86年憲法增修條文施行後，省仍屬公法人？	6-2
472	健保法就強制納保、繳費及滯納金之規定違憲？	7-1
476	毒品條例之死刑、無期徒刑規定違憲？	4-15
477	受損權利回復條例之要件及適用規定違憲？	4-3
479	社團作業規定之應冠所屬行政區域名稱規定違憲？	4-14
481	福建省政府組織規程未規定省長及議員民選違憲？	4-3
485	眷村改建條例等法規就原眷戶之優惠規定違憲？	2-1
487	冤賠法以受害人行為違反公序良俗為由，剝奪其請求權之限制規定違憲？	4-26

字號	解釋爭點	篇章節碼
490	兵役法服兵役義務及免除禁役規定違憲？	4-12、4-22
491	公務人員考績法免職處分要件之授權規定違憲？	4-20
492	經濟部就解散或撤銷登記者，即廢止營業之函釋違憲？	4-17
498	地方政府人員有無赴立院委員會備詢義務？	5-4
499	88年9月15日修正公布之憲法增修條文違憲？	3-2、3-3、5-1、8-2
509	刑法誹謗罪之規定違憲？	4-7、4-8
510	航空人員體格標準限制執業之規定違憲？	4-16
512	煙毒條例限制上訴三審之規定違憲？	4-18
514	遊戲場業規則對允未滿18歲人進入者撤銷許可規定違憲？	4-16、4-17
516	行政法院就未依限發補償費，徵收不失效之決議違憲？	4-17
525	銓敘部就後備軍人轉任公職停止優待之函釋違憲？	2-7
530	最高司法機關就審理事項有規則制訂權？	5-5
535	警察勤務條例實施臨檢之規定違憲？	4-4
542	翡翠水庫集水區遷村計畫居住事實認定規定違憲？	4-6
543	緊急命令得再授權為補充規定？	5-2
546	院2810號就訴願為無實益之解釋違憲？	4-20
550	健保法責地方政府補助保費之規定違憲？	6-1、7-1、7-5
551	毒品條例誣告反坐之規定違憲？	2-6
553	北市府延選里長決定合法？	5-5
558	國安法就人民入出境須經許可之規定違憲？	4-6
559	家暴法對非金錢給付保護令執行之程序授權規定違憲？	2-3、4-17
563	大學就碩士生學科考兩次未過，以退學論之校規違憲？	2-6、4-10
564	道交條例禁止騎樓設攤之規定違憲？	4-17

字號	解釋爭點	篇章節碼
612	舊廢棄物處理機構管輔辦法第31條第1款違憲？	4-16
613	通傳會組織法第4條、第16條規定是否違憲？	5-4
618	兩岸關係條例第21條第1項前段規定違憲？	4-3、4-20
623	兒童及少年性交易防制條例第29條違憲？	4-7
626	中央大學碩士班招生簡章拒色盲者入學之規定違憲？	4-3
627	總統豁免權之範圍？總統享有國家機密特權？其範圍如何？	5-2
629	最高行政法院90年11月聯席會議決議違憲？	4-18
631	88年7月14日制定公布之通訊保障及監察法第5條第2項規定違憲？	4-11
634	77年1月29日公布之證券交易法第18條第1項等規定違憲？	4-16
637	公務員服務法第14條之1違憲？	4-16
639	刑訴法第416條第1項第1款及第418條違憲？	4-4、4-18
641	菸酒稅法第21條規定違憲？	2-6、4-17
643	「工商團體會務工作人員管理辦法第45條第2項」違憲？	4-14
644	人民團體法對主張共產主義、分裂國土之團體不許可設立規定違憲？	4-7、4-14、5-5
645	公投法中立法院有公投提案權違憲？公投審議委員的任命規定違憲？	4-19
649	身心障礙者保護法按摩業專由視障者從事之規定違憲？	2-6、4-3、4-16
652	釋字第516號解釋「相當之期限」有無上限？	4-17
653	羈押法第6條及其施行細則第14條第1項違憲？	4-18
654	羈押法第23條第3項、第28條是否違憲？	4-18
656	民法第195條第1項後段由法院為回復名譽適當處分合憲？	2-2、4-8
659	86.6.18私立學校法第32條第1項違憲？	4-9、5-5

國家圖書館出版品預行編目資料

圖解憲法 國家考試的第一本書（第四版）
作者：錢世傑 著
臺北市：十力文化 出版年月：2021.08
內頁：512 面；14.8 ＊ 21.0 公分
ISBN 978-986-06684-0-7（平裝）
1. 中華民國憲法
581.21　　　　　　　　　　　110012830

圖解法律系列　S2105

圖解憲法／國家考試的第一本書（第四版）

作　　者 錢世傑

責任編輯 吳玉雯
封面設計 陳綺男
插　　畫 劉鑫鋒
美術編輯 林子雁

出 版 者 十力文化出版有限公司

發 行 人 劉叔宙
公司地址 11675 台北市文山區萬隆街45-2號
聯絡地址 11699 台北郵政 93-357號信箱
劃撥帳號 50073947
電　　話 (02) 2935-2758
網　　址 www.omnibooks.com.tw
電子郵件 omnibooks.co@gmail.com

ISBN　978-986-06684-0-7

出版日期 2021年08月　第四版第一刷
　　　　　　2018年01月　第三版第一刷
　　　　　　2013年04月　第二版第一刷
　　　　　　2010年11月　第一版第一刷
定　　價 680元

地址：

姓名：

十力文化出版有限公司　企劃部收

地址：台北郵政 93-357 號信箱

傳真：（02）2935-2758

E-mail：omnibooks.co@gmail.com

讀 者 回 函

　　無論你是誰，都感謝你購買本公司的書籍，如果你能再提供一點點資料和建議，我們不但可以做得更好，而且也不會忘記你的寶貴想法喲！

姓名／　　　　　　　　　　性別／□女□男　　生日／　　　年　　　月　　　日
聯絡地址／　　　　　　　　　　　　　　連絡電話／
電子郵件／

職業／□學生　　　　□教師　　　　□內勤職員　　□家庭主婦　　□家庭主夫
　　　□在家上班族　□企業主管　□負責人　　　□服務業　　　□製造業
　　　□醫療護理　　□軍警　　　□資訊業　　　□業務銷售　　□以上皆是
　　　□以上皆非　　□請你猜猜看
　　　□其他：

你為何知道這本書以及它是如何到你手上的？
　　　請先填書名：
　　　□逛書店看到　　□廣播有介紹　　□聽到別人說　　□書店海報推薦
　　　□出版社推銷　　□網路書店有打折　□專程去買的　　□朋友送的　　　□撿到的

你為什麼買這本書？
　　　□超便宜　　　□贈品很不錯　□我是有為青年　□我熱愛知識　□內容好感人
　　　□作者我認識　□我家就是圖書館　□以上皆是　　　□以上皆非
　　　其他好理由：

哪類書籍你買的機率最高？
　　　□哲學　　　□心理學　　　□語言學　　　□分類學　　　□行為學
　　　□宗教　　　□法律　　　　□人際關係　　□自我成長　　□靈修
　　　□型態學　　□大眾文學　　□小眾文學　　□財務管理　　□求職
　　　□計量分析　□資訊　　　　□流行雜誌　　□運動　　　　□原住民
　　　□散文　　　□政府公報　　□名人傳記　　□奇聞逸事　　□把哥把妹
　　　□醫療保健　□標本製作　　□小動物飼養　□和賺錢有關　□和花錢有關
　　　□自然生態　□地理天文　　□有圖有文　　□真人真事
　　　請你自己寫：